U0542501

国家出版基金项目

江苏省2022年
主题出版
重点出版物

国际传播的体系与运作
文化传播的观念与实践

|上 卷|
国际传播的格局、观念与国家形象建构

孟 建　胡学峰　主编

南京大学出版社

图书在版编目(CIP)数据

国际传播的体系与运作：文化传播的观念与实践.
上卷，国际传播的格局、观念与国家形象建构 / 孟建，
胡学峰主编. — 南京：南京大学出版社，2025.3
　ISBN 978-7-305-27598-2

Ⅰ. ①国… Ⅱ. ①孟… ②胡… Ⅲ. ①传播学－研究
Ⅳ. ①G206

中国国家版本馆 CIP 数据核字(2024)第 022366 号

出版发行	南京大学出版社		
社　　址	南京市汉口路 22 号	邮　编	210093

书　　名　国际传播的体系与运作：
　　　　　文化传播的观念与实践
　　　　　上卷：国际传播的格局、观念与国家形象建构
　　　　　GUOJI CHUANBO DE TIXI YU YUNZUO:
　　　　　WENHUA CHUANBO DE GUANNIAN YU SHIJIAN
　　　　　SHANGJUAN: GUOJI CHUANBO DE GEJU、GUANNIAN YU GUOJIA XINGXIANG JIANGOU
主　编　孟　建　胡学峰
责任编辑　束　悦
照　　排　南京南琳图文制作有限公司
印　　刷　南京爱德印刷有限公司
开　　本　718 mm×1000 mm　1/16 开　印张 22　字数 337 千
版　　次　2025 年 3 月第 1 版　　印　次　2025 年 3 月第 1 次印刷
ISBN 978-7-305-27598-2
定　　价　148.00 元

网址：http://www.njupco.com
官方微博：http://weibo.com/njupco
官方微信号：njupress
销售咨询热线：(025) 83594756

＊版权所有，侵权必究
＊凡购买南大版图书，如有印装质量问题，请与所购
　图书销售部门联系调换

编　委　会

主　任：孟　建

副主任：胡学峰

编　委：王瑞娟　曹　娱　卢秋竹　游　盼

总　序

在我国"五位一体"的发展格局中,"文化"的特殊地位显而易见。文化传播,特别是文化的国际传播,也受到越来越多的关注。2022年底召开的中国共产党第二十次全国代表大会再一次将文化建设和国际传播上升到新的高度,对建设社会主义文化强国作出了更为全面的战略部署。党的二十大报告高度重视文化建设,强调要推进文化自信自强,铸就社会主义文化新辉煌。其内在逻辑和丰富内涵体现在四个"必然要求"上,即文化建设是实现中华民族伟大复兴的必然要求,是建成社会主义现代化强国的必然要求,是人民群众对美好生活向往的必然要求,是推动构建人类命运共同体的必然要求。文化和文明紧密关联。习近平总书记在庆祝中国共产党成立100周年大会上向世界宣告,中国"创造了中国式现代化新道路,创造了人类文明新形态"。在党的二十大报告中,习近平总书记更从人类文明发展的历史维度,提出了"不断丰富和发展人类文明新形态"的新要求。2023年1月,习近平主席在中国共产党与世界政党高层对话会上首次提出全球文明倡议,他指出,"我们要共同倡导弘扬全人类共同价值,和平、发展、公平、正义、民主、自由是各国人民的共同追求,要以宽广胸怀理解不同文明对价值内涵的认识,不将自己的价值观和模式强加于人,不搞意识形态对抗"。2023年10月,全国宣传思想文化工作会议首次提出了习近平文化思想,"着力加强国际传播能力建设、促进文明交流互鉴"是其中的重要组成部分。只有加强国际传播能力建设,不断提升国际传播效能,才能增强中国的国际话语权,提升中华文化软实力。2024年7月,党的二十届三中全会所颁布的纲领性文献——《中共中央关于进一步全面深化改革、推进中国式现代化的决定》,更是立足于强国筑基与民族复兴的宏阔视野,高屋建瓴地提出了"构建更有效力的国际传播体系"的战略构想。

中国所创造的人类文明新形态,不但翻开了人类文明史崭新的一页,并且铸就了人类文明发展的新辉煌。这是将文化问题上升到了文明高度。我们创造了人类文明新形态,这为构建人类命运共同体,为应对全球共同挑战,贡献了中国智慧、中国方案、中国力量。这些贡献,从深层来说,都源于我们汲取了中华优秀传统文化、借鉴了世界优秀文明成果。中国人民不仅为人类贡献了新的发展道路,而且为人类文明进步作出了巨大贡献。如何让世界感受到、领悟到、认识到中国创造的"人类文明新形态"是对世界文明的重大贡献,需要我们做出不懈的努力。虽然中国以社会主义方式创造了人类文明新形态,但中国仍然将尊重世界文明多样性,真正做到"以文明交流超越文明隔阂、文明互鉴超越文明冲突、文明共存超越文明优越"。

在中国铸就的人类文明新辉煌中,中国式现代化是最为铿锵有力的主旋律。当下,我国的发展已经进入了紧紧围绕推进中国式现代化进一步全面深化改革的历史时期。中国式现代化强调的是中国特色社会主义的现代化路径,它绝非简单地追随西方现代化的模式,而是在充分考虑中国自身国情的基础上,走出一条符合自身实际的现代化道路。这种现代化不仅包含了现代化的共同特征,更融入了中国的特色元素,使其具有特定的内涵与外延。大力加强国际传播能力建设是中国式现代化建设的重要组成部分。中国式现代化不仅关乎中国自身的发展,也对全球发展有着重要的影响和贡献。建设中国式现代化需要加强国际传播能力建设,这不仅是为了让世界更好地了解中国,提升国家形象和影响力,也是为了更好地推进中国式现代化的进程,实现中华民族的伟大复兴。

在中国国际传播的实践层面,从党的十八大以来,我国的国际传播取得了许多成绩。但是随着我国日益走近世界舞台中央,中国要在全球事务中发挥更大作用,这就需要我们的国际传播为我国的新一轮改革开放创造更好的国际舆论环境。在大力推进中国式现代化的今天,实施国际传播格局重构,已经成为"构建更有效力的国际传播体系"战略构想的重中之重。为此,重塑国际传播格局版图,增强中国在国际舆论环境和国际舆论斗争中的主动权、发言权,甚至是引导权,对于实现中华民族伟大复兴,具有不可估量的价值。其中,文化传播也须投入国际传播格局重构的潮流中去。从这一意义上来说,我们今天站在"百年未有之大变局"的历史节点上来探讨国际传播,特别是文化传播这一命题,其特殊的价值是显而易见的。面对中国国际传播建设的新要求,我们要努力重塑国际传播业务、重整国际传播流程、重构国际传播格局。我们完全有理由深信,屹立于世界东方的中国,必将向世界展示出"中华文化感召力、中国形象亲和力、中国话语说服力、国际舆论引导力"等"四力"俱佳的崭新国际舆论环境。

在国际传播的学术研究层面,近年来的"软实力""公共外交"等理论更加凸显了国际传播的"文化转向"。文化传播在国际传播中的重要地位和重要价值日益凸显,跨文化传播理论也日益受到学术界的特别关注。这套三卷本的著作正是在这个意义上从文化传播的视角来全面审视当下的国际传播实践,通过对习近平文化思想体系中"着力加强国际传播能力建设、促进文明交流互鉴"这一重要领域的深入研究,全面分析和深刻阐释"推动文明交流互鉴"在习近平文化思想体系中的独特地位和重要作用,并在此基础上总结我国近年来"推动文明交流互鉴"方面取得的经验和存在的问题,从而更好地在新的历史起点上继续推动文化繁荣、建设文化强国、赋予中华文明以现代力量。我把"国际传播"概念也理解为一种"文化传播",即各种文化要素在全球社会中的迁移、扩散、变动、认同的过程。其鲜明的特点主要表现为:在跨国界(跨地区)、跨政体(跨意识形态)、跨语言"三跨"中实现的全球文化传播。

2018年,我在完成第一个国家社科基金重大项目"国家形象建构与跨文化传播战略研究"之后又争取到了第二个国家社科基金重大项目"网络与数字时代增强中华文化全球影响力实现途径研究"。围绕这一重大选题,我和团队成员以超学科方法论作为指引,围绕三个主要学科,即传播学、社会学、国际关系学,构成"多维度视角"展开跨学科研究,努力实现研究方法论的重要突破。我们认识到,虽然改革开放40多年来,中国取得了举世瞩目的伟大成就,但是"西强我弱"的全球文化格局和国际舆论态势还没有得到根本改变。中华文化的全球传播整体水平与我国的地位还很不相称。无论是传播规模、话语体系,还是传播方法、沟通效果,全面提升的空间还很大。今后的中国,如何在文化上与世界各种文明交流对话,如何在竞争中掌握国际舆论主动权,如何为人类的和平、发展、合作、共赢作出自己的贡献,已经成为我国进一步发展面临的重大战略问题。这就要求我们在这一研究领域进行深入、持续的学术研究,为国家的更好发展提供智力支持和学术支持。近年来,我带领团队成员从构建人类命运共同体,实现中华民族伟大复兴的目标出发,高度关注网络与数字时代人类交往发生的伟大革命,全力聚焦中国式现代化新进程和人类文明新形态,通过跨学科研究的创新视角,全方位探索中华文化对外传播的一系列重要问题。呈现在各位读者面前的这套三卷本就是我们努力的重要成果之一。

本书以"国际传播的体系与运作"为主题,较为全面地分析和研究了中华文化国际传播已有的观念与实践,从理论上厘清国际传播中的文化传播脉络,以中国立场作为底层逻辑探寻文化传播的普遍原理和规律,同时立足中国的文化传播实践,挖掘具有本土化和普适性的思想观念与实践路径。其中上卷的主题是"国际传播的格局、观念与国家形象建构",从网络与数字时代的国际传播实践与理论的变迁、中华文化全球传播的现状、文化分层传播理念以及中国方法塑造中国形象等四个方面来呈现。在宏观层面,我们多维呈现了在"百年未有之大变局"的国际环境下国际传播实践与理论的变迁,深入分析了中华文化传播所面临的挑战,提出了分层传播的新理念,并在中国方法塑造中国形象中提出了新的建构框架。中卷以"国际传播的体系、叙事与影响力测评"作为主题,重点聚焦在中国文化国际传播的主体结构及其叙事方面,同时围绕传播主体的体系提出了中华文化国际传播影响力的测评体系,并对其方法和路径进行了详细分析。以官方主体、半官方主体、民间主体作为主要框架,我们详细分析了各种传播主体在中国文化国际传播中的地位、作用和价值,尤其是从叙事学的角度分析了他们所用的媒介、内容、渠道、策略,从多元传播的理念出发对传播主体的体系建构、内部协作和策略优化提出了有针对性的意见建议。在中华文化国际传播影响力测评体系建构方面,我们引入了"AHP 层次分析法"来设计和重构文化传播影响力的复杂要素,在详细分析中国文化国际传播效果生成的要素基础上,建立评估指标体系分层结构模型。同时对评估原则、基本流程与测量方法均展开了详细描述,具有较强的针对性、实用性和可操作性。下卷以"国际传播的运作、实践与经典案例"作为主题,是三卷本中较为微观具体的研究，是上卷和中卷所描述的理念和体系的具体展开与案例分析。下卷从中国典籍文化、中国博物馆、中国文化遗产、中国视觉文化以及中国企业形象与城市形象的国际传播等方面进行了专题研究，对于相关领域的传播实践案例做了较为全面的分析，同时对它们在国际传播中的优化策略提出了有针对性的意见和建议。

本书在研究、写作、编辑的过程中，始终以开放的、跨学科的态度来处理国际传播中的各种复杂对象和关系，尝试跳出传播学的单一框架，整合质性分析与量化研究的优势，从中国文化国际传播的实践出发，探寻本土化的文化传播理念与实践路径。不过，由于所属学科的不够成熟，研究对象的复杂多变，尤其是国际形势发展的不确定因素激增，加之我自身的能力和研究团队能力所限，本书在总体框架、学术水准、内容整合等方面亦存在诸多不足。

在项目研究和本书编辑的过程中，研究团队以团结、倾力、务实、创新的精神付出了大量艰辛的学术劳动。王瑞娟、曹娱、卢秋竹、游盼、牛童、宋哲、包胤彤、周婧、周琼、马缘园、姬拓、张剑锋、张祯、符艺娜、杨越明等都为本书的研究和出版付出了许多心血。南京大学出版社的祁林等领导和编辑为本书的出版也作出了很大贡献，在此，我和胡学峰作为本书的主编向他们表示衷心的感谢。

孟　建

2024 年 10 月于复旦大学

总　论

把文化传播置于国际传播的核心进行系统研究是本书的主要特色。文化传播和国际传播都是内涵丰富且边界交叠的实践与研究领域,但是回顾20世纪中叶以来的人类传播实践,我们不难发现国际传播领域中的文化因素越来越突出。在此背景下,本书立足于中国式现代化的历史进程,着力探究网络化、数字化、信息化、智能化时代的中国如何在国际传播中扩展和深化文化传播的体系、观念与实践,向世界呈现源远流长的中国文化、博大精深的中华文明如何在百年变局的当下和世界文化交流互鉴,共创人类文明新形态。为此,本书以三卷本的架构,围绕网络与数字时代中国国际传播的格局与观念、中国国际传播体系建构及其优化、中国国际传播影响力测评体系的建构、中国文化国际传播的案例研究等主题进行了系统的分析。

第一节　国际传播的文化转向

一、国际传播的跨文化渊源

国际传播(International Communication)中的"国际"一般理解为"between or involving different countries(在不同国家间或涉及不同国家的)"或是"involving more than one country(牵涉一个以上国家的)"。因此,仅从语义来说,国际传播至少是国家之间的传播现象。"国家"在学术语境中一般指近代民族国家,以主权和领土作为标志。近代国家首先在15世纪的欧洲开始萌芽,到18和19世纪逐渐成为西方社会建构群体政权组织形式的主流。在殖民主义和全球化浪潮的推动下,20世纪以来,国家成为全球主导的政治、经济和文化单位。国际传播在学界一般指现代民族国家之间在媒介技术的支撑下出于各种目的所进行的信息交往活动。

近代民族国家体系确立后,国际传播随着媒介形态的拓展而不断演进。新闻事业早在15世纪欧洲各国的国际贸易中就获得了国际影响力。随着近代报纸的出现,传播的时间和空间问题得到更好的解决,早期国家间小范围的传播逐渐扩大到了更大范围内的信息传播。18世纪,欧洲连绵不断的战事和邮政业的发展使得这一时期的报纸阅读人数大大增加,人们日趋依赖报纸提供有关战争的新闻消息。而真正现代意义上的国际传播的出现则是在19世纪。技术的进步,尤其是蒸汽机和内燃机的出现带来了更加便捷的交通,世界交流的程度日益加深,间接推动了国际通讯社的形成。1835年,世界上第一个通讯社哈瓦斯通讯社诞生。这一年被认为是现代意义上的国际传播的发展起始年。

20世纪初的两次世界大战让国际传播成为普通民众和学者共同关注的现象。现代传播工具的作用及其重要性在两次世界大战中得以显现。"一战"时期,参战国纷纷将战前已有的传播媒介投入战时宣传中。英国政府利用其战前建立的印刷及报刊优势印制数百万宣传册、海报、传单等,其截获的德国无线电信息帮助英国将美国拉入自身阵营中。苏联作为最早使用国际广播对外宣传其意识形态的国家,在"二战"中充分发挥了广播作为宣传工具的作用,积极利用广播突破国家和大陆的边界。继苏联之后,包括德国、日本在内的多国都展开了国际广播宣传活动。正是由于两次世界大战中国际传播所展现出的重要功能,战后美国政府大力支持传播学尤其是战时心理宣传方面的传播学研究。也正是在这种情况下,20世纪50年代初,国际传播正式成为传播学研究的一个新兴方向。

国际传播在现象层面一般指民族国家之间由政府主导和推动的各类传播活动,这些传播活动通常使用报刊、广播、电视等大众媒介。因此,国际传播研究领域的最早研究者基本都是大众传播学者,国际传播的基本分析单位是通过大众媒介联系的两个或更多现代国家,它的分析层面是社会而非个体,关注的传播形式是大众传播而非人际传播。不过,随着全球化程度的不断加深,国际传播的内涵与外延也不断发生变化。随着国家间交往的全方位拓展,国家或政府角色的重要性不断弱化,人们把大众媒体传播以外的诸如人际传播、组织传播、网络传播等也纳入国际传播的范畴之中,逐渐演变为"全球传播"。

从学科发展史的角度看,国际传播和同时兴起的跨文化传播具有内在的联系。或者说,国际传播在很大程度上由跨文化传播奠基,跨文化传播构成了国际传播的重要渊源之一。20 世纪 50 年代,美国主导的旨在帮助欧洲重建的"马歇尔计划"取得成功,时任总统杜鲁门建议向拉美、非洲和亚洲的发展中国家提供科技专家来帮助其发展。美国国会批准成立了外交讲习所(Foreign Service Institute, FSI),负责培训美国从事这些援助项目的技术人员和外交人员。美国人类学家爱德华·霍尔(Edward T. Hall)参与了 FSI 的培训工作,并在此期间开创了跨文化传播(Intercultural Communication)研究领域。1959 年,霍尔出版了跨文化传播的奠基性著作《无声的语言》(*The Silent Language*)。跨文化传播的主要概念和理论脉络来自人类学研究,其早期研究主要关注不同文化间的人际交流问题,和国际传播的关注点有重要区别。不过,国际传播,尤其是全球化时代的国际传播通常要面临不同国家间的文化差异问题,有时候即使是政治制度相近、地理位置接近的国家之间也存在不可忽视的文化差异。源于殖民主义的文化混杂,在经济全球化时代日渐广泛的移民等因素进一步加深了国家间的文化差异。因此,在国际传播中跨文化的传播是一种常态,基于人际交往的跨文化传播理论经常被国际交往的实践所应用。与国际传播同时兴起的发展传播研究领域就离不开对文化问题的关注。发展传播同样和美国"二战"后的对外援助计划紧密相关,勒纳(Daniel Lerner)、施拉姆(Wilbur Schramm)及罗杰斯(Everett M. Rogers)都是发展传播领域的著名研究者,其中罗杰斯所著的《创新的扩散》(*Diffusion of Innovation*)是该研究领域的代表作之一。罗杰斯认为,影响创新的一个重要因素就是文化价值观。①

正是基于上述渊源关系,无论是在日常使用还是在学者的研究中,国际传播和跨文化传播之间的界限日渐模糊。很多学者总体上以"跨文化传播"概念来涵盖包括跨文化传播、国际传播、发展传播在内的所有涉及文化传播的相关概念,不再仔细区分这些概念所指代的研究领域的细微的或重要的差别,也有研究者偏向使用国际传播来指代这些概念。赵月枝认为,Intercultural Communication 的当下定义已经超出不同文化中的人际沟通和个体间的传播,而是在整体和制度层面关注"世界上不同文化之间和之中的传播理论和实践,不同文化、国家和族群的媒体制度的比较,国际传播的其他方面,以及传播与国家发展间的关系",其内涵已经从人际沟通层面扩大到了传播制度和国际传播领域。② 史安斌、盛阳认为,广义的"跨文化传播"已经包括以下几个领域:一是探讨不同文化模式和特征的"比较文化研究";二是以探讨人际和组织传播为核心的狭义的"文化间传播";三是以探讨国际关系和大众传媒为核心的"国际传播";四是以探讨不同文化背景下传播与社会互动关系为核心的"发展传播"。③

学术研究中要清晰地区分这些相近的概念,但是在区分的基础上也要看到现象或实践本身的复杂性。很多时候,采用不同的术语实际上是想突出复杂现象的某些侧面。国际传播和文化传播之间就存在这种多维的复杂性。

---

① [美]埃弗雷特·罗杰斯:《创新的扩散》,辛欣译,中央编译出版社 2002 年版,第 206 页。
② 赵月枝:《跨文化传播政治经济研究中的"跨文化"涵义》,载《全球传媒学刊》,2019 年第 1 期,第 115-134 页。
③ 史安斌、盛阳:《从"跨"到"转":新全球化时代传播研究的理论再造与路径重构》,载《当代传播》,2020 年第 1 期,第 18-24 页。

二、国际传播的文化转向

有学者认为,自 20 世纪 80 年代起,国际传播研究开始了向文化视角的转变,文化视角相对于"社会"或"国家发展"视角,将文化研究看作核心。① 这种文化转向的根源在于,国际传播在很大意义上是一种跨文化的传播,国际传播的实践必须时刻考虑不同文化背景的人们如何理解和接受信息。国际传播向文化转向的主要原因则离不开跨文化传播过程中文化观念传播造成的文化冲突与融合,这构成了相当长一段时间内国家交往中的主要矛盾。围绕文化保守与开放,国家的政治力量不断衡量本土文化和外来文化之间的复杂关系,文化创新、文化安全成为各个国家不得不处理的核心问题。另一个主要原因则是文化从人类生存的背景中不断被转化为"内容",尤其是观念形态和艺术形态的文化不断被产品化和商品化,在现代媒介的作用下,文化产业成为经济领域的重要方面,这些特殊的商品反过来又影响了各个国家对文化重要性的再认识。国际传播的文化转向集中体现在国际传播研究中出现的三个重要理论之中,即文化帝国主义理论、公共外交理论和软实力理论。

文化帝国主义理论以批判的视角揭示了隐藏在美国主导的国际传播尤其是发展传播范式中的政治、经济和文化的不平等,重点从文化角度阐明了西方媒介产品在发展中国家的传播所造成的负面影响。20 世纪 70 年代,美国学者赫伯特·席勒(Herbert Schiller)的《大众传播与美利坚帝国》(1969)和《传播与文化统治》(1976)强烈抨击信息自由流动的信条,认为传播流动的自由放任政策实际上带来的是不对称的流动。来自西方国家的新闻和娱乐节目占据了拉美、非洲和亚洲的媒介主流。席勒引入了文化帝国主义的概念,开创了一国媒介如何支配他国的研究。席勒的批判有力地推动了发展中国家对文化霸权的关注。20 世纪 70 年代起,越来越多的发展中国家的领导人认识到国际传播流动中的不平衡和文化帝国主义。发展中国家开始通过联合国教科文组

---

① 马尔万·M.克雷迪:《国际传播中从文化到混杂》,载[美]迈赫迪·萨玛迪《国际传播理论前沿》,吴飞、黄超译,中国传媒大学出版社 2016 年版,第 224 页。

织倡导"世界信息与传播新秩序"(NWICO)。为此,联合国教科文组织任命了一个由杰出的传播学者和媒介从业人员组成的小组,来调查世界新闻流动的不平衡状况。这个小组出版了麦克布莱德报告,即《多种声音,一个世界》(International Commission for the Study of Communication Problems, 1980)。该报告呼吁更平衡的国家间信息流动。联合国教科文组织的努力虽然并没有真正在反对文化霸权方面取得实质性进展,但是文化帝国主义概念使得文化在国际传播中的重要性得到凸显,在多个方面促使不同类型的国家重新认识文化的价值。

公共外交理论的提出和广泛的实践正是多数国家重新认识文化作用在国际传播中价值的集中体现。公共外交的实践实际上从"二战"后就开始了,国际传播的一个主要方面就是公共外交。按照一般的理解,公共外交指一国政府对国外民众的外交形式,它的活动手段包括文化交流项目、国际广播和互联网等。[①] 它旨在通过公众传播的手段影响其他国家的人民,进而影响其国家政策。公共外交可以补充甚至避开政府官方代表之间所展开的传统外交。它寻求使别国的民众建立或改变对该国行为的看法,或者影响公众对该国的政治体系、经济体系、意识形态或人民生活方式所持有的见解。在公共外交所能使用的各种手段中,文化交往是其中重要和主要的一种。公共外交的方式多种多样,如:出版书籍,发行电影或播出电视节目,艺术表演团体或戏剧公司组织巡回演出,举办艺术展览,参加贸易博览会,建立学生交流项目,由一国的研究、政治机构或学术机构派人讲学,等等。上述各种方式实际上就是通常理解的文化外交,它是非政治性和商业性的民间文化交往的一种变体。尽管有学者认为公共外交中使用的文化传播手段的本质依然是意识形态宣传,但是不可否认,文化传播具有其特殊的价值,在实践中也增加了不同国家间的相互理解,民间交往的增加也使得国家关系更容易向良性方向改善。因此,公共外交

---

① 唐小松、王义桅:《公共外交对国际关系理论的冲击:一种分析框架》,载《欧洲研究》,2003年第4期,第62页。

逐渐成为多数国家所普遍采用的国际传播手段。公共外交无疑进一步促使国际传播重视文化的作用,对文化的价值的认识也逐渐超越了文化帝国主义理论所秉持的意识形态色彩而更加中性化。

文化的重要价值在另一个著名的国际关系理论,即"软实力(Softpower)"理论中得到更加清晰的表达。在《软力量——世界政坛成功之道》一书中,美国学者约瑟夫·奈(Joseph S. Nye)较为系统地阐述了他的"Softpower"概念。奈先阐述了对Power概念的理解,力量是指对他人的行为施加影响以达到自己所期望结果的能力。对国家而言,军事和经济是重要的硬力量,但是,国际政治中软力量同样重要。根据奈的阐释,"软力量是通过吸引而非强迫或收买的手段来达己所愿的能力",它的来源一般存在于文化(在能对他国产生吸引力的地方起作用)、政治价值观(当它在海内外都能真正实践这些价值时)及外交政策(当政策被视为合法及道德威信时)中。奈也指出,流行文化、大众文化的影响力是有限的,可口可乐和巨无霸不一定能够吸引伊斯兰世界的人喜欢美国。因为,任何力量资源的效用都取决于它的背景环境。流行文化的影响力更加复杂。实际上,政府可以在政治价值观和外交政策上控制和展现软力量,但是对文化无法具有完全的控制力。在一个自由的社会里,政府无法也不应该控制文化。这种缺乏管制政策的事实本身就是一种吸引力的来源。[①]

可以看出,奈对文化的理解和文化人类学的理解不同,但是更加接近各个国家官方对"文化"的理解,即把文化和政治、经济、社会、军事等概念并列。奈的文化主要包括教育资源(学术、知识、思想),科技(先进的科学和技术、跨国公司、微软、硅谷),高雅艺术(芭蕾舞、交响乐、歌剧、现代艺术、文学),历史文化(博物馆,以游客数量体现),以及流行文化中能够体现美国自由、多元文化的部分,包括消费文化中的大部分,围绕衣食住行的,围绕娱乐的,具体而言有

---

① [美]约瑟夫·奈:《软力量——世界政坛成功之道》,吴晓辉、钱程译,东方出版社2005年版,第1-31页。

可信度高的新闻节目、畅销书(出版)、影视作品(好莱坞)、艺术设计、时装等，流行音乐(销售量和排行榜)、快餐饮食、体育运动(奥运会、体育明星、篮球、足球等)、娱乐节目等等。这是一种狭义的文化理解。"软实力"理论通过和"硬实力"的比较来提升文化的价值，使得文化从软性的、观念层面的、潜在的力量中凸显出来，无形中让文化具有了更加强大的力量。因为相比硬实力，它能够在最小代价下获得最大收益。

实际上，除了文化帝国主义、公共外交和软实力理论，美国学者本尼迪克特·安德森(Benedict Anderson)的"想象的共同体"以及美国学者萨缪尔·亨廷顿(Samuel Huntington)的"文明冲突"等理论对于文化重要性的强调都使得国际传播中的文化传播显得异常重要。

三、文化传播在中国国际传播中的重要性

1949年中华人民共和国成立迄今，中国的国际传播实践经历数次重大的变化。以1978年为界，改革开放前的国际传播以"对外宣传"的形态出现，国内所有媒体均收归国家所有，新闻媒体是党和政府的喉舌，是国家政治制度的一部分。1949年10月，当时的中央人民政府政务院成立新闻总署国际新闻局(中国外文局前身)，负责统一管理对外新闻传播工作，这标志着新中国对外传播事业正式创建。1950年中央人民广播电台成立国际广播编辑部，对外使用"北京广播电台"的呼号(中国国际广播电台的前身)。1954年，中央人民广播电台开办面向台湾的广播节目。此后，对外广播的影响不断扩大。这一时期对外传播主要突出国际舆论场的斗争思维，强调以"内外有别""宣传教育"为指导思想，国际传播效果受到一定影响。[①]

改革开放以后，"对外宣传"的提法逐渐被"对外传播"所取代，近年来，"国际传播"的提法更加多见。概念的演变体现了观念的转变，也预示着方法和路

---

① 朱鸿军、蒲晓:《新中国成立70年对外传播媒介与传播观念之变迁回顾》，载《对外传播》，2019年第6期，第11-13页。

径的变革。1980年9月16日,中共中央正式发出《关于建立对外宣传小组加强对外宣传工作的通知》。该通知将对外传播的根本任务做出了明确调整,即"从促进世界革命调整到建构世界对中国的认知,为中国的现代化建设创造有利的国际舆论环境"。在政策指导方面,"内外有别""外外有别"原则成为指导我国对外宣传的主要原则。"内外有别"的主要内容是要注重对外报道中受众在文化背景、价值观、社会制度等方面的差异,主要表现在语言文字的障碍和表达方式的差异上。在对新闻报道角度的处理上,要根据国际惯例,与世界接轨,掌握国外受众的需求和阅读习惯,进行对外传播活动。1991年,国务院新闻办公室成立,全面领导中国对外传播事业,形成了对外传播的新格局。非官方的民间对外传播和公民外交的传播形式也促使对外传播观念的转变。

进入21世纪,中国国际传播的一个显著变化就是,文化在国际传播中的地位变得越来越重要。原因除了上述分析的国际层面的传播中文化的地位越来越重要,使得开放后的中国不断学习和借鉴国际传播的国外经验,也更加重视文化的作用以外,还有21世纪以来,伴随着中国经济实力的增长,中国政府对文化的认识,特别是对传统文化的认识发生了重要的变化,这和中央对社会主义文化建设做出的重要部署有关。

在国际关系领域,中国也广泛实践公共外交策略。通过文化传播和沟通,提升中华文明的国际感召力,提高国际受众对中国的认可度。首先,向海外输出印刷品、电子品等文化产品,传递中国现代文明成果。2007年,我国综合性文摘期刊《读者》已覆盖到世界80多个国家和地区,在海外累计发行量达到50多万册。其次,通过举办相关的文化学术交流活动来增进相互认识与理解,如在国外举办音乐会、戏剧展演等活动,邀请国外智库来中国参访等。清华大学中美关系研究中心于2010年、2012年举办了两届"中美高级官员培训班",邀请美国国务院、国防部及国土安全部等部门的高级政务官来华接受培训,以授课形式介绍中国政治制度和经济政策,并在培训间隙穿插安排了攀登长城、游览故宫等活动,帮助学员了解中国传统文化。借助感受在地文化的交流活动,促进美国官员对中国有一个全新与全面的了解,甚至在某种程度上,可以促使美国高层在制定中美关系相关政策和决定时能够有一个真实、客观的态度。最后,有意识地进行国家形象在海外的主动塑造。如 2011 年,中国制作的《中国国家形象片——人物篇》在美国纽约时代广场大型电子显示屏上播出。①

文化"走出去"战略的实施使得中国对文化传播重要性的认识超越了文化外交的范畴。"走出去"首先是在经济领域提出的一个战略,其萌芽可以追溯到党的十四大。在经济领域提出实施"走出去"战略后不久,文化领域也明确提出要实施文化"走出去"战略。2002 年 11 月,江泽民在党的十六大报告中强调:"实施'走出去'战略是对外开放新阶段的重大举措。"文化建设要"立足于改革开放和现代化建设的实践,着眼于世界文化发展的前沿,发扬民族文化的优秀传统,汲取世界各民族的长处,在内容和形式上积极创新,不断增强中国特色社会主义文化的吸引力和感召力"。2006 年 9 月,《国家"十一五"时期文化发展规划纲要》指出,"十一五"时期文化发展的重点之一是:抓好文化"走出去"重大工程、项目的实施,充分利用国际国内两个市场、两种资源,主动参与国际合作和竞争,加强对外文化交流,扩大对外文化贸易,初步改变我国文化产品贸易逆差较大的被动局面,形成以民族文化为主体、吸收外来有益文化、推动中华文化走向世界的文化开放格局。随后,文化部出台的《文化建设"十一五"规划》提出,要在未来五至十年中,推动实施五大发展战略,其中之一就是"中华文化走出去战略"。

"中国文化走出去"成为提升国家综合实力的重要途径,这一认知无疑受到了"软实力"理论的影响。近年来,文化软实力成为中国对外传播中的重要概念。在官方文本中,它通常以"不断提升国家文化软实力和中华文化影响力"来表述。有研究认为,中国共产党自成立起就重视文化的重要作用。中国共产党成立前后,早期的共产党人就超越"复古论""体用论""西化论",阐述了

---

① 朱鸿军、蒲晓:《新中国成立 70 年对外传播媒介与传播观念之变迁回顾》,载《对外传播》,2019 年第 6 期,第 11-13 页。

中国文化发展的新路。党的十一届三中全会后，中国共产党对文化本质与地位、功能的认识逐渐发生变化。一方面，依然坚持文化与政治经济关系的基本原理，也没有放弃文化的阶级属性分析主场，但是它们作为理论支撑退隐到更深层的基础地位上，不再经常提起和突出强调；另一方面，突破了过去主要强调文化的配合作用、配角定位和政治功能的思路和框架，高度重视文化自身的主动性、独立性和在整个中国特色社会主义建设事业战略布局中的作用，其标志是社会主义精神文明和中国特色社会主义文化概念的相继提出和阐释。从党的十五大到党的十七大，每次党代会报告均设专节阐述社会主义文化建设问题，并且不断有与时俱进的新认识，如党的十五大报告中认为，有中国特色的社会主义文化"是综合国力的重要标志"；党的十六大报告认为文化"在综合国力竞争中的地位和作用越来越突出"；党的十七大报告进一步提出"提高国家文化软实力"、促进中华文化大发展大繁荣的任务。①

党的十八大以来，中国对文化重要性的认识不断加深，对国际传播中中华文化传播的要求也越来越明确。针对中华优秀传统文化，习近平总书记多次指出，文化是民族生存和发展的重要力量。在几千年的历史流变中，中华民族从来不是一帆风顺的，遇到了无数艰难困苦，但我们都挺过来、走过来了，其中一个很重要的原因就是世世代代的中华儿女培育和发展了独具特色、博大精深的中华文化。"优秀传统文化是一个国家、一个民族传承和发展的根本，如果丢掉了，就割断了精神命脉"，"中华优秀传统文化是中华民族的精神命脉"，"中华传统美德是中华文化精髓，蕴含着丰富的思想道德资源"。传统文化"思考和表达了人类生存与发展的根本问题，其智慧光芒穿透历史，思想价值跨越时空，历久弥新"，其丰富的"哲学思想、人文精神、教化思想、道德理念"，"可以为人们认识和改造世界提供有益启迪，可以为治国理政提供有益启示，也可以为道德建设提供有益启发"，具有"永不褪色的时代价值"。要加强对优秀传统

---

① 杨凤城：《中国共产党90年的文化观、文化建设方针与文化转型》，载《中国人民大学学报》，2011年第3期，第17-24页。

文化的传承工作。要"加强对中华优秀传统文化的挖掘和阐发",从传统文化中提取民族复兴的"精神之钙","对历史文化特别是先人传承下来的道德规范,要坚持古为今用、推陈出新,有鉴别地加以对待,有扬弃地予以继承",努力实现传统文化的"创造性转化、创新性发展"。①

在党的二十大报告中,习近平总书记进一步强调,要增强中华文明传播力影响力。坚守中华文化立场,提炼展示中华文明的精神标识和文化精髓,加快构建中国话语和中国叙事体系,讲好中国故事、传播好中国声音,展现可信、可爱、可敬的中国形象。加强国际传播能力建设,全面提升国际传播效能,形成同我国综合国力和国际地位相匹配的国际话语权。深化文明交流互鉴,推动中华文化更好走向世界。在2023年6月召开的文化传承发展座谈会上,习近平总书记再次强调,在新的起点上继续推动文化繁荣、建设文化强国、赋予中华文明以现代力量,是我们在新时代新的文化使命。要坚定文化自信、担当使命、奋发有为,共同努力创造属于我们这个时代的新文化,赋予中华文明以现代力量。

由上述分析可以看出,近年来中国国际传播一个重要主题就是文化传播,尤其是中华文化的全球传播。正是基于这一分析和判断,本书把文化传播置于国际传播的核心进行系统研究,围绕中华文化的全球传播形成本书的框架和主题。

第二节 本书框架与各卷主题

一、本书框架

本书围绕中华文化国际传播的体系与运作,分为三卷展开研究与阐述(图1)。

---

① 《习近平论中国传统文化——十八大以来重要论述选编》,来源:https://news.12371.cn/2014/02/28/ARTI1393582412215710.shtml。

| 总 论 |

```
国际传播的体系与运作
├── 上卷：国际传播的格局、观念与国家形象建构
│   ├── 网络社会与数字时代的国际传播
│   ├── 中华文化的国际传播
│   ├── 效能导向的分层传播
│   ├── 中国国家形象建构的生成与嬗变
│   └── 中国国家形象建构的理念与路径
├── 中卷：国际传播的体系、叙事与影响力测评
│   ├── 中国国际传播体系的主体结构
│   ├── 中国国际传播的叙事内容
│   ├── 中国国际传播的叙事媒介
│   ├── 中国国际传播体系的优化
│   ├── 中国国际传播影响力测评体系的全面建构
│   └── 中国国际传播影响力测评体系的方法与路径
└── 下卷：国际传播的运作、实践与经典案例
    ├── 中国典籍文化的国际传播
    ├── 中国博物馆的国际传播
    ├── 中国文化遗产的国际传播
    ├── 中国视觉文化的国际传播
    └── 中国企业形象与城市形象的国际传播
```

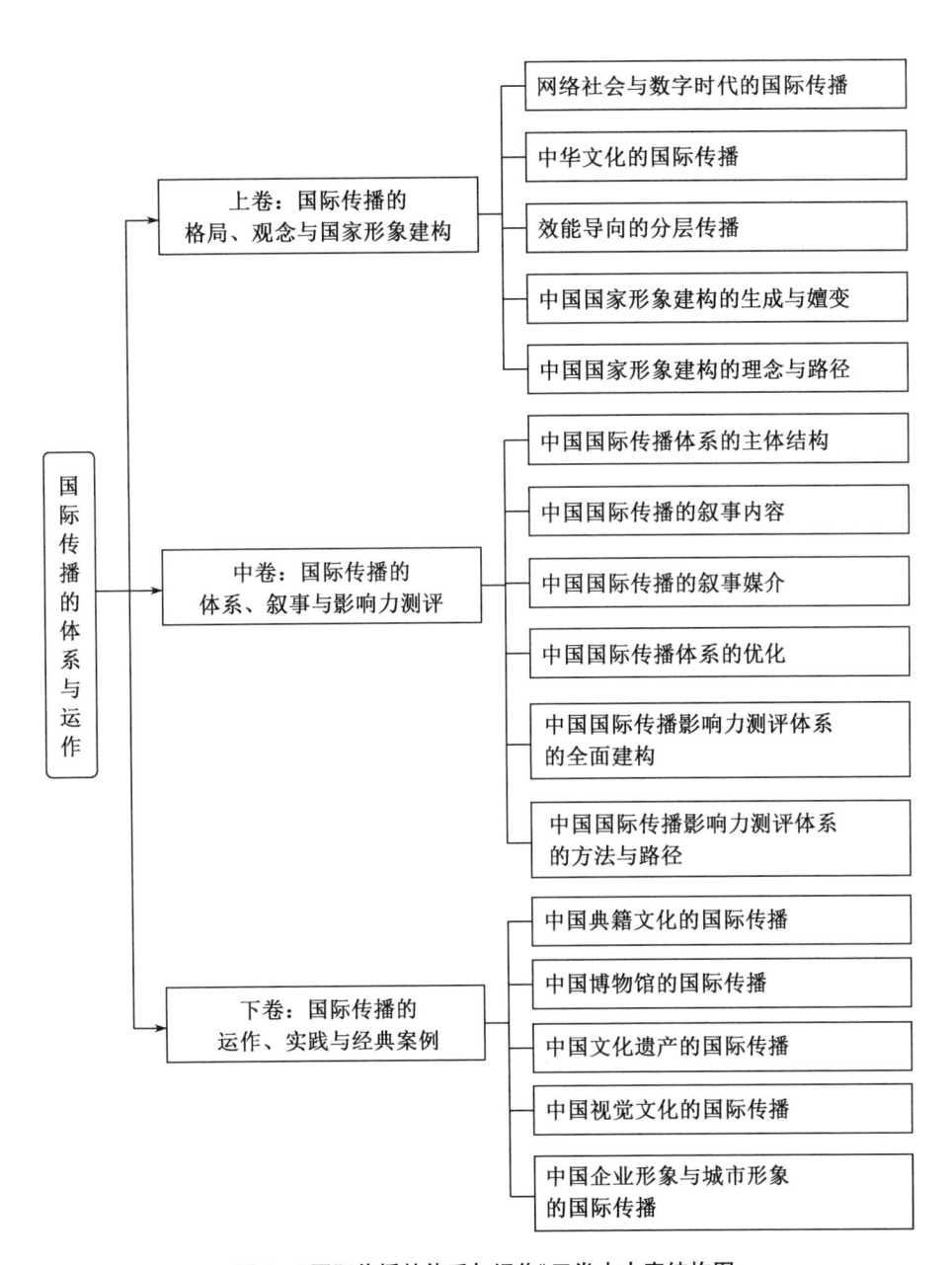

图 1 《国际传播的体系与运作》三卷本内容结构图

二、上卷主题：国际传播的格局、观念与国家形象建构

本书上卷定位于较为宏观的议题，讨论国际传播的格局、观念与国家形象建构。重点从传播的底层逻辑入手，分析数字时代引发的国际传播格局变迁，梳理国际传播的理论衍化、中华文化国际传播的现状，并从效能导向的维度探讨分层传播的理念与结构，最后探讨中国国家形象的生成与嬗变及其建构理念与路径。

中华文化的国际传播面临两个主要的变局，由此形成了国际传播的基本格局。第一个变局是国际政治经济的变局，即"百年未有之大变局"。习近平总书记近年来反复强调，当今世界正经历"百年未有之大变局"，西方发达国家掀起的逆全球化浪潮和单边主义、保护主义思潮持续蔓延，2020年起持续三年的新冠疫情更是对全球技术权力格局和信息传播秩序产生了结构性影响。

世界格局风起云涌，这给中国认识世界和认识自己都带来了挑战。在这样的时代背景下，中国亟须建构全新的全球观和中国观，同时亟须建构本土化的国际传播观。第二个变局就是媒介技术迅猛发展的变局。数字技术在21世纪来临的时候已经成为全球传播生态的基础。21世纪的20多年，我们又迅速见证了网站、博客、微博等新兴网络媒介应用形态的起落，网络媒介迅速进入社交媒体、平台媒体时代。相关的数字技术，诸如大数据、云计算、区块链等，和网络媒体相互支撑，构造了一个泛在的数字化传播环境。人工智能技术的演进以2022年底发布的ChatGPT为代表，正在强有力地重塑人类的传播。技术是人类社会变革的主要推动力之一。在数字技术的影响下，人类社会的政治、经济、社会结构正在发生深刻变化。作为人类存在的重要标志和价值来源，文化也发生了重要的变迁。可以说，网络化与数字化是人类当前文明形态的主要特征，对于文化而言，其呈现的方式在发生革命性变化。技术既是文化的媒介，也是与文化血肉交融的一部分。在文化场域，技术变迁正在带来内容生产和传播方式的双重革新，正在重塑人们的思维方式和价值观念，正在引领数字文明向多元化、民主化、全球化方向发展。网络与数字技术同时让国际传播的格局发生了深刻改变，文化间的交流跨越时空，在全球化的浪潮中制造了

融合,也产生了新的对抗。中华文化的全球传播在21世纪跨入了一个新时代,面临的局面也是百年未有的。

上卷第一章,我们分析了网络社会与数字时代所造就的"全球图景"给国际传播带来的挑战,同时回顾了国际传播理论在数字时代的变革,较为全面地为中华文化的国际传播勾勒了一个背景框架。在此基础上,我们从网络视听和社交媒体两个维度进一步展开,对中华文化国际传播所面临的媒介格局进行细节呈现。研究发现,当下的中华文化国际传播格局中,网络视听已经作为国家战略得以确立,而视频,特别是短视频也正在融入网络视听生态。从学理分析层面看,视频作为一种视听方式,体现着影像文化的发展;作为一种生活方式,体现着社会文化的形态;作为一种文化变迁,体现着文化结构的转型;作为一种跨文化传播,体现着国际传播的态势。国际传播的重点在于构建全媒体传播矩阵,而在构建全媒体传播矩阵中,视频,特别是短视频可以担任十分重要的"角色"。社交媒体平台的蓬勃发展及其对受众的直接对接性、高占有率、高黏性,更成为海外受众了解中国,以及中华文化"走出去"的重要通道。社交媒体正在重塑互联网的生态环境,其通过数字化、个性化、主体化的内容创作、分享、交流建构了网络虚拟社区,引领了一个全新的数字生态格局。社交媒体+网络视听正在形成中华文化国际传播的独特领域。

上卷第二章,我们全面考察了中华文化国际传播的历史与现状。在详细梳理"中华文化"概念的基础上,我们回顾了中国共产党文化观的内涵,回顾了改革开放以来中华文化自身所发生的深刻变迁,总结了21世纪以来中华文化国际传播所取得的成就和不足,重点分析了面临的问题,为本书后续的研究奠定了扎实的学理基础。我们认为,在国家利益竞争的背景下,文化"软实力"的较量使得文化平等交流面临危机,因为意识形态差异造成的猜疑与偏见没有消除,中国"外宣"观念还需要进一步更新,面对"中国威胁论",中华文化的传播效果受到深刻影响。此外,话语系统的壁垒也没有彻底打破,中西文化的隔阂依然存在。

上卷第三章,我们从"效能"概念出发,把近年来围绕"精准传播""立体传播""全媒体传播"等概念的核心思想通过"分层传播"概念加以整合，从哲学层面讨论了分层概念的基本内涵，认为分层传播是人们在特定的环境下为达到文化传播的某些预想的目标而有意识地对人类群体按照某种标准加以比较和分析，形成分类体系，并根据不同人类群体的特征，尽可能选择有效的工具和方法，意图最终实现预想目标的过程。任何传播过程总是发生在特定的时空背景之下，分层传播也是如此。分层传播预设了传播者必须对受众有一定程度的了解，这构成了它的一个基本前提。具体到中华文化的国际传播，分层传播的基本前提包括经济实力的支撑、传播基础设施的完善、合理设计的分层传播策略。并且，要取得良好的分层传播效果，需要中华文化共同体成员对自身文化的高度自觉意识，需要参与传播的主体始终坚持文明对话的平等态度，有赖于国际普遍存在着信任关系。在此基础上，我们按照拉斯韦尔的经典模式，为中华文化的国际传播建构了一个多维度的分层传播结构。

在上卷的最后，我们用第四章、第五章再次回到国家形象塑造这一经典主题。因为，中国国家形象塑造是我国文化软实力的核心，中国国际传播的主要目标之一。为此，我们需要了解在其他国家尤其是西方的中国形象究竟如何，它们是如何通过媒介生成的。在此基础上探讨国家形象自塑需要面对的问题，由此出发，确定中国形象建构的价值立场和基本框架，讨论形象建构的关键思路与重要途径。我们认为，中国国家形象塑造要摆脱"二分法"思维，建立批判性对话式的跨文化传播立场，既承认中西方"权力的文化网络"中的不平衡，又要从差异中看到跨文化的力量之所在，它是跨文化传播中的核心体验。在文化间性的视野中，中国可以搭建一个不同于以往的，既接受异质文化，又可以抵抗西方文化主导的中国形象研究的框架。在价值立场层面，要规避"西方中心主义"和"文化本质主义"。由此，可以建立起新的中国形象建构的框架。中国形象的建构整体定位是要建构文明大国、发展中大国、社会主义大国、负责任大国形象，而这一形象又可以通过经济、政治、文化、社会等不同侧面的形象来分别建构。中国形象的跨文化传播在观念和实践上要着力于四个转变或四个过程的建设：实现从宣传意识到对话意识的转变，实现从过度的媒介依存到泛中介化、去中介化和再中介化的转变,实现从商品输出到文化输出再到价值贡献的提升,实现由自我东方化、中国东方化到趋主流化和再东方化的转变。

三、中卷主题:国际传播的体系、叙事与影响力测评

本书中卷着眼于中观层面,聚焦中国国际传播的体系建构、叙事方式与影响力测评。因为任何传播格局和观念都必须在传播过程的不同维度得到具体呈现,而传播体系无疑是其中的重点。近年来,在如何传播这个问题上,"讲故事"成了重要的代名词,而它的后面是叙事问题,好的叙事方式无疑对于传播目标的达成具有重要作用。我们也把国际传播影响力的测评放在中卷,虽然它的内容相对独立,但是对于本书的总体结构具有重要意义。

关于国际传播的传播体系问题,一直处于一个半混沌状态。面对国际传播复杂的结构,如何划分其小单元结构并最终形成一种相对有序系统的状态,仍然是值得深思的。"传播体系"一般指涉及传播主体、内容、媒介、渠道、方式等的一整套传播架构。因此,对于国际传播体系的建构也存在不同维度的理解。我们认为,尽管在媒介技术突飞猛进的当下,考虑国际传播体系中的媒介架构显得相当重要,但是任何传播在目前还主要是人控制的传播,因此,传播主体的体系在逻辑上必须被置于更加基础和重要的位置,而传播主体的叙事行为是传播的主导因素。本卷研究将根据这个思路,重点研究中国国际传播体系中的主体结构、国际传播的叙事内容、国际传播的叙事媒介等,并对当前中国国际传播体系存在的关键问题进行分析并提出优化方案。

中卷第一章我们对中国国际传播体系中的主体结构进行了详细分析。迄今,中国的国际传播已初步构建起多主体、立体式的格局。这一格局的形成肇始于1991年国务院新闻办公室的成立,该机构负责领导对外新闻传播工作。此后各地陆续建立地方新闻办公室,形成国际新闻传播工作的管理机制,官方主体成为国际传播的主力军。网络传播引发信息生产方式变革,非官方主体也获得了更多的传播权力,成为国际传播主体的重要组成部分。我们认为在

官方和民间之间，还有半官方，这样界定更为清晰和全面。官方、半官方、民间主体的划分，以是否党政机关，以及与党政机关的关联性为依据：党政机关属于官方主体；具有官方背景，即与党政机关具有密切联系，或在其支持下运营的企业、社会团体或者党政机关下属机构，归入半官方主体，如一些与党政机关密切相关的社会团体、政府机关下属的国营文化传播公司等；其他不具有官方背景、不在官方支持下从事传播的私营企业和个人归入民间主体。总体而言，中国国际传播体系的多主体格局已经形成，三类传播主体既有分工也有协作，在互动互补中形成了一个有机的整体。

中卷第二章和第三章分别对中国国际传播的叙事内容和媒介展开了深入研究。我们尝试对人类文明新形态倡议下中国官方、半官方、民间三个主体在进行国际传播活动过程中通过叙事构建的意义进行分析，并分析这三个主体构建了怎样一种中国国际形象。长期以来，官方主体一直在试图向世界讲述真实的当代中国。这基于几个基本的事实，一是无论历史的中国形象如何，当代中国已经发生了巨大变化，很多外国人想了解这个变化了的中国。二是西方媒体主导的新闻传播领域充满了误解和偏见甚至是敌意，这需要中国从自己的立场来呈现现实的、真实的中国，主动参与到中国形象的塑造中。这种塑造，某种程度上还需要伴随着不懈的斗争。半官方主体作为官方主体的补充，在塑造立体当代中国方面起着重要的作用。如各种智库，特别是海外智库重点以学理性分析阐释中国发展、发出中国声音。民间主体则在呈现社会阶层的广泛性和丰富性等方面具有独特的价值。民间主体中的文化传播公司和自媒体等私营企业以及艺术家、学者、文化IP（Intellectual Property，知识产权）、中外网红等，其传播的内容丰富多彩，很多是切身体验，更加鲜活生动。在叙事媒介层面，官方主体在国际传播中具有的官方信息和媒介渠道、资源优势不言而喻。这些优势具体体现在官方媒体对于政府信息的渠道独占优势，以及由政府支持保障的资金充裕，这使得官方主体的发声渠道更加通畅，平台基础设施建设更加完善，在媒介物质方面具备坚实的基础。半官方主体中的媒体以网络数字叙事为主，呈现为多媒介叙事、跨媒介叙事和交叉媒介叙事三种形式。半官方媒体以多种媒介实现"全媒体承接式叙事":通过网站、移动客户端、社交媒体等媒介,以不同风格、不同角度、多种方式讲述与官方相近的故事,满足不同用户的需求喜好。民间主体的学者则通过著作、文稿等实现学术对话,艺术家则以艺术作品的形式沟通中西文化,普通民众则以短视频作为自我展示的媒介。

中卷第四章,我们从主体和叙事维度,对中国国际传播体系的优化提出了意见和建议。在国际传播的主体方面,我们认为对官方媒体的管理优化,根本上是要进一步实施媒体改革,形成全媒体发展的媒介矩阵,建立第一时间发声、第一时间落地、第一时间见效的快速有效机制。叙事内容角度,中国的国际传播要以最能体现中华文化特点的宇宙观、天下观、社会观、道德观的传播为主,注重天下为公、民为邦本、为政以德、革故鼎新、任人唯贤、天人合一、自强不息、厚德载物、讲信修睦、亲仁善邻的传播内容。在媒介渠道层面,中国的国际传播要发挥鲜活的个人媒介影响力,充分发挥人际传播的重要作用,讲好中国故事。在叙事策略方面,官方主体要及时发布权威内容,推进媒介融合的进一步实现。半官方主体要发挥叙事媒介的中介性特点,推动促进"中介"机制的形成,要以中介传播行为促进双向互动,实现真正的交流沟通。民间主体叙事策略的优化一是发挥有影响的个人作为媒介和使用媒介的巨大潜力,二是鼓励普通个体民众发挥自媒体的独特作用。

中卷的第五章和第六章,我们尝试建构一个较为科学完整的中国国际传播影响力测评体系。一百多年的传播学历史,某种意义上说,就是对"传播效果"孜孜以求的历史。在本书中,我们首先将影响力测评定位在起点更高的"效能"维度,而不仅仅是"效果"。国际传播体系建构的最终目标是获得影响力。目前中国文化的国际传播中,还缺乏一个科学有效的测评体系来衡量这种影响力。因此,本卷用两章的篇幅尝试建构一个中国国际传播影响力的测评体系。我们采用层次分析法(AHP,Analytic Hierarchy Process),通过文献研究确立评估原则,根据传播流程及环节建立层次结构模型,确立层次分析指标,依据同级层不同指标的重要性,划分同级内不同指标的权重,最后综合每一层级指标的不同权重,建构出最终的指标评估体系(具体内容见中卷的阐述)。

四、下卷主题:国际传播的运作、实践与经典案例

本书下卷聚焦于微观层面来研究中华文化国际传播的运作与实践,并通过经典案例的分析来完善和补充上卷以及中卷的理论建构与实践路径。

本卷由五个章节的内容构成,分别从中国典籍文化的国际传播、中国博物馆的国际传播、中国文化遗产的国际传播、中国视觉文化的国际传播,以及中国企业形象与城市形象的国际传播这五个方面,共同围绕"国际传播如何运作,其具体方法与路径是什么"这一中心问题进行论述和展现。需要明确的是,无论以哪种分类方式对"文化"进行划分,都不可能穷尽其各方面。因此,当我们在从文化这一经过逻辑深度抽象后的本体性的概念回到现象时,只能选取部分的领域来进行本卷的编撰。本卷选取典籍文化、博物馆、文化遗产、视觉文化、企业与城市形象这几个方面作为讨论国际传播运作路径的领域,均具有一定的时代性和代表性。

一方面,从广度上说,尽管无法面面俱到,但本卷讨论的内容已涵盖了文化范畴下的大部分领域。哲学、自然科学、文学、艺术可谓人类精神性的心智产物最为重要的组成部分,这些内容大致被纳入典籍文化与视觉文化部分(第一章、第四章)的讨论中;而其他物质与非物质性心智产物则被纳入博物馆与文化遗产这两部分(第二章、第三章)的讨论之中。除此之外,国家、城市、企业这三者属于不同层面的社会组织,而社会层面参与文化活动的(非个人的、群体性的)主体都可以被视作来自政治或经济领域,大多属于这三种社会组织。其中,与企业(经济性组织)对应的政府(政治性组织)主体可以被纳入城市与国家的范畴之中。另一方面,对于这些文化重点领域的分类标准我们也做了相对周全的考量。主要原则是依据近年来国际传播中文化传播的重点领域(包括近年来轻视甚至是忽视的领域)进行分类,同时尽可能兼顾全面性与各类别间的互斥性。典籍文化的传播、文化遗产的传播、视觉文化的传播,与各

层面社会组织（如国家、城市、企业等）的形象传播都是近年来中国进行对外传播实践时的主要组成部分。在各类别间的互斥性上我们也做出了努力，因此本卷内容中并未出现同样主题的重复论述。但此处需要做出说明的是，前文提到的"文化"的本体性和普遍性决定了类目之间难以做到泾渭分明的区隔与绝对的互斥，因此各类目在概念层面难免重叠。例如典籍、博物馆、文化遗产均可被纳入广义的视觉文化范畴中，而博物馆与典籍、文化遗产的概念均有重叠，典籍与文化遗产的概念亦有所重叠。尽管概念上的重叠难以完全避免，但我们努力在具体论述中做到了避免重复。

下卷第一章讨论了中国典籍文化的国际传播状况与对策，其中又主要研究了国家图书馆数字典藏的国际传播，以及著名汉学家安乐哲先生在翻译并传播中国典籍文化过程中所作出的杰出贡献。在国家图书馆数字典藏的国际传播部分，我们首先对中国传统文化典籍的发展情况进行了概括性研究，重点讨论了数字人文背景下图书馆古籍档案的开发与对外传播中存在的问题与对策，而后列举了丝绸文化、茶文化、饮食文化、中医文化四个方面古籍的国际传播历史，以及数字时代中存在的问题与解决路径。西方汉学家、哲学家、比较研究学者群体成为推动中华优秀传统文化走向世界的一支重要力量，而这支力量往往没得到重视。四十余年来，安乐哲先生对中国道家哲学、儒学哲学、兵法哲学等展开了跨文化传播实践活动，在这一过程中，安乐哲基于文化哲学、过程哲学对道家哲学进行了阐释，基于和谐共生哲学思维对《孙子兵法》的阐释，更是对儒学的自然主义宗教观进行了阐释。安乐哲先生作为中西哲学交流的桥接者和调解者，在比较哲学跨文化传播实践中旨在消除文化简化主义和种族中心主义导致的中国哲学误读，在中西哲学类比中力图利用"阐释域境"还原中国哲学典籍意蕴，最终促成中西哲学的交流对话，从而共同解决21世纪人类面临的危机和困境。

习近平总书记强调，要让收藏在博物馆里的文物、陈列在广阔大地上的遗产、书写在古籍里的文字都活起来，丰富全社会历史文化滋养，同时为全人类提供正确的精神指引。为此，本卷在第二章对中国博物馆的国际传播展开研究。我们重点探讨了博物馆的国际传播与数字化建设的关系，以及中国博物馆的国际传播理念、运作机制与实现路径。数字化建设是数字文明的重要组成部分，也是当下博物馆国际传播的关键所在。中国博物馆当下正采取数字化管理、数字化场景互动应用以及数字化保护进行数字化建设，新技术使现代博物馆逐渐朝着数字博物馆、智慧博物馆方向发展。中国博物馆国际传播的主体（主要指国家一级博物馆）应以多元思维、分层传播、数字人文、适时调整为运作机制，通过新技术革命与场景化革命进行国际传播。

下卷第三章对中国文化遗产的国际传播展开深入探讨。我们重点讨论了文化遗产作为人类历史的见者证和符号承担了多重作用和意义，提出了以经典叙事学作为研究范式的国际传播理论研究视角。我们以讲好中国故事、提升中华文化影响力为研究目的，以经典叙事学的结构主义为研究范式，详细论述和探讨了现代世界文化遗产保护领域的叙事逻辑，诠释和探索了建构我国文化遗产的国际传播叙事作为提升中华文化影响力的理论和方法。在选择案例进行具体的文化遗产叙事分析阶段，敦煌莫高窟作为我国第一批入选《世界遗产名录》的文化遗产项目之一，成为我们分析的重点。在这一部分，我们分析敦煌"突出的普遍价值"，在国际传播交流史上具有什么样的意义，以及在新时代中应当如何进行数字化国际传播。

下卷第四章主要关注中国视觉文化的国际传播。现代文化正在脱离以语言为中心的理性主义形态，在现代传播科技的作用下，日益转向以视觉为中心，特别是以影像为中心的感性主义形态。在这一前提下，在包含于视觉文化范畴内纷繁复杂的各项门类中，我们选择了电影、电视剧、书法、当代艺术四种文化类型，对其国际传播的观念与运作路径展开探究。在电影领域，我们将"国际A类电影节获奖中国影片的研究"作为一种新的视角，针对"在视觉文化传播时代中国电影应如何呈现中华文化和中国形象并同西方进行对话"这一核心问题，在历史的纵向脉络上，运用符号学相关方法梳理国际A类电影节获奖中国影片的视觉呈现与文化表征，探寻其背后与社会变迁之间的关系。在传播的横向层面上，运用跨文化传播研究方法，分析国际A类电影节中国获奖影片跨文化传播力及效果。力图搭建中国电影跨文化传播的分析框架，并借此让中国电影影响世界，从而提升中华文化国际影响力和构建我国文化软实力。在电视领域，我们重点研究电视剧的国际传播。从国内电视剧精品频出到国际高关注度的电视剧产品偶现，应该说中国电视剧目前正处于从绝对优势的"内需市场"向相对平衡的"内需与外需市场"的转型发展阶段。通过分析，我们发现以故事策略与视听特性见长的电视剧在中国文化国际传播中凸显重要性。全球范围内，多样化的中国电视剧创新供给旨在从满足海外观众对中国的文化想象升级为以文化趣味带动价值传递与文化认同。在中长期效果层面，电视剧国际传播的周边社会效益与市场效益带动力将远大于其在国际市场获得的直接市场效益，集中体现于潜在中国文化爱好者的磁石效应、对中国品牌国际形象传播的植入效应、对中国文化软实力提升的溢出效应。书法艺术是汉字的表征形式，是中国独有的艺术形式。近年来，国内学者们逐渐关注到书法是国家形象体系建构的重要环节，由此开始着眼在书法对外传播的实践中探寻书法提升自身的外向传播力与影响力的方法与路径。中国书法艺术在日本和美国的传播过程比较具有代表性。周斌先生是中国当代著名书法家，其书法艺术的国际传播相当具有借鉴意义，由此成为本节之中的一个重要案例。周斌先生书法艺术国际传播的成功经验，对于中国文化的国际传播在多元传播方式和多层传播路径上具有借鉴意义。在国际传播中，当代艺术是一种特殊的"撒播"式的媒介。当代艺术是视觉性的，是超越语言的，这种超越语言的符号体系，能够生发相当程度的言外之意。在中国的国际传播之中，当代艺术作为一种"撒播"的传播介质的意义在于，能够去除明显直接的政治性和意图性；能够作为最具先锋性和实验性的艺术形式，向世界展示中国当代文化中最富有生命力和创造力的领域；也能够通过直观可感的艺术样态，模拟身体在场，将情感、文化、社会背景都包括在内，从而激起人们的情感共鸣。

下卷的最后一章，我们研究了企业形象国际传播和城市形象国际传播两个话题。在企业形象的国际传播方面，我们提出一个整体性的国际传播"媒介观"，即需要把传统意义上对媒介的理解从"大众媒介"向"一切可以用于传播的行动"上转变和迭代,逐步形成一种"大媒介观",补充完善现有的以广告、新闻为主的外宣手段,打造多维立体的传播结构,并将中国企业的海外传播活动嵌入整个国家国际传播体系中。进而,我们还得出"大媒介观"的操作路径:第一是深耕传播对象国家的市场,研究当地的人文环境;第二是设计和开发海外市场用户体验;第三是打磨中国企业品牌故事;第四是用社交媒体建立口碑。我们应当运用"分层传播"的观念,摆脱"泛世界认知",从国际整体向国别差异转变,摆脱"社会单一结构认知"向"社会分层"转变,基于国别和文化圈,基于不同社会阶层,基于组织与消费者的企业传播进行分层传播。在传播内容层面,我们应当讲好国企央企对外援助故事,同时树立中国民企鲜活个性形象。中国城市的国际传播研究是一个非常值得关注的研究方向。我们以《2021中国城市国际传播影响力指数报告》与《2021中国城市海外网络传播力建设报告》这两份近年来有代表性的中国城市国际传播影响力的调查报告为例子,说明中国城市在国际媒体传播的特点。之后,我们着重以深圳为案例,探讨了其国际传播的成功经验,即着重以深圳市作为行动单位,讨论如何在复杂的国际媒体形势下提升城市品牌形象和传播力。一方面通过讨论深圳市政府级别和街道级别提升对外城市形象的努力以及对外交流问题,解决中外沟通的工作经验;另一方面讨论深圳市的传媒部门,特别是深圳报业集团在对外城市形象提升方面的工作启示,并给出启示和解决方案。

目　录

总序 ··· 001

总论 ··· 001

导言 ··· 001

第一章　网络社会与数字时代的国际传播 ················ 022
　　第一节　网络社会与数字时代的来临 ······················ 022
　　第二节　国际传播理论的变革 ··································· 032
　　第三节　网络视听助推国际传播 ······························· 053
　　第四节　社交媒体成为国际传播的重要平台 ············ 065

第二章　中华文化的国际传播 ······································· 076
　　第一节　全球图景与文化传播 ··································· 076
　　第二节　网络时代中华文化的现状 ··························· 091
　　第三节　网络时代中华文化的全球传播 ···················· 109
　　第四节　中华文化全球传播面临的困境 ···················· 119

第三章　效能导向的分层传播 ······································· 142
　　第一节　分层传播理念 ··· 143

第二节　中华文化全球分层传播的主要结构⋯⋯⋯⋯⋯⋯⋯ 176

第四章　中国国家形象建构的生成与嬗变⋯⋯⋯⋯⋯⋯⋯⋯⋯ 231
　　第一节　西方的中国形象及媒体话语的生成⋯⋯⋯⋯⋯⋯⋯ 231
　　第二节　以西方中国形象的"本土化"审视中国形象"自塑"⋯⋯ 243
　　第三节　"中国形象"建构的价值立场和基本框架⋯⋯⋯⋯⋯ 255

第五章　中国国家形象建构的理念与路径⋯⋯⋯⋯⋯⋯⋯⋯⋯ 266
　　第一节　传播意识—主体意识—对话意识⋯⋯⋯⋯⋯⋯⋯⋯ 266
　　第二节　泛中介化—去中介化—再中介化⋯⋯⋯⋯⋯⋯⋯⋯ 274
　　第三节　商品输出—价值贡献—文明互鉴⋯⋯⋯⋯⋯⋯⋯⋯ 282
　　第四节　去东方化—趋主流化—再东方化⋯⋯⋯⋯⋯⋯⋯⋯ 291

参考文献⋯⋯⋯⋯⋯⋯⋯⋯⋯⋯⋯⋯⋯⋯⋯⋯⋯⋯⋯⋯⋯⋯ 299

导　言

本书上卷将聚焦于较为宏观的议题,讨论国际传播的格局、观念与国家形象建构。重点从传播的底层逻辑入手,分析网络与数字时代引发的国际传播格局变迁,梳理国际传播的理论衍化、中华文化国际传播的现状,并从效能导向维度探讨分层传播的理念与结构,最后探讨中国国家形象的生成与嬗变及其建构理念与路径。

传播依赖媒介。人们通过话语进行交谈似乎不依赖媒介,这是因为我们把发出语音看作一种来自身体的能力,而不是对物质工具的使用。从文字开始,人类以越来越快的速度发明各种媒介工具及其依赖的技术体系、组织体系。到20世纪初,大众传播时代到来,报刊、广播、电视成为人们生活中须臾不可分离的媒介。"二战"结束后的数十年间,计算机网络迅速发展成为一个覆盖全球、功能强大、传播迅速、影响广泛的媒介体系,其影响力早已超过传统媒体,并且使得几乎所有传统媒体向网络化与数字化转型,数字技术在21世纪来临的时候已经成为全球传播生态的基础。21世纪的20多年,我们又迅速见证了网站、博客、微博等新兴网络媒介应用形态的起落,网络媒介迅速进入社交媒体、平台媒体时代。相关的数字技术,诸如大数据、云计算、区块链等,和网络媒体相互支撑,构造了一个泛在的数字化传播环境。人工智能技术的演进以2022年底发布的ChatGPT为代表,正在强有力地重塑人类的传播。

技术是人类社会变革的主要推动力之一。在数字技术的影响下,人类社会的政治、经济、社会结构正在发生深刻变化。作为人类存在的重要标志和价值来源,文化也发生了重要的变迁。可以说,数字化是人类当前文明形态的主要特征,对于文化而言,其呈现的方式在发生革命性变化。技术既是文化的媒介,也是与文化血肉交融的一部分。在文化场域,技术变迁正在带来内容生产和传播方式的双重革新,正在重塑人们的思维方式和价值观念,正在引领数字文明向多元化、民主化、全球化方向发展。数字技术同时让国际传播的格局发生了深刻改变,文化间的交流跨越时空,在全球化的浪潮中创造了新的融合,也产生了新的对抗。中华文化的全球传播在21世纪跨入了一个新时代,面临的局面也是百年未有的。在这种情况下,我们需要对涉及中华文化国际传播的宏观层面进行较为全面的考察,并对文化传播的观念变革进行系统阐述。

一、网络社会与数字时代的国际传播

随着互联网络在世界范围内的发展,数字时代已经来临。计算机网络技术的发展改变了信息生产方式,改变了大众传播时代以传者为中心的线性传播模式,构建了一个以网民和链接关系为根本要素的网络传播结构,使传统的信息生产者不再具有垄断地位,导致了媒体人社会身份、社会权力的转移。网络技术无论在媒介的广义还是狭义的理解中都是重要的中介物。不过,我们提到"网络媒介"时更多的从狭义的概念上理解,即把网络的媒介属性和其他的通信属性区别开来。网络媒介无疑是网络时代最为主要的传播媒介。它一方面以压倒性的优势战胜了以报刊、广播、电视为代表的"旧媒介"(大众媒介),成为万人瞩目的新一代"新媒体";另一方面以全新的技术手段将文字、语音、图像、视频等融合在一起,成为几乎无所不能的"融媒体"。今天,我们身陷网络媒介的海洋里,形形色色的网站和应用以不断翻新的态势出现在我们周围,给人的感觉是隔几年就有一批新的网络媒介来替代旧的媒介。2004年前后,博客(blog)带着Web2.0的光环风靡一时,不过数年后微博取而代之,如今在中国,最时髦的媒介似乎是微信(WeChat)而非微博,所谓"两微一端"(微博、微信、客户端)加"一抖"(抖音)正成为当下的网络主流媒介。虽然网络技术无疑是塑造今天网络社会的重要力量,但是它并非唯一的力量。因为感受到网络技术带来的巨大变化,很多学者、公众和官员或多或少对网络抱有某种乌托邦想象,实际上网络并没有什么超强的魔力。技术之外的政治、经济、文化都对网络产生了重要的影响。互联网诞生初期,人们普遍认为它将会促进全球社群之间的相互理解,塑造一个更加明智、宽容、互动的世界公民共同体,为人们提供更多的交流机会,更少的和更难的网络言论审查使得无拘无束的自由对话更容易实现,媒介全球化将让原先封闭的地区和国家走向开放。总之,一个世界范围的国际公共领域是可以期待的,它将最终形成一个国际的公共舆论和跨国的伦理规范。事实表明,上述预测只实现了一小部分,而期待中的宽容、开放、自由、对话的国际公共领域并未如期到来。

不过可以确定的一点是,数字媒体带来了国际传播格局的重大变化。网络媒体并没有取代旧媒体。相反,它使得新旧媒体形成新的组合,一个"全媒体"传播的时代才是数字时代的本质。正如丹麦学者延森所言,网络时代的媒介融合是三个维度的媒介的融合:第一个维度是以身体为中介的传播形态,它大致对应于梅洛维茨的无中介传播,不过延森强调了这种传播方式并非无中介,人类的身体就是媒介;第二个维度的媒介是经过模拟技术手段中介的传播,大众传播或传统媒体是典型的代表,如报纸、广播、电视等,它扩展了人们感知世界的方式;第三个维度的媒介是以数字化的计算机网络技术为基础的传播形态。延森把数字化技术称为"元技术",它并不是一种具体的技术,而是能够整合绝大多数现有技术的技术,印刷、广播、电视、电影等媒介形态经过数字化以后都可以在互联网上传播。"元技术"概念意味着并没有一种传统的媒介彻底消失,它总是以不同的方式被转化。从印刷媒介到广播电视媒介再到网络数字媒介的过程不能理解为单线的媒介演化,新媒介的出现并不必然使得旧媒介消失。复旦大学国家文化创新研究中心曾在2021年专门召开了"回归媒介本质:生成型媒介与关系重建"学术研讨会。这场旨在"正本清源"的学术研讨会针对"新媒体(new media)"引发的新闻传播界多年"误读"甚至"误导",提出了要用"生成型媒介(emerging media)"这一更准确、更科学的概念代替"新媒体"概念,并据"生成型媒介"这一概念构建新闻传播研究的新理论。正是基于这一认知,我们在本卷分层传播理念的媒介部分对数字时代的媒介格局进行了详细分析,在中卷的主体叙事媒介优化中给出了基于全媒体传播的意见建议。

自20世纪50年代以来，国际传播研究自身也经历了诸多变化。国际传播并不是近代才兴起的一个现象，其作为一种传播现象早在人类社会团体形成的过程中伴随商品买卖和沟通出现，而这种人类社团更多的指的是民族和国家。对国际传播的定义有广义和狭义之分，广义的国际传播是指超越各国国界的传播，即各民族、各国家之间进行的传播，狭义的国际传播则是指使用大众传播媒介进行的国与国的传播。国际传播的主体是国家、个人、政府和非政府组织、商业机构，国际传播是发生在国家、个人、政府和非政府组织、商业机构间的国际交流。国际传播的主要目的一方面在于改变他国民众的意识，从而改变他国的决策，另一方面，也能够实现思想政治影响，发展经济合作，促进文化交流。国际传播的主要渠道是大众传播媒介，随着网络技术的进步，社交媒体蓬勃兴起，国际传播的途径也变得越来越宽泛。

国际传播研究主题颇为繁杂，不过，可以从两个角度整合国外对国际传播的主要研究：一是从经济社会发展的发展论角度，二是从文化观念、价值标准的文化论角度。战时宣传与心理战研究热潮随着"二战"的结束逐渐退却，随之而来的冷战模式使得宣扬资本主义意识形态成为以美国为主的西方国家政治上的一个主要目标。在这一背景下，国际传播的研究方向转向为舆论动员以及为国家发展提供资源，现代化理论伴随着发展传播学迅速兴起。从文化、价值观视角来看，国际传播经历了从文化帝国主义到文化的同质化与多元化的发展历程。从依附主义衍生而来的文化帝国主义在20世纪七八十年代成为国际传播研究的重点。席勒（Herbert Schiller）在《大众传媒与美利坚帝国》一书中认为西方国家通过文化手段实现新殖民，是一种文化帝国主义。汤林森（John Tomlinson）反对这种文化帝国主义的强大影响，他认为媒介只是中性地、平等地传播信息，并没有将意识形态强加给他国。汤林森和许多批判文化帝国主义的学者也认识到，文化帝国主义是游走于经济与政治之间的，文化并不等于媒介，文化不仅仅是地域问题，文化也是历史性的。多民族国家的文化本就是复杂多元的，个人对文化产品的接受受到其社会生活环境的影响，文化输出未必能获得想象中的巨大效果。对文化帝国主义的研究热潮推动了第三世界国家争取世界信息和通信新秩序的运动。一个信息民主化、自由化流通，遏制跨国媒体，鼓励发展中国家媒体成长的世界信息与传播新秩序（NWICO）受到广泛的重视。随着全球化的深入发展，个人已经无法做到不受全球化信息交流的影响，技术的发展、组织内部的交流和媒介机构的全球运营使得多种媒体全球化，为全球电子文化奠定了基础。全球化语境同时推动了看似对立的力量：中心化与去中心化、标准化与多元化、去国家化与跨国化。这种标准化与多元化也就是文化同质化与多元化并存的矛盾。

国际传播问题是一个涉及多学科、多领域的广泛的研究主题。在理论与实践中，国际传播常常与同为传播学子学科的跨文化传播相互拉扯。从学科发展史的角度看，国际传播和同时兴起的跨文化传播具有内在的联系。或者说，国际传播在很大程度上由跨文化传播奠基，跨文化传播构成了国际传播的重要渊源之一。不管是跨文化传播还是国际传播，都是一种文化传播形式。跨文化传播与国际传播之间最大的联系是文化，跨文化传播与国际传播都注重文化在传播中的重要性。两者的研究都涉及异质性文化之间的传播，也都涉及信息的交换。跨文化传播探索的是不同文化带来的不同价值观、信仰之间的冲突，而国际传播的冲突则是由跨越国界引起的。正是基于上述渊源关系，无论在日常使用还是在学者的研究中，国际传播和跨文化传播之间的界限日渐模糊。很多学者总体上以"跨文化传播"概念来涵盖包括跨文化传播、国际传播、发展传播在内的所有涉及文化传播的相关概念，不再仔细区分这些概念所指代的研究领域的细微的或重要的差别，也有研究者偏向使用"国际传播"来指代这些概念。

有学者认为，自 20 世纪 80 年代起，国际传播研究开始了向文化视角的转变。文化视角相对于"社会"或"国家发展"视角，将文化研究看作核心。这种文化转向的根源在于，国际传播在很大意义上是一种跨文化的传播，国际传播的实践必须时刻考虑不同文化背景的人们如何理解和接受信息。国际传播向文化转向的主要原因则离不开跨文化传播过程中文化观念的传播造成的文化冲突与融合,这构成了相当长一段时间内国家交往中的主要矛盾,围绕文化保守与开放,国家的政治力量不断衡量本土文化和外来文化之间的复杂关系,文化创新、文化安全成为各个国家不得不面对的核心问题。另一个主要原因则是文化从人类生存的背景不断被转化为"内容",尤其是观念形态和艺术形态的文化不断被产品化和商品化,在现代媒介的作用下,文化产业成为经济领域的重要方面,这些特殊的商品反过来又影响了各个国家对文化重要性的再认识。国际传播的文化转向集中体现在国际传播研究中出现的三个重要理论之中,即文化帝国主义理论、公共外交理论和软实力理论。

国际传播的基本主体是国家,带有很强的国家意志力,内容方面以政治考量为主。由于与国家安全密切相关,在国际传播领域,以国家利益为最高原则。在国际传播中,政府主体发挥着重要作用。在中国的国际传播中,政府资助的主流媒体占据主导地位,是争夺国际话语权和叙事权的重要渠道。多元主体参与、专业媒体产品全媒体化、视频优先是当前国际传播实践的突出特点。

回顾21世纪以来我国在国际传播策略与战略方面的发展历程,不难看出,中华文化的国际传播格局已经从"走出去""传出去"发展到"讲好中国故事,传播好中国声音",凸显中华文化国际影响力的全新阶段。我国的国际传播取得了许多成绩,为我国的改革开放提供了强大的国际舆论支持。但我们也要清楚地看到,在国际传播中,特别是跨文化传播中,我们还存在着许多问题和不足,主要有:中华文化的国际传播尚缺乏多元共生的理念,缺乏双向交流平衡模式,尚未形成国际话语表达体系,缺乏精准有效的传播方略。为此,中国国际传播需要进行观念的更新:建立多元逻辑、多元共生、多元共识的国际传播理念,设计出多层次、多角度、多方位的跨文化传播立体管道,遵从传播规律,增强跨文化传播的有效性,将构建全媒体传播矩阵作为国际传播的重点,注重与国际组织开展国际文化交流,建立共赢模式。

数字时代的中华文化国际传播格局中,网络视听已经作为国家战略得以确立,而短视频也正在融入网络视听生态,在"网络视听"大系统与子系统中都有着独特的地位和作用。在我国,短视频平台发端于2014年,腾讯视频率先推出微短视频,但盈利模式尚不清晰,发展并不顺利。2015年后,快手、抖音等短视频平台相继出现,它们从创立初期就消除了众多传统视频平台对自我内容生产商的身份界定,将自身定位为短视频内容的播出平台,从而吸引了众多PGC、UGC、PUGC和MCN机构。短视频应用作为移动互联网环境下诞生的新媒介形式,它的出现不但适应了现代人们"碎片化"的阅读习惯,更是促进了人们在各个不同场景中进行视听阅读的变化。短视频的内容生产机制与传播方式与以往的视听形式有本质上的区别,其"短平快"的内容特点和传播特点引人注目。

从学理分析层面看,短视频作为一种视听方式,体现着影像文化的发展;作为一种生活方式,体现着社会文化的形态;作为一种文化变迁,体现着文化结构的转型;作为一种跨文化传播,体现着国际传播的态势。国际传播的重点在于构建全媒体传播矩阵,而在构建全媒体传播矩阵中,短视频可以充任十分重要的"角色"。用短视频作为实现我国跨文化传播的主要"生力军",某种意义上就是要用短视频实现跨文化传播中受众的"传受同构""心理同构"。从出海经历上看,中国视听产品引领中华文化"走出去"的过程并不乐观,频频遭遇国际冷传播的尴尬处境。在这样的境况之下,以短视频助推国际传播具有重大的现实意义。短视频能够通过社交媒体进入国际传播,搭建中华文化话语场,短视频可以延展民间叙事新模式,多角度讲好中国故事。但短视频在传播中华文化方面也存在诸多问题:第一,文化差异使得传播内容受限;第二,平台遭到封杀,传播渠道受限;第三,制作公司单薄,亟须政府支持;第四,创作力量不足,难以寻求平台支持;第五,品牌意识薄弱,缺乏精细市场开发;第六,缺乏规则意识,营运能力亟待提高。因此,短视频若想在国际传播上更多地触达多元用户,增强中华文化的影响力,便需要有规划、有策略地构建"媒体矩阵",兼顾"借船出海"与"造船出海":既要积极利用海外已有新媒体平台,积极与其构建良好的合作关系;也要努力搭建自有平台和内容频道,并提升其国际影响力。

与网络视听一并构成数字时代传播景观的还有社交媒体平台的崛起。社交媒体平台的蓬勃发展及其对受众的直接对接性、高占有率、高黏性，更使其成为海外受众了解中国，以及中华文化走出去的重要通道。社交媒体是一种网络数字平台的通用术语。人们能够通过这个平台自由地分享观点和经验。同时，它也是一种全新的网络媒体形式，可以为用户提供真实的参与感和空间感。可以说，社交媒体是一种以互联网 Web2.0 为基础的数字交互平台，在这个虚拟的网络社区里，人们通过创作和发布相关资讯、信息等来进行意见交流、观念与经验的分享。社交媒体与传统的数字媒体平台不同的是，其用户具有更强的主动性和选择的权利，其通过自行的信息交互行为实现网络社群的搭建。社交媒体所承载的内容包罗万象，注重内容的垂直开发，涉及新闻、教育、娱乐、美食、旅游、育儿等 20 多个门类，其内容承载的形式也比较广泛，涵盖图文、音频、视频、社交游戏、论坛、聊天社区、Vlog（视频记录）、播客等。

社交媒体正在重塑互联网的生态环境，其通过数字化、个性化、主体化的内容创作、分享、交流建构了网络虚拟社区，引领了一个全新的数字生态格局。1866 年，德国科学家恩斯特·海克尔（Ernst Haeckel）提出了"生态"这个概念，特指生物有机体和周遭环境之间的相互关系，后被广泛应用于自然科学、生物地理等领域。20 世纪 40 年代，生态学的代表人物格迪斯（Patrick Geddes）将生态学引入了城市规划，芒福德（Lewis Mumford）则提出了技术生态学的概念，提到了技术兴起对人类社会的改变，强调了如何在这种技术生态领域中保持人类社会的动态平衡。

社交媒体＋网络视听正在形成中华文化国际传播的独特领域。网络红人李子柒就是中国文化借助短视频进行传播的有效例证。这种来自民间的视频文化，重塑了西方世界对中国乡村生活和普通民众的认识。在她的视频中，不仅有富有地方特色的美食制作，还有印染、笔墨纸砚等非物质文化遗产展示。可以说，李子柒海外传播现象是一次成功的文化交流与传播。随着中华文化的自媒体讲述风格在海外市场的走红，有更多的 MCN 制作机构和 UGC、PGC、OGC 自媒体创作人才加入海外视听内容创作中。短视频社交媒体平台培养了众多的网络达人，这些达人成为视频产品内容的文化代言人，也将中国文化传播到海外。这些植根于民间文化基础上的网络达人，以个人化的表述和个体化的生命诉说成就了短视频产品有别于传统视频产品的创作风格，在国际传播中受到广泛关注。在上述背景下，中国官方媒体积极、主动入场，助力中华文化的海外传播，着力塑造可信、可爱、可敬的中国形象，努力做到以文载道、以文传声、以文化人，向世界阐释推介更多具有中国特色、体现中国精神、蕴藏中国智慧的优秀文化。

二、中华文化的国际传播

中华文化的国际传播是在"全球图景"中进行的传播实践。"全球图景"意味着至少三重意义：物理、文化、生态。"全球图景"的物理意义是指在现代技术的帮助下，人类已经遍及地球的几乎所有地方。交通技术的改进让人们可以快速地抵达全球各个角落，人类对地球的了解程度和把握程度达到前所未有的水平。通过现代通信技术，人类在全球任何地点都可以建立联系。"全球图景"的文化意义意味着人类对地球的想象达到了前所未有的高度。正是因为人是文化动物，拥有"语义视域"（semantic horizon），他才可能想象一个全球图景。对现代人而言，媒介成为了解外部世界的主要渠道，媒介不仅建构了"想象的共同体"，也建构了想象的全球意识。"全球图景"的生态意义表现在人类面临日渐严重的环境与生态危机，这是全球化时代人类面临的主要威胁。"全球变暖"的现实让人类意识到，不仅自然资源日趋紧张，连生存的环境也变得逐渐恶劣。"全球图景"显然不意味着都是美好的东西，全球化时代是一个面临全新问题的时代。

什么是中华文化，是中华文化国际传播需要首先处理的问题。因为"中华"和"文化"概念的复杂性，"中华文化"一词同样呈现了复杂的面貌。在第二章，我们系统考察了"中华文化"概念。在日常语言和学术领域的很多语境中，"中华"和"中国"是可以互换的概念，是中国人自称的词语。考古证据显示，"中国"一词最早出现在周朝，1963年陕西出土了一座周成王时期的青铜器，名为"何尊",它的铭文中有"唯武王既克大邑商,则廷告于天曰,余其宅兹中国,自之乂民"字句。这里的"中国"一般都认为和今天的含义不同,它指的是周朝京师洛邑,即今日的洛阳。当然,根据文意也能领会出周武王最初所"宅"之地为天下中心的含义。据考证,"中华"一词大体上起源于魏晋,由"中国"和"华夏"两词各取首字组合而成。秦汉以后,中国人的国家认同已经呈现了时间和空间统一的特点。它并不仅仅是对所处王朝的认同,还包括对历史上从原始祖先开始的所有王朝的认同。中国历史文献中,除了自认为"炎黄子孙"的华夏族自认为是中国,一些受到华夏族影响的周边少数民族也自认"中国"。在中国多次的分裂和统一过程中,前朝时期的少数民族也往往被纳入"中华"认同中。比如辽代就自称"中国",有学者认为"契丹"的本义即"大中国"。因此,"中国"或"中华"虽然早期是华夏族自称的名词,但是在漫长的历史发展中,其所指是经常发生变化的,而且用于统一的历代王朝的"大中国"概念始终是"中国"和"中华"的主要意义。

虽然"文化"一词在中文中"古已有之",但是一般认为现代意义上的"文化"概念是从西文 culture 翻译而来,并且是从日文译法中引入的。晚清以来,随着西方殖民势力的侵入,中国社会发生了巨大变化,西学东渐成为潮流。最初引入"文化"概念时,国内知识界人士并不能在西文概念形成的背景上来理解文化概念,而是将之与同时引入的"文明"概念混用。晚清以来,中国学人对于文化问题异常关注,在历次的学术争鸣和文化普及运动中,汉语中的"文化"概念实际上发生了具有中国特点的变化,其用法随着语境的不同强调的重点也有所不同。结合当前中文语境中常见的"文化"一词的用法,我们可以将文化的当代主要意涵概括为以下三个方面。第一,文化在总体上意指人类总体或某一个共同体(国家、民族,甚至企业、大学等)所具有的一种理想意义上的完善状态、发展水平和标识特征。这一意义上的文化最为抽象,它是对所有物质和精神方面成就的一个总称。比较典型的语用例子有世界文化、中华文化、仰韶文化、宗教文化等等。这一定义虽然看起来无所不包,但是往往着重强调精神层面的成就,主要是思想、观念、价值观等。第二,文化指那些符号化、物质化后的作品和产品。这一意义上的文化相对具体,比如人类各个族群历史遗留的和当代产生的各种文献,尤其是文学作品、历史记载等文字化的书面材料,以及绘画、雕塑、建筑、手工艺等艺术品。第三,文化用来指称一种特殊的生活方式,是人类共同体在长期的共同生活中形成的治理方式、政治制度、法律规范等影响下的人们的政治、经济、社会活动,以及个人的日常行为方式和生活方式。这一意义更多的用来指称一个社会中的各种文化形态,比如精英文化、大众文化、通俗文化、民间文化、主流文化、亚文化等。对以上三个方面的意义有一种更为简化的理解,即把文化分为三层,即核心层,指思想观念;中间层,指制度规范;物化层,指符号化和物化的有形之物。

在中国的语境中理解"文化"概念需要关注中国共产党的文化观。在理念和实践中,中国共产党始终将文化概念定义在特定的层面,即作为和经济、政治、社会相对的文化概念。这种文化观的主要理论来源是马克思主义对文化的基本观点,它把文化视作精神活动,构成"上层建筑"的一个重要部分,既由经济基础所决定,也对经济基础有着反作用。在中国共产党看来,经济基础确定文化变迁,文化、道德、宗教、教育等对于"改造社会"也有着重要作用。[①] 早期中国共产党的文化观主要体现在毛泽东的《新民主主义论》《在延安文艺座谈会上的讲话》等文本中。1949年之后,中国共产党作为中国唯一的执政党,将文化观落实在一系列的政策和机构中。可以认为,文化问题始终构成了中国共产党指导思想、意识形态和执政实践中的重要组成部分,以意识形态、学术研究、文学艺术为核心的"精神文明"构成了与"物质文明"同等重要的方面。

国内"中华文化"一词的使用有两种典型的概念偏称应用:一是将"中华文化"理解为以儒释道思想为核心的、以汉族文化为主体的文化形态,二是将"中华文化"理解为中国传统文化。实际上,"中华文化"较为合理的理解是指包括古代中国和现代中国在内的历史上和现实中各种文化形态的总和。尽管多数

[①] 杨凤城:《中国共产党90年的文化观、文化建设方针与文化转型》,载《中国人民大学学报》,2011年第3期。

学者对"中华文化"的理解不同,但是有一个显著的共同点就是看到了中华文化在当代和未来的价值。许嘉璐认为,和西方文化尤其是基督教一神论哲学相比,中华文化的排他性要弱得多,能够坚守文化多元、包容他者;①胡钰认为,20世纪以来的世界面临一系列全球性问题,解决之道无非两种,即"向后看"(到自己的传统中寻找资源)和"向东看"(关注东方文化尤其是中华传统文化),这是中华文化发展自己的历史性机遇;②洪浚浩、严三九等认为,中华文化的国际传播具有必要性、紧迫性和挑战性,世界对中华文化的特质还不了解,中华文化在世界舞台上的地位和中国取得的政治经济地位不相称③,中国急需向世界传播具有现代与共同价值的中华文化价值理念④;王岳川则将文化传播问题上升到"文化战争"的高度,已然将中华文化的前途列入危机之列。从这些论述中我们能够看到通过中华文化全球传播提升中华文化影响力的一种渴望与焦虑。

在网络与数字化酿就的全球化时代,中华文化也随之发生深刻的变迁。理解这一变迁导致的现实面貌是开展中华文化全球传播的重要前提。改革开放以来,中华文化经历了大众文化的兴起、网络文化的繁荣、传统文化的复兴等重要阶段。大众文化首先产生在西方,在中国的真正形成主要是在20世纪80年代。随着20世纪80年代的"文化热",大众文化与精英文化一道成为改革开放后文化转型的重要组成部分,是"中国世俗化发展过程中的重要方面,具有开放的、变革的、趋新的意义。正是大众文化,实际地改变着中国当代的意识形态,在建立公共文化空间和文化领域上及在社会生活的民主法治化进程中发挥了积极作用"⑤。大众文化始终被作为"精英、严肃、高级、正统文化

---

① 许嘉璐:《文化的多元和中华文化特质》,载《社会科学战线》,2013年第7期。
② 胡钰:《人文精神与中华文化影响力》,载《青年记者》,2018年第28期。
③ 洪浚浩、严三九:《中华文化国际传播的必要性、紧迫性与挑战性》,载《新闻与传播研究》,2014年第6期。
④ 严三九、武志勇、吴锋等:《论具现代与普世价值的中华文化价值理念及其国际传播(上)》,载《文化与传播》,2014年第1期。
⑤ 金元浦:《大众文化兴起后的再思考》,载《河北学刊》,2010年第3期。

的一种对立面来看待,是世俗的、娱乐的、低级的、非主流的文化形态"①,某种意义上,大众文化的影响力甚至在一定程度上超过精英文化,导致了精英文化的衰落,②并引起了主流文化和精英文化对其的批判。进入20世纪90年代,电视的广泛普及更使得大众文化走向进一步繁荣,直到21世纪初,网络文化成为大众文化的替代者。"网络文化"有两种理解方式:一是具有网络特点的文化形态,比如BBS讨论、网络聊天就是基于网络技术的日常生活文化;二是传统文化形态的网络转化,比如网络文学、网络广播、网络影视等。近几年,"网络视听文化"成为网络文化的一种重要形态。我们认为,网络视听文化是在计算机、网络技术基础之上发展起来的,主要以数字化的个人终端设备为物理载体,在超时空传播音频、视频信息的过程中所涌现出来的人类生活方式。网络视听文化作为当今占据主导地位的文化形态具有四个显著的特征:一是覆盖人群的广泛性,二是传输范围的全球性,三是节目内容的丰富性,四是传播方式的互动性。中华传统文化在近现代以来经历了从几近灭亡到重新复兴的戏剧性转折过程。改革开放以来,总体的趋势是向着复兴的方向前进。这种趋势显示了传统文化的深厚影响力,也显示了传统和现代观念的激荡远未平息。

21世纪以来,中华文化的国际传播也取得了重要的进展。在文化自觉意识初步确立后,中国的文化产业迅猛发展,由官方主导的文化"走出去"战略持续实施。中国经济实力的增长,国内外一批有影响力的学者对中华文化给予的肯定和期待,加上中国政府重新重视传统文化的传承创新,都激发了中国国民对中华文化复兴的想象。文化产业也被称为文化创意产业,一般认为文化创意产业是文化产业发展一定阶段的新形态。中国的文化产业是在世纪之交随着加入WTO开始由政府推动的产业形态。文化产业是中国文化"走出去"的重要载体和方式之一,文化产业的发展是提升文化产业国际竞争力、推动中

---

① 李凤亮:《大众文化:概念、语境与问题》,载《福建论坛(人文社会科学版)》,2002年第5期。
② 陈钢:《精英文化的衰落与大众文化的兴起》,载《南京师大学报(社会科学版)》,2001年第4期。

华文化走向世界、建设文化强国的重要内容。中国文化"走出去"指"我国的文化以文化外交、文化贸易及文化交流为主要形式走出国门,向世界其他国家传播中国文化符号和价值观念,建立他国民众对中国的文化认知及价值认同,增强中华文化的国际影响力和中国的国际话语权,进一步提升中国的文化软实力"[1]的一系列举措。

不过,中华文化的国际传播依然面临很多问题。在国家利益竞争的背景下,文化"软实力"的较量使得文化平等交流面临危机,因为意识形态差异造成的猜疑与偏见甚至是敌意并没有消除。中国"外宣"的观念还需要进一步更新;中国"外宣"的体制还需要进一步改革;中国"外宣"的手段还需要进一步提升。从这个意义上说,中华文化的国际传播,更要努力担负起新的历史使命,向世界展示出我国在推进中国式现代化进程中建设起来的中华文明现代力量,并将这一文明贡献给世界,造福于人类文明的伟大进步。

三、效能导向的分层传播

习近平总书记在党的二十大报告中指出:"加强国际传播能力建设,全面提升国际传播效能,形成同我国综合国力和国际地位相匹配的国际话语权。"目前学界关于传播效能的定义并未达成一致,有学者将其界定为"社会信息的传递或社会信息系统运行的效率,及其所产生的功效,以及所蕴含的有利作用"[2];还有学者强调传播效能是一个复合概念,是指传播过程中所体现的传播效果的反馈;[3]是在媒介环境下传播力和影响力的综合效果;[4]是为实现传播目标而发挥传播能力的程度及其产生的效率和效益的综合体现。[5]

我们认为,在界定传播效能的定义时,关键是厘清效能与效果的区别。一

---

[1] 任成金:《中国文化走出去的历史借鉴与现实选择》,载《中州学刊》,2015年第2期。
[2] 曹静:《微电影中情感元素的传播效能研究》,湘潭大学,硕士论文,2013年。
[3] 余澄:《"江宁公安在线"政务微博的传播效能研究》,广西大学,硕士论文,2016年。
[4] 席洁雯:《县级融媒体传播效能指标构建与应用研究》,贵州民族大学,硕士论文,2021年。
[5] 丛挺:《移动场景下学术期刊知识传播效能研究》,载《出版发行研究》,2019年第10期。

般来说,效能是指传播实践背后蕴藏的能量所发挥出的有利作用,效果是指由某种动因或原因所产生的某种结果。因此,不难看出,效能概念更倾向于指传播实践中的正向反馈。

效果研究是传播学的经典主题,追求效果也是所有传播实践所追求的目标。文化传播是一项较为特殊的传播实践,很多学者认为它不应当追求短期的功利效果,尤其是不能利用文化交流来满足那些带有强制性和压迫性的传播目标。国际传播中存在的"文化帝国主义"行径已经受到传播政治经济学者的强烈批判。那么,国际传播中的文化交流应该避免任何对效果的追求吗?显然不必如此。作为人类重要的交往活动,国际文化传播是带有天然的意向性的,它的效果可以是实现相互的理解并达成信任,共同建构一个更加和谐的人类命运共同体。在这一前提下,针对不同传播对象的分层传播是必要的途径。

无论追求什么效果,传播实践都必须在给定的情境中面对不同的传播对象采取适当的传播方式。这种传播理念或策略有若干种相近的名称。近年来的中国对外传播领域中,精准传播、分层传播,一国一策、一国多策等概念都被很多研究者采用,它们的基本内核始终是基于受众特点的精细化传播方式。为了便于讨论,我们统一以分层传播这个概念来指代这些相近的研究和实践。在网络时代,得益于大数据、用户画像等技术的支持,分层传播在技术层面有了无限可能,但是在国际传播中,必须对文化传播的分层理念进行深入的研究,才能够避免传播中的唯技术论倾向。

通过哲学视域的考察,可以发现,客观世界、人类精神、社会结构本身就具有某种层次性,这就决定了人类也将以层次观念认识和改造客观世界。层次观不仅是认识论,更是一种世界观。回顾层次哲学的发展历程,层次论、突变论、突现论、系统论、耗散结构论、协同论等层次哲学观点普遍认为,客观世界是多层次的统一整体,层次是客观事物的固有属性。从层次哲学的角度出发,人类对于历史、社会、人口、经济、政治等问题的理解将有更为丰富的视角,也将指引人类更为全面和深刻地理解客观世界。就"分层"概念本身而言,它本来是地质学上的概念，主要指地质中的分层现象。后被应用于多学科领域，在不同学科视域下，"分层"具有不同的内涵与外延，在地质学、教育学、传播学、管理学、计算机等学科中都有广泛的运用。在社会学领域，社会分层理论借用分层的概念泛指人类社会各群体之间的层化现象及社会的分层结构。在传播学领域，分层的概念也涉及传播主体、传播内容、传播对象等的层级划分，现代社会的传播范式受到社会结构、社会组成方式的重要影响，传播的分层与社会群体的分层息息相关，并直接影响传播效果。因此，"分层"在传播学视域下，以社会学分层传播理论为基础，对传播群体提出重要的"分层"理论范式。在所有关于分层的研究中，布迪厄的文化分层理论无疑对于文化传播具有重要的参考价值。布迪厄将文化（资本）引入社会分层理论，在融合了马克思的冲突论和韦伯的功能论的基础上，从文化视角重新建构了社会分层的理论框架，基于现代西方社会的现状提出了文化分层理论。文化分层理论并不仅仅关注经济关系对社会分层的影响，而更重视文化价值、意识形态对社会分层的影响。他引入资本、场域、惯习的概念来阐释社会地位的差异。

　　分层的实质是分类。就人类而言，分类是人们在特定的环境下为达到某些预想的目标而有意识地把需要处理的对象按照某种标准加以比较和分析，形成分类体系，并根据对象特征，尽可能选择有效的工具和方法，意图最终实现预想目标的过程。我们倾向于在文化传播活动中将"分类"表述为"分层"，分层传播是人们在特定的环境下为达到文化传播的某些预想的目标而有意识地对人类群体按照某种标准加以比较和分析，形成分类体系，并根据不同人类群体的特征，尽可能选择有效的工具和方法，意图最终实现预想目标的过程。任何传播过程总是发生在特定的时空背景之下，分层传播也是如此。分层传播预设了传播者必须对受众有一定程度的了解，这构成了它的一个基本前提。具体到中华文化的国际传播，分层传播的基本前提包括经济实力的支撑、传播基础设施的完善、合理设计的分层传播策略。并且，要取得良好的分层传播效果，需要中华文化共同体成员对自身文化的高度自觉意识，需要参与传播的主体始终坚持文明对话的平等态度，有赖于国际普遍存在着信任关系。

按照拉斯韦尔的经典模式,中华文化的国际传播可以建构一个多维度的分层传播结构。它的传播主体是中国,传播内容是中华文化,传播渠道是全媒体,传播受众是全球民众。文化传播受众分层的三个分析单位构成了我们进行中华文化传播的基础。文明体系分层是宏观的分层模式,便于我们把握世界文化格局的整体,确立中华文化的地位,同时对其他主要文明的历史和现实有一个明晰的认识。以国家为单位的分层模式是我们一直在实践中开展文化交流的默认点,而突破"一国一策"传播策略的进一步发展需要从社会文化分层思想来建构一个新的分层传播策略。只有综合各种文化受众分层的有效思路,在实践中根据实际情况选择优化策略,才能真正发挥受众分层对文化影响力提升的效果。在传播主体分层方面,中国的对外传播主体结构以"官方"为主体、"半官方"和"民间"为辅助,呈现了鲜明的统一和集中特色。近年来,一些媒体的实践也表明多主体的传播策略能够取得更好的传播效果。文化分层传播的媒介选择主要依据两条原则,一是受众使用哪些媒介,二是不同媒介具有哪些特征。总体而言,全球各个文明圈内部都有各种不同的媒介形式,因此,在不同国家或社会内部,不同阶层的媒体使用习惯更值得关注。传播主体应该根据不同媒介所具有的特征来优化传播内容。中华文化全球传播应该在基本层面建立起较为完善的、绝大多数受众都有需求的内容和媒介体系,然后再针对特殊群体或特殊媒介来进行优化。中华文化在内容方面的基本分层包括传统文化、当代文化中的指导思想和价值观、当代文化中的学术成果与文艺作品。不同层次的内容都可以根据媒介的特性和受众的特点进行有针对性的传播。

四、中国方法塑造中国形象

中国国家形象塑造是中国国际传播的主要目标之一。为此,我们需要了解其他国家尤其是西方视角中的中国形象究竟如何,它们是如何通过媒介生成的。在此基础上探讨国家形象自塑需要面对的问题,由此出发,确定中国形象建构的价值立场和基本框架,讨论形象建构的关键思路与重要途径。这是本卷第四章和第五章的主要内容。

无论从历史的角度还是现实的角度看,西方的中国形象呈现出多维的特征。西汉张骞的"凿空之旅",成就了罗马帝国与中国的首次跨文化互动。13世纪,意大利人马可·波罗的游记第一次较全面地描述了一个梦幻般的中国,之后的几个世纪里,"中国形象"在西方成为一个"乌托邦"或曰"桃花源"式的话语系统。18世纪,中国形象在西方历史上发生了转折。在"现代性之光"的启蒙下,西方文化渐渐生成为具有权威性的话语。当时依旧处于封建时代的中国,被西方视作封闭的、妖魔般的、需要拯救的、贫穷的、愚昧的、荒诞的国家。但是对于中国而言,"中国形象"真正成为一个问题,是从19世纪末开始的。在鸦片战争之后,通过在华外报网的形成以及国人办报热潮中的诸多报刊,西方有关中国的各类论述和判断逐渐得到了清政府和中国知识界的正视。20世纪上半叶,西方的中国形象比以往更加复杂,形成了多种不同的中国形象,"黄祸论"与一个田园牧歌式的"乌托邦中国形象"并存。1949年中华人民共和国成立后,"黄祸论"被"红祸论"所取代,与此同时,红色中国也成为西方左翼思想的政体典范和道德乌托邦。1978年以来,西方的中国形象中较常见的就是"中国威胁论"。

在现代世界,媒体是建构国家形象的重要途径。跨国性的主流媒体,通过世界范围内的传播行为,成为现代社会看世界时最有效的一张"地图"。西方主流媒体中的中国报道,看似杂乱无章,实际上却有其内在的逻辑。通过新闻选择、新闻制作甚至新闻报道本身的框架结构,西方的中国形象被媒体重构,形成新闻话语,并通过跨文化传播形成一种世界范围内的霸权,影响了世界上一些国家的对华政策,也与中国文化发生"对话",对中国的发展政策及外交政策进行了一定程度上的"隐形干预"。

现代性支撑、媒介"镜像"的西方中国形象必须通过跨文化对话才能产生意义。在现代国家体系扩张的历史中,西方的中国形象已经与各国文化发生碰撞,当下已经构成了由西方现代性思想参与的一个世界性的网络。西方的中国形象一经进入对话空间,并作为一个"建构物"再走出这个空间时,便已经不再是原有的西方的中国形象,而是世界其他地区的中国形象与西方的中国形象发生过"权力与抵抗"的产物了。例如,在中国"五四"时期,新文化倡导者借用西方的中国论述建构本土"西方主义"话语,对抗具有压抑性的传统文化符码系统时,西方的中国形象作为一种批判性思想资源就暗含着解放性意义。正是在中国对西方中国形象的自我理解基础上,中国国家形象的"自塑"才有可能。

因此,我们要以西方中国形象的"本土化"审视中国形象的"自塑"。中国形象的"自塑"分为两个向度:中国未来形象的"自塑"与中国现实形象的"自塑"。在"西力东渐"和"西学东渐"之后一百多年的时间里,出现过若干不同的具体形象,从对富国强兵的经济军事强国"自塑",到辛亥革命前夕的君主立宪国"自塑",再到辛亥革命以后直至中华人民共和国成立之前的现代民主国家"自塑",再到改革开放之后实现"四个现代化"的"自塑",以及当下"建设富强、民主、文明、和谐、美丽的社会主义现代化国家"的"自塑",每一个阶段中国对于未来的"自塑",都是对未来中国的设计与向往,也是现实的中国努力的目标。因为跨文化传播的不均衡性,中国形象"自塑"与西方媒介镜像中的中国之间并不是对应关系。中国的主体意识一直未曾消失,中国的自我想象是在中国自己的现实语境与历史脉络中形成的。此时,中国形象的本土话语中就出现了一个悖论。作为被卷入现代国家体系中的一个权力主体,中国无法忽视西方现代性的一套规则而"遗世独立"。中国本土叙事话语中的文化本位主义与中国要走现代化道路之间存在矛盾。因为现代性是一种西方的权力话语,中国本土话语中的"现代性"是一个十足的"舶来品",中国现代性叙事存在内在矛盾。这个矛盾的背后,则是"中西二分法"的思维模式。解决当下中国形象问题的唯一方式就是解决这组矛盾,而解决矛盾,必须要从转变思维模式,确定文化立场开始。

中国国家形象塑造要摆脱"二分法"思维,建立批判性对话式的跨文化传播立场。既承认中西方"权力的文化网络"中的不平衡,又要从差异中看到跨文化的力量之所在,它是跨文化传播中的核心体验。在文化间性的视野中,中国可以搭建一个不同于以往的,既接受异质文化,又可以抵抗西方文化主导的中国形象研究的框架。在价值立场层面,要规避"西方中心主义"和"文化本质主义"。由此,可以建立起新的中国形象建构的框架。中国形象的建构整体定位是要建构文明大国、东方大国、负责任大国、社会主义大国四种形象,而这一形象又可以通过经济、政治、文化、社会等不同侧面的形象来分别建构。这正是依循批判性对话立场所搭建的中国形象的基本框架。在上述理念与框架得到确立的基础上,中国形象建构的关键思路是确立研究的"中国"方法。在中国形象自塑过程中一个重要途径不应被忽视,那就是综合运用各种传播渠道、交流平台、对外窗口,用客观的事实、丰富的内容、生动的事例,讲好中国故事,大力传播好中国的对外开放和现代化建设,介绍中国科学发展、和谐发展、和平发展的主张,努力营造于中国有利、于中华民族复兴有利的国际舆论环境。这一切都离不开对国际传播人才的培养和培训。

　　中国形象的跨文化传播在观念和实践上,要着力于四个转变或四个过程的建设:实现从宣传意识到对话意识的转变,实现从过度的媒介依存到泛中介化、去中介化和再中介化的转变,实现从商品输出到文化输出再到价值贡献的提升和转变,实现由自我东方化、中国东方化到趋主流化和再东方化的转变。

　　第一,从宣传意识到对话意识的转变过程又包含从宣传意识到传播意识,从文化他者到文化自觉,从传者中心到对话意识的三重转变。对于中国而言,若要在国际舞台上建构国家形象,并且能够使这个形象符合"我们"的需求,而不是被异域他者任意建构,需要明确的一点是,国家形象并非单纯取决于我们自己做了什么以及我们如何表达我们所做的,并以此来改变西方世界的话语体系,它更应该包括一个由内而外的意识和行动的改变过程。为此,以"传播意识"取代先前的宣传意识,以主体性的觉醒取代自我的"他者化",以对话意识取代主客意识才是我们国家形象跨文化传播的重要实践路径之一。

　　第二,从过度的媒介依存到泛中介化、去中介化和再中介化的转变的过程,又是依次从"偏向传播"到"多元传播",从"镜像中国"到"实相中国",从"刻板中国"到"美丽中国"的过程。国家形象在传播的过程中存在复杂的建构、解构与再建构的问题,而这个过程又伴随着复杂的中介化过程。我们应当通过

"泛媒介化"的方式收集中国方方面面的信息,尽可能地搭建更为丰富和多元化的信息空间;通过"去中介化"的方式消解借助媒介进行的远距离的互动,尽可能增强线下的、面对面的互动。前两者最终要落到"再中介化"上,即在已经摆脱了西方对中国的刻板偏见的基础上,通过正常的、非污名化的媒介信息传播来进行对中国的表述。

第三,在实现从商品输出到文化输出再到价值贡献的提升过程中,应以中国的具体实践和现实环境作为分析的依据,在商品输出的层面以现有的"中国制造"为中国形象跨文化传播的前提优势,不断强化"中国制造"本身所承载的符号价值,从单纯的产品输出转为以产品作为媒介的文化分享;在文化输出层面,以中国价值所特有的吸引力为前提,强调中华文化在世界文化体系中的价值贡献,以及在价值贡献层面,摈弃文明冲突,致力于文化圈层的多维合作。

第四,中国形象的跨文化传播还应当实现由自我东方化、中国东方化到趋主流化和再东方化的转变。这个过程中,首先要通过中国智慧、中国方案的贡献来让自己成为世界舞台中活跃的一员,进而改变中国作为被塑造者的局面;其次要让中国进驻世界舞台的中央,与世界其他国家一道成为世界多元文明与现代文化不可或缺的重要组成部分;最后就是彻底摆脱"他者"的身份,缔造基于不同文化、文明的"主体间性"交流。

第一章　网络社会与数字时代的国际传播

第一节　网络社会与数字时代的来临

一、互联网在全球的拓展

　　计算机网络于 1969 年诞生于美国,最初仅有 4 所高校的数台计算机相互连接,使用的人员仅限于科研人员。熟悉计算机网络发展历史的人都知道,计算机、计算机网络诞生的早期,基本上都局限在军工领域,后来才扩展到大型商用以及部分科研人员和工程师。因此,在计算机和网络普及之前,它们不过是少部分人的高科技工具。计算机和网络普及的过程就是一部广为人知的硅谷"先驱与海盗"的"革命史"。20 世纪 70 年代,史蒂夫·乔布斯(Steve Jobs)的苹果电脑让计算机愈发小型化和家电化,但是在个人计算机(personal computer)领域更加成功的是"蓝色巨人"IBM(International Business Machines Corporation,国际商业机器公司),IBM PC 自 20 世纪 80 年代起成为个人计算机的代名词。和 IBM 一同成长起来的是另一个曾经的世界首富比尔·盖茨(Bill Gates),他亲手设计的磁盘操作系统(DOS,Disk Operating System)成为个人计算机的标配,直到 1983 年视窗操作系统(Windows)发布。如今,符合冯·诺依曼定义的设备已经远远不是传统台式个人计算机能够代表的,笔记本电脑、平板电脑已经很常见,融合电话的智能手机正成为当前主要的计算设备。智能手表、智能眼镜、智能汽车以及各种传感器为代表的联网设备几乎使得计算机概念有点过时。不过,无论外形和功能如何变化,我们还是将其称为计算机。因特网的普及也历经了多个阶段,其间涉及众多硬件和软件的优化设计,比如思科(Cisco)系统公司解决了网络连通的硬件问题,而传输控制与网际协议(Transmission Control Protocol/Internet Protocol, TCP/IP)解决了数字信息的网络传输标准问题。由此,连接遍布世界的局域网的全球因特网(the Internet)才逐渐浮出水面。网络发展史上另一件值得记载的事件是万维网(World Wide Web,WWW)的发明,它的发明者是欧洲粒子物理实验室(European Organization for Nuclear Research,CERN)的工程师蒂姆·伯纳斯-李(Tim Berners-Lee),他在1989年提出了基于超文本链接(hyperlink)技术的网络资源整合思想并着手开发相应的软件产品。这个基于图形界面,通过文本链接来访问资源的方式迅速成为网络上最受欢迎的应用,并主导了直至现在的网络信息传播方式。不过,1994年网景公司(Netscape)发布的Navigator浏览器才真正使得万维网成为易用的强大信息服务系统。

今天,计算机网络几乎已经遍及全球,因特网几乎无处不在。国际电信联盟的统计数据表明,截至2021年,全球约63%的人在使用因特网(见表1-1),其中发达国家的比例更高,约90%,而发展中国家的比例略低,约57%。

表1-1 全球网络用户统计表

	2005年	2010年	2017年	2019年	2021年
世界人口总数/十亿	6.5	6.9	7.4	7.75	7.9
全球网络用户占比/%	16	30	48	53.6	63
发展中国家网络用户占比/%	8	21	41.3	47	57
发达国家网络用户占比/%	51	67	81	86.6	90

说明:本表数据来自 International Telecommunications Union,图表复制自维基百科条目 https://en.wikipedia.org/wiki/List_of_countries_by_number_of_Internet_users。

如果按照地区统计,截至2021年,欧洲的上网人数占比最高,占地区总人口的比例约89.5%,亚太地区占比约64.3%(见表1-2)。

表 1-2　按照地区统计的网络用户比例　　　　　　　　　单位：%

	2005 年	2010 年	2017 年	2019 年	2021 年
非洲	2	10	21.8	27.7	39.7
美洲	36	49	65.9	75.9	83.2
阿拉伯国家	8	26	43.7	55.2	70.3
亚太	9	23	43.9	48.9	64.3
独立国家联合体	10	34	67.7	76.3	83.7
欧洲	46	67	79.6	81.7	89.5

说明：本表数据来自 International Telecommunications Union，图表复制自维基百科条目 https://en.wikipedia.org/wiki/List_of_countries_by_number_of_Internet_users。

中国互联网的发展速度在世界所有国家中是最快的。2024 年发布的第 54 次《中国互联网络发展状况统计报告》显示[①]，截至 2024 年 6 月，中国上网人口（网民）规模已经达到近 11 亿，以此计算的互联网普及率已经达到 78.0%；手机网民规模达到 10.96 亿，使用手机上网网民比例达 99.7%；中国农村网民规模约为 3.04 亿，占网民总数的 27.7%，城镇网民占比为 72.3%。

从统计数据中我们可以发现互联网发展的两个特点。一是发展速度快，网络总覆盖率越来越高。这一点在发展中国家更加明显，这主要得益于网络基础设施建设的速度加快，而这与网络对经济发展的推动作用是分不开的。二是网络用户的分布不均衡。首先是覆盖率在欠发达国家还不足，这表示还有很多人与网络无缘，其次是在国家内部也有不平衡的情况，经济收入较低的地区上网人数相对较少。不过，总体而言，计算机网络技术的发展改变了信息生产方式，一个"互联网群体传播时代"正在到来，"互联网技术改变了大众传播时代以传者为中心的线性传播模式，构建了一个以网民和链接关系为根本要素的网络传播结构，使传统的信息生产者不再具有垄断地位，导致了媒体人

---

① 资料来源：中国互联网信息中心第 54 次《中国互联网络发展状况统计报告》，https://www.cnnic.cn/n4/2024/0829/c88_11065.html。

社会身份、社会权力的转移"。①

二、网络技术的媒介属性

媒介(media,其单数形式是 medium)在西方语言中的最初意思是"中间"。根据雷蒙·威廉斯(Raymond Williams)的考证,16 世纪末至 17 世纪初,medium 开始被作为"中介机构"或"中间物"的意思来使用,但是并没有广泛流行。20 世纪初,把报纸视作广告的一种媒介(medium)的用法开始普遍,到 20 世纪中叶,复数的 media 被广泛使用,此时正是新闻报纸与广播的黄金时代。与 media 一词同时流行的还有 communication(传播或通信)、mass(大众)等。和 media 组合的 mass media、media people、media agency、media study 都随之出现并被广泛使用。媒介的基本意涵主要有三个:一是最初的"中介机构"或"中间物";二是技术性的中介物形态,比如声音、视觉、印刷等;三是指资本主义性质的报纸或广播事业,它们是其他事物比如广告的媒介。②威廉斯讨论了媒介概念的技术意涵和社会意涵,但是并没有得出一个清晰的结论。

媒介在一般的使用中有两个意思:一是指报刊、广播、电视、网络等,是一种综合的基于一定技术的传播形态,但是技术特性并没有被突出强调;二是指媒介机构,比如报社、电视台等,更强调组织属性。在大众传播研究中,媒介主要指报刊、广播和电视。在以哈罗德·伊尼斯(Harold Innis)、马歇尔·麦克卢汉(Marshall McLuhan)为代表的"媒介环境学"中,媒介的定义要广得多,比如铁路和电力也是麦克卢汉眼中的媒介。就人类使用媒介的历史而言,梅洛维茨(Joshua Meyrowitz)将媒介历史划分为口头、书写、印刷以及电子四个

---

① 隋岩:《群体传播时代:信息生产方式的变革与影响》,载《中国社会科学》,2018 年第 11 期。
② [英]威廉斯:《关键词:文化与社会的词汇》,刘建基译,生活·读书·新知三联书店 2005 年版,第 299－230 页。

不同的阶段,①这一划分得到了大多数学者的认可,在传播学教科书中出现的频率很高。随着计算机网络的出现,梅洛维茨的四阶段划分受到挑战,尽管计算机网络就技术本质而言依然是电子的,但是它显然不同于广播和电视。梅洛维茨的四阶段是从媒介历史的角度进行的划分,但是也被用于不同类型媒介的划分。梅洛维茨的另一个划分方法也被传播学者广泛采用,即无中介传播(unmediated)和有中介传播。② 无中介传播即"面对面的交流",有中介的传播是通过诸如文字、广播、电视等类媒介的传播形式。在有中介传播中,当代学者弗里德里希·基特勒(Fredrich Kittler)对传播媒介发展史的划分颇具启发性,他将传播媒介的历史划分为"文字"和"技术媒介"两个部分,文字阶段又区分为手稿(scripts)和印刷两个部分,而技术媒介又划分为模拟媒介(analog media)和数字媒介两个部分。③ 在近年来的媒介研究中,法国学者雷吉斯·德布雷(Régis Debray)和丹麦学者克劳斯·延森(Klaus B. Jensen)比较重视媒介的物质形态。德布雷强调"纪念物的优先性"④,认为最初的传播媒介是纪念物,即物质材料,比如骨骼,而不是语言。但是德布雷并不局限于这一点,他构建了"组织化的材料"来扩展对媒介物质属性的强调。延森认为"无论对于哪一种媒介而言,物质条件都扮演着至关重要的角色"⑤。不过延森并不支持绝对的"媒介决定论",认为媒介物在"最初决定论"的意义上理解更为妥当,毕竟媒介引起的各种短期和长期影响是多种因素共同作用的结果。

  网络技术无论在媒介的广义还是狭义的理解中都是重要的中介物。不过,我们提到"网络媒介"时更多的是从狭义的概念上理解,即把网络的媒介属

---

  ① Joshua Meyrouitz. Medium theory// D. Crowley & D. Mitchell. Communication theory today. Cambridge: Polity Press, 1994.
  ② Joshua Meyrouitz. Medium theory// D. Crowley & D. Mitchell. Communication theory today. Cambridge: Polity Press, 1994.
  ③ [德]基特勒:《传播媒介史绪论》,黄淑贞译,载周宪、陶东风编《文化研究(第13辑)》,社会科学文献出版社2013年版,第237页。
  ④ [法]德布雷:《媒介学引论》,刘文玲译,中国传媒大学出版社2013年版,第24页。
  ⑤ [丹]延森:《媒介融合:网络传播、大众传播和人际传播的三重维度》,刘君译,复旦大学出版社2012年版,第65页。

性和其他的通信属性区别开来。计算机网络在最初设计的时候并非要成为一个替代广播电视的媒体,设计计算机是为了提高数值计算速度以解决大规模数据的演算问题,设计网络是为了通信,便于分处各地的计算机能够及时传递运算结果,甚至都没有考虑过用来实现像电话那样的人际沟通功能。不过计算机网络在技术上具备了作为媒介的潜能,在转向民用和商业化之后,它的媒介属性得到了充分的发挥。在这个意义上,我们认为媒介属性只是计算机网络所能实现的所有功能的一部分而非全部。这里的"媒介",我们理解为处理类似人类交谈、书面写作与出版、报刊新闻发布、广播电视节目等形态信息的设计、制作、发布与互动的中介。1998年,互联网作为"第四媒体"在联合国的一次会议上被提出,被认为是在报刊、广播、电视之后出现的深刻影响人类的第四种媒介形式。虽然这一提法在风行一时后很快消失不见,但是恰好证明了网络媒介对于信息传播的重要价值。网络媒介无疑是网络时代最为主要的传播媒介。它一方面以压倒性的优势战胜了以报刊、广播、电视为代表的"旧媒介"(大众媒介)成为万人瞩目的"新媒体";另一方面以全新的技术手段将文字、语音、图像、视频等融合在一起,成为几乎无所不能的"融媒体"。

　　理解作为媒介的网络,需要从计算机网络的技术特性上来梳理。计算机系统分为硬件和软件两大部分。计算机的硬件系统绝大多数都建立在冯·诺依曼结构的基础上,即包括中央处理器(CPU)、内存(RAM)、外存(disc,磁盘)和总线结构(bus)。仅仅从计算机的外在形态而言,除了经典的台式计算机(主机和显示器分立),笔记本电脑、平板电脑、智能手机、智能手表、智能电视等设备正在扩展计算机硬件概念的外延。计算机软件系统可分为系统软件(system software)和应用软件(application software)两大类。系统软件主要指操作系统(operating system),它是软件和硬件连接的基础架构,是所有应用软件运行的基本平台(platform),因此操作系统也被称为"平台"。目前主要的系统平台有微软的 Windows、苹果的 macOS、开源系统 Linux,智能手机平台主要有苹果的 iOS 和谷歌的 Android。应用软件也称为应用程序(program),是运行在操作系统之上的处理各种功能的软件,比如微软的著名办公应用 office 系列等。2008 年,苹果公司推出面向智能手机的在线应用程序商店 App Store,其名称中的 App 是英文 application 的缩写,自此,该缩写有成为专指智能手机应用程序(移动应用)的倾向,因而在中文中经常被称为"手机客户端(mobile client)"或简称为"客户端"。客户端概念来自互联网的一种主要通信方式。在计算机网络中,联网的每一台计算机也被称为主机(host)或端系统(end system),两台主机之间的通信(均通过特定操作系统的软件来进行)有两种主要方式,分别是客户端/服务器(client/server,C/S)模式和对等方式(P2P,peer-to-peer)。对等模式主要用于文件共享(尤其是大容量软件、视频的分享与下载),而客户端/服务器模式成为网络通信的主要方式。万维网就是客户端/服务器的典型应用。用户使用安装在计算机上的浏览器软件(如微软的 Internet Explorer 或更新的 Edge、苹果的 Safari、谷歌浏览器等),通过网址来访问提供信息的网站(website),网站所在的计算机返回信息提供者已经设计好的信息供用户阅读和使用。此时,用户使用的那台计算机被称为客户端(client),提供信息的网站所在的计算机被称为服务器(server)。客户端和服务器在网络通信中的角色并不对等,是被服务与服务的关系,在技术上客户端不需要太高的硬件指标,而服务器往往为了应对更多用户的访问而需要配置性能极高的硬件,甚至采用服务器集群的方式。多数情况下普通用户不需要关心服务器的技术细节,而只用关心客户端就可以了。无论用户使用的是什么计算机类型(台式机、笔记本电脑、平板电脑或智能手机等),在联网时它都可以称为客户端,运行在客户端上的浏览器软件都称为客户端软件。客户端软件不止浏览器一种,为了提供更好的用户体验,形形色色的客户端软件层出不穷。正如前面提到的,智能手机上的移动应用多数是客户端软件,客户端软件区别于非客户端软件的一个典型特征就是非联网情况下基本上没什么用。

万维网技术是今天网络媒介的主要技术基础,不过在其 1989 年诞生以前就有一些重要的互动应用服务具备了媒介的潜质,如电子邮件(e-mail)、电子布告牌系统(BBS)、文件传输服务(FTP)、新闻组(usenet 或 newsgroup)、聊天室(IRC Chatroom)等,其中一些应用服务延续至今,还有一些应用服务的特色在今天的应用上有了新的发展和表现。今天,我们身陷在网络媒介的海洋里,形形色色的网站和应用以不断翻新的态势出现在我们周围,给人的感觉是隔几年就有一批新的网络媒介来替代旧的媒介。2004 年前后,博客(blog)带着 web2.0 的光环风靡一时,不过数年后微博(以 Twitter、新浪微博为代表)取而代之,如今在中国,最时髦的媒介似乎是微信(WeChat)而非微博,所谓"两微一端"(微博、微信、客户端)加"一抖"(抖音)正成为当下的主流网络媒介。黄旦敏锐地指出,移动数字技术改变了人和世界的关系,如果媒介就是观看,今天的人们已经从大众媒介的"单眼观看"升级为"复眼观看",人们好像"千手观音"形成了对世界的全新的诠释关系。①

三、网络传播的优势与局限

每一种新技术的出现都会引来人们对它的各种理想化的预测。近代以来,科学革命、工业革命带来的巨大进步就更加使得人们对新技术可能带来的好处期待有加。切特罗姆(Daniel Czitrom)描述了 19 世纪的美国人在电报发明之初对它产生的种种期待。当时的历史学家谢夫纳把电报看成改写历史的手段,他惊呼"闪电,这神话中耶和华的声音,无所不在的云中恶魔,终于被人们征服了,在痛苦的束缚中履行信使的职责——到世界各地去悄声低语吧,高贵的人发出了高贵的命令!"美国人陶醉在电报对未来的贡献中,"瞬间通讯的精神意义和闪电式传播本身的奇妙色彩"使得"全球通讯"成为口头禅,人们认为世界和平的到来要比以往任何时候都更具备可能,电报"用具有生命力的电线把所有国家联结在一起,当这样一种世界各民族交流思想的工具被创造出来后,古老的偏见和敌意便不可能长久存在下去"。② 不过,电报显然没有实现这一期待。

---

① 黄旦:《"千手观音":数字革命与中国场景》,载《探索与争鸣》,2016 年第 11 期。
② [美]切特罗姆:《传播媒介与美国人的思想:从莫尔斯到麦克卢汉》,曹静生、黄艾禾译,中国广播电视出版社 1991 年版,第 8 页。

互联网出现后，人们对它的未来同样充满期待。1980 年，美国学者阿尔温·托夫勒（Alvin Toffler）出版《第三次浪潮》（*The Third Wave*）一书，认为以信息技术为核心的所谓"第三次浪潮"将不仅加速信息的快速流动，而且还将深刻地改变人类赖以行动与处世的信息结构。信息系统不仅可以实现"无纸办公室"、催生电子家庭、形成新的社会规范，还将使得民族国家崩溃，创造一个新的民主机制。"新的全球经济的意识形态不是放任主义或马克思主义，而是全球主义，或叫'全球意识'。这表示国家主义过时了"，"利用先进的电子通讯设备，创造许多富有想象力的措施，把直接民主和间接民主接合起来"，政治问题"不只是交给专家和政治家，而且交给广大各个阶层群众，要利用先进的电讯设备，就这个问题展开广泛公开的辩论"，使千百万人民作好准备，去应付横在面前的混乱和危机。① 比尔·盖茨 1995 年推崇的"信息高速公路"将使住在偏僻地区的人们可以与世界上其他地方的人们讨论、合作乃至打成一片，它将越过国界，把信息和机会传入发展中国家，"最终结果将产生一个更富足的世界，这将是有利于社会安定的"。②

以上这些对互联网的预见显然只有部分成为现实。虽然网络技术无疑是塑造今天网络社会的重要力量，但是它并非唯一的力量。因为感受到网络技术带来的巨大变化，很多学者、公众和官员或多或少对网络抱有某种乌托邦想象，实际上网络并没有什么超强的魔力。技术之外的政治、经济、文化都对网络产生了重要的影响。而且，尽管在规模上计算机网络覆盖了全球绝大部分地区，但是依然有不少国家和地区没有接入网络。很多国家即使接入了网络，在网络带宽、设备方面依然处在相对落后的情况。同时，技术上的可能性并不代表现实的可能性。因为网络的开放性，其管理受到不同政治实体的关注，网络使用上呈现出了不同的形态。

就互联网对于促进全球相互理解的乐观预测，柯兰等学者同样提出了怀

---

① ［美］托夫勒：《第三次浪潮》，朱志焱、潘琪、张焱译，生活·读书·新知三联书店 1983 年版，第 3-40 页。

② ［美］盖茨等：《未来之路》，辜正坤译，北京大学出版社 1996 年版，第 325 页。

疑。在互联网诞生初期,人们普遍认为它将会促进全球社群之间的相互理解,将塑造一个更加明智、宽容、互动的世界公民共同体,为人们提供更多的交流机会,更少的网络言论审查将使得无拘无束的自由对话更容易实现,媒介全球化将培育四海一家的全球主义,让原先封闭的地区和国家走向开放。总之,一个世界范围的国际公共领域是可以期待的,它将最终形成一个国际的公共舆论和跨国的伦理规范。事实表明,上述预测只实现了一小部分,而期待中的宽容、开放、自由、对话的国际公共领域并未如期到来。柯兰等学者将造成全球相互理解未能实现的原因归结为7个要素:(1)世界范围内的经济不平等依然存在,很多人受限于经济条件无法上网或充分地利用网络,互联网更多的使富国结成共同体,而将穷人排除在外。(2)语言依然是分隔人们的"巴别塔",大多数人依然使用母语在互联网上交流,无法和不同语言的外国人交流,即使英语具有某种世界语的特质和主导权,也只限于特定范围的交流和讨论。(3)语言自身是带有权力的,世界上占有话语权的始终是以英语为代表的少数强势语言,大多数民族语言在世界范围内很少拥有话语权。(4)现实世界的文明冲突很快移植到了虚拟的网络世界,人们之间的狭隘、激进造成的仇恨和暴力并没有因为网络技术而有所改变,宣扬文化冲突和种族仇恨的网站到处都是,互联网成了这些仇恨组织相互联络和结成群体的有力工具,网络恐怖主义和现实的恐怖主义相结合,对传统国家而言更难治理。(5)网络民族主义延续了民族主义的内核,不可能在短时间内消失。(6)世界上的威权主义政府已经找出了管理互联网、吓唬反对者的有效办法,全球范围内的网络表达受到政治权力、经济资本的全方位干预。(7)国家之内的不平等同样表现在网络空间,高收入的家庭使用网络的机会要远多于中低收入的家庭,网上的精英分子有更多的时间和知识来发表言论,而女人、穷人和受教育程度低的人能够发声的机会要少得多。①

由此可见,互联网作为媒介技术具有强大的力量,可以改变人类社会的很

---

① [英]卡伦·芬顿、弗里德曼:《互联网的误读》,何道宽译,中国人民大学出版社2014版,第11页。

多方面,但是这种改变是复杂的,对待网络传播我们需要一个更加审慎和全面的视角。

第二节 国际传播理论的变革

国际传播理论 20 世纪 80 年代被引入中国,至今已有近 40 年的研究历史。虽然我国的国际传播研究起步较晚,但近年也涌现了许多介绍和探究国际传播理论与实践的专著。北京大学的程曼丽、浙江大学的吴飞、清华大学的史安斌、中国传媒大学的张毓强、上海外国语大学的郭可等专家都对国际传播理论有过详细的研究。从学科发展史的角度看,国际传播和同时兴起的跨文化传播具有内在的联系。或者说,国际传播在很大程度上由跨文化传播奠基,跨文化传播构成了国际传播的重要渊源之一。跨文化传播、文化传播、国际传播都是内涵丰富且边界交叠的实践与研究领域,回顾 20 世纪中叶以来的人类传播实践,我们不难发现国际传播领域中的文化因素越来越突出。有学者认为,自 20 世纪 80 年代起,国际传播研究开始了向文化视角的转变。本节将重点梳理国际传播研究的发展状况,探讨文化传播与国际传播的关系及其在现代传播研究中的重要地位。

一、国际传播概念的出现及其历史渊源

传播活动贯穿了人类文明发展的各个阶段,它是流经人类历史的全部水流。[①] 而国际传播顾名思义,并不局限于"传播"二字,而是一种国与国之间的传播。如果不去探讨国际传播的理论含义,单从"国际"一词的定义来看,从其来源语英语的角度可以被理解为"between or involving different countries(在不同国家间或涉及不同国家的)"或是"involving more than one country

---

① [美]威尔伯·施拉姆、威廉·波特:《传播学概论》,陈亮等译,新华出版社 1984 年版,第 20 页。

(牵涉一个以上国家的)"。因此仅从语义来说,国际传播至少是国家之间的传播现象。国际传播并不是近代才兴起的一个现象,其作为一种传播现象早在人类社会团体形成的过程中便伴随商品买卖和沟通而出现,而这种人类社团更多的指的是民族和国家。亚里士多德(Aristotle)在政治学开山之作《政治学》一书中提到,城邦国家是以家庭团体为基点形成的。马基雅维里(Machiavelli)①和约翰·洛克(John Locke)②则直接将国家定义为"共同体"。这种"共同体"指的正是人类所结成的社会群体,共同体可以各因其宜,建立复合或混合的政府形式,而国家属于何种形式,取决于谁有制定法律的权力。也就是说,早期的国际传播行为存在于国家和民族形成的过程中。

近代民族国家的出现较晚,而早期以领土城邦的形式出现的国家可以追溯到古埃及时期。文字和各类造纸术的出现使得早期西方文明使用标识与口语传输信息的方式逐渐被图书所取代,早期的小型社区借由文字的出现成长壮大成大型的城邦乃至帝国。早期的国家间传播主要是通过民间的口头诗歌以及政府派送信。其中民间口头传播和文学作品的流传起到了极大的作用,文字经由商旅和文化传入各种族,并在各民族间不断演化。宗教故事借由文学的发展传播到各地,而吟游诗人用口语化的方式传承并累积出了《荷马史诗》,图书的出现推动了西方国家政权和宗教权力的发展,也为殖民带来了新的方式。进入中世纪后,造纸术的进一步演化和印刷术的出现带来了传播新方式——报纸的问世。③ 新闻在15世纪欧洲各国的国际贸易中发挥了国际影响力,商人用信息信件确定经济问题并调整价值取向。④ 随着报纸的出现,传播的时间和空间问题得到更好的解决,早期国家间小范围的传播逐渐扩大到了更大范围内的信息传播。18世纪,欧洲连绵不断的战事和邮政业的发展

---

① [意]马基雅维里:《君主论》,王剑译,群言出版社2015年版,第232页。
② [英]约翰·洛克:《政府论》,杨思派译,中国社会科学出版社2009年版。
③ [加]哈罗德·伊尼斯:《帝国与传播》,何道宽译,北京广播学院出版社2013年版。
④ Ingrid Volkmer. International communication theory in transition: parameters of the new global public sphere, http://web.mit.edu/comm forum/papers/volkmer.html.

使得这一时期的报纸阅读人数大大增加，人们日趋依赖报纸提供有关战争的新闻消息，报纸也逐渐成为引导舆论导向的重要工具。① 而真正现代意义上的国际传播的出现则是在 19 世纪，技术的进步，尤其是蒸汽机和内燃机的出现使世界交通更加便捷，频繁的世界交流间接推动了国际通讯社的形成。② 1835 年，世界上第一个通讯社哈瓦斯通讯社（Agence Havas）诞生。这一年被认为是现代意义上的国际传播的发展起始年。也是在这一时期，国际传播开始受到重视。③ 尽管这一时期现代意义的国际传播已然出现并引起了各国的注意，国际传播这一概念从出现到受到广泛而有效的研究仍然走过了漫长的一个世纪的道路。

真正使得国际传播受到重视的是两次世界大战的爆发。阿芒·马特拉（A. Mattelart）更是直接将"战争"形容为国际传播的三大基石之一。④ 现代传播工具的作用及其重要性在两次世界大战中得以显现。"一战"期间，英美德以及苏联纷纷将战前已有的传播媒介投入战时宣传中。英国政府利用其战前建立的印刷及报刊优势印制数百万份宣传册、海报、传单等，其截获的德国无线电信息帮助英国将美国拉入自身阵营中。苏联作为最早使用国际广播进行对外宣传其意识形态的国家，在紧随其后的"二战"中充分发挥了广播作为宣传工具的作用，积极利用广播突破国家和大陆的边界。继苏联之后，包括德国、日本在内的多国都展开了国际广播宣传活动。欧洲其他国家以及美国在"一战"中也积累了大量国际传播经验，扩建了自身的传播体系。

美国在战时心理战的经验被哈罗德·拉斯韦尔（Harold Lasswell）系统地分析并总结在其专著《世界大战中的宣传技巧》中。"二战"期间，广播在国际宣传中所显现的作用进一步加强，轴心国采用广播作为宣传手段，使用多种

---

① ［加］哈罗德·伊尼斯：《传播的偏向》，何道宽译，中国传媒大学出版社 2013 版。
② Howard H. Frederick. Global communication and international relations. Belmont, CA: Wadsworth Publishing, 1993.
③ ［美］罗伯特·福特纳：《国际传播：全球都市的历史、冲突及控制》，刘利群译，华夏出版社 2000 年版。
④ ［法］马特拉：《世界传播与文化霸权》，陈卫星译，中央编译出版社 2005 年版。

语言向世界各国进行法西斯主义的宣传。日本广播协会向美军输送高质量节目,从而实现其政治目的。① 同盟国国家的战时宣传则以英国为首。英国广播公司采用白色宣传策略,宣传有关于战争的真实信息,取得了明显的效果。也是在两次世界大战期间,各国采取了对信息和舆论的管控措施,建立了战后重要的国际传播组织——国际电信联盟(ITU)。②

正是由于两次世界大战中国际传播所展现出的重要功能,战后美国政府大力支持传播学尤其是战时心理宣传方面的传播学研究,拉斯韦尔、丹尼尔·勒纳(Danny Lerner)、坎特里尔等学者,普林斯顿大学国际社会研究院等一批研究机构均受到来自政府的资助。因此,从某种程度上来说,如果没有来自美国各方的资助,传播学研究不可能得到长足的发展。③ 也正是在这种情况下,20世纪50年代初,国际传播学正式成为传播学研究的一个新兴的研究方向。④

目前国内学者大多将国际传播分为广义与狭义的国际传播。就广义的国际传播观点来说,国内学者一般援引福纳特的观点,认为其指超越各国国界的传播,即各民族、各国家之间进行的传播(程曼丽⑤、吴飞⑥、张毓强⑦等)。而狭义的国际传播则是指使用大众传播媒介进行的国与国的传播。⑧ 国际传播从两次世界大战时兴起发展到今天得到了世界各国的关注。除国际传播理论"发源地"美国,其他国家尤其是冷战时期另一个超级大国——苏联,也对这一问题有着相应的研究。除此以外,欧洲各国近年来为保持文化独立,也有大量

---

① [英]达雅·屠苏:《国际传播——延续与变革》,董关鹏译,新华出版社2004年版。
② [美]罗伯特·福特纳:《国际传播:全球都市的历史、冲突及控制》,刘利群译,华夏出版社2000年版,第131页。
③ [美]迈赫迪·萨马迪:《国际传播理论前沿》,吴飞、黄超译,中国传媒大学出版社2016年版,第6—7页。
④ [法]马特拉:《世界传播与文化霸权》,陈卫星译,中央编译出版社2005年版。
⑤ 程曼丽:《从国际传播到国家战略传播——程曼丽研究文集》,中国社会科学出版社2021年版。
⑥ 吴飞:《国际传播的理论、现状和发展趋势研究》,经济科学出版社2016年版。
⑦ 张毓强:《国际传播:思想谱系与实践迷思》,中国传媒大学出版社2017年版。
⑧ 程曼丽:《信息全球化时代的国际传播》,载《国际新闻界》,2000年第4期。

学者参与国际传播。而第三世界各国为争取国际话语权,近年来也有不少对国际传播的研究。参考其他学者所做的有关国际传播的研究,目前各国学者对国际传播的概念界定主要从以下几个方面入手:

一是国际传播的参与者,也就是国内学者经常提到的主体。关于国际传播的参与者,不同的学者做了不同的界定。屠苏(D. K Thussu)在其专著《国际传播——延续与变革》中认为国际传播是少数大国传播议程垄断下的政府与政府之间的信息交换。除此以外,他意识到信息技术促进了国际传播的发展,因此,现在的国际传播也包含人与人、商业与商业。① Mowlana 也提出,随着国际交流的日益频繁,国际交流的对象已不仅仅局限于国家和政府,各种非国家行为者,比如个人、国际组织、企业、各种机构团体扩大了国际传播的范围。② 公共关系领域的国际专家 Jean Pierre Beaudoin 则认为国际传播是作为机构公司,商品、商标和服务,国际金融,国家政权当局之间,以及国际危机沟通的一部分。③ 以研究战时心理战著名的苏联功勋心理学家 Bodalev A. A 认为,国际传播是国际政治角色(国家,政府间组织,一体化协会,商业机构,非政府组织和个人)之间的交流过程的实现形式。④ 或将国际传播表述为,不同国家代表之间维持相互关系的系统。⑤ 国际传播现象既能够在官方层面,也能够在民间和外交层面发生。⑥ 同样的,俄罗斯学者也意识到了全球化所带来的改变。过去的国际传播存在于精英阶层中,而伴随着全球化的发展,国际传

---

① [英]达雅·屠苏:《国际传播——延续与变革》,董关鹏译,新华出版社 2004 年版,第 4 页。
② Hamid Mowlana. Global information and world communication: new frontiers in international relations. Thousand Oaks, CA: Sage, 1997.
③ Ж. П. Бодуан, Управление имиджем компании. Паблик рилейшнз: предмет и мастерство (пер. с фр.), М.: ИНФРА-М, 2001, с. 163 – 176.
④ Психология общения. Энциклопедический словарь / под общ. ред. А. А. Бодалева. - М.: Когито-Центр, 2011.
⑤ Ф. И. Шарков, Коммуникология: Энциклопедический словарь-справочник. - М.: ИТК Дашков и К°, 2010, с. 768.
⑥ В. Б. Кашкин, Введение в теорию коммуникации: Учеб. пособие. - Воронеж: Изд-во ВГТУ, 2000, с. 175.

播也可以存在于任何信息社会中。① 俄罗斯学者 Fershueren Dzh 提出,国际传播也可以是两人或多人穿越文化和民族之间界限的信息交流。② E. V. Tolstikhina 更是将国际传播的主体扩大到所有涉及传播发挥作用的方方面面:从人际到群体和群体间。③ 尽管学者们对国际传播的主体范围的表述不一,大家普遍认同的几个主体是国家、个人、政府和非政府组织、商业机构。因此,从这个角度说,国际传播是发生在国家、个人、政府和非政府组织、商业机构间的国际交流。

二是对国际传播影响的论述。在国际传播所带来的影响与作用问题上,各国学者的看法总体趋于一致。一方面,学者们认为,国际传播的目的在于改变他国民众的意识,从而改变他国的决策。④ 国际传播是资本的传播,是资本主义的发声器。⑤ 其对文化的发展是有影响的,强国会将本国的文化价值观强硬灌输给弱国。⑥ 另一方面,一些学者也指出,国际传播有利于宗教、民族矛盾的解决,因此促进了世界和平。国际传播能够实现政治影响,发展经济合作,也能促进文化交流。⑦

三是国际传播的渠道。国际传播作为一种传播形式,必然有其传播的渠

---

① Об этом подробнее см.: Клепацкий Л. Н. Проблемы эволюции международных отношений в контексте глобализации // Мир и Россия на пороге XXI века: Вторые Горчаковские чтения. МГИМО МИД России(23 - 24 мая 2000 г.)-М.:«Российская политическая энциклопедия»(РОССПЭН),2001. -576 с. С. 76 - 87. С. 80.

② Фершуерен Дж. Прагматика и мониторинг международной коммуникации // Критика и семиотика,Вып. 1 - 2. Новосибирск,2000.

③ Толстихина Е. В. Коммуникативный дискурс в межкультурной коммуникации. Автореф. дис. ... канд. филос. наук. Ростов на Дону,2010. С. 9.

④ Haigh Martin. From internationalisation to education for global citizenship: a multi-layered history. Higher education quarterly,2014,68(1):6 - 27.

⑤ Christian Fuchs. Communication and capitalism: a critical theory. London: University of Westminster Press,2020.

⑥ [美]罗伯特·福特纳:《国际传播:全球都市的历史、冲突及控制》,刘利群译,华夏出版社2000年版,第8页。

⑦ Г. Г. Почепцов,Коммуникативные технологии двадцатого века. -М. -Киев: Изд-во "Интерпрессервис",2000.

道。各国学者采用不同方式列举了其传播的渠道。最为国内学者熟悉的福特纳(Robert S. Fortner)提出,国际传播的主要渠道是大众传播媒介,通过军事频率、电报电话业务、大使馆之间的交流传播也能够实现国际传播。① 同时,有学者这样描述国际传播的渠道:除外交渠道外,达成经济、贸易和金融协议的商业活动,文化和科学交流也是国际传播的实现方式。② 国际交流的一个重要因素是大众媒体作为人们相互了解并丰富精神生活的一种范式,成为操纵舆论以有利于各种社会团体的利益的工具(信息战)。③ 同时,随着网络技术的进步,社交媒体蓬勃兴起,国际传播的途径也在变得越来越宽泛(电话、邮件、通信软件、网络问答、公告等)。总的来说,国际交流的渠道可以是官方的,也可以是非官方的。

国际传播是一门跨学科的研究,也正是因为这个原因,关于国际传播学的研究复杂而纷繁。国际传播学最开始是国际关系学的一个分支,它被定义为一个符合传播学和大众媒体研究的复杂且快速发展的子领域。④ 迈赫迪·萨玛迪(Mehdi Semati)提出,与其说国际传播是一门研究学科不如说是一个研究主题,它更具主题性而不是学科性。⑤ 国际传播脱胎于国际关系学,是建立在国家与国家,不同国家人民,商业机构,国际组织等国际活动参与角色信息交流的基础上而形成的学科。而国际关系和社会环境总是在变动当中,因此,可以认为国际传播学的学术研究也是跟随国际关系、技术进步和社会环境的改变而改变的。正如俄罗斯学者认为的,国际传播是具有变动的特性的。⑥

---

① [美]罗伯特·福特纳:《国际传播:全球都市的历史、冲突及控制》,刘利群译,华夏出版社2000年版,第8页。
② Г. Г. Почепцов, Теория коммуникации. -М.: Рефл-бук, Киев: Ваклер, 2001.
③ Психология общения. Энциклопедический словарь / под общ. ред. А. А. Бодалева. -М.: Когито-Центр, 2011.
④ A. Mohammadi. International communication and globalization. London, Thousand Oaks, New Delhi: SAGE Publications, 2005, p. 1.
⑤ M. Semati. New frontiers in international communication theory. Maryland: Rowman & Littlefield Publishers, Inc., 2004.
⑥ M. Semati. New frontiers in international communication theory. Maryland: Rowman & Littlefield Publishers, Inc., 2004, p. 26.

而在这发展变化的过程中,国际传播研究最初在欧美得到重视。欧洲科学界的研究多关注于文化学内容上的国际交流,只是这些研究还相当零碎,也没有得到科学界足够的关注。但随着欧洲地缘政治的变化,欧洲经济的统一和一体化,以及通信的国际化,欧洲正在积极地提高传播学各学科的研究水平。

二、国际传播在各学科范围内的理论发展

国际传播研究主题颇为繁杂,不过,可以从两个角度整合国外对国际传播的主要研究:一是从经济社会发展的发展论角度,二是从文化、价值观角度。

(一) 发展的眼光:从现代化理论到全球化

战时宣传与心理战研究热潮随着"二战"的结束逐渐退却,随之而来的冷战模式使得宣扬资本主义意识形态成为以美国为主的西方国家政治上的一个主要目标。杜鲁门在其著名的四点演说中提出对亚、非、拉不发达地区实行经济技术援助,以达到在政治上控制这些地区的目的。① 在这一背景下,国际传播的研究方向转向为舆论动员以及为国家发展提供资源。

1951年,"现代化"一词在美国《文化变迁》杂志中被提出,其被定义为农业社会向工业社会转变的特征。② 随后的几十年中有关现代化理论的研究层出不穷。这其中,早期的学者丹尼尔·勒纳(Danny Lerner)通过对中东国家大规模的调查,发现了传播对社会发展的推动作用,提出了传播与社会发展的理论框架:工业化提高都市化,而都市化提高读书识字能力。大众媒体能够提高人对环境的认同感和移情能力,使得人能够更好地接受工业化和现代化的思想。人们对社会的满意程度=社会现代化程度/人们的期望值。③ 在勒纳的研究基础之上,施拉姆(Wilbur Schramm)更进一步强调了大众传播的作用,尤其是对不发达地区向西方现代化靠拢过程中所产生的作用。他认为大

---

① 叶南客:《新时代,新媒介,新想象——当代新闻传播研究的问题与方法》,河海大学出版社2018年版,第77页。
② 张晨怡:《近代中国知识分子的民族主义思想研究》,中央民族大学出版社2012年版,第6页。
③ 张瑞静:《媒介环境变迁与身份认同建构》,中国时代经济出版社2018年版,第99页。

众媒介通过信息传送使得原来陌生的事物变得熟悉,在人们尚未形成牢固观念的时候对人们的观念加以引导并进行强化规范。同时,大众传播要想发挥其作用还必须立足发展中国家本土的国情,本土化传播信息。重视受众的反馈,从而避开不适合群众需要的信息以及将资源浪费在无意义的运动上。①而后期的埃弗雷特·罗杰斯(E. M. Rogers)从扩散的原理和模型角度出发,认为新的观念和想法,新的物体,也就是创新要经历很长的扩散过程才能为社会所接受。而这种扩散主要由创新、时间、渠道和社会系统四个要素决定。大众传媒作为最有效的传播渠道,对个体和群体都有直接迅速有力的影响。舆论导向者往往有更多的接触大众媒体的经验。创新和改变往往有不确定性,而这种不确定性导致决策者更加依赖信息来做出判断。由于第三世界国家是通过接触吸收西方的新观念与技术促进社会进步,因而扩散的理论框架可以评价各种发展计划在各个领域中带来的影响。同时他还提出,农民的接触媒体程度和其移情能力、创新精神、成就等成正比关系。②

而这种现代化理论随后受到了来自依附理论和世界体系理论的抨击。依附理论批判现代化理论简单地将社会分为传统社会和现代社会两种,认为这种现代社会本质上就是西方社会,而使得现代化只是走向西方社会的方法路径。依附理论的代表人物弗兰克(Andre Gunder Frank)、阿明(Samir Amin)、普雷维什(Prebisch)从经济发展的角度抨击了现代化理论的观点,认为不发达地区的长期贫困并不是因为缺乏西方的现代化观念,而恰恰是由于西方观念的渗透导致国家长期无法发展。西方发达国家与不发达国家是一种"中心—边陲(边缘)"的关系,西方国家依靠剥削不发达国家的资源获得利益,边缘国家的经济发展依赖西方国家,所从事的往往是简单的原材料进出口贸易或加工业务,长期处于没有经济技术和政治优势的情况。西方国家则利用这种优势继续加大对第三世界国家的压榨,迫使第三世界国家长期处于被动

---

① [美]施拉姆:《大众传播媒介与社会发展》,华夏出版社1990年版,第147页。
② [美]埃弗雷特·M. 罗杰斯:《创新的扩散》,辛欣译,中央编译出版社2002年版。

地位。因此,边陲国家要采取自主的方式发展,摆脱资本主义的控制。① 这种中心对边陲的控制是通过权力成分的组合实现的,例如通过军事、经济、政治和文化。而大众传媒带来的文化产品使得西方的生活方式和文化传播到各国,造成了"电子入侵"。媒体产品和技术的交流加强了各国对中心的依赖性,阻碍各国真正地发展。② 在这一点上,依附理论与文化帝国主义是密切相关的,正是由于西方发达国家对欠发达国家在媒介技术与信息上的压榨,产生了文化帝国主义。而随着第三世界国家的经济和政治的解放,当前,殖民主义者大部分已不能从经济上有利可图,因此仅在政治上显示出兴趣,而传播媒介的技术进化已经推动了文化和意识形态的依附。③ 我们在这里梳理的是以发展理论的角度看待国际传播问题,从文化角度入手的文化帝国主义被列入接下来的讨论当中,因此这里我们不做赘述。

伊曼纽尔·沃勒斯坦(Immanuel Wallerstein)扩充了依附论的"中心—边陲"理论,将发展中国家看作半边缘区(半边陲区),从而形成了"中心—半边缘(半边陲)区—边缘(边陲)区"的三元模式。扩展依附论为世界体系理论。世界体系理论学者认识到世界是一个整体,国家的发展受到世界整体的影响,在世界分工的三元体系中,各国可以转换身份。世界体系理论认为,世界体系是一个社会体系,它具有范围、结构、成员集团、合理规则和凝聚力。世界体系在各种力的冲突中变化发展,④且其具有单一分工和多种文化体系。从逻辑上讲,这种世界体系可以有两种类型,一种有共同的政治制度(世界帝国体系),一种被称为世界经济体系。⑤ 世界体系将不同人群通过信息通信技术连接起

---

① [美]R. H. 奇尔科特:《比较政治学理论——新范式的探索》,社会科学文献出版社1998年版。
② Lucky Madikiza, Elirea Bornman. International communication: shifting paradigms, theories and foci of interest. Communicatio, 2007, 33(2): 11-44.
③ [比]瑟伟斯、[泰]玛丽考:《发展传播学》,张凌译,武汉大学出版社2014年版,第102页。
④ [美]伊曼纽尔·沃勒斯坦:《现代世界体系》,郭方、刘新成、张文刚译,社会科学文献出版社2013年版,第11页。
⑤ Immanuel Wallerstein. The capitalist world-economy. Cambridge: Cambridge University Press, 1975.

来,彼此之间产生互动性。① 传播学者对世界体系中国家间的政治、经济文化关系的探讨,对在全球经济和信息传播结构背景下媒介作用的研究,构成了传播发展理论的新的范式。②

世界体系的理念被许多追随者引申为全球化,尽管沃勒斯坦本人并不认同。③ 现代全球化的概念最早由安东尼·吉登斯(Anthony Giddens)于1990年提出,这种全球化模式是一种全球规模的社会化联系。④ 随后,全球化引起了热议,罗伯逊(R. Roberson)率先将"全球化"一词使用到社会科学中。罗伯逊认为,全球化是以当地地方的形式显现出来的,地方(本土)从不是孤立于世界而存在的。全球化理论后经过乔治·瑞泽(George Ritzer)、特纳(Turner B.)等人的补充及延伸,形成了一个横跨政治、经济、文化、社会学等多个学科的研究主题。⑤ 全球化有几个特征:国际化、自由化、普遍化、西方化。当全球化被解释为国际化时,这个词指的是国家间的信息、想法、商品、金钱、投资和人员交流。在自由化语境下,全球化意味着一个"开放"和"无国界"世界。而普遍化意味着全球文化、经济、法律和政治趋同。社会现代性结构(资本主义、工业主义、理性主义、都市主义等)在这一过程中,破坏了原有的文化和地方自觉。以这种方式理解的全球化通常被解释为西方主义的殖民。⑥

同时,全球化也是国家及其公民之间日益相互依赖的持续过程,是复杂和多方面的。全球化批评者所指出的许多问题都是真实存在的。全球化问题与

---

① Lucky Madikiza, Elirea Bornman. International communication: shifting paradigms, theories and foci of interest. Communicatio, 2007, 33(2):11-44.
② 侯东阳:《国际传播学》,暨南大学出版社2012年版,第96页。
③ George Ritzer. The blackwell companion to globalization. Oxford: Blackwell Publishing, 2007, p.54.
④ Michael Lang. Globalization and its history. The journal of modern history, 2006, 78(4): 899-931.
⑤ V. Roudometof. Theorizing globalization. European journal of social theory, 2015, 19(3): 391-408.
⑥ Jan Aart Scholte. What is globalization? The definitional issue-again. CSGR Working Paper, No. 109, December 2002.

经济学有关,也与许多非经济学问题相关①:如人类与动物生命之间的关系,人类与其自然和物理环境之间的关系,人权问题等。在全球化过程中,传播的概念涉及思想和实践从一个地方传播(或不传播)到另一个地方的方式。从广义上讲,传播理论在非常重要的方面预测了我们现在所说的全球化是否能够本地化。然而这也是一些学者认为的传播效果被夸大的原因之一。②

(二) 文化的视角:从文化帝国主义到文化的同质化与多元化

从依附主义衍生而来的文化帝国主义在20世纪七八十年代成为国际传播研究的重点。对于文化帝国主义的表述并不精确,它被认为是一种"散漫"的概念。赫伯特·席勒(Herbert Schiller)在《大众传播与美利坚帝国》一书中表达了这样一种思想:美国政府的支持使得美国的大众传媒机构在世界贸易中占据优势,而不发达国家的人民对这种媒介产品的消费使得美国主义的价值观和思想得到颇有成效的宣传,也促使了这些地区的人民在经济上、政治上与美国进行合作。这也在一定程度上消磨了弱小社会的社会文化。西方国家通过文化手段实现新殖民。③ 其实早于文化帝国主义,意大利马克思主义者安东尼奥·葛兰西(Antonio Gramsci)在讨论资本主义的社会霸权时提出了文化霸权的概念。文化霸权是一种通过文化手段采取的意识形态上的非暴力统治。④ 这与席勒的观点是极为相似的。然而其后被引用更多的则是席勒的文化帝国主义概念。不过无论是文化霸权还是文化帝国主义,强调的都是对他国的价值观和意识形态的输出。同样以马克思主义观点看待文化帝国主义的还有阿芒·马特拉(Armand Mattelart)。马特拉更进一步地指出,文化形式和文化事件在危机和资本主义制度过渡时期适合作为控制机制,并在意识

---

① S. Fischer. Globalization and its challenges. American economic review, 2003, 93(2): 1-30.
② George Ritzer. The blackwell companion to globalization. Oxford: Blackwell Publishing, 2007, p.54.
③ [美]赫伯特·席勒:《大众传播与美利坚帝国》,刘晓红译,上海译文出版社2006年版。
④ [意]萨尔沃·马斯泰罗内:《一个未完成的政治思索:葛兰西的〈狱中札记〉》,黄华光、徐力源译,社会科学文献出版社2000年版。

形态方面发挥政治作用。文化商品和跨国信息包含的不仅是文化方案,更是一种新的权力组织。文化帝国主义加强了不发达国家对中心国家的依附。① 其作用表现在西方媒体对第三世界国家的影响越来越大,通过采用西方的人权和法治观念,在语言、教育、科学、宗教方面占主导地位。② 然而约翰·汤林森(John Tomlinson)反对这种文化帝国主义的强大影响,他认为媒介只是中性地、平等地传播信息,并没有将意识形态强加给他国。文化的消磨是全球发展的产物,而不完全是媒介对第三世界国家产生的影响。③ 这种观点受到了普遍的诟病,批判者认为,汤林森的言论是一种带有为西方辩解性质的西方中心论。④ 然而汤林森同许多批判文化帝国主义的学者也认识到,文化帝国主义是游走于经济与政治之间的,文化并不等于媒介,文化不仅仅是地域问题,文化也是历史性的。多民族国家的文化本就是复杂多元的,个人对文化产品的接受受到其社会生活环境的影响,文化输出未必能获得想象中的巨大效果。⑤

由于文化的传播形式大多是大众传播产品,比如电影、电视、广播、广告等,因而在进行文化帝国主义研究时,学者将眼光着重放在了对媒体的研究上,由此形成了媒介帝国主义。这也就使得文化帝国主义的概念与现象常与媒介帝国主义一同出现。几乎所有研究文化帝国主义的学者都要谈及媒介帝国主义,有关媒介帝国主义这一领域的研究总体上倾向于关注跨国公司或跨国媒体行业的跨国代理商的运营,以及他们在国际层面上媒体产品的结构及其在流动中的作用。⑥ 同时,文化帝国主义和媒介帝国主义带来了消费主义,

---

① 朱振明:《传播世界观的思想者——阿芒·马特拉传播思想研究》,上海交通大学出版社2011年版,第75、112页。
② B. Hamm & R. Smandych. Cultural imperialism. Canada Broadview Press Ltd, 2005.
③ [英]汤林森:《文化帝国主义》,冯建三译,上海人民出版社1999年版。
④ Stjepan G. Mestrovic. Globalization and culture. Contemporary sociology, 2001, 30(6): 598-599.
⑤ [英]汤林森:《文化帝国主义》,冯建三译,上海人民出版社1999年版。
⑥ Fred Fejes. Media imperialism: an assessment. Media culture society, 1981(3): 281-289.

而消费主义进一步加剧了西方国家对边缘国家的经济剥削。①

对文化帝国主义的研究热潮推动了第三世界国家争取世界信息和通信新秩序的运动。一个以信息民主化、自由化流通为主旨,遏制跨国媒体,鼓励发展中国家媒体成长的世界信息与传播新秩序(NWICO)受到广泛的重视。文化帝国主义学派的拉丁美洲作家,如 Pasquali 和 Beltrán 在 NWICO 运动全盛时期被联合国教科文组织雇用。理论研究上,这一时期的研究(主要是新闻流动和电视流动)有许多成为 NWICO 辩论的一部分,这些研究明确或隐含地以结构主义、文化帝国主义思维为前提。②

随着全球化的深入发展,个人已经无法做到不受全球化信息交流的影响,技术的发展、组织内部的交流和媒介机构的全球运营加速了媒介全球化,为全球电子文化奠定了基础。电子媒体由于不受物理距离限制,使得文化领域呈现高度全球化。世界大部分地区在媒体力量的帮助下自觉保持着不断的相互作用和交流。③ 同时,人际交流的增加促进了文化交流的发展,使得当地社区之间共享不同风俗和习惯。④ 因而全球化语境同时推动了看似对立的力量:中心化与去中心化、标准化与多元化、去国家化与跨国化。这种标准化与多元化也就是文化同质化与多元化并存的矛盾。一方面,全球化使得处于媒介霸权地位的国家更方便地宣扬本国文明,从而引发"文明冲突";另一方面,自我文化身份主张和互动的多维性使得国内外信息同时存在并彼此交迭,产生"文化多元性"。⑤ 媒体文化跨国流动的加剧以及相关的跨境联系和交流一直在

---

① R. Glassman & A. Wells. Picture tube imperialism? The impact of U. S. television on Latin America. Contemporary sociology, 1974, 3(1): 75 – 77.

② Colleen Roach. Cultural imperialism and resistance in media theory and literary theory. Media, culture & society, 1997(19): 47 – 66.

③ [英]斯巴克斯:《全球化、社会发展与大众媒体》,刘舸、常怡如译,社会科学文献出版社 2009 年版。

④ W. Mazzarella. Culture, globalization, mediation. Annual review of anthropology, 2004, 33(1): 345 – 367.

⑤ Hans Köchler. Culture in the age of globalization, in XVIIIth international Likhachev scientific conference. Contours of the future in the context of the world's cultural development, St. Petersburg, Russia, May 17, 2018.

破坏国家文化边界的稳定。互联网的交互性、开放性、普及性和民主性让所有用户都参与到交流中，使他们能够与其他交流参与者分享他们的意见和想法，并发现全世界志同道合的人，从而形成群体之间的多元化的媒介社区。① 文化统一性的趋势使得我们生活的世界按照效率的准则而不是美学或道德的准则进行了某种功能化。② 而文化多元性的"自主读者"理论导致全球化话语发挥着无限多样性的"全球"和"本地"作用。③ 由全球化和本土化辩论而来的全球本土化成为国际传播和全球化新的讨论热点。④ 与此同时，我们观察到媒体的文化流动和传播的国际化模式越来越普遍。从政治的角度来看，这种"国际化"是有意义的，这是国家在全球文化单位的意义上对自己边界的重新巩固。⑤

纵观国际传播发展的历史，现代化理论曾在很长时间内引起讨论热潮，然而在20世纪80年代后逐渐被淡忘，新的媒介帝国主义和文化帝国主义的概念主导了20世纪70年代和20世纪80年代初期对国际传播的思考。然而，之后媒体和文化帝国主义的研究不再受到关注，准备参与帝国主义概念及其所涉及的理论问题研究的学者减少了，且许多学者在使用这一概念时花费了很多篇幅对其精华和糟粕之处进行讨论，最后承认其确实有助于描述国际文化资源供给的差异。在过去的二十年里，关于国际传播的大部分工作都被强调区域市场、复杂流动和国家在国际传播中相对不重要的理论所主导。全球化的思想倾向于贬低国家的作用，支持全球和地方之间的关系。而国家是通

---

① S. G. Ter-Minasova. Contradictions of international communication in the era of globalization: obstacles or driving forces? Russian journal of linguistics, 2015, 19(4): 43-48.
② K. M. Carley. Communication technologies and their effect on cultural homogeneity, consensus, and the diffusion of new ideas. Sociological perspectives, 1995, 38(4): 547-571.
③ Robin Mansell and Marc Raboy (eds.). Global handbooks in media and communication research. West Sussex: John Wiley & Sons Ltd, 2011.
④ V. Roudometof. Theorizing glocalization. European journal of social theory, 2015, 19(3): 391-408.
⑤ K. Iwabuchi. Globalization, culture, and communication: renationalization in a globalized world. Oxford Research Encyclopedia of Communication, 2018.

过"软实力"实现文化的国际交流的。① 近年来,国际传播研究已经打破了现代化理论和文化帝国主义的垄断。然而由于缺乏将国际传播理论化的努力,对该领域核心问题也缺乏共识,这种国际传播研究的碎片化加剧了。②

三、国际传播与跨文化传播

正如前文我们提到的那样,国际传播问题是一个涉及多学科多领域的广泛的研究主题。在理论与实践中,国际传播常常与同为传播学子学科的跨文化传播相互拉扯。前文中我们界定了国际传播的概念,认为其是主要发生在国家、组织机构之间的传播活动。而跨文化传播主要指的是拥有不同文化背景的人的交流,其主体主要是个人。③ 因此,从某种程度上说其区别是显而易见的。

然而国际传播学与跨文化传播学在许多方面有着千丝万缕的联系。首先,国际传播的主体虽然主要是国家和组织机构,但如我们上文提到的,很多学者并不赞同将不同国家的人之间的交流排除在国际传播的范围之外,只是这里的人是以民族国家为特征划分的,人是以国家代表的身份出现的。④ 因而这与跨文化传播产生了某种意义上的重叠。这种重叠主要是指国际层面的跨文化传播,不同国家和文化的人群之间的交往。而跨文化传播可以是国内的跨文化传播,也可以是国际的跨文化传播。生活在同一国家也就是同一社会团体之中但具有不同文化背景的人之间的交流,并不涉及国际传播的

---

① Colin Sparks. Media and cultural imperialism reconsidered. Chinese journal of communication, 2012, 5(3): 282.
② Marwan M. Kraidy. Glocalisation. Journal of international communication, 2003, 9(2): 29-49.
③ Y. Y. Kim. Mapping the domain of intercultural communication: an overview. Annals of the international communication association, 2001, 24(1): 139-156.
④ K. S. Sitaram. Intercultural communication: the what and why of it. International Communication Association, Minneapolis, 1970.

内容。①

其次,跨文化传播被视作国际传播的子学科。上文我们说过国际传播起源于国际关系,是两次世界大战的产物,因此在最开始和其后相当长的时间段里其研究重点仍然是国际关系方向的,并且重视大众传播的作用,忽视人同样可以作为国际传播主体。这也间接导致了跨文化传播作为国际传播的子学科建立起来。② 另外,除了子学科的观念,有学者指出跨文化传播可以作为国际传播的一种方法。这一观点从不同国家交流时由文化差异导致的障碍出发,提出采用跨文化的方法解决这种国际交流的障碍。③ 从这个角度看,跨文化传播也可以被运用于国际谈判,这一点也是俄罗斯国际传播学领域研究的一个重点。

另外,国际传播和跨文化传播仍有一个主要的区别,即跨文化传播不研究大众传媒作为"中介"的不同文化之间的交流,跨文化传播的渠道是"人际"的。④

然而不管是跨文化传播还是国际传播,都是一种文化传播形式。跨文化传播与国际传播之间最大的联系是文化,跨文化传播与国际传播都注重文化在传播中的重要性。两者的研究都涉及异质性文化之间的传播,也都涉及信息的交换。跨文化传播探索的是不同文化带来的不同价值观信仰之间的冲突,而国际传播的冲突则是由跨越国界而引起的。⑤

文化的重要性常常被当作一个国家"软实力"的体现来研究,文化传播被

---

① [美]拉里·A.萨默瓦、理查德·E.波特、埃德温·R.麦克丹尼尔:《跨文化传播(第6版)》,惠泉、贺文发、徐沛喜译,中国人民大学出版社2013年版。

② [英]特希·兰塔能:《媒介与全球化》,中国传媒大学出版社2016年版。

③ Raymond Cohen. International communication: an intercultural approach. Cooperation and conflict, 1987, 22(2): 63-80.

④ Molefi K. Asante and William B. Gudykunst (eds.). Handbook of international and intercultural communication. Newbury Park, CA: Sage, 1989, p.520.

⑤ Elham L. Blout. Soft war: myth, nationalism, and media in Iran. The Communication review, 2017, 20(3): 212-224.

认为是国家用来吸引其他国家以及作为外交政策的宣传手段。① 吸引比强制来得更有效果，智慧（科学技术）、美貌（文化）和仁慈（中心大国对小国的慷慨）构成了一国对另一国的吸引力。在除欧美国家外的国家中，在文化软实力这方面我们所能参考和借鉴的例子不多，因而中国本身成为国际霸权格局下，利用文化作为工具建设国家软实力的研究对象，导致欧美有关中国利用国家软实力的研究层出不穷。甚至"软实力"的提出者约瑟夫·奈也对中国的软实力建设充满好奇（Nye J. 2012②，2013③，2020④）。这也从另一个侧面证实了文化作为国家软实力的重要性，以及中国加强文化传播和软实力建设道路的正确性。

然而文化传播的重要性绝不仅如此。相对同质的文化是一个民族国家产生的重要条件⑤，早期欧洲由于地势的阻隔无法形成统一的国家，而频繁和密切的经济交往促进了文化交流，在宗教信仰的加持下，以共同历史、统一政权形式以及同质文化为表征的现代民族国家形成。⑥ 文化因此成为民族国家区分与身份认定的必不可少的环节。现代国家的边界不仅仅是领土政权上的，更是文化上的。同一片土地上的政权分裂除了与征服、迁移有关，更是由文化因素导致的心理地图的差异形成的。文化边界的扩大和转移可以带来领土边界的变化以及相似文化类型的国家民族的同盟，波罗的海三国的意识同盟正是由这种在历史进程中形成的文化边界所带来的精神地图。同时，这种建立

---

① Joseph Nye. Interview with Fars News Agency (published in Persian). 1 Feb 2011, http://www.tebyan.net/newindex.aspx? pid=154142.

② J. S. Nye. China and soft power. South African journal of international affairs, 2012, 19(2): 151-155.

③ J. S. Nye. What China and Russia don't get about soft power. Foreign policy, April 29, 2013.

④ J. S. Nye. Power and interdependence with China. The Washington quarterly, 2020, 43(1): 7-21.

⑤ 俞正樑等：《全球化时代的国际关系（第三版）》，复旦大学出版社2020年版。

⑥ Stefano Bartolini. Restructuring Europe: centre formation, system building, and political structuring between the Nation State and the European Union. New York & Oxford: Oxford University Press, 2005.

在汉萨文化基础上的心理地图也导致了波罗的海俄罗斯民族的遗留问题。①

在全球化背景下，文化边界日趋模糊。尽管"二战"之后，第三世界国家积极争取并参与了世界信息与传播新秩序（NWICO）的建立，且考虑文化进口的接受能力等因素，John Tomlinson②、Reebee Garofalo③ 等人认为文化多元化的趋势使得新世纪的文化传播不太可能形成"帝国化"，文化帝国主义是带有一种文化偏见的傲慢。这种观点却遭到了 William D④、Mel van Elteren⑤、Stephen Gill⑥、Günter Lenz⑦ 等学者的反对，他们认为这是一种民粹主义的文化情结。不同种类文化数量的增加和文化多元化并不影响跨国文化传播中的霸权现象，资本会有意识地进行选择，干预国家群体的文化进程。跨国的文化传播是存在于相对的经济、技术和国际背景下的，因此不可能总是以公平的交流方式出现。因而，所谓的全球文化实际上是带有美国文化帝国主义性质的。全球化进程中的跨国集团、国际政府组织（IGO）和国际非政府组织（INGO）的扩散实际是全球价值观和意识形态趋同的过程。⑧ 我们必须意识到，这种"美国化"的全球文化模式挑战了国家民族的独立和长期以来形成的文化边界。

而全球贸易发展更被解释为霸权主义下国际社会环境稳定的产物，尽管许多学者的讨论出现了自相矛盾的地方，但不难看出西方国家一直在努力为

---

① Alexander Drost. Historical borderlands in the Baltic Sea Area (1) layers of cultural diffusion and new borderland theories: the case of Livonia. Journal of history for the public, 2010(7): 10 – 24.
② John Tomlinson. Cultural imperialism: a critical introduction. London: Pinter, 1991.
③ Reebee Garofalo. Whose world, what beat? The transnational music industry, identity, and cultural imperialism. The world of music, 1993, 35(2): 18.
④ William D. Hartung. The new imperialism. The nation, 17 February 2003, pp. 5 – 6.
⑤ Mel van Elteren. U. S. cultural imperialism today. SAIS review, 2003, 23(2): 169 – 188.
⑥ Stephen Gill. American hegemony and the trilateral commission. Cambridge: Cambridge University Press, 1990, p. 113.
⑦ Günter Lenz. Transculturations: American studies in a globalizing world—the globalizing world in American studies. Amerikastudien/American studies, 2002, 47(1): 97 – 98.
⑧ Paul Ingram, Jeffrey Robinson, and Marc L. Busch. The intergovernmental network of world trade: IGO connectedness, governance, and embeddedness. American journal of sociology, 2005, 111(3): 824 – 853.

自己的掠夺行为寻找借口,游说广大半外围和外围国家。Bunker 和 Ciccantell[1],Rasler 和 Thompson[2],Bairoch[3],Kwon[4] 从资本的自由流动、海权等方面解释了霸权的兴起与贸易发展的关系。新兴崛起的创新国家的创新优势扩大了其在国际经济中的优势,但也导致了自然资源的需求增长,从而导致国际新一轮的竞争。直到确定新的霸主,世界经济形式和贸易由于国际形势的相对平衡(霸权主义)才得以稳定发展。Mansfield[5] 等人提出,相似意识形态的国家之间(民主国家与民主国家之间,专制国家与专制国家之间)的贸易才是呈增加态势的,而不同意识形态的国家之间的贸易是减少的。有意思的是,有人意识到了文化同质化对国家财富积累的阻碍,但依然为世界霸权体系的合法性寻找出口。这种观点认为,文化同质化只适用于农耕时代,通过标准化社会信仰、行为准则等社会特征,促进人力资源的积累,从而提高生产率,但文化同质化阻碍了创新思想的传播,也阻碍了社会的灵活性,从而阻碍了技术和经济的发展。然而,作者同时提出,文化多元现象需要一个霸权进行压制,从而消解民族和文化带来的冲突。[6] 无独有偶,美国学者 Robinson 一方面提出全球经济发展需要一个超越民族国家范式的领导存在,另一方面又辩解称不存在霸权主义,所谓霸权是坚持以竞争性民族国家体系逻辑看待国际

---

[1] Steven G. Bunker and Paul S. Ciccantell. Globalization and the race for resources. Baltimore, MD: Johns Hopkins University Press,2005.

[2] Karen Rasler and William R. Thompson. War, trade, and the mediation of systemic leadership. Journal of peace research, 2005, 42(3): 251-269.

[3] Paul Bairoch. Economics and world history: myths and paradoxes. Chicago, IL: University of Chicago Press, 1993.

[4] Roy Kwon. Hegemonic stability, world cultural diffusion, and trade globalization. Sociological forum, 2012, 27(2): 324-347.

[5] Edward D. Mansfield, Helen V. Milner, and B. Peter Rosendorff. Free to trade: democracies, autocracies, and international trade. American political science review, 2000, 94(2): 305-321.

[6] Q. Ashraf & O. Galor. Cultural assimilation, cultural diffusion and the origin of the wealth of nations. SSRN Electronic Journal, September 2007, DOI:10.2139/ssrn.981626.

关系导致的,是自己给自己寻找的霸权。①

不可否认的是,世界经济的发展确实需要一个稳定的政治环境,然而政治环境的选择并不是非此即彼的,不是要么霸权要么战争。上述学者将国际环境看成一个二元对立论的简单状态,忽略了世界发展的多样性可能,本质上是为资本主义社会的发展寻找突破点。而跨国媒体集团和非政府组织在全球化过程中利用其传播优势传播"文化脚本"(cultural scripts),从而使得世界文化框架扩散,国家民族的结构内容趋同。②

由此产生的最有名的国家瓦解的案例,当属20世纪的苏联解体。20世纪80年代,苏联媒体利用戈尔巴乔夫本意为打击腐败而开创的民主状况,在资本主义的操控下,大肆渲染资本主义社会的先进性和优越性,播放苏联国家人民的悲惨生活个例,贬低苏联共产党的领导地位,致使苏联民心涣散,为后来的解体打下了社会基础。③ 有学者认为,苏联解散的根本原因是意识形态的崩溃④,苏联几次在面对联盟内国家冲突,如纳卡冲突、格鲁吉亚阿布哈兹问题的不当处理导致了统一的国家民族意识的涣散。

我国作为社会主义国家有自己的民族和文化特征,保持自己民族国家和文化的独立特征不仅是软实力的体现,更是我国的文化边界,民族国家存在的根本条件。尽管上述学者有关霸权主义稳定世界的观点值得商榷,但在探讨过程中被各学者提出的有关资源争夺的问题是现实的。资源是有限的,西方国家的经济发展必然以掠夺他国资源(自然资源、人力资源)为基础,尽管新加坡、韩国包括我国等一些亚洲国家和地区将这种资本流动带来的资本和技术

---

① William I. Robinson. Beyond nation-state paradigms: globalization, sociology, and the challenge of transnational studies. Sociological forum, 1998, 13(4): 561-94.

② John Boli and George M. Thomas. World culture in the world polity: a century of international non-governmental organization. American sociological review, 1997, 62(2): 172.

③ Г. Д. Дроздов, Основные причины распада СССР, в кн.: *Региональные аспекты управления, экономики и права Северо-западного федерального округа России. Межвузовский сборник научных трудов*, Санкт-Петербург, 2017, c. 251-258.

④ С. М. Белозерцев, Причины распада СССР, *Научный дайджест Восточно-Сибирского института МВД России*, 2021, No 1 (11), c. 106-110.

用于增强本国实力①,但不足以掩盖西方国家的这种掠夺行为。西方国家推崇的全球化的逻辑是以全球资本主义为基础的②,仅仅是"通过文化和政治霸权被重新定义这种策略来掩盖权利的真正来源"③。正如 Sklair 所说,"全球体系由经济跨国实践组成,在最高抽象层次上,这些是体系的基石。政治实践是制度组织的原则。他们必须使用手头的材料,通过操纵系统的设计,使他们在其中构建变化。而文化意识形态的实践是把系统结合在一起的螺母和螺栓的黏合剂"。④

正因如此,中国的文化传播工作任重道远,其工作的重点不仅仅是宣传中国的文化,树立中国的民族形象,在世界范围内为中国寻找盟友。除此以外,中国作为多民族国家,面对民族关系问题,加强文化引导,形成统一的民族国家认同,以促进民族团结,防止他国利用我国民族问题,对我国统一的社会主义意识进行瓦解,这一点,不容忽视。

第三节 网络视听助推国际传播

一、网络视听作为国家传播战略的确立

(一)网络视听作为国家战略的确立

当今世界,谁在信息化上占据制高点,谁就能够掌握先机、赢得优势、赢得安全、赢得未来。2017 年,国家新闻出版广电总局正式启用了"广播电视与网络视听"(以前仅仅是提"广播电视")的新提法,并于同年发布《关于进一步加强网络视听节目创作播出管理的通知》,要求网络节目与广播电视节目同一标

---

① M. Paldam. Economic freedom and the success of the Asian tigers: an essay on controversy. European journal of political economy, 2003, 19(3): 453-477.
② David Harvey. The condition of postmodernity. Oxford: Basil Blackwell, 1989.
③ Mariano Martín Zamorano. Reframing cultural diplomacy: the instrumentalization of culture under the soft power theory. Culture unbound, 2016(8): 166-186.
④ Leslie Sklair. Sociology of the global system. 2nd ed. Baltimore, MD: Johns Hopkins University Press, pp. 94-95.

准、同一尺度。2018年4月20日,习近平总书记在全国网络安全和信息化工作会议上强调,信息化为中华民族带来了千载难逢的机遇,必须敏锐抓住信息化发展的历史机遇。同年,《国家信息化发展战略纲要》提出"加快建设数字中国"。

《中华人民共和国国民经济和社会发展第十四个五年规划和2035年远景目标纲要》明确将"发展社会主义先进文化提升国家文化软实力"纳入纲要,提出"视听中国"的发展战略。在"十四五"时期,加快广播电视和网络视听高质量创新性发展,已经成为全面建设社会主义现代化国家战略的"重中之重"。

(二) 国际传播新格局下的中国视听"出海"历程

第54次《中国互联网发展状况统计报告》显示,截至2024年6月,我国网络视频用户规模达10.68亿,占网民整体的97.1%。其中短视频用户规模为10.50亿,占网民整体的95.5%。中、短、长视频互为补充,构成了中国视听媒介产业新生态模式,形成了涵盖剧集、电影、中视频和短视频等视听内容产品的中国新视听产业矩阵。根据《中国网络视听发展研究报告》(2024),截至2023年12月,我国泛网络视听领域市场规模超过万亿,全网短视频账号总数达15.5亿个,短视频直播在赋能电商、文旅发展方面表现突出。短视频作为兼具视频平台与社交平台特征的视听内容产业,已经成为中国视听领域中最为活跃的产业。分析我国视听产品的"出海"历程,大体可分为以下两个形式:视听内容"出海"与视听平台"出海"。

1. 视听产品"出海",引领中华文化"走出去"

中国影视产品出海,可以追溯到20世纪80年代末。当时以1986年版的《西游记》为代表的剧作品成为中国第一批出口到海外的国产电视剧,率先出口到泰国、缅甸、越南等亚洲国家,之后陆续出口到加纳、坦桑尼亚等国家。

从20世纪90年代起,国产剧受到政策鼓励,陆续"出海"。《水浒传》《三国演义》《康熙王朝》等在日本、新加坡、马来西亚等国家相继播出。后来随着金庸、琼瑶等作家小说的影视IP化,《神雕侠侣》《还珠格格》等作品开始走向海外。

2001年,原国家广播电影电视总局颁布《关于广播影视"走出去工程"的实施细则》,正式将中国影视的出口贸易提上日程。2012年国家提出共建"一带一路"后,多部反映中国古代历史和当代社会生活的电视剧出口至沿线国家。2017年底,中国国际电视总公司联合大型影视企业成立"中国影视进出口企业协作体",成员企业作品在海外播出500多部,出口到180多个国家和地区,为中国视听内容出海开拓出一片疆土。但是,中国电视剧"走出去"的过程并不乐观,电视剧生产大国遭遇国际冷传播的尴尬处境频频发生。这主要表现在以下四个方面:

其一,国产剧海外发行价格都比较低廉,大部分国产剧的出口价都在几百到几千美金/集,即使是受海外市场欢迎的古装剧,其单集价格只在8万—10万美金左右,优质的现代剧为1万美金/集。

其二,中国电视剧很难得到海外受众青睐。

其三,"出海"的电视剧播出时段和受众到达率都不理想。

其四,"出海"的影视剧缺乏运营机制。当前中国电视剧海外出品方选择转战网络平台,与各国的影视网站展开合作,进行互联网发行推广。但是,海外影视的运营机制与国内有一定差别,亟须真正了解落地国市场环境的影视运营人才加盟。

2. 数字平台"出海",建立国际话语传播场

在我国,短视频平台发端于2014年,腾讯视频率先推出微短视频,但盈利模式尚不清晰,发展并不顺利。2015年后,快手、抖音等短视频平台相继出现,它们从创立初期就消除了众多传统视频平台对自我内容生产商的身份界定,将自身定位为短视频内容的播出平台,从而吸引了众多PGC、UGC、PUGC和MCN机构。

在短视频"出海"的历程中,尤为值得关注的是短视频平台在资本与政策的支持下"出海",逐渐在国际传播中占据一席之地。

中国视频平台的"出海"可以追溯到2014年。当年,两款应用性极强的视

频编辑软件 Viva Video、Video Show"出海"。两年后,快手的海外版 Kwai "出海"。2017年,BIGO 推出面向海外的短视频 App 产品 Likee。这一年,快手海外版 Kwai 在巴西、韩国、俄罗斯、越南、印度、土耳其、马来西亚和其他国家及地区的 Google Play 和 App Store 都曾取得好成绩。同年,今日头条旗下的抖音在海外收购短视频产品 musical.ly,引起海外年轻人对于中国文化的热捧。musical.ly 里有一个♯我们来自中国♯的话题,汇集了中国用户发布的关于中国地域特色的视频。截至 musical.ly 被 TikTok 收购前,用户共创建了 7 500 多支视频,观看次数超 3 100 万,点赞量超 430 万。2018 年 8 月 musical.ly 改名为 TikTok。TikTok 上线后火遍海外,此后连续多年一直是全球增长最快、下载量最高的短视频 App 之一。

2017 年,短视频平台大举进军海外市场,Kwai、TikTok 等短视频应用软件在海外迅速走红。截至 2021 年 6 月,抖音及海外版 TikTok 在全球 App Store 和 Google Play 的总下载量突破了 20 亿次,登顶美国、印度、日本等地免费榜总榜首。据统计,TikTok 仅 2021 年 5 月份下载量就超过 8 000 万次,只美国一个地区就有超过 1 亿个月活跃用户。统计网站 statista 数据显示,截至 2024 年 4 月,TikTok 全球下载量超过 49.2 亿次,月度活跃用户数超过 15.82 亿,成为全球第五大受欢迎的社交 App,前 4 名分别是 Facebook、YouTube、Instagram 和 WhatsApp。印度尼西亚是迄今为止 TikTok 受众最多的国家,有近 1.576 亿用户使用这个流行的社交视频平台。紧随其后的是美国,TikTok 用户约为 1.205 亿。巴西位居第三,TikTok 上有近 1.053 亿用户观看短视频。除了发展迅猛的 TikTok 外,2018 年,抖音针对印度市场推出 Helo,阿里巴巴推出 Vmate。2019 年,Kwai 在巴西宣布"创作者招募计划",面向 YouTuber、Ins 红人、民间艺人和素人拍客进行全面招募。2020 年 5 月,Kwai 推出 Snack Video,在美国上线 Zymm。

当前,短视频平台进入快速发展期,这为海内外视频 UGC、PGC、PUGC、MCN 和 OGC 提供了内容生产的场域。到目前为止,国内短视频业务完成了较为完整的"出海"布局。

随着 TikTok 的火爆、同类衍生短视频社交 App 的层出不穷,根据 OneSight 与 Marketing 研究院合作编制的《2021Q1 BrandOS TOP100 出海品牌社交平台表现力白皮书》,TikTok、BIGO live、Kwai、Vigo Video、Viva Video、Likeapp 六家短视频平台进入 BrandOS TOP100。同时,各主流社交平台也推出了短视频功能的 App,比如,YouTube 推出了 Short 版。原创、优质内容的重要性正在逐渐凸显,独特新颖的内容不仅能帮助品牌实现与用户群体的有效沟通,亦能够为品牌造势,提升品牌在海外社交平台的声量。

在媒介社会化的时代,我们已经迎来产业视频化的黄金年代,新技术、新观念催生新传播形态,传媒产业的大变革已经超越了以往任何年代。大数据算法等人工智能技术加持传媒产业,每个人都可能成为信息的生产者、上传者、接受者和传播者,这种四位一体的新媒介视听时代,将使得信息更为多元、全面,也更富有个体风格特征。

在海外社交平台上,李子柒、阿木爷爷等的视频引起海内外用户的关注,这种新视听生产方式和传播形式既带动了视频的自主生产,搭建了海外中华文化的多元应用场景,又带动了网络社交圈层的建构,形成了中华文化的线上"朋友圈",这对于传播中华文化、提升中华文化的影响力有着不可估量的作用。

二、短视频助推国际传播的现实意义

(一)对短视频融入网络视听生态的全面思考

1. 短视频在"网络视听"大系统中的独特地位和作用

2021 年 6 月 3 日,中宣部副部长、广电总局局长聂辰席在第九届中国网络视听大会上专门指出,网络视听行业必须坚持社会主义先进文化方向,弘扬社会主义核心价值观,传递积极健康的道德观念,坚持把社会效益放在首位。与此同时,网络视听在服务国家经济社会发展上要有更大作为。显然,短视频在"网络视听行业"这一涉及国家发展的"视听中国"大系统中具有独特的地位和作用。

短视频应用作为基于移动互联网环境诞生的新媒介形式,它的出现不但适应了现代人们"碎片化"的阅读习惯,更是促使人们在各个不同场景中进行视听阅读的变化。短视频的内容生产机制与传播方式与以往的视听形式有本质上的区别,其"短平快"的内容特点和传播特点引人注目。

广电总局早在2017年就对视听节目服务进行界定,分别为第一类互联网视听节目服务(广播电台、电视台形态的互联网视听节目服务)、第二类互联网视听节目服务、第三类互联网视听节目服务和第四类互联网视听节目服务(互联网视听节目转播类服务)。其间,短视频经过不到10年的发展,已经成为网络视听行业的主力军,在网络视听大系统中占据独特地位。《2021中国网络视听发展研究报告》(以下简称《报告》)显示,截至2020年12月,我国网络视听用户规模达9.44亿,2020年泛网络视听领域市场规模为6 009.1亿元,较2019年增长32.3%,增长的主要来源是短视频和网络直播。2020年短视频用户达8.73亿,短视频市场规模为2 051.3亿元,由此可见,短视频在"网络视听"大系统中已占据绝对的重要地位。

2. 短视频在"网络视听"子系统中的独特地位和作用

当我们高度关注短视频作为"网络视听"行业中第一大户,并确立了其在"网络视听"大系统中独特的地位和作用时,我们也必须关注短视频与其他子系统的相互关系。只有这样,我们的研究才能更好地落地和聚焦。在"网络视听"子系统中,短视频与"网络视听"子系统的其他重要组成部分如网剧、网络大电影、网络综艺、网络直播等进行着密切的互动并相辅相成。

据《中国网络视听文艺年度发展报告(2024)》分析,2023—2024年网络视听行业出现新特点,媒体时代已经到来,媒体边界被打破,媒体价值将进行重构,数智互联催生视听文化新形态,视听内容进行全场景应用与融合。报告提出"微视听"这一概念。微视听是媒介社会化趋势下的融合叙事形态,涵盖微短剧、微综艺、微纪录片等多类型视听作品,报告还发布了"微视听指数",其核心目标是构建科学、客观、准确、真实、多元的创作与传播评价体系。行业洞察方面,报告指出,微视听文艺蓬勃发展,大小屏联动共建、内容不拘;长短视频平台、微信小程序、独立微短剧App多方入局、自造品牌、竞争激烈,微短剧指数在内卷中稳步上升;消费者圈层分化愈发明显,女性题材、现实题材、中老年题材垂类分发、精准触达。短视频作为全民应用,主要平台用户增长放缓,短视频对社会的影响逐渐走向纵深,赋能万千业态,成为媒介生态圈的枢纽,带动传统媒体转型。

短视频与中视频、长视频共同构成视频体系,它们之间存在竞争关系,又存在相互合作关系。中短视频的快速成长,给长视频带来了降维打击,长视频平台的版权内容也成为短视频平台二次创作的重要来源,长视频平台耗费巨大成本获取的内容也成为短视频平台的"嫁衣",长视频平台也发起维权大战。网络视频行业中的短视频、中视频与长视频共同构成什么样的体系?这三种视频未来形成的竞争和合作格局究竟怎样?这三种视频本身的形式将会有何新的变化?这些都有待我们进一步研究。

(二)对短视频作为一种新文化存在的学理分析

1. 短视频作为一种视听方式,体现着影像文化的发展

短视频是一种全新的网络视听内容生产方式,同时也呈现着全新的网络视听传播形态。短视频甚至在与社交媒体的互动重构中,重塑影像文化。短视频的快速发展已经让其成为即时通信的第二大产品类型,同时也对电子商务、新闻资讯等产业起到了催化与辐射作用。听觉文化、视觉文化已经从声音时代和图像时代发展到现在以影像为主的阶段,短视频无疑对影像文化的发展起到了丰富甚至是重塑的作用。短视频的时长通常在若干秒到5分钟不等,并且视频和音频相互配合。短视频作为互联网媒介技术革命、文化创新之下的一种产物,对影像文化的创新性发展和创造性转换究竟会带来什么,改变什么,都值得深入研究。

2. 短视频作为一种生活方式,体现着社会文化的形态

互联网正在极大地改变人类的思维方式、行为方式和生活方式,影响人类社会的文明发展图景。社交视频具有以社交媒体为平台、多次传播、用户生产

等特点。这一类型建立了个人与社会的新关联,并以此为基础对社会文化带来新景观。短视频平台作为"碎片化"的日常生活展演场,正在挑战传统视频媒体的内容生产与消费,并且短视频平台作为一种新出现的生活空间,正在颠覆传统社会的公序良俗与审美观念。场景分析的最终目标是要提供特定场景下的适配信息或服务。而短视频正在以一种特殊的生活方式为受众提供海量的、碎片的、适配性极强的社会文化内容和服务。

3. 短视频作为一种文化变迁,体现着文化结构的转型

短视频作为文化变迁的动力,不应仅作为反思的对象,更应作为改变文化景观的一种重要工具。在媒介技术变革之时,我们应理解媒介对文化的偏向,并找到平衡的办法。实际上,任何文化生态的建构都是一个庞大体系的渐变过程,需要此生态下的每一个主体积极参与,共同营造良好的媒介生态。

短视频社交平台上的信息传播形成了以地域、集群为特征的传播话语生态圈,显示了强大的影响力。短视频社交经常被认为是继微博、微信之后的又一全新的社交主流模式。这种主流模式也深度促进了知识生产的全民化集体协作,推动了文化内容的价值变现并日益嵌入人们的日常生活中。对于这种主流模式的理解,亦可以视之为一种"文化"的全新建构,并体现为一种合理的文化结构。这种合理的文化结构,应当体现"三个层次"和"两个时态",即大众文化与精英文化的结合,外来文化与民族文化的结合,传统文化与现代文化的结合。这三方面,即"三个层次"。在这三个层次中,前两者体现为"共时态",后者体现为"历时态"。

4. 短视频作为一种跨文化传播,体现着国际传播的态势

党的十八大、十九大以来,我国的国际传播取得了许多成绩,但是随着我国日益走近世界舞台中央,中国要在全球事务中发挥更大作用,就需要我们的国际传播为我国的新一轮改革开放创造更好的国际舆论环境。中共中央政治局 2021 年 5 月 31 日就加强我国国际传播能力建设进行第三十次集体学习,习近平总书记发表了重要讲话。讲话中,习近平总书记提出"要采用贴近不同区域、不同国家、不同群体受众的精准传播方式,推进中国故事和中国声音的

全球化表达、区域化表达、分众化表达,增强国际传播的亲和力和实效性"。

(三)短视频助推国际传播的价值

中央对国际传播建设的新要求,集中体现为"三重",即重构国际传播格局、重整国际传播流程、重塑国际传播业务。我们认为,要将构建全媒体传播矩阵作为国际传播的重点。在构建全媒体传播矩阵中,短视频可以充任十分重要的"角色"。用短视频作为实现我国跨文化传播的主要"生力军",某种意义上就是要用短视频实现跨文化传播中受众的"传受同构""心理同构"。从TikTok在海外的实践来看,外国用户十分希望通过短视频来更好地接受信息和自我表达,而TikTok强大的特点和功能恰好满足了外国用户的需求。我们要学会用短视频去对应"去中心化"后"碎片化"了的国际受众。在国际传播方面,特别是从属于国际传播的跨文化传播方面,短视频发展的空间很大。

1. 自主社交媒体进入国际传播,搭建中华文化话语场

中华文化的海外传播在很长一段时间内都是依靠海外短视频平台、社交平台等,自主性相对较弱。在面临以推特为代表的海外社交媒体平台对中国账户进行封禁、限流等一系列不合理举措时,我们相对较为被动,无法给予有力还击。

而以TikTok为代表的中国短视频平台走出国门后,进一步拓宽中国对外传播的路径,中国对外传播的自主权将进一步提升,全球传播格局将进一步被重构,传统的"西强东弱"传播格局将有望被打破。从短视频"出海"以及基于短视频叙事和运营原理的视频在海外走红,我们既感受到一种来自中国文化内部的深厚底蕴,更感受到新一代的中国年轻创作人和制作人的创新精神。

2. 短视频延展民间叙事新模式,多角度讲好中国故事

有调查显示,大多数外国人对中国文化仅停留在符号层面的认知,例如仅知道熊猫、中医、孙悟空、敦煌等,但对其背后的文化内涵知之甚少。与此同时,不同国家对中国文化符号的认知度是不同的,存在很大认知偏差。[①] 因

---

① 刘笑盈、谢琳:《在深度磨合的全球化时代如何塑造中国形象》,载《对外传播》,2021年第3期。

此,挖掘文化符号背后蕴含的文化价值,挖掘中国故事中融通中外的共情与价值势在必行。

正如前文所述,李子柒的短视频在海外赢得了众多用户的关注,她的短视频重塑了西方世界对中国乡村生活和普通民众的认识。国外用户通过李子柒的短视频看到了中国不仅有大熊猫、旗袍等符号,还有印染、笔墨纸砚等非物质文化遗产,更重要的是,中国还有田园牧歌般的生活、血浓于水的亲情等,这都是对中华文化丰富内涵的展现。

3. 拓宽数字视听内容蓝海业务,优化视频产业结构

正如前文所述,国内短视频平台与MCN机构数量众多,行业竞争日趋白热化。相较而言,国外短视频市场则有待开发。因此,短视频平台与MCN机构的"出海"益处众多。

一是有利于开拓海外视听市场,拓展营收路径。国外文化产业发展相对较为成熟,版权保护意识较强,营收分成机制也相对较为成熟,因此,成熟的内容创作者在海外市场能得到相对较为可观的收入。

二是有利于提升短视频内容质量,优化行业结构。不论是短视频创作者抑或是短视频平台,在国外本土化的过程中,必然要与当地文化产业机构进行合作,在合作的过程中取长补短,打通合作通道,同时进一步综合提升平台与内容的影响力。

三、短视频在国际传播中存在的问题

短视频虽然对中华文化的国际传播起到了重要而独特的作用,以一种中华文化的民间表达,赢得了海外民众的关注;但是,短视频在传播中华文化方面也存在诸多问题,表现在如下几个方面:

(一)文化差异凸显,传播内容受限

不同的国家和民族有着不同的文化,中外文化差异和文化冲突随处可见,这或许导致包含中华文化内容的短视频对海外受众的吸引力较小。有学者指出,在跨文化传播中,不可避免地会存在"文化折扣"现象,即任何文化产品都

来源于某种文化,对于那些生活在此种文化之中以及对此种文化比较熟悉的受众有很大的吸引力,而对那些不熟悉此种文化的受众的吸引力则会大大降低。语言、文化背景、历史传统等都会导致文化折扣的产生。因此,包含中华文化的短视频在传播过程中,由于其内容包含独特的中华文化,或者理解障碍等原因,国外受众天然地对相应的内容兴趣不高。

此外,目前中国"出海"的短视频内容丰富程度不够高,存在传播内容僵化、未能触达中华文化的内在精神和基本价值等问题。这容易造成国外受众对中国的"刻板印象",或导致国外受众对中华文化的理解仅停留在"符号"层面。中国外文局对外传播研究中心发布的《中国国家形象全球调查报告》显示,"历史悠久、充满魅力的东方大国"多次被外国民众认为是中国最突出的国家形象,这在一方面可以肯定我国在弘扬中华传统文化方面的工作取得较好成效;但另一方面,可见展示我国现代社会、当代成就的短视频影响力不足,导致国外受众未能认识真实、立体、全面的中国。

(二)平台遭到封杀,传播渠道受限

一方面,中国的各类手机应用(App)在海外惨遭封杀,导致传播渠道受阻。例如,自2020年6月起,印度政府连续6次以所谓"维护国家安全"为借口,对拥有中国背景的手机应用程序采取封禁措施,这其中包括腾讯的PUBG Mobile、小米Zili及AliExpress、Resso、UC News、UC浏览器、TikTok、微信、微博、QQ等等,印度禁用的中国手机应用程序已超过200款。同年,TikTok在美国也被封禁。

另一方面,海外社交平台拒绝中国公司投放广告,甚至清除、封禁中国账号,导致拥有中国背景的社交账号影响力大大削弱。随着算法技术的发展,掌握算法技术的公司可以说掌握了话语权,以Facebook等为代表的社交平台都曾对中国账号进行封禁或添加标签等行为,削弱中国账号的影响力,严重阻碍了包含中华文化的短视频大范围传播。

(三)制作公司单薄,亟须政府支持

中国互联网企业的批量"出海"开始于2012年,最早"出海"的一批App

是以黄金时代、久邦、猎豹等为代表的工具类 App；2016 年之后，用户黏性更大的娱乐（游戏）及社交类 App 在海外发展趋势良好。但"出海"的 App 大多前景惨淡，在遭遇市场经营与监管等风险时，不能及时、有效解决问题，导致草草收场。

政府要加强对"出海"的中国企业以及内容创作者的支持，帮助企业与内容创作者明确自身定位、提高内容制作水准、遵守当地法律法规等，增强中国企业与内容创作者在海外市场的竞争力。

（四）创作力量不足，难以寻求平台支持

尽管国内短视频平台发展势头看好，创作者能够享受到相关政策的支持，但海外平台要做到与国内平台一样给予大部分创作者以支持和帮助却是非常困难的。创作主体规模的受限，使得视频内容在创作力上受阻，亟须大量年轻创作者加入。

（五）品牌意识薄弱，缺乏精细市场开发

尽管国内一些网络达人的内容"出海"取得了一定的成绩，但整个短视频创作尚处于一个稍显混乱的状态。相当一部分短视频创作者为博眼球做出荒诞、低俗的行为，甚至大量视频表现出恶搞的倾向，这对于中华文化形象的塑造无积极意义，甚至负面效果显著。

有学者指出，在国际传播中，中国的传媒企业呈现出集中度小、产业链不完整、产品销售额少等特征，中国的文化产品在国际文化贸易价值链中处于低位，中国的文化产品创新能力和品牌意识不强。[①]

（六）缺乏规则意识，营运能力亟待提高

以 YouTube 平台为例，其用户 80％所观看的内容都是基于系统推荐机制，运营团队需熟知如何更加有效地在多平台进行视频内容的营销与传播，尽可能地使内容触达更多的用户。

---

① 谢伦灿、杨勇：《"一带一路"背景下中国文化走出去对策研究》，载《现代传播（中国传媒大学学报）》，2017 年第 12 期。

综上所述,短视频若想在国际传播上更多地触达多元用户,增强中华文化的影响力,需要有规划、有策略地构建"媒体矩阵",兼顾"借船出海"与"造船出海"。一方面,要积极利用海外已有新媒体平台,例如 YouTube、Facebook 等,积极与其构建良好的合作关系;另一方面,要努力搭建自有平台和内容频道,提升自有、自由频道平台的国际影响力。

第四节　社交媒体成为国际传播的重要平台

随着互联网信息技术的发展,国际文化交流日益便捷,海外受众了解中国的路径日益多元。尤其是社交媒体平台的蓬勃发展及其对受众的直接对接性、高占有率、高黏性,更成为海外受众了解中国,以及中华文化走出去的重要通道。

社交媒体(social media)这个概念最初是由学者 Antony Mayfield 提出的:"社交媒体是一种网络数字平台的通用术语。人们能够通过这个平台自由地分享观点和经验。同时,它也是一种全新的网络媒体形式,可以为用户提供真实的参与感和空间感。"[1]这种媒体具有开放性、参与性、社区性、沟通性和连通性等特点。Jim Tobin 等指出,"社交媒体是一种能够让人们实现自我营销的传播工具。它包含多种不同形式,包括信息的交互传递、评论和点赞等等"[2]。

可以说,社交媒体是一种基于互联网 Web2.0 的数字交互平台,在这个虚拟的网络社区里,人们通过创作和发布相关资讯、信息等来进行意见交流、观念与经验的分享。社交媒体与传统的数字媒体平台不同的是,其用户具有更强的主动性和选择的权利,其通过自行的信息交互行为实现网络社群的搭建。社交媒体所承载的内容包罗万象,注重内容的垂直开发,涉及新闻、教育、娱

---

[1] A Mayfield. What is social media? Spannerworks,2008.
[2] Jim Tobin, Lisa Braziel. Social media is a cocktail party:why you already know the rules of social media marketing. Create space independent publishing platform,2008.

乐、美食、旅游、育儿等20多个门类,其内容承载的形式也比较广泛,涵盖图文、音频、视频、社交游戏、论坛、聊天社区、Vlog、播客等。

社交媒体正在重塑互联网的生态环境,其通过数字化、个性化、主体化的内容创作、分享、交流建构了网络虚拟社区,引领了一个全新的数字生态格局。1866年,德国科学家恩斯特·海克尔(Ernst Haeckel)提出了"生态"这个概念,特指生物有机体和周遭环境之间的相互关系,后被广泛应用于自然科学、生物地理等领域。20世纪40年代,生态学的代表人物格迪斯(Patrick Geddes)将生态学引入了城市规划,芒福德(Lewis Mumford)则提出了技术生态学的概念,提到了技术兴起对人类社会的改变,强调了如何在这种技术生态领域中保持人类社会的动态平衡。

一、社交媒体用户激增,成为全球互联生活的领跑者

社交媒体正在成为移动互联数字生活的引领者。资料显示,截至2023年,全球社交媒体在互联网上的渗透率达到了59.4%,全球有49.5亿人口使用社交媒体,这意味着,全球有61.4%的人口成为社交媒体的使用人群。

社交媒体已经成为数字媒体发展的方向之一。截至2021年4月,Facebook的日活用户为27.97亿,排名首位,其他以视频上传和输出为主要内容的社交媒体日活用户数量也是非常可观。排名第二的YouTube,日活用户为22.91亿,WhatsApp紧跟其后,日活用户为20亿,Facebook Messenger的日活用户为13亿,Instagram活跃用户12.87亿,微信日活用户12.25亿,抖音海外版TikTok日活用户为7.32亿,Douyin日活6亿,Snapchat日活5.28亿,快手日活用户4.81亿,Twitter日活用户3.96亿。Facebook在全球用户占有量上遥遥领先,这意味着,无论从信息发布数量,还是从有效信息的接受程度上,Facebook都已成为在全球信息交互比较有影响力的平台。

深入研究Facebook全球用户所在区域,我们发现,其用户在印度、美国、印度尼西亚、巴西、墨西哥、菲律宾、越南、泰国、埃及这九个地区占有率较高。为了深入研究社交媒体在全球的使用情况,我们对比了全球使用率比较高的

Instagram 的用户情况,用户占有率排名前十位的区域分别是:印度、美国、巴西、印度尼西亚、俄罗斯、土耳其、日本、墨西哥、英国、德国。

作为以图片分享为主的社交平台,Instagram 是 2010 年 10 月由凯文·斯特罗姆和麦克·克瑞格创建的应用软件,其定位在于搭建一个人与人之间的照片即时分享的网络平台。Instagram 一经推出就广受年轻人的喜欢,2014 年 12 月注册用户达到 3 亿,月活用户 9 000 万。① 2012 年 4 月 9 日,社交媒体巨头 Facebook 以 10 亿美金的价格收购了该平台。② 2018 年 6 月,月活用户超过 10 亿人。

Instagram 一开始只是针对移动手机而设计的,并没有针对 Windows phone 进行技术开发,2013 年 10 月,才开发了应用于 Windows 的版本。同年 6 月,该软件还增加了短视频分享功能,用户可以上传 15 秒的短视频。这一举动,引发了与 Twitter 下属的 Vine 之间的竞争。2016 年 8 月,Instagram 还推出限时动态功能,用户上传的照片在 24 小时后会自动消失。这一功能在 12 月又被取消,取而代之的是直播功能,但只有通过认证的公众人物才能使用该功能。2018 年,创始人凯文和麦克宣布辞职。10 月,Piper Jaffray 投资公司的调查显示,美国 85% 的青少年每个月至少登录一次 Instagram,超过 Snapchat 的 84%。③

Snapchat 和 Vine 两款社交软件也可看成社交媒体的先行者。与 Facebook 旗下的 Instagram 相比较,Vine 脱胎于 Twitter,2013 年 1 月 24 日首次上线 iOS,6 月 3 日上线 Android,允许用户分享 6 秒的短片。2013 年 2 月 1 日,土耳其记者用 Vine 记录了美国驻土耳其大使馆外的一次自杀式爆炸袭击,这段仅仅有 6 秒的视频几乎记录了重要细节。④ 这款应用是在 2012 年

---

① Desmarais Christina. Facebook's Instagram says it has 90 million monthly active users. PC world,2013-01-20.

② Joanna Stern. Facebook buys Instagram for \$1 billion. ABC news,2012-04-09.

③ 《脸书被抛弃,美国青少年最爱 Instagram》,星洲网,2018 年 10 月 24 日。

④ Neal Ungerleider. Using vine to cover breaking news. Fast Company, February 7, 2013.

由多姆·霍夫曼和罗斯·优素普夫创立的,同年10月被Twitter收购。这场收购让创始人霍夫曼感到非常惊讶,他甚至谈道:"这太让我瞠目结舌了,我们创立这款软件只有4个月,然后就被Twitter收购了。我们的用户只有10—15人,这是非常小的一个组群,只想看看究竟会发生什么。""我们观察到网上的社群,因为我们这款工具而被结合在一起,我们立即感到了一种情感,很显然,Vine是一个充满创造力和实验性的尝试。"①尽管Vine在2016年已经下架,但是,其所引领的6.5秒视频记录生活的方式,影响了后来的短视频社交应用软件,这也包括字节跳动在海外推出的TikTok。Vine的诞生与当时其他形式的社交媒体不同,一种被浓缩的简短的实验性的视频在社交网络开始走红。

Snapchat是一款广受青年喜欢的社交媒体,该软件由美国斯坦福大学学生伊万·斯皮格和鲍比·墨菲开发。2011年9月,在伊万父亲的卧室,这款软件正式上线。用户可以利用该程序,将照片、视频、文字、图像上传给自己的好友。用户可以给这些被称为"快照"的照片设定访问时间,在这个约定的时间之后,照片会从设备上自动删除,这个功能也叫作"阅后即焚"功能。该软件的用户一开始主要定位在13—25岁的青少年,2012年之后,40岁以上的用户开始增多。②

截至2024年第二季度,Snapchat在全球拥有4.32亿日活用户。从2015年到2024年,Snapchat全球平均收益从5 866万美金增长到46亿美金。

TikTok从2018年开始在全球发力,起步较晚,但发展最快,在全球的影响力逐步增强。截至2024年7月,TikTok影响力Top10地区分别是印度尼西亚、美国、巴西、墨西哥、越南、巴基斯坦、菲律宾、俄罗斯、泰国、孟加拉国。

全球范围内,社交网络用户数量将持续攀升,建构起规模庞大的全球网上社群,成为各国文化交流与互动的重要媒体平台。

---

① Casey Newton. Why vine died. The Verge, October 28, 2016.
② Snapchat snaps up a ＄80M series b led by IVP at an ＄800M valuation. Tech Crunch, June 22, 2013.

二、中华文化的全球内容生产与社交媒体平台的"破圈"传播

2014年3月,习近平主席在联合国教科文组织总部的演讲中指出:"文明是多彩的,人类文明因多样才有交流互鉴的价值……文明是平等的,人类文明因平等才有交流互鉴的前提……文明是包容的,人类文明因包容才有交流互鉴的动力……让文明交流互鉴成为增进各国人民友谊的桥梁、推动人类社会进步的动力、维护世界和平的纽带。"全球化语境下,文明的碰撞与交融尤为重要,尤其是对Z世代。

英国学者雷蒙德·威廉斯在《关键词:文化与社会的词汇》中对"文化"做了如下解释,即"文化"的意涵是广义的,可以指涉全面的生活方式,包括文学与艺术,也包括各种机制与日常行为等时间活动;文化是由各个阶级共同参与、创造、建构而来的,并非少数精英的专利。换言之,文化的外延可以延伸到整个社会生活。塞缪尔·亨廷顿(Samuel Huntington)在《文明的冲突与社会秩序的重建》中指出:"文明和文化都涉及一个民族全面的生活方式,文明是放大的文化。它们都包括'价值观、准则、体制和在一个既定社会中历代人赋予的头等重要的思维模式'。"这也说明,文化实质上是所有文明定义的共同主题。

网络红人李子柒就是中国文化借助短视频进行传播的有效例证。2017年8月24日,李子柒在YouTube上发布视频,讲述葡萄皮染布的过程。截至2024年11月,共计发布131个视频,订阅人数超过2 070万,阅读量超过32亿次。李子柒在海外视频网站的走红,带动了中华美食热。她以一种东方审美的视听美学形成了独有的类型创作特点,"四季更替 古风古食"的主题在镜头前还原着中国传统田园生活的安然与宁静,以一种清泉般的力量征服着来自世界各地的网友。

这种来自民间的视频文化,重塑了西方世界对中国乡村生活和普通民众的认识。在她的视频中,不仅有富有地方特色的美食制作,还有印染、笔墨纸砚等非物质文化遗产展示。可以说,李子柒海外传播现象是一次成功的文化交流与传播。

这种成功还在于，她不仅表现了当下的中国生活，还引发了国外用户对东方审美文化的认同，同时，也引发了"中国风"模式的视频内容在互联网上的模式复制。

植根于大众流行文化，"短视频+"提高了互联网基因复制的能力和效率，催生了对成熟艺术工业生产模式的模仿，同时伴随着创新。视频节目模式在全球语境中得以被工业化复制，标志着一种视频内容文化在传播中所产生的轰动效应。

李子柒现象的产生原因可以用基于原型心理学认知的集体文化认同理论来分析。更多的现代人向往"天人合一"的田园诗意生活，这种来自老子"人法地，地法天，天法道，道法自然"的哲学主张，契合当今时代普通民众的心灵愿景，尤其是李子柒带着奶奶出镜，更激起了人们心底的恒久亲情。"天下皆知美之为美，斯恶已；皆知善之为善，斯不善已"，这些带有东方诗意叙事的视频观照了人性深处的善之美，也在国际社会中重塑了普通中国人民的文化形象，传播了东方独有的美学。

李子柒带动了中华美食文化传播热潮，截至 2024 年 11 月，国宴大师级别的"老饭骨"在 YouTube 上就有 84.4 万的订阅量，发布了 833 个视频，其视频总播放量达到 1 亿 5 000 万；具有乡野风味的滇西小哥将酸角糕、云腿酥、竹筒饭、蘸水辣等制作过程视频化，订阅者有 1 140 万，有 39 亿播放量。

在西方语境下，李子柒的"中国风"视频引发了东西方文化的"间离"效果，满足了西方世界对东方的好奇，建构了一个文化"离散"的圈层。西方的哲学强调人与自然的对立，而东方哲学则主张人在自然中的修身养性，东西方文明在此碰撞交汇，带动了破圈传播现象。

随着中华文化的自媒体讲述风格在海外市场走红，更多的 MCN 制作机构和 UGC、PGC、OGC 自媒体创作人才加入海外视听内容创作中。比如 2021 年大火的中国舞者杨柳，将芭蕾和黔北的民间绝技独竹漂结合起来，让足尖上的艺术沾染了东方美韵，在竹子上绽放。许多海外媒体报道了杨柳的故事，在 YouTube 上获得了几十万的播放量。网友们不仅为杨柳惊叹，更被她舞蹈中的东方美学所震撼。杨柳的舞姿、服饰、头饰,在水上的一颦一笑、一举一动,都成了"中国美"的新注解。有趣的是,许多国外网友开始怀疑中国功夫、武侠中的轻功是不是真的,他们甚至因为杨柳的视频,给"舞蹈"做了个分级,分别是:简单、中等、困难、中国!

再如,蓝海传媒的自得琴社在 YouTube 上总播放量超过 5 000 万。其中针对《醉成都》这个视频,洋葱国际传媒联合其他 18 个海外 IP 频道进行矩阵推广,共同向海外用户展示成都的美好生活,传递中华美学文化。其最火的曲子改编自《长安十二时辰》中的插曲,其中的演奏者全部复原了唐代的服饰,一经上映,全网播放量超过 600 万次。演奏者宛如古画里的宫廷乐师,伴着悠扬的乐曲,将优雅含蓄的中国古典文化传播至海外。

众多基于短视频叙事与运营机制的视频作品在海外的成功传播,使得更多的创作者意识到,海外社交媒体平台在传播中国文化上具有优势。对于创作主体来讲,短视频创作国际化共享是自身发展的关键步骤,而诸如 YouTube 这样的社交平台是内容出海的首选平台。

在一个相对开放的国际化视频平台上,PGC、UGC、OGC 和 MCN 用户形成了内容垂类明晰、风格错落有致的"美美与共"格局,形成"有无相生,难易相成,长短相形,高下相倾,音声相和,前后相随"的视听生产与传播局面。

三、"网络达人"正在成为中国文化传播的特殊使者

短视频平台培养了众多的网络达人,这些达人成为视频产品内容的文化代言人,也将中国文化传播到海外。这些植根于民间文化基础的网络达人,以个人化的表述和个体化的生命诉说成就了短视频产品有别于传统视频产品的创作风格,在国际传播中受到广泛关注。

网络 KOL(意见领袖)对短视频的创作与传播,尤其是以中国文化为抓手创作的优秀短视频在海外产生了一定影响力,诸如李子柒就是第一批借助短视频传播中国文化的有效例证。李子柒的单条视频在 YouTube 上最高播放量达到 9 110 万,不断刷新着"中文频道"的吉尼斯世界纪录。

火的不仅仅是李子柒，其他传播中华美食文化的博主也乘风而起，如前面提到的国宴大师级别的"老饭骨"、乡野风味的滇西小哥等，还有一些草根文化网红也在国外受到广泛的喜爱。如被外国媒体称为"无用爱迪生"的手工耿，半年之内在国内外都收获了大量人气，目前 YouTube 观看量已经超过 2 亿次。他以一种戏谑、有趣的风格，打造各式各样的"无用"手工制品。他的发明区别于传统的科技感满满的发明，被粉丝们笑称"除了正事，什么都干"。无论是声控倒酒神器，还是自行车电风扇，或者是一劈八瓣的西瓜网球棒，还是他的成名作"破釜沉舟跑步机"，都是非常"简单粗暴，有效有趣"。

媒介内容的矩阵生产与传播，使得海外用户对中国的认识不仅停留在中国功夫、万里长城、京剧国粹等文化层面，更直观感受着来自当代中国社会的人文景观。

总体来看，当前海外平台的各种发展现状及趋势仍利于国内创作者的"出海"，尤其是网络 KOL，他们充当了东西方文化交流的使者。

四、中华文化在海外短视频平台的有效传播日益提升

随着 TikTok 在海外的走红，相较前几年，短视频行业吸引了大批互联网巨头的注意，如拥有 20 亿用户的社交媒体 Facebook 和老牌视频平台 YouTube 都在布局短视频市场。如 Facebook 旗下的 Instagram，除了传统的照片墙滤镜功能外，于 2013 年 6 月 22 日更新发布了视频功能，目前短视频也是其重要发展的领域之一，支持发布 1 分钟以下的短视频，并专门研发了 IGTV。

2019 年 Instagram 下载用户激增。为顺应趋势，2020 年上半年，Instagram 首次开始与创作者分享收益，推出 IGTV 广告、Instagram Live 徽章功能，至少 55% 的广告收入与创作者共享，大大提高了创作者发布视频的积极性。此外，Snapchat 也在短视频领域占有一席之地。Snapchat 用户集中在 18—24 岁的年轻群体，用户通过拍照、录制视频分享好友，发布内容连续播放，内容形式介于短视频与直播之间，日均活跃用户达 2 亿。

在 TikTok 上搜索"中国",与该主题相关的总浏览量超过 130 亿。这些视频包括中国传统工艺、民俗文化、饮食文化、风土人情、国宝熊猫等内容。比如,"汉服"成为 TikTok 上中国文化流行的一个缩影,累计浏览量超过 3 亿。关于汉服的短视频内容涵盖了汉服街拍照、武术风格和古风舞等各种主题。此外,2019 年大火的西安大唐芙蓉园大唐不夜城"不倒翁小姐姐"的视频也被发布在 TikTok 上。这个视频浏览量超过 320 万次,获得 40 万点赞,获得不少的关注量。

此外,我国非物质文化遗产也通过短视频再次变得火热。当前,我国有国家级非物质文化遗产代表性项目 1 500 多项,2019 年在抖音上有 1 275 项被短视频化,涵盖了非遗传承人水墨画、传统戏剧、传统汉服、传统手工艺等。这些"中国视觉"的元素赋能视频,受到年轻人的喜欢,在海外更是受到网友们的追捧。

中国美食、古典音乐等文化元素超越国界、语言,在海外渗透深入,流传甚广,持续吸引国外用户,使他们直观感受到了中国文化的魅力。这些视频＋内容矩阵培养的中国文化圈层,形成了中国文化网络虚拟社区。为迎接党的百年华诞,上海市人民政府新闻办公室与新民晚报社共同策划,历时半年精心制作了《百年大党——老外讲故事》百集融媒体系列产品。100 位在沪的外国人,讲述他们在中国、在上海生活工作的所闻所见所感。

中国拥有日新月异的现代化故事和深厚的传统文化底蕴,在视频内容话语权逐渐提高的环境中,这些"出海"的短视频无疑成为展现中国风貌的有效窗口。以李子柒为代表的创作者们,正在改变西方世界对东方的偏见,以自媒体的视听语言彰显中国文化的魅力。

五、基于短视频开发规律的中视频产品亦在海外兴起

短视频的持续发力,在国内培养了众多颇受欢迎的网络达人。这些短小精悍的视频作品经过国内互联网的发酵,形成了网络社交圈层,并搭建了社交群落。以这类视频或者网络红人为基础进行开发的中视频,在海外社交平台

持续走俏,并形成传播热度。比如,在国内流行的李子柒等短视频内容,都是以中视频的形式在YouTube上播出,并获得了具有全球影响力的反响。再比如国内头部短视频MCN制作机构洋葱娱乐,其在海外的公司出品了众多优质中视频内容,取得了较好的市场回馈。

2020年,西瓜视频、B站、爱奇艺、腾讯视频等多个平台都陆续加大对中视频的投入。尤其是以西瓜视频为代表的视频平台,持续对中视频进行发力,2021年6月7日,联合抖音共同发起了"中视频伙伴计划"。

中视频凭借其1分钟至30分钟"不短不长"的时间定位、横屏为主的更宽画幅能够承载更大信息量的优势,迅速拉拢了一波粉丝。如木匠王德文16岁时摸索出了鲁班凳的制作工艺,然而在那个信息闭塞的年代,没人在意其精巧的作品。直到中视频的风起,这项几近失传的技术快速传播开来——64岁的阿木爷爷王德文因偶然上传的一则榫卯技术的鲁班凳视频迅速走红,被网友亲切地称为"当代鲁班"。他不用一根钉子一滴胶水,就能把寻常木头打造成精致工艺品。阿木爷爷心怀纯粹的匠心,追求至精至善,将工艺品细节尽可能做到极致。王德文曾用42根榫卯棱、4根榫卯柱、1个榫卯基,外加27道锁环环相扣,做成缩小版世博会中国馆。目前,阿木爷爷已经在西瓜视频上吸引了300多万粉丝,其作品也在海外拥有超2亿的播放量。

《中视频2021发展趋势报告》显示,2021年西瓜视频、抖音、今日头条三个平台的月活中视频创作者数量同比增加80%。2021年5月至10月,中视频内容数量比2020年12月至2021年4月时期增加了98%。2021年6月,西瓜视频联合抖音、今日头条发起"中视频伙伴计划"。该计划给予创作者流量分成和资源扶持,助力优质中视频的产生。半年中,共50万中视频创作者加入该计划,人均分成收入涨3.5倍。其中,超过13 000人平均月入过万,超过4 000人预计年入50万。报告指出,中视频创作正成为返乡年轻人的一种新选择。居住在三线及以下城市的中视频创作者,数量占比达到45%。

六、嬗变中的"新官媒"入场助力中华文化的国际传播

在上述背景下,中国官方媒体积极、主动入场,助力中华文化的海外传播,着力塑造可信、可爱、可敬的中国形象,努力做到以文载道、以文传声、以文化人,向世界阐释、推介更多具有中国特色、体现中国精神、蕴藏中国智慧的优秀文化。

截至 2021 年 7 月初,Facebook 中最受喜爱的视频创作者榜单中,China Dalily 以综合评定 A++的成绩位列第 10 名,点赞量超过 1 亿次,评论量逾 50 万次,产生了非常瞩目的影响力。

例如,2021 年 4 月 8 日至 6 月 10 日,中国国际电视台(CGTN)推出"媒体勇士"活动(The Media Challengers),邀请来自世界各地的人们分享能够感动世界的故事,无论你是主持人、记者、博主还是社交媒体上有影响力的人,都可以参加该活动。此外,该活动为入围的参与者提供了一个赢得高达 1 万美元的机会,并让他们成为 CGTN 的"讲故事者",将其内容放在国际版面。

此外,近年来《中国日报》也着力通过打造"网红"外籍记者打通中国文化对外传播通道。例如,打造《石花姐在中国》栏目,通过戏剧化的展示方式介绍独特的中国文化,关注中国人为啥爱喝白开水、中国的蛋糕为什么不甜、中国的牛年有什么特殊的含义等日常生活中常见的文化议题。

在各大媒体的努力之下,中国媒体在海外的影响力逐年提高。根据《经济学人》发布的报道,中国国际广播电视台(CGTN)、中国日报(China Daily)、人民日报(People's Daily)、新华社(Xinhua)的脸书(Facebook)粉丝数于 2019 年已超过英国广播公司(BBC News)与美国有线电视新闻网(CNN)的粉丝数。

与此同时,中国官方媒体在推特(Twitter)平台上也收获较多粉丝,极大程度上拓宽了中华文化海外传播的渠道。截至 2024 年 12 月,人民日报在 X 平台的英文账号粉丝数超过 6 500 万,新华社英文账号粉丝超过 1.1 亿,CGTN 的粉丝数超过 1.2 亿。

第二章　中华文化的国际传播

第一节　全球图景与文化传播

一、网络时代的全球图景

"网络"在这里特指计算机网络，"网络时代"则指计算机网络这种新的技术诞生以来的人类历史阶段。计算机（computer，中文也译为"电脑"）一词如今专指"能接受输入、处理数据、存储数据，并产生输出的设备"①，这是美国数学家冯·诺依曼（John von Neumann）在1945年给出的定义。一般认为世界上第一台电子计算机诞生于1946年，即名为埃尼阿克（ENIAC, Electronic Numerical Integrator And Computer）的计算设备建成运行的那一年。② 据称，埃尼阿克占地1 800平方英尺（约163平方米），重30吨，拥有19 000只电子管。尽管相对于今天的电子计算机它巨大无比，但是并没有如制造者（美国军方）期望的那样发挥多少作用，它的计算速度没有达到预期，加上容易损坏，很快被新的计算机项目所取代。众所周知，计算机的诞生是冷战的结果，网络的诞生同样如此。美国为了应对苏联成功发射人类历史上第一颗人造卫星成立了国防部高级研究计划署（the Advanced Research Projects Agency，简称ARPA，中译"阿帕"），它的一个重要项目就是阿帕网（ARPANET），一个由计算机控制的通信系统。计算机网络设计的初衷是建立一个即使部分被破坏依

---

① ［美］帕森、奥加：《计算机文化（第4版）》，田丽韫等译，机械工业出版社2003年版，第2页。
② Computer History Museum. ENIAC, 2020 - 01 - 10, https://www.computerhistory.org/revolution/birth-of-the-computer/4/78.

然可用的军事联络系统。阿帕网诞生的那一年是1969年,这一年被认为是计算机网络诞生的年份①。诞生之初,阿帕网仅仅连接了美国四所高校的大型计算机。随着技术的不断演进,计算机网络逐渐发展成熟。如今在信息技术领域,计算机网络(computer network)是指由若干节点(node)通过链路(link)组成的数字化通信系统。节点一般包括计算机、集线器、交换机和路由器等,链路主要指有形或无形的物理介质,包括同轴电缆、双绞线(所谓"网线")、光纤、无线电波等。一个房间、建筑物、园区内的计算机相互连接构成了局域网络(Local Area Network,LAN),更大范围内比如一个城市、地区的局域网相互连接可以形成广域网(Wide Area Network,WAN),广域网同时也是"互联网"(interconnection network),即"网络的网络"(network of networks)。因特网(Internet)则特指世界上最大的互联网。非专业人员使用"网络"概念时可能在不同语境中指向上述不同的网络形态,本书也将不严格区分这些概念,将网络、互联网、因特网以及万维网视作同义概念。

如此,网络时代应当开始于1969年。但是过于精确的年份并不一定能够完全描述某一历史时期的开端,因为1969年的互联网远没有达到普及的程度。在宽泛的意义上,我们可以把"二战"结束视作网络时代的开端,从1945年起,人类结束了一段悲惨的战争岁月,进入了一个相对和平的、技术发展迅猛的时代。1945年直到今天,尽管世界发展的趋势复杂依旧,但是从媒介技术的角度而言,计算机网络无疑是改变人类世界的重要因素。从技术角度而言,对这一时期做出描述的称谓还有"信息时代""后工业化时代""网络社会""信息社会"等,严格来说,这些名词所指的概念并非完全同一,它们描述的重点和角度是有差别的。本书使用"网络时代"这一词语重点在于强调这个时代的技术特征。在传播学者看来,正是网络技术的媒介属性深刻改变了世界。1969年迄今已经50多年,如果从网络在技术上的成熟和普及时期算起,即万

---

① ARPANET-The First Internet,2020-01-10,https://www.livinginternet.com/i/ii_arpanet.htm.

维网出现之后,那么网络时代才延续了30多年。50多年来,网络给人类社会带来的变革前所未有,它广泛渗透到每个国家的政治、经济、文化、军事领域,不断加速劳动力、资本、能源等生产要素的流动及共享,使得人类社会的生产力发生了革命性变化。网络改变了人类的生产和生活方式,深刻影响了世界政治经济格局,拓展了人类认识世界、改造世界的视野,提高了相应能力。"互联网发展速度之快、普及范围之广、影响程度之深是其他科技难以比拟的,它引领和开创了人类历史的新纪元。"[1]尽管网络诞生的时间较早,但是很多国家和地区接入互联网的时间相对较晚。以中国为例,直到1994年中国才正式全功能接入因特网。因此,对于不同的国家和地区,本地的网络时代可能意味着不同的时期。

"网络时代"的另一个名称是"全球化时代"。本研究主题中的"全球影响力"实际上已经设定了中华文化传播的一个重要背景,就是传播全球化的想象。我们把这一背景以"全球图景"概念来描述。"全球图景"并非一个严肃的学术用语,也没有人尝试过对其进行学术性界定。根据汉语词典,"图景"原义是"图画中的景物",引申为"理想中的景况"。在这个意义上,"全球图景"含有对全球化时代世界状况的某种设想,它试图为当前人类所处的境况做出一种全面描述。这不由得使人联想起海德格尔(Martin Heidegger)的"世界图像(weltbild)"一词。在反思现代的本质时,海德格尔提出了"世界图像时代"这一著名的论断。[2]在海德格尔看来,沉思现代其实就是追问现代的世界图像。常有研究视觉文化的学者援引海德格尔的这一论断作为判定"视觉文化时代"来临的标志,但似乎有点误解海德格尔的意思。海德格尔对他使用的"图像"概念作了清晰的解释,他说图像不是某物的画像,世界图像也不是关于世界的一幅图画,世界图像就是世界本身,就是世界及"存在者整体"。在这个意义上,"图像"不是什么摹本,而是从"我们对某物了如指掌"这句话中听出来的东

---

[1] 中国网络空间研究院:《世界互联网发展报告(2019)》,电子工业出版社2019年版。
[2] [德]海德格尔:《林中路》,孙周兴译,上海译文出版社2008年版,第66页。

西。如此,"图像"意味着人类把握世界的一种方式。

在德语中,"图像(bild)"是一个含义丰富的词汇,有译者认为"世界图像"更为准确的译法是"世界观"或"宇宙观",诚如海德格尔所言:"世界图像并非意指一幅关于世界的图像,而是指世界被把握为图像了。"①由此可以看出,海德格尔用"世界图像"概念表明了现代世界中人和世界的一种本质关系。在海德格尔看来,现代人通过科学研究摆脱了中世纪的束缚,确立了人的主体地位。世界作为存在者整体被系统地"摆置"在人的面前,为人所熟悉和了解。"世界"概念在海德格尔这里也具有丰富的内涵,它并不局限于宇宙、自然,人类历史也包括在内。实际上,"图像"一词还有"想象"的意涵,成为主体的人无论个体还是群体总是生活在有限的时空范围之内,但是对外部世界无止境的探索使得现代人脑海里的"世界图像"总是无限丰富的。

如今,距离海德格尔提出"世界图像时代"概念已经有半个世纪。经过这半个世纪的发展,"全球化"概念成为对这个世界的最新表述。全球化概念在20世纪80年代末逐渐成为一个流行的概念,是一个"极富讨论和争议的话题"。②本书不太可能对其进行详细的概念史梳理,不妨将其理解为受到经济因素的推动,在交通和通信技术的支持下,人类的物质和精神交往活动逐渐跨越传统地域疆界尤其是国界,从而建立起日渐相互依赖的经济、政治和文化关系的一个过程和结果。全球化既指"世界的压缩",也指"整体意识的增强"③,实际上也是网络时代全新的"人类境况"④。"全球图景"概念是对全球化时代人类境况的一个合理解释。"全球"既指全球化——以经济全球化为基础的全球关联网络,又指人类对生活世界的全新想象——宇宙中一颗小小的蓝色星球。尽管最近几年来"全球化"面临着"本土化"的威胁,但是无人能够否认,世

---

① [德]海德格尔:《林中路》,孙周兴译,上海译文出版社2008年版,第78页。
② [德]特茨拉夫:《全球化压力下的世界文化:来自各大洲的经验和反应》,吴志成等译,江西人民出版社2001年版,第1页。
③ [美]罗伯森:《全球化:社会理论和全球文化》,梁光严译,上海人民出版社2000年版,第11页。
④ [美]阿伦特:《人的境况》,王寅丽译,上海人民出版社2009年版,第7页。

界范围内的相互依存愈加紧密。与此同时,伴随着人类发展的并不仅仅是繁荣,还有日益短缺的资源和环境保护难题。

"全球图景"意味着至少三重意义:物理、文化、生态。"全球图景"的物理意义是指在现代技术的帮助下,人类已经遍及地球的几乎所有地方。交通技术的改进让人们可以快速地抵达全球各个角落,人类对地球的了解程度和把握程度达到前所未有的水平。另外,通过现代通信技术,人类在全球任何地点都可以建立联系。物理意义上的时空被极度压缩,地球宛如一个村落。"全球图景"的文化意义意味着人类对地球的想象达到了前所未有的高度。正是因为人是文化动物,拥有"语义视域"(semantic horizon)①,他才可能想象一个全球图景。对任何一个人来讲,即使他理论上有可能借助交通工具前往世界任何地方,现实中也并不可能。不过,虽然个体的直接经验总是有限的,但是他可以通过"描述的知识"②来形成对世界的理解。对现代人而言,媒介成为了解外部世界的主要渠道,媒介不仅建构了"想象的共同体"③,也建构了想象的全球意识。在计算机网络技术的帮助下,一个虚拟的"赛博空间"成了想象空间的后现代形态,这个空间与人类的日常生活紧密交织在一起,开始了对日常生活的殖民。④"全球图景"的生态意义表现在人类日渐面临严重的环境与生态危机,这是全球化时代人类面临的主要威胁。人类经常忽略马尔萨斯就人口问题提出的警告,这里的部分原因在于我们过分相信科技能够解决大量人口的生存问题。但是"全球变暖"的现实让人类意识到,不仅自然资源日趋紧张,连生存的环境也变得逐渐恶劣。自然资源的缺乏尚可以寻求替代品,而整个环境恶化的结果没有替代品,地球只有一个。气候变化是全球性的,它不可能依赖哪一个或部分国家得到解决。全球化时代的另一个难题就是具有高度

---

① [美]克莱默、刘杨:《全球化语境下的跨文化传播》,清华大学出版社2015年版,第7页。
② [英]罗素:《哲学问题》,何明译,商务印书馆1959年版,第30页。
③ [美]安德森:《想象的共同体:民族主义的起源与散布》,吴叡人译,上海人民出版社2005年版。
④ [荷]穆尔:《赛博空间的奥德赛:走向虚拟本体论与人类学》,麦永雄译,广西师范大学出版社2007年版,第2页。

传染性的疾病。"全球图景"显然并不意味着都是美好的东西,全球化时代的世界面临着全新问题。

二、"中华文化"概念考察

本研究涉及格尔兹(Clifford Geertz)所谓的很多"宏大概念"①,"中华文化"即是其中之一。也许,对于传播学研究而言,避开对大概念的具体考察,直接默认其一般意义即可。但是,我们觉得虽然有很多困难,必要的概念梳理仍必不可少,尤其是"中华文化"这一对本研究而言属于绝对核心的概念。但是厘清这一概念的难度远比想象的要大,组成这一概念的"中华"和"文化"两个词语都有着复杂的内涵和历史演变。在词语的实际使用中,不同语境中实际所指的概念和事物经常发生变化。它们和相关词语、概念的复杂关系也使得准确地理解它们较为困难,比如"中华"和"中国","文化"和"文明"等。

(一)"中华"概念史梳理

在日常语言和学术领域的很多语境中,"中华"和"中国"是可以互换的概念,都是中国人自称的词语。考古证据显示,"中国"一词最早出现在周朝,1963年陕西出土了一座周成王时期的青铜器,名为"何尊",它的铭文中有"唯武王既克大邑商,则廷告于天,曰,余其宅兹中国,自之乂民"②字句。这里的"中国"一般都认为和今天的含义不同,它指的是周朝京师洛邑,即今日的洛阳。当然,根据文意也能领会出周武王最初所"宅"之地为天下中心的含义。与这一含义相同的"中国"一词也在《尚书》《诗经》等古籍中出现过。在后来漫长的语言演变中,"中国"一词逐渐从早期的"中央之城"(皇帝所居之处)演变为指称"中原","中原"一般指"诸夏"(远古华夏族)所生活的地域范围。与此相关的概念还有"中夏""中土""中州"等,与之相对的概念是"四夷"。周朝末期,"中国"一词的含义进一步扩展,从指称地理中心到指称政治中心和文化中

---

① [美]格尔兹:《文化的解释》,纳日碧力戈等译,上海人民出版社1999年版,第3页。
② 马承源:《何尊铭文初释》,载《文物》,1976年第1期。

心。两汉时期,"中国"一词开始具备今天一直在使用的两个含义,即空间上指称覆盖全国的地理和政治统治区域,时间上指称历史上在这一区域建立的所有王朝国家。在这一词义转变和确定中,发挥重要作用的是两部经典史籍《史记》和《汉书》。在《史记》中,司马迁把"中国"用作与"匈奴"等少数民族并立的汉王朝的名称,同时用"中国"一词指称"自古至汉"所有朝代的统称。司马迁在《史记》中确立了从远古至汉的连续历史,黄帝、炎帝、尧、舜、禹、夏、商、周、秦、汉等是前后相继的传承序列,这一连续的王朝称为"中国"。比如,在《建元以来诸侯年表》中司马迁称颂汉朝使得"中国一统",在《天官书》中说"秦遂以兵灭六王,并中国"等。同时,"中国人"一词也在《史记》中多次出现。[①]

据考证,"中华"一词大体上起源于魏晋,由"中国"和"华夏"两词各取首字组合而成。《晋书·天文志》中以"中华"来命名宫城中的中间之门。[②] 在随后的演变中,"中华"主要有三种意义:一是和"中国"同义,二是指中原文化和汉族,三是指文明族群。[③] 在多数语用实践中,"中华"基本上相当于"中国"的别名。

秦汉以后的中国人的国家认同已经呈现了时间和空间统一的特点。它并不仅仅是对所处王朝的认同,还包括对历史上从原始祖先开始的所有王朝的认同。中国历史文献中,除了自认为"炎黄子孙"的华夏族自认为是中国,一些受到华夏族影响的周边少数民族也自认"中国"。在中国多次的分裂和统一过程中,前朝时期的少数民族也往往被纳入"中华"认同中。比如辽代就自称"中国"[④],有学者认为"契丹"的本意即是"大中国"。因此,"中国"或"中华"虽然早期是华夏族自称的名词,但是在漫长的历史发展中,其所指是经常发生变化的,而且用于统一的历代王朝的"大中国"概念始终是"中国"和"中华"的主要意义。

---

① 何志虎:《中国得名与中国观的历史嬗变》,三秦出版社2002年版,第97—98页。
② 胡阿祥:《伟哉斯名:"中国"古今称谓研究》,湖北教育出版社2000年版,第283页。
③ 王树民:《中华名号溯源》,载《中国历史地理论丛》,1985年第1期。
④ 赵永春:《试论辽人的"中国"观》,载《文史哲》,2010年第3期。

第二章　中华文化的国际传播

葛兆光先生认为，中国人从来没有觉得"中国"是一个问题，直到近年来关于中国的历史叙事遭到挑战。① 这背后的原因实际上是对于"国家"和"民族"两个现代概念的理解和适用范围的争议。因此，需要强调的是，历史上的"中国"或"中华"概念并非现代意义上的主权国家概念。它的意义是多变和含混的，并不清晰地划定地理疆域范围，也不严格区分血缘族群。而且中国历史上多民族之间不断的冲突与融合使得准确地按照现代国家概念来指称谁或哪里是中国极为不易。中国最后一个王朝清朝是满族统治的，虽然到晚清，满族和汉族之间的融合已经达到相当高的程度，但是满汉之间的对立依然存在。此时，已经通过《威斯特伐利亚和约》建立了以民族国家为核心的西方世界开始了在全球的殖民扩张，在激烈的东西方经济、军事、文化的冲突中，近代中国的民族认同和国家认同经受剧烈冲击。经过艰苦的抗争和努力，现代意义上的"中华民族"和"中国"概念逐渐确立，在史学界，美国从事"新清史"研究的部分学者提出"大清非中国"的观点普遍受到中国学者的批评。② 在清末民初争取国家独立、民族自强的中国人尤其是知识分子中，"中国"或"中华"的具体所指也经常变化，尤其是在现代"民族"概念引入后，对"中华民族"概念究竟所指为何也发生过激烈的争议。在19世纪末和20世纪初，一部分汉族知识分子在"民族""种族"等概念混淆不清的情况下鼓动"排满"，另有一些知识分子意识到了"排满"可能带来的分裂后果，开始发展"大民族"观念。③ 在"中华民族"一词被广泛接受之前，"中国民族"概念也曾被广泛使用。1902年，"中华民族"一词开始出现，但是最初也仅仅指汉族。不过，"中华民族"的含义很快就发生了变化，梁启超、章太炎和杨度成为提倡并发展"中华民族"概念的主要知识分子。在这一过程中，"中华民族"被扩展到指称汉、满、蒙、回、藏等民族。

---

① 葛兆光：《宅兹中国：重建有关"中国"的历史论述》，中华书局2011年版，第3页。
② 定宜庄、欧立德：《21世纪如何书写中国历史："新清史"研究的影响与回应》，载彭卫《历史学评论（第一卷）》，社会科学文献出版社2013年版，第129、137页。
③ 许小青：《1903年前后新式知识分子的主权意识与民族国家认同》，载《天津社会科学》，2002年第4期。

不过在一段时间内,"中华民族"的两种不同的概念都被使用。作为指称中国现存各民族的"中华民族"概念的真正确立要等到辛亥革命和中华民国的建立。

关于清以来"中华民族"观念的演变,中国人民大学历史学教授黄兴涛在出版于 2017 年的《重塑中华:近代中国"中华民族"观念研究》一书中做出了详细而出色的分析,受到史学界的高度肯定。① 我们认同他得出的结论,即主导型、符号化的"中华民族"概念,是指称中国国内包括汉族和其他民族在内的大民族共同体。在这一理解的基础上,"中国"既在空间意义上指称当今中华人民共和国疆域所在的范围,也在时间的意义上指称历史上历朝历代的中国。"中华"是"中国"的另一种称谓,虽然在细节上两者有所差别,比如"中华儿女"在有的语境中用来指称世界上所有华人,但是在一般情况下我们认为"中华"和"中国"同义。

(二)"文化"概念史梳理

作为一个"好词",文化概念几乎成了最为复杂难解的"宏大概念"之一。好在英国的"文化研究"学派已经是传播研究中的标准学派了。其代表人物、学者威廉斯对文化概念做过专题研究,他对文化的理解构成了传播学者理解文化的基础。根据他的考证,英文"culture"(文化)可以追溯到拉丁文词汇"colere"。colere 最初的意思有居住(inhabit)、栽种(cultivate)、保护(protect)、朝拜(honour with worship)等。② 这是一种对人类具体活动过程的指称,尤其是指在农业方面对动植物生长的照料与培养。从 16 世纪开始,主要通过隐喻的方式,culture 从"照料动植物成长"延伸为"人类发展的历程",在英文中开始发生日渐复杂的变化。文化既被用来指称适用于所有人类的一种普遍过程,也被用来指称特定群体和民族的独有特征;既被用来指称高雅的艺术、人文素养,也被用来指称民间的文艺和普通人的日常生活;既被用

---

① 黄兴涛:《重塑中华:近代中国"中华民族"观念研究》,北京师范大学出版社 2017 年版。
② [英]威廉斯:《关键词:文化与社会的词汇》,刘建基译,生活·读书·新知三联书店 2005 年版,第 101 页。

来指称物质发展,也被用来指称精神发展。人类学家泰勒在其影响深远的著作《原始文化》中,给出了文化的定义:"文化,或文明,就其广泛的民族学的意义上来说,是包括全部的知识、信仰、艺术、道德、法律、风俗以及作为社会成员的人所掌握和接受的任何其他的才能和习惯的复合体。"①这一集大成的权威定义实际上使得理解文化概念更为复杂,因为似乎什么都可以称之为文化,广义的文化成了"与人相关的一切行为与结果,是和自然相对的概念"②。

虽然"文化"一词在中文中"古已有之",但是一般认为现代意义上的"文化"概念是从西文 culture 翻译而来,并且是从日文译法中引入的。根据学者冯天瑜的研究,"古汉语中'文'的本意是指'各色交错的纹理',引申为包括语言文字在内的各种象征符号,进而具体化为文物典籍、礼乐制度,与德性对称的道义等;又由纹理一义导出彩画装饰之意,引申为修饰、人为加工、经纬天地,与'质'或'实'相对;进一步推衍为美、善、文德教化,以及文辞、文章,与'野'或'武'相对……古汉语中的'化'的本意有变、改、化生、造化、化育等意思,是二物相接,其一方或双方改变性质形态,由此引申为教行、迁善、告喻使人回心,化而成之等意义"③。"文化"二字连用最早见于战国末年的易传"关乎人文以化成天下",此处"人文"的意思主要指社会规律或各种关系。西汉以后"文化"开始作为一个合成词来使用,主要指礼乐教化。"要而言之,中国古代'文化'概念基本上属于精神文明或狭义文化的范围,指文治教化的综合,与天造地设的自然相对,与无教化的质朴和野蛮相对。"④晚清以来,随着西方殖民势力的侵入,中国社会发生了巨大变化,西学东渐成为潮流。现代意义上的"文化"概念从日本引入中国。⑤ 最初引入时,国内知识界人士并不能在西文

---

① [英]泰勒:《原始文化》,连树声译,上海文艺出版社1992年版,第1页。
② 仰海峰:《文化哲学视野中的文化概念——兼论西方马克思主义的文化批判理论》,载《南京大学学报(哲学·人文科学·社会科学)》,2017年第1期。
③ 冯天瑜、何晓明、周积明:《中华文化史(珍藏版)》,上海人民出版社2015年版,导论第3-4页。
④ 冯天瑜、何晓明、周积明:《中华文化史(珍藏版)》,上海人民出版社2015年版,导论第3-4页。
⑤ 赵立彬:《"文化"的"译"与"释":思想史背景下的概念引进和学科建构》,载《史学月刊》,2012年第6期。

概念形成的背景上来理解文化概念,而是将之与同时引入的"文明"概念混用。晚清以来,中国学人对于文化问题异常关注,在历次的学术争鸣和文化普及运动中,汉语中的"文化"概念实际上发生了具有中国特点的变化,其用法随着语境的不同强调的重点也有所不同。古汉语中"以文化人"的理解实际上已经渗入了西方原本的"文化"概念之中。

尽管文化概念异常复杂难解,但是威廉斯还是给出了当代三个主要定义:第一个是带有理想色彩的定义,即从一些特定视角的价值观念出发,将文化视为人类的一种完善状态以及达到这一状态的过程;第二个是较为具体的"文献式"定义,它把文化界定为文学艺术作品,这些作品以不同的方式描述、记录了人类的思想、情感以及经验,是符号化和物化的精神产品;第三个可以称作"社会"定义,它和人类学对文化的理解较为接近,认为文化是对一种特殊生活方式的描述,"这种描述不仅表现艺术和学问中的某些价值和意义,而且也表现制度和日常行为中的某些意义和价值"。① 结合当前中文语境中常见的"文化"一词的用法,我们可以在威廉斯的三种定义基础上将文化的当代主要意涵概括为以下三个方面。第一,文化在总体上意指人类总体或某一个共同体(国家、民族,甚至企业、大学等)所具有的一种理想意义上的完善状态、发展水平和标识特征。这一意义上的文化最为抽象,它是对所有物质和精神方面成就的一个总称。比较典型的语用例子有世界文化、中华文化、仰韶文化、宗教文化等等。这一定义虽然看起来无所不包,但是往往着重强调精神层面的成就,主要是思想、观念、价值观等。第二,文化指那些符号化、物质化后的作品和产品。这一意义上的文化相对具体,比如人类各个族群历史遗留的和当代产生的各种文献,尤其是文学作品、历史记载等文字化的书面材料,以及绘画、雕塑、建筑、手工艺等艺术品。第三,文化用来指称一种特殊的生活方式,是一个人类共同体在长期的共同生活中形成的治理方式、政治制度、法律规范等影响

---

① [英]威廉斯:《文化分析》,载罗钢、刘象愚编《文化研究读本》,中国社会科学出版社2000年版,第125页。

下的人们的政治、经济、社会活动,以及个人的日常行为方式和生活方式。这一意义更多的用来指称一个社会中的各种文化形态,比如精英文化、大众文化、通俗文化、民间文化、主流文化、亚文化等。对以上三个方面的意义有一种更为简化的理解,即把文化分为三层,即核心层,指思想观念;中间层,指制度规范;物化层,指符号化和物化的有形之物。

理解文化概念除了通过词源学的追溯、定义的分类而外,讨论文化何以产生、有何作用显然也是非常重要的方面。通常认为只有人类才有文化,以今天的眼光来看,人类掌握语言、学会制造工具、能够使用火等都是人类文化形成的主要标志,这也是我们今天将原始人类的遗址所表现的人类物质和精神成就冠以某某文化的重要原因之一。在我们今天所称的原始社会,人们显然不可能自觉地意识到自己在创造文化,而是在生存繁衍的压力下不断适应和再造自然与社会。在这一过程中,人类不仅通过双手创造了日渐发达的物质和技术文明,也通过语言创造了一个丰富的精神世界。人类诞生之日起就生活在群体之中,文化对于群体更有意义,不同的人类个体参与了群体的文化创造,通过有形和无形的方式构建了各自的生活世界。这些不同的生活世界因为客观和主观的原因呈现出了千差万别的状态,文化也因此日渐多元。一旦文化被创造出来,它就深刻地影响了人类自身的发展,这种影响既有正面的也有负面的。正面的作用无疑是改善了人们的生活,丰富了人们的精神世界,而负面的作用主要体现在它容易限制人类创新,比如原有的技术限制了新技术的产生,原有的巫术信仰限制了新思想的形成等。从这个意义上来说,文化原本是人类在生存斗争中通过不断的实践形成的产物,文化一旦出现就会反过来深刻影响人类的生存实践本身。历史地看,今天我们视作文化的很多事物都越来越受到人类的重视,随着人类社会的发展,文化不仅仅是集体协作的产物,同时也是不同阶级和阶层斗争的产物。很多文化的具体形态尤其是哲学思想和文学艺术越来越成为社会精英的私有物。但是在18世纪以前,人们都没有一个整合性的文化概念。现代意义的文化概念出现的时间实际上和民族主义兴起的时间大体一致,很多学者认为正是在重新定义的文化观念影响之下,民族主义才能够兴起。"历史学家、语言学家和作家试图重新发现共同体的过去,试图把一代代慢慢传递下来的各种集体记忆、神话和传统,阐发、整理、系统化并合理化为一部前后一贯的族裔历史。"①民族主义、民族国家、民族文化之间有着复杂的关联结构,而自觉地创造文化、阐释文化、理解文化正是文化概念不断复杂化的深刻动因。

在中国的语境中理解"文化"概念需要关注中国共产党的文化观。在理念和实践中,中国共产党始终将文化概念和经济、政治、社会等概念并立使用。这种文化观的主要理论来源是马克思主义对文化的基本观点,它把文化视作精神活动,构成"上层建筑"的一个重要部分,既由经济基础所决定,也对经济基础有着反作用。在中国共产党看来,经济基础决定文化变迁,文化、道德、宗教、教育等对于"改造社会"也有着重要作用。② 中国共产党的早期文化观主要体现在毛泽东的《新民主主义论》《在延安文艺座谈会上的讲话》等文本中。1949年之后,中国共产党将文化观落实在一系列的政策和机构中。可以认为,文化问题始终构成了中国共产党指导思想、意识形态和执政实践中的重要组成部分,以意识形态、学术研究、文学艺术为核心的"精神文明"构成了与"物质文明"同等重要的方面。

显然,对文化的各种理解方式都不可能全面和准确。正如威廉斯所言,文化概念的复杂性正是人类生活复杂性的体现,"在文化作为一个术语而使用的过程中,意义和指涉的变化,不但必须被看作阻碍任何简捷和单一定义的一种不利条件,而且必须被看作一种真正的复杂性,与经验中的真实因素相一致"。③ 考虑到与文化传播的实践相一致,本研究基本采用文化的最广义定义,但是,显然在中国的文化传播实践中更多地采用狭义定义,即主要指精神

---

① [英]史密斯:《全球化时代的民族与民族主义》,龚维斌、良警宇译,中央编译出版社2002年版,第74页。
② 杨凤城:《中国共产党90年的文化观、文化建设方针与文化转型》,载《中国人民大学学报》,2011年第3期。
③ [英]威廉斯:《文化分析》,载罗钢、刘象愚编《文化研究读本》,中国社会科学出版社2000年版,第127页。

性的文化形态。我们将在后续的"文化分层"中进一步对此展开论述。

另外需要指出的是,无论在西方还是中国,"文化"和"文明"是基本可以视为同义的一对词语。民国时期,中国著名的文化研究学者陈序经对中西方学界使用两个概念的历史有过详细的梳理。① 当然,也有很多学者主张对二者进行区别,陈序经先生就认为"文化"概念包括的范围要比"文明"大,因为 civilization 的本义和城市有关,意味着文化的高级阶段,不适合意指类似原始社会人类的成就。在本研究所涉及的文本中,两个概念的细微区分并不影响二者总体上的一致性。

(三)"中华文化"概念界定

因为"中华"和"文化"概念的复杂性,"中华文化"一词同样呈现了复杂的面貌。源于中国近现代史不同观念差异导致的概念混淆今天依然存在于中外学者之中。亨廷顿在其影响广泛的著作《文明的冲突与世界秩序的重建》中主要以宗教为特征来划分文明(文化),在他所明确列出的七个主要文明中,中华文明对应的英文是"Sinic civilization"。② "Sinic"在现代英文词典中一般译作"China",即中国,另有一个意义是受到中国文化(主要指儒家文化)影响的区域。亨廷顿正是在后一个意义上使用的,他说,学者们都承认存在一个历史悠久的"Chinese civilization(中华文明)",他自己曾经给它的名称是"Confucian civilization"(儒教文明),但是更准确地说应该是"Sinic civilization",因为儒教文明并不是中华文明的全部,而且也超出了作为一个政治实体的中国,"Sinic"被许多学者用来指称"中国和中国以外的东南亚以及其他地方华人群体的共同文化,以及越南和朝鲜的相关文化"。③ 因此,亨廷顿的"中华文明"其实和一般所言的受到中华文化影响的"中华文化圈"意义相近。但是亨廷顿又把日本文明单列出来,认为它是一个虽然受到中华文明影响但是又独立的

---

① 陈序经:《文化学概观》,中国人民大学出版社2005年版。
② S. Huntington. The clash of civilizations and the remaking of world order. New York: Simon & Schuster, 1996, p.45.
③ [美]亨廷顿:《文明的冲突与世界秩序的重建》,周琪等译,新华出版社1998年版,第29页。

文明。在后文中，亨廷顿将西藏、蒙古等算在受到佛教影响的文明内，但是佛教文明已经式微，不符合亨廷顿的"主要文明"标准。在亨廷顿的文明意义上，中华文化有其独特的定义，这是我们特别需要注意的。中国学者中，认为"中华文化"和"中国文化"有所区别的人也有很多。比如中国当代学者许纪霖就认为"两者有很大的差别。中国文化通常是从国家意义来定义，它内在地包含了汉族的中原文化和各少数民族的文化在内的多种文化；但是一般说到中华文化，通常是指语义学上的运用，它指的是以中原为核心的汉族文明"①。

考察国内"中华文化"一词的使用情况，我们会发现两种典型的概念偏狭应用。一是将"中华文化"理解为以儒释道思想为核心的、以汉族文化为主体的文化形态，二是将"中华文化"理解为就是中国传统文化。实际上，"中华文化"较为合理的理解是指包括古代中国和现代中国在内的历史上和现实中各种文化形态的总和，至少它不能排除目前中国国内存在的少数民族文化，比如伊斯兰文化、藏传佛教文化等，同时不能将新中国成立以来形成的革命文化和社会主义文化排除在外。此外，理解中华文化显然也需要处理和面对"中华文化圈"内的其他国家的文化地位问题。实际上，处理好"中华文化"概念中的这些关系是做好中华文化全球传播的一个重要基础。限于本研究的重点，我们无法深入地对"中华文化"概念涉及的所有细节进行全面分析，因此在使用这一概念的过程中倾向于使用其最广义，并在本卷第三章第二节对其做分层分析。

尽管多数学者对"中华文化"的理解不同，但是有一个显著的共同点就是看到了中华文化在当代和未来的价值。中国学者许嘉璐认为和西方文化尤其是基督教一神论哲学相比，中华文化的排他性要弱得多，能够坚守文化多元、包容他者；②胡钰认为 20 世纪以来的世界面临一系列全球性问题，解决之道无非两种，即"向后看"（到自己的传统中寻找资源）和"向东看"（关注东方文化

---

① 许纪霖：《儒家文化、中国文化与中华文化有区别吗？》，https://new.qq.com/omn/20180607/20180607A0OYBN.html。

② 许嘉璐：《文化的多元和中华文化特质》，载《社会科学战线》，2013 年第 7 期。

尤其是中华传统文化),这是中华文化发展自己的历史性机遇;[①]洪浚浩、严三九等认为中华文化的国际传播具有必要性、紧迫性和挑战性,世界对中华文化的特质还不了解,中华文化在世界舞台上的地位和中国取得的政治经济地位不相称[②],中国急需向世界传播具有现代与普世价值的中华文化价值理念[③]。从这些论述中我们能够看到通过中华文化全球传播提升影响力的一种渴望与焦虑。

第二节 网络时代中华文化的现状

1994年中国全面接入因特网,经过数年的发展,到世纪之交,中国互联网基础设施已经逐步与世界接轨。而21世纪以来的这20年,中国的互联网不仅与世界发达国家同步,甚至还超越了发达国家,在网络建设、管理与使用上位居世界前列。20多年来,网络给中国的社会面貌带来翻天覆地的改变,中国文化也随之发生深刻的变迁。理解这一变迁导致的现实面貌是开展中华文化全球传播的重要前提。

理解当代中华文化的现状虽然从时间上可以把1994年作为起点,但是这不可避免地带来某种局限,因为形塑今天中华文化面貌的很多因素并不仅仅由网络的引入而引起。从更长的历史时段来看,形成今天中华文化基本格局的转折点应该从近代中国即晚清开始。在这三千年未有之大变局中,中华文化从传统的"停滞"状态经受了数次严峻的考验。中华民国以前的中国经历了从器用到政体的向西方学习的过程,到五四运动前后,以思想改造为核心的新文化运动开始了彻底的对传统文化的批判,对西方文化的吸收。中国共产党

---

① 胡钰:《人文精神与中华文化影响力》,载《青年记者》,2018年第28期。
② 洪浚浩、严三九:《中华文化国际传播的必要性、紧迫性与挑战性》,载《新闻与传播研究》,2014年第6期。
③ 严三九、武志勇、吴锋等:《论具现代与普世价值的中华文化价值理念及其国际传播(上)》,载《文化与传播》,2014年第1期。

人将马克思主义引入中国,并与中国的具体实践相结合,最终推翻了"三座大山"建立了新中国,以马克思主义为核心的文化成为迄今为止中国文化的主导形态。新中国成立后的国际格局是美苏争霸的冷战时期,以社会主义作为意识形态的中国对西方文化总体上是拒绝的。这一局面在1978年开始转变,中国迎来了改革开放的时代。改革的步伐从思想解放运动开始,这是今天中国先进文化的核心内容之一。只有思想先解放,才能打破经济发展的枷锁。而随着国门的打开,西方思想再一次涌入,在20世纪80年代形成新的热点。这是一次"现代化和全球化交织与重合"①的文化转型。20世纪80年代的"文化热"②表现为两个层面:一是精英文化,西方现代后现代思潮在中国冲突激荡;二是大众文化层面,伴随着广播电视等媒体的普及,以消费主义为核心的大众文化迅速成为日常生活的主流。到20世纪90年代,经过激烈的思想交锋,中国共产党领导,以马克思主义为核心的社会主义先进文化不断发展,精英文化和大众文化也不断推进,但是在表层,大众文化显然更加引人注目,此时一直作为潜流存在的中国传统文化也开始逐渐复兴。21世纪以来,新兴的网络文化彻底改变了中国文化的格局,加上中国共产党人意识到中华传统文化的重要价值,开始大力提倡传承和发展中华优秀传统文化。今天的中华文化格局的基本面貌就是这样的一种融合体,它包括以马克思主义为核心的社会主义先进文化(包括从革命战争年代形成的革命文化或红色的文化的新发展),与西方接轨、以人文社会科学为代表的精英文化,以消费主义和核心大众媒介为平台的大众文化,以非物质文化遗产为代表的逐渐复兴的传统文化,以及新兴的网络文化。这些不同的文化形态并非界限分明,而是相互影响、不断综合的。我们认为,深刻影响今天中华文化面貌的因素虽然很多,但是大众文化的兴起、网络文化的繁荣、传统文化的复兴是形塑今天中华文化的重要层面。

---

① 俞可平:《现代化和全球化双重变奏下的中国文化发展逻辑》,载《学术月刊》,2006年第4期。
② 孙丹:《回眸20世纪80年代的"文化热"》,《改革开放与中国特色社会主义——第十五届国史学术年会论文集》。

一、大众文化的兴起

"大众文化"是一个从西方引进的概念。以西方17世纪中叶新闻事业的第一次"狂飙突进"[①]为分界,此前能够普及一般底层百姓的文化形式是民间文化,此后则被称为通俗文化,报刊的普及和识字率的提升,为资产阶级革命创造了市民阶层,形成了"公众"[②],产生了文学公共领域。历史上第一次围绕文学艺术的高雅和通俗的争论在18世纪末由法国作家蒙田(Montaigne)发起。[③] 20世纪初期,大众文化概念随着广播电视技术的发展和文化工业的出现而诞生,学者们对这一主题开展了广泛而深刻的讨论。[④] 大众文化的显著特征就是其商业性和娱乐性[⑤],而这也正是资本主义消费文化的特征。发达资本主义阶段生产的重要性已经被消费取代,游戏、艺术、影像成为满足个体快感的主要方式。[⑥] 其中,影像在大众文化和消费文化中的作用日渐凸显,视听尤其是视觉因素得到重视与发展,人类进入了一个视觉文化时代,视觉文化符号传播系统正在成为我们生存环境中更为重要的部分,"视觉因素特别是影像因素占据了文化的主导地位"。[⑦]

大众文化首先产生在西方,在中国的真正形成主要是在20世纪80年代。在这一阶段,以报刊、广播为主体的大众传媒在中国开始重新繁荣。20世纪80年代的"文化热"被认为是20世纪中国的两次"文化热"浪潮之一。[⑧] 第一次显然是五四时期的新文化运动。两次文化热的共性都是中西文化的碰撞,或者说是中国文化与海外文化的碰撞。不同点是,第一次文化热潮的背景是中国文化以被迫应战的姿态开始学习西方文化,而20世纪80年代的文化热

---

① 李彬:《全球新闻传播史(公元1500—2000年)》,清华大学出版社2009年版,第45页。
② [法]塔尔德:《传播与社会影响》,何道宽译,中国人民大学出版社2005年版,第215页。
③ [美]洛文塔尔:《文学、通俗文化和社会》,甘锋译,中国人民大学出版社2011年版,第9页。
④ 姜华:《大众文化理论的后现代转向》,人民出版社2006年版,第13页。
⑤ 许文郁、朱忠元、许苗苗:《大众文化批评》,首都师范大学出版社2002年版,第43-50页。
⑥ [英]费瑟斯通:《消费文化与后现代主义》,刘精明译,译林出版社2000年版,第31页。
⑦ 孟建:《视觉文化传播:对一种文化形态和传播理念的诠释》,载《现代传播》,2002年第3期。
⑧ 李宗山:《20世纪中国的两次"文化热"述评》,载《中华文化论坛》,2001年第3期。

潮则是主动开放的结果。① 随着20世纪80年代的"文化热",大众文化与精英文化一道成为改革开放后文化转型的重要组成部分,是"中国世俗化发展过程中的重要方面,具有开放的、变革的、趋新的意义。正是大众文化,实际地改变着中国当代的意识形态,在建立公共文化空间和文化领域上及在社会生活的民主法治化进程中发挥了积极作用"②。大众文化始终被作为"精英、严肃、高级、正统文化的一种对立面来看待,是世俗的、娱乐的、低级的、非主流的文化形态"③,某种意义上,大众文化的影响力甚至在一定程度上超过精英文化,导致了精英文化的衰落④,并引起了主流文化和精英文化对其的批判。进入20世纪90年代,电视广泛普及更使得大众文化走向进一步繁荣,直到21世纪初,网络文化成为大众文化的替代者。

学者尹鸿为我们描绘了20世纪80年代兴起的大众文化的发展状况。20世纪70年代末,从"文革"中醒来的中国人对人类创造的一切文明和文化成果都表现出了如饥似渴的热情。交响乐、芭蕾舞、西洋绘画、古典文学名著成为时尚,抽象艺术、朦胧诗、荒诞派、现代派小说受到人们青睐,萨特、弗洛伊德、马斯洛的书成为畅销书,"以思想解放运动为前导的整个中国文化充满了一种启蒙主义的热情和现实批判的精神,一个'盗火者'普罗米修斯的精灵在新时期文化中挣扎和呐喊"。此时的中国文化积极介入现实,对历史的严肃反思和对艺术风格的改造表现了人道主义的理想和美学的自觉批判。"伤痕文学""反思文学"是批判现实主义的文学代表,罗中立的油画《父亲》是超现实主义美学的代表,第五代导演的电影是对刻板的电影模式的翻盘,以《新闻启示录》《新星》为代表的电视作品表达了对社会焦点的关注,是知识分子和新时代中国人改造世界的责任感和使命感的体现。但是到20世纪80年代中期,中国民众的政治热情开始消退,消费主义观念逐渐渗透到文化中。启蒙主义、浪漫

---

① 朱剑:《"文化热"的兴起及其发展》,载《东南文化》,1988年第2期。
② 金元浦:《大众文化兴起后的再思考》,载《河北学刊》,2010年第3期。
③ 李凤亮:《大众文化:概念、语境与问题》,载《福建论坛(人文社会科学版)》,2002年第5期。
④ 陈钢:《精英文化的衰落与大众文化的兴起》,载《南京师大学报(社会科学版)》,2001年第4期。

主义、现实主义被文化"快餐"挤出文化舞台,"那个悲壮而崇高的普罗米修斯形象似乎正在从中国文化中悄然淡出"。①

虽然"大众文化"的概念从西方引进,20世纪80到90年代的大众文化也主要由报刊、广播电视等从西方引入的大众传播媒介所推动,但是,中国的大众文化也有自身的文化渊源。② 中国当代的精英文化导源于历史上的士大夫文化,而大众文化显然与历史形成的民间文化有着重要的关联。改革开放以来,中国国内的文化格局的显著特点就是精英文化的地位被动摇,而大众文化跃居优势地位。中国的大众文化有另一个特点,就是它受到中国共产党坚持的先进文化的支持,与西方大众文化的发展有着明显区别。实际上,很多精英文化也在走向大众文化。20世纪早期的大众文化在反传统和新文化运动的背景下实际上受到精英文化的肯定和支持。中国共产党的文化方针始终是强调文化的民族化和大众化,在新中国成立后的相当长一段时间内,大众文化与精英文化在社会主义文化的旗帜下实际上合流了。

对于20世纪80年代兴起的大众文化,学者们的意见趋于两级。也有学者将20世纪80年代和90年代的大众文化分开来看待。20世纪80年代刚开始的大众文化,比如对邓丽君歌曲的接受具有对"文革"祛魅的价值,是人性的复苏和觉醒,这一时期的大众文化并不排斥公共性,而是以关心公共事务的面貌出现,因此这一时期的大众文化值得肯定。但是20世纪90年代初开始的大众文化却开始向着"去公共化"的方向转变。"此时的世俗是一个消费主义和物质主义的世俗,是盛行身体美学与自恋主义文化的世俗,是去公共化的世俗。20世纪90年代的大众文化是疏离公共世界的畸形的世俗文化,它的主要特点就是大众的政治冷漠、犬儒主义与消费主义、享乐主义的深度结合。"③

---

① 尹鸿:《世纪转型:当代中国的大众文化时代》,载《电影艺术》,1997年第1期。
② 高丙中:《精英文化、大众文化、民间文化:中国文化的群体差异及其变迁》,载《社会科学战线》,1996年第2期。
③ 陶东风:《畸变的世俗化与当代中国大众文化》,载《探索与争鸣》,2012年第5期。

在著名的《文化与社会：1780—1950》一书的结语部分，威廉斯对大众文化的"流行品位"问题也作了精彩的分析。① 他认为，如何理解文化就是如何理解我们的共同生活。以广播、电影、电视为主的现代传播技术的发展形成了"大众传播"，催生了大众文化（mass culture）或流行文化（popular culture）。"大众"是一个有偏向性的概念，它实际上是描述"群氓（mob）"的新名词，它的贬义内涵直接体现在对大众文化的态度上：现在有大量低劣的艺术、娱乐、新闻、广告、说法，这些表明大众就是群氓，大众文化就是低俗文化。威廉斯没有否认在社会生活中确实存在这些现象，但是他指出，这一标签式的认知是精心搜集证据的结果，对"大众"的先见导致了误判，而这些低俗的大众文化并不是所谓大众自己的产物，往往是别有用心的社会精英受到商业利益的驱使迎合人类本能欲望的产物，并且，这些"叫卖小贩"生产的产品并不仅仅针对所谓社会中低阶层的大众。一些"老式民主人士"站在对人性的理性希望角度批判大众文化实际上和"叫卖小贩"形成同盟，以"大众"概念的偏见误判日益普及化的教育和发达的传播造就的新文化形态。作为深受马克思主义影响的左翼文化批评家，威廉斯站在工人阶级的立场肯定了大众流行品位中高雅、积极的一面，对存在的问题也不回避，但是他指出应该通过教育和民主化来提升工人阶级的文化品位。在大众传播是否导致流行文化的低俗问题上，威廉斯明确地指出，仅仅靠单向的传输是不可能取得效果的，是"人们整体的经验"（与他的另一理论概念"感觉的结构"相呼应）而非大众传播才是对信念产生决定性影响的东西，"只有经验能教导人"。在形成共同文化的过程中，威廉斯敏锐地指出，哪怕是具有很强"支配性的传播"也只能获得表面的顺从，这一点和拉扎斯菲尔德、莫顿的观点形成了呼应。

威廉斯的分析促使我们反思今天我们对大众文化应该采取的态度。正如威廉斯指出的，"大众"已经不是对哪一个阶级或阶层的称谓，它实际上指所有人，包括传统意义上的精英。今天，大众文化也不能理解为哪一个阶层的文化，

---

① ［英］威廉斯：《文化与社会：1780—1950》，高晓玲译，吉林出版集团2011年版，第328页。

二、网络文化的繁荣

"网络文化"有两种理解方式：一是具有网络特点的文化形态，比如 BBS 讨论、网络聊天就是基于网络技术的日常生活文化；二是传统文化形态的网络转化，比如网络文学、网络广播、网络影视等。卡斯特认为，"网络文化（因特网文化）是由人类技术进步过程中的技术统治信仰组成的，由崛起于自由、公开的技术创新性黑客社会贯彻执行，深植于以重塑社会为目标的虚拟网络之中，并由金钱驱使的企业家在新经济的运行之中使之物质化的文化形态"[①]。不过，无论哪种理解，都不能脱离计算机网络作为技术中介，充分体现了一种新媒介对社会和文化的重要影响。在性质上，网络文化一般被视为大众文化的一个部分[②]，它具有鲜明的通俗性、商品性和边缘性的特点。

互联网的一个重要特点就是开放和共享，由此形成的网络文化同样具备了开放的典型特征。网络文化的开放精神在互联网发展早期就得到了集中体现，"开放源代码运动"和"黑客文化"就是典型的代表。20 世纪 70 年代的美国，互联网从军用转为民用后，迅速成为新兴商业势力赚取财富的重要手段，无论计算机硬件还是软件，价格都相当高昂。但是彼时的计算机和互联网用户主要是科研人员和计算机工程师以及大量技术水平相当高的业余爱好者。其中很多人都具有超强的软硬件开发能力，理查德·斯托尔曼（Richard Stallman）就是其中一位。1984 年，在美国麻省理工人工智能实验室担任程序员的斯托尔曼对于美国电报电话公司（AT&T）垄断当时最为主流的计算机操作系统 UNIX 的版权深为不满，组织创建了自由软件基金会（Free Software Foundation），提出了著名的"Copyleft"概念对抗"Copyright"（版

---

① [美]卡斯特：《网络星河：对互联网、商业和社会的反思》，郑波、武炜译，社会科学文献出版社 2007 年版。
② 黄华新、顾坚勇：《网络文化的范式转换——从精英文化到大众文化》，载《自然辩证法研究》，2001 年第 12 期。

权)。Copyleft规则的核心精神就是任何人都可以免费获得采用这种版权声明的软件,也可以再次进行开发和发放,但是必须同样遵守免费的原则。斯托尔曼将自己开发的类UNIX系统称为GNU(GNU is Not Unix),这是第一个遵守开放源码运动精神的计算机系统软件。开放源码运动中成就最为显著、影响最为广泛的是Linux操作系统,它是林纳斯·托瓦兹(Linus Torvalds)于1991年开发的一套基于UNIX的开源系统,当时托瓦兹是芬兰赫尔辛基大学的22岁学生。今天世界上主要的计算机操作系统可以分为三种:一是微软公司研发的Windows系统,二是苹果公司研发的MacOS系统,三是开放源码的Linux系统。三种系统在移动互联网时代都推出了面向智能手机的操作系统。Windows系统目前依然是个人电脑尤其是台式和笔记本电脑的主要操作系统,在服务器端也占据一定份额;MacOS系统主要面向个人终端用户,其内核源自UNIX,是销量很高的苹果电脑(包括台式机、笔记本等)的唯一操作系统。微软和苹果都是商业公司,其生产的系统都不是免费和开源的。微软推出的面向智能手机的操作系统(Windows Phone)在商业上并不成功,苹果公司的iOS系统和谷歌公司的Android(安卓)系统才是智能手机系统平台的两大霸主。Android系统正是基于著名的开源系统Linux开发的。多年来,Linux虽然在面向个人用户的计算机中不算很成功,但是在服务器领域则是绝对的王者。

黑客文化在因特网建设中扮演了重要的角色。[①] "黑客"(Hacker,也译为骇客)一词无论在中西方,目前都具有两种相反的意义:一是褒义的,指敢于突破政治、经济、技术的各种垄断和封锁,为普通民众理解、使用互联网提供各种易用的工具和手段的那些互联网技术精英;二是贬义的,指那些为了个人或集团的利益利用技术手段窃取信息、破坏网络服务、实施非法操作的犯罪分子。这两种不同人群的共同特点是拥有极高的计算机网络技术水平,

---

① [美]卡斯特:《网络星河:对互联网、商业和社会的反思》,郑波、武炜译,社会科学文献出版社2007年版,第46页。

并且在很多时候他们行为的目的和手段并不是在善恶之间有明确区分。不过很多研究者依然倾向于将黑客文化视作正面的文化,而上文提到的"开放源代码运动"正是黑客文化的最好体现,以斯托尔曼、托瓦兹为代表的技术精英很好地诠释了黑客文化的核心,即追求创新的自由,"运用任何现有知识的自由以及以任何黑客选择的方式和渠道传播知识的自由"。[①] 这种自由的精神今天依然弥漫在日益商业化的网络中,成为各国很大一部分计算机网络技术精英的一种精神无意识,正是这种文化造就了数字时代的很多创新奇迹。

1994 年接入因特网以来,中国网络文化有了异常快速的发展,成就与问题并存。[②] 有研究者将 20 多年来的中国网络文化发展分为五个阶段,我们将其整理为一张表格(表 2-1)使其更为清晰。从这五个阶段中我们可以对中国网络文化的发展有一个宏观的了解,意识到每一次网络文化的发展都深入地影响了社会各个方面的形态,这正是"媒介化社会"的典型案例。

表 2-1 中国网络文化发展的五个阶段

阶段	大致年份	主要特点与事件
起步阶段	1994—2002	大量的门户网站诞生,如网易、新浪、搜狐、腾讯等;"盛大网络"公司成立,网络游戏开始出现;天涯虚拟网络社区诞生,百度公司成立等
发展阶段	2003—2004	网络舆论监督功能显现,政府开始加强网络文化建设与管理;"非典"(SARS)病毒蔓延全国,网络舆论成为信息透明的重要平台;孙志刚事件引发《城市流浪乞讨人员收容遣送办法》被废止;《互联网文化管理暂行规定》出台;国家级新闻网站异军突起

[①] [美]卡斯特:《网络星河:对互联网、商业和社会的反思》,郑波、武炜译,社会科学文献出版社 2007 年版,第 52 页。
[②] 蒋建国:《技术与文化的变奏:中国网络文化发展的历史考察》,载《社会科学战线》,2017 年第 11 期。

(续表)

阶段	大致年份	主要特点与事件
第一个高潮	2005—2007	以博客为代表的web2.0应用出现并蓬勃发展；网络文学、电子杂志、精英博客、草根博客大量涌现；QQ服务极大发展，注册用户突破4亿；舆论监督力量增强，网络打假（周老虎事件）等广受关注；以淘宝为代表的电子商务网站开始繁荣
转折点	2008—2009	电子商务在B2C领域获得重大突破，电信业与互联网跨平台融合发展；《中华人民共和国政府信息公开条例》正式施行；汶川地震、北京奥运会等重大事件报道中国国内媒体的优良表现奠定了坚实的政策基础
飞跃期	2010年起	自媒体异军突起，网络文化空间极大扩展，政府不断开创网络问政新形式，搭建互动平台；2010年被称为"微博元年"，2011年，腾讯推出微信；三网融合不断推进，智能手机普及，移动互联网时代到来

说明：根据鲁佑文等的《探索与前行：中国网络文化传播20年观察与思考》一文整理。[①]

网络文化中的一个重要组成部分是青年亚文化。中国青年亚文化在20世纪八九十年代的大众文化中开始发展，但直到网络文化时代才有进一步的发展。"亚文化"（subculture）是一个社会中与主导或主流文化相对的一种文化形态，它往往通过赋予一些物品或行为以特殊的意义，使得这些物品和行为作为一种"风格"再次被赋予意义。[②] 亚文化同时带有强烈的挑战正统的特色。西方"二战"后出现的类似无赖青年、光头仔、摩登派、朋克、嬉皮士、摇滚一代、迷惘一代、垮掉一代等都属于带有亚文化特点的风格。在中国，也有学者将知青文化、摇滚乐、另类写作、无厘头、漫画迷、粉丝文化、快闪族等视作亚文化，不过这对这些亚文化风格的认定还存在不同意见，但是中国确实存在某种程度的亚文化，但是其表现和西方典型亚文化有区别。胡疆锋的研究认为，

---

① 鲁佑文、梅珍、李国荣：《探索与前行：中国网络文化传播20年观察与思考》，载《湖南大学学报（社会科学版）》，2014年第6期。

② [英]赫伯迪格：《亚文化：风格的意义》，陆道夫、胡疆锋译，北京大学出版社2009年版，第3页。

中国当代青年亚文化具有三个特点:一是抵抗性,即对主导文化的不认同和挑战;二是风格化,主要体现为语言审美形式上标新立异的象征性抵抗;三是边缘化,即选择上述生活方式的群体多处在边缘和弱势的位置。胡疆锋以2006年初风靡网络的恶搞短片《一个馒头引发的血案》作为案例分析中国青年亚文化的特征。中国当代青年亚文化由于风格化地揭示了当下的文化症候和社会疑难,表现出被强势媒体忽视或不屑表现的普通人情怀,在想象层面上解决需要解决却难以解决的矛盾,无疑具有一定的认知价值。它是消费至上时代中的"噪声",扰乱了商业霸权的顺利实现,为弱势群体赢得文化空间,为"沉默的大多数"提供宣泄渠道,其戏谑外衣下不乏人文关怀,具有一定的积极意义。不过,我们也应当冷静地看到,有些青年亚文化由于过于追求搞笑、搞怪、另类,沉迷瞬间快感,肆意肢解传统,容易滑向无聊的恶搞和虚无的"负文化",最终对当代审美文化的创新无所作为、无所建树。①

近几年,"网络视听文化"成为网络文化的一种重要形态。2005年,YouTube创立,是世界上仅次于谷歌搜索的访问量第二大网站。2024年1月,YouTube的月活跃用户超过27亿,他们每天观看超过10亿小时的视频。截至2023年,总共约有140亿个视频。② 在中国,统计数据表明,截至2024年6月,我国网络视频(含短视频)用户规模达10.68亿,占网民总体的97.1%,短视频用户10.50亿,直播用户7.77亿,音频用户7.29亿,以腾讯、爱奇艺、优酷为代表的在线视频网站成为吸引网络视频用户的热门站点。③ 快手、抖音等新兴的手机短视频服务正在风靡中国并走向世界。④ 网络视听媒体提供的服务正在深刻改变人类世界的面貌。除去那些经济仍然欠发达的地区,网

---

① 胡疆锋:《反文化、大众文化与中国当代青年亚文化》,载《新疆社会科学》,2008年第1期。
② 数据来自维基百科(Wikipedia)条目"YouTube",访问网址 https://en.wikipedia.org/wiki/YouTube。
③ 数据来源:中国互联网信息中心第54次《中国互联网络发展状况统计报告》,https://www.cnni.cn/n4/2024/0829/c88_11065.html。
④ 详见《纽约时报》网站的报道"How TikTok Is Rewriting the World",作者John Herrman,发布于2019年3月10日,网址 https://www.nytimes.com/2019/03/10/style/what-is-tik-tok.html。

络视听服务借助手机和移动通信网络正在成为人们了解外部世界以及打发时间的主要手段。在中国东部沿海发达地区,"寂静的车厢"正在成为一种普遍的现象,高铁和地铁等公共交通系统的车厢正在变得越来越安静,几乎所有的乘客都戴着耳机将目光聚焦在面前闪烁的屏幕上,很少交谈。利用通勤时间工作的人不能说没有,但是更多的人是在看网络上的电视剧、电影、短视频,即使是在"刷"微博、微信等社交媒体,也能够看到短视频、音频内容正在持续增加。

我们认为,网络视听文化是在计算机、网络技术基础之上发展起来的,主要以数字化的个人终端设备为物理载体,在超时空传播音频、视频信息的过程中所涌现出来的人类生活方式。这一界定偏向于文化的"社会"定义①,即"对一种特殊生活的方式的描述"。网络视听文化具有历史性,它只能在计算机、网络技术发明并普及之后才能出现,在时间上大致从20世纪90年代(万维网被发明)到今天,而网络视听媒介的大范围普及离不开智能手机和移动网络,由此而确定的时间点是2007年(苹果公司推出初代iPhone)和2010年(速度更快的4G移动网络开始建设),因此,网络视听文化的形成也不过是最近十多年的事情。我们不排除智能手机和移动网络出现之前的个人电脑同样是可以传播音视频信息的物理载体,但是其对普通人生活的塑造能力显然要小得多。计算机网络最初并不能够传播音视频信息,在此以前,广播和电视(如果不局限于电子技术范围内,也可以包括数字化前的胶片电影)才是视听传播的绝对主导性媒介,正是它们的出现导致大众传播、大众文化的诞生。网络视听文化是以广播电视为核心媒介的视听文化的延续,同时也是对它们的超越。作为"特殊生活方式"的网络视听文化是多种因素共同作用下的一种"涌现",这意味着理解网络视听文化需要将复杂性思维作为背景,不能将当下人类这一主要的生活方式简单视作计算机网络技术发展的必然线性结果,也不能将

---

① [英]威廉斯:《文化分析》,载罗钢、刘象愚编:《文化研究读本》,中国社会科学出版社2000年版,第125页。

这一生活方式理解为消除了其他文化形态的单一样式。

具体到当下的因特网,"在超时空传播音频、视频信息的过程中"出现的代表性媒体或媒介形式包括网络广播、网络电视、P2P、视频分享、播客、短视频、网络直播等,在国际上比较知名的网络视听应用除了YouTube,还有Netflix、Vimeo、Pandora、Spotify等,国内知名的网络视听平台和应用除了腾讯、爱奇艺、优酷、快手、抖音之外,还有秒怕、梨视频、喜马拉雅广播、荔枝FM等。

网络视听文化作为当今占据主导地位的文化形态具有四个显著的特征。第一是覆盖人群的广泛性。因为视听传播有相对于文字传播的优势,通过直观易懂的图像和声音几乎可以让所有的人参与到传播过程而不需具备如文字学习般的长期学习过程。集成了最先进的信息网络技术的智能手机价格普遍下降,在传播技术和成本上降低了门槛,绝大多数人可以通过智能手机接收、拍摄和传播高质量的视听信息。这意味着,原先属于技术精英的网络视听文化已经扩展到社会的各个基层,精英与大众的分野已然消解。第二是传输范围的全球性。这一点得益于互联网的全球覆盖、网络带宽的迅速提高和使用成本的大幅下降。在中国,无处不在的Wi-Fi网络和高速的4G移动网络甚至5G移动网络使得随时获取网络视听节目成为可能。除非作出限制,网络视听服务的对象是全球化的,不再像传统视听媒体一样局限在一个现代国家的地理疆域内。第三是节目内容的丰富性。除了传统影视制作系统大规模向互联网延伸的电影、电视、广播节目,还有网络原生的视听节目,更有网民自制的各类短视频。在网络视听文化中,用户创造的内容(UGC)正在产生重要的影响。近年来,个人用户的网络直播正在改变电子商务、时尚传播的格局,"网红"经济日渐流行。第四是传播方式的互动性。用户在收听收看网络视听节目的同时可以随时进行互动,互动的方式也日趋多样,基于节目的评论已经是较为传统的方式,弹幕和内嵌式的社交媒体转发正在成为流行的互动模式。由此,传统媒体的传者主动、受者被动的地位被彻底打破。

三、传统文化的复兴

中华传统文化在近现代以来经历了从几近灭亡到重新复兴的戏剧性转折过程。1911年的辛亥革命推翻了统治中国数千年的封建专制，在政治经济制度上实现了不可逆转的变革，而1919年的"五四"新文化运动则彻底动摇了传统文化的思想观念根基。"文化大革命"期间，传统文化更是遭遇了极"左"运动的毁灭性打击，这一打击不仅体现在思想文化上，在日常生活层面也发生了较为彻底的转换。"传统"是相对"现代"而言的，经历了晚清中国被欺凌和羞辱的局面，中国的知识界开始了深刻的"知识转型"。一些先进的知识分子首先接受了来自西方的社会进化论思想（达尔文生物进化论的社会变体），意识到中国在世界的地位已经远远落后，而改变这一局面的措施之一就是走向现代。中国的现代化历程基本上是向西方学习的过程，也是不断反思和抛弃传统文化糟粕的过程。客观地说，对传统文化糟粕的批判和抛弃对中国的现代化是有帮助的，它使得个体从家庭中走出来，使得家族观念向现在的民族国家观念转变，使得变革求新、重视科学技术的思想深入人心。

改革开放以来，中国对传统文化的态度日渐转变。虽然这个过程也有过反复和曲折，不过总体的趋势是向着复兴的方向前进。这种趋势显示了传统文化的深厚影响力，也显示了传统和现代观念的激荡远未平息。传统文化的复兴首先在文学和影视领域得到呈现，它激发了民众对传统文化的热情。而以申报世界文化遗产为标志的旅游文化产业的兴起则最终在日常生活层面打破了对于传统文化是"迷信"的认知。最终，传统文化复兴得到官方的认可和推广。

文学艺术是文化的主体部分，也是时代的先导。改革开放以来，传统文化的复兴首先在文学领域得到充分表现，其实不断繁荣的大众媒介无疑是传统文化复兴的有力传播者和推动者。武汉大学文学院樊星教授2019年连续撰文回顾四十年来"传统文化热"的源与流，系统梳理了文学与影视领域在传统文化复兴中的基本历程。① 樊星的梳理主要包括六条主线，第一条主线是历史小说的复兴到历史题材影视剧的滥觞。这条主线以1976年姚雪垠《李自成》第二卷出版作为开端，主题虽然是符合主流价值的农民起义和革命文学，但是描写手法已经脱离高大上的框架。后续历史小说包括刘亚洲的《陈胜》，冯骥才、李定兴的《义和拳》，徐兴业的《金瓯缺》等，开创了那一时期的长篇历史小说热。历史题材影视剧以1977年陈白尘的历史剧《大风歌》为引子，以电影《林则徐》《甲午风云》《火烧圆明园》《秋瑾》《鸦片战争》等为代表，以2000年的电视连续剧《太平天国》等的热播为标志。第二条主线是武侠小说的热潮引发了功夫影视剧的繁荣。"武侠"是中国现当代文学、影视中的独特景观。20世纪80年代的"武侠热"是一个现象级的大众文学潮流，它的影响力至今犹存，以"功夫"为代表的中华文化成为世界人民的爱好之一。1981年，香港电视连续剧《霍元甲》在内地热播，以此为契机，电影《少林寺》《武当》等相继上映，为"武侠热"的升温推波助澜。金庸、梁羽生等港台武侠小说作家的作品风靡内地。他们的作品首先以文字的形式广泛传播，后来又以影视剧的形式再次传播，经久不衰，构成了大众文化中的独特脉络。第三条主线是"寻根文学"对儒释道思想的重新发掘。20世纪80年代的文学界"寻根热"虽然来去匆匆，但是其对中国传统文化核心价值的讨论和追寻恢复了人们对传统文化的信心。这一流派的代表作家和作品有李準的长篇小说《黄河东流去》、汪曾祺的小说《受戒》《大淖记事》《岁寒三友》《鉴赏家》《故乡人》等，刘绍棠的中篇小说《蒲柳人家》，以及当时影响最为广泛的贾平凹。贾平凹是寻根文学的代表人物，他对中国传统文化充满感情并身体力行地去感受和践行。1983年的作品《商州初录》，描绘故乡的淳朴民风和灵秀山水，一种道家情怀自然流露。贾平凹痴迷佛经，对禅宗很有兴趣。贾平凹曾言："我老家商洛山区秦楚交界处，巫术、魔法民间多的是，小时候就听、看过那些东西，来到西安后，到处碰到这

---

① 樊星：《四十年来是与非——回眸当代"传统文化热"的源与流（一～四）》，载《名作欣赏》，2019年第4、7、10、13期。

样的奇人奇闻逸事,而且我自己也爱这些,佛、道、禅、气功、周易、算卦、相面,我也有一套呢。"与文学寻根热对传统文化的关注相呼应,对古代经典的研究也重新复兴。1983和1984年,连续两届高级别的《周易》学术讨论会促使各地出版社竞相出版、重印相关典籍,比如《周易大传新注》《周易古史观》《易学哲学史》等。在戏剧方面,高行健的"探索戏剧"试图重新将民族古老戏剧与佛教禅宗智慧联结在一起。具有传统色彩的中国地域文化也重新被发掘出来,代表性的有道家自由文化(如阿城的《棋王》)、齐浪漫文化(如莫言的《红高粱》)、"中原文化"(如李杭育"葛川江系列")、儒家集体主义文化(如郑义的《老井》)、东北神秘文化(如郑万隆的《异乡异闻》系列)等。余秋雨的系列散文《文化苦旅》也是"寻根"思潮的产物,他关注的是整个中华文化。"寻根"之旅的其他著名作家作品还有韩少功《文学的根》、张贤亮的《河的子孙》、张承志的《北方的河》、霍达的《穆斯林的葬礼》、张承志的《心灵史》、陈忠实的《白鹿原》、高建群的《最后一个匈奴》、迟子建的《额尔古纳河右岸》等。第四条主线是帝王与士大夫文学的兴起和相关影视剧的传播。帝王将相、才子佳人的历史掌故也成为传统文化复兴的重要内容之一。这一主线的代表作家和作品有二月河的《康熙大帝》《乾隆皇帝》等组成的"落霞三部曲",根据作品改编的电视剧《康熙大帝》《雍正王朝》《乾隆王朝》在电视荧屏上掀起了一股热潮。吴因易的剧本《唐明皇》《则天大帝》及改编的电视连续剧等也受到广泛欢迎。此外,孙卓编剧的《汉武帝》和江奇涛编剧的《汉武大帝》也有不小影响。唐浩明的长篇历史小说《曾国藩》、余华的中篇小说《活着》、陈忠实的长篇小说《白鹿原》、贾平凹的长篇小说《废都》等作品同样充满了传统文化的浓郁气息,展示了历史与现实的冲突与矛盾,也都引起了广泛的争议。陈凯歌导演的电影《霸王别姬》无疑是影视剧中描绘传统文化和革命文化交织的经典作品。第五条主线是戏说历史的影视作品和网络文学的发展。戏说历史与上述的正说历史不同,虽然都以传统文化为题材,但是表现风格迥然有别。代表作家和作品有香港电影《三笑》及其后续的香港电影《唐伯虎点秋香》,以"无厘头"成为所谓"后现代主义的经典之作";周星驰的作品《大话西游》也是一例,2000年网络小说《悟空传》显然受到《大话西游》的影响；电视剧方面则有《戏说乾隆》《还珠格格》《铁齿铜牙纪晓岚》《甄嬛传》《武林外传》等，充分显示出"戏说历史"的独特吸引力。网络文学中的戏说作品还有《明朝那些事儿》《清朝那些事儿》等。第六条主线是以中央电视台《百家讲坛》为首的传统文化节目的兴盛。央视的《百家讲坛》对于助推"传统文化热"功不可没。《百家讲坛》的热播实际上是官方对于传统文化热的首次正面肯定。近些年，"传统文化热"也达到了空前的程度。此后，中央电视台的《中国成语大会》《中国谜语大会》《中国诗词大会》等大型文化类节目再次推进了"传统文化热"的持续升温。

中国积极参与联合国教科文组织倡导的世界文化遗产保护工作也是推动传统文化复兴的重要途径。1972年11月16日，《保护世界文化与自然遗产公约》（Convention Concerning the Protection of the World Cultural and Natural Heritage，简称世遗公约）在联合国教科文组织全会中获得通过。实际上，围绕文化遗产保护来建立国际合作模式可以追溯到19世纪后期。频繁的战争造成的破坏促使人们思考如何通过约定来保护易受战火破坏的人文财产。1874年布鲁塞尔会议就已经试图通过条约的方式来保护历史古迹与艺术品，但是未能获得通过。到1899年与1907年的《海牙公约》（Hague Conventions）才建立正式的条款来对文化遗产进行保护，要求战争中的各方要采取可能的手段避免对"宗教、慈善、教育、艺术及科学机构"以及"历史古迹与艺术品及科学作品"的"劫掠、摧毁或故意破坏"。不过，这一条款几乎没有得到很好的遵守，"二战"中不仅作为邪恶一方的纳粹德国破坏了大量文物与古迹，所谓正义一方的同盟国也参与了文物与古迹的破坏。"二战"结束后，联合国于1946年组建了"联合国教科文组织"（UNESCO），开始着手正式发起和推动一系列遗产保护的国际公约与宣言。"文化遗产"一词在1954年通过的《在武装冲突中保护文化财产的公约》（Convention for the Protection of Cultural Property in the Event of Armed Conflict）中首次出现。经过一系列的努力，《世遗公约》于1972年11月16日得以通过，三年之后的1975年，签署条约的成员国达到20个，公约正式生效。40多年来，更多关于文化遗产的条约被制定出来，专门针对非物质化文化遗产类型的保护机制从20世纪80年代起被逐渐建立起来。2003年，《保护非物质文化遗产公约》(Convention for the Safeguarding of the Intangible Cultural Heritage)获得通过。①

早期人们关注的"文化财产"主要是有形之"物"，这些"可移动"或者"不可移动"的"宝物"包括很多具有"杰出普遍价值"(out-standing universal value)的文化遗产，比如古迹、建筑群和遗址等。有时候，自然遗产和文化遗产的边界也不是很清晰。经过不断改进和拓展，文化遗产概念发生了重要变化，专家和学者围绕文化遗产"原真性"的争议，"整体性"视角的发现，"文化空间"、"文化景观"和"地方精神"等概念的提出与运用等展开了富有成效的讨论和研究，使得文化遗产实现了由"物"及"人"的转变。②

2019年7月6日，中国良渚古城遗址在第43届联合国教科文组织世界遗产委员会会议（世界遗产大会）上获准列入世界遗产名录。③ 至此，中国世界遗产总数达55处④，位居世界第一。党和国家高度重视文化遗产保护工作。习近平总书记特别关心文化遗产保护工作，认为对优秀传统文化的传承弘扬要给予支持和扶持，保护好国粹，让文物说话，讲述中国，沟通世界。⑤ 文化遗产保护工作的意义并不仅仅在于申报了多少世界文化遗产、非物质文化遗产，更在于它为中国尤其是乡村现代化中处理传统与现代的关系提供了新的标准。比如在乡村振兴战略中要传承和保护农村优秀传统文化就逐渐成为

---

① 吴铮争、刘军民：《百年来世界文化遗产保护理论体系的形成与发展》，载《西北大学学报（哲学社会科学版）》，2013年第5期。

② 宋奕：《"世界文化遗产"40年：由"物"到"人"再到"整合"的轨迹》，载《西南民族大学学报（人文社会科学版）》，2012年第10期。

③ 《详讯：良渚古城遗址申遗成功　中国世界遗产数量世界第一》，新华网，2019年7月6日，http://www.xinhuanet.com/politics/2019-07/06/c_1124719055.htm。

④ 《联合国教科文组织世界遗产网站.世界文化遗产名录》，2019年12月26日，http://whc.unesco.org/zh/list/。

⑤ 《"让文物说话"，习近平为何如此重视文化遗产》，2019年12月26日，http://www.chinanews.com/gn/2019/08-20/8932142.shtml。

很多人的共识。① 正如有学者所言,世界文化遗产已经成为中国古老文明的象征,其蕴含的中国精神需要我们传承。同时,它又是中国文化的亮丽名片,是我们与其他国家和平往来、平等交流、互学互鉴、互利共赢的重要媒介,是增强文化认同感、国家认同感、民族认同感的重要纽带。共建"一带一路"要求民心相通,民心相通的本质就是文化相通。我们应该秉承"丝绸之路精神",文明对话、兼容并包、互利共赢。通过中国的世界文化遗产的保护与宣传,传承中国精神,加强文化交流,共同构建人类命运共同体。②

改革开放以来的中华传统文化复兴有两个显著的特点:一是具有大众性和通俗性,二是获得了官方的肯定与支持。传统文化复兴的一个突出表征就是民间的各种复古运动。自20世纪90年代起,各地的"书院"开始复兴,在过去历史遗迹的基础上重新设计开发,大都遵循现代文化场馆的体制。在文学方面,古体诗创作也逐渐复兴,各种类型的传统文化讲座和培训普遍开展,很多地方将其纳入干部培训、企业培训的体系中。"汉服热"成为90后、00后的时尚亚文化。民间复古运动也有很多不和谐的噪声,比如一些试图复兴传统的书院将戒尺等体罚方式一并予以复兴的所谓"古法教育",将"三从四德"加以现代化改版的所谓"女德班"把"点外卖不刷碗就是不守妇道"的陈规陋习公开宣扬等。毕竟现代精神已经渗入人心,这些有违现代精神的行业很快就遭到各方批判。

第三节 网络时代中华文化的全球传播

一、文化自觉意识的初步确立

"文化自觉"作为一个学术概念,是由中国当代著名社会学家费孝通先生在1997年提出并大力倡导的。在他的影响之下,社会学、人类学、文化学领域

---

① 贺云翱:《乡村振兴要高度重视文化遗产的保护利用》,光明网,2019年12月26日,http://m.cnr.cn/chanjing/wenhua/20191105/t20191105_524845297.html。
② 孟建、史春晖:《场域与传播:中国世界文化遗产的"话语网络"》,载《当代传播》,2019年第3期。

的专家学者围绕这一概念展开了大量的讨论,对于进一步从理论上总结文学、史学以及社会生活中传统文化复兴思潮,对于回答冷战结束后以亨廷顿为代表的"文明冲突论"对世界格局的展望都具有重要的价值。学术讨论很快转换为政治话语,中国共产党在改革开放后社会主义文化建设中遇到的一些问题实际上在学术讨论中找到了较好的方案,树立文化自觉意识、坚定文化自信迅速被写进了中央和政府的报告。在官方的推动下,文化自觉也成为近年来一般公众所关心的话题。

费孝通先生在《关于"文化自觉"的一些自白》一文中提到,他关心文化自觉问题与他对少数民族地区的社会学研究分不开。[①] 20世纪80年代末,费先生到内蒙古鄂伦春族聚居地区考察。鄂伦春族长期在森林中生存,靠渔猎为生,形成了世世代代相传的一套适合于大兴安岭林区环境的民族文化。近百年来,由于气候变化和人类活动的影响,森林面积日益减少,直接威胁到目前只有几千人的民族的生存。20世纪90年代末,费先生又考察了黑龙江的另一少数民族赫哲族。这也是一个只有几千人、以渔猎为生的民族,他们存在的问题与鄂伦春族类似。这些问题引起了费孝通先生的反思,中国10万人口以下的"人口较少民族"就有22个,在社会的变迁中他们如何生存?随着信息时代的来临,文化变迁的速度不断加快,少数民族文化的生存更加是个问题。通过反思,费先生认为,这些少数民族只有从文化转型上求生路,发挥原有文化的特长,才可能求得民族的生存与发展,这就是"文化自觉"思想的雏形。费先生思考中国少数民族的文化生存问题时恰逢世界政治、经济、文化格局发生剧烈变动的时期,亨廷顿的"文明冲突论"在全球引发广泛关注,而20世纪50年代在海外兴起的"新儒学"已经传入国内并引起激烈讨论。费先生意识到文化转型问题实际上是当前人类面临的共同问题。费孝通先生对"文化自觉"的定义是:生活在一定文化中的人对其文化有"自知之明",明白它的来历、形成的过程、所具有的特色和它的发展的趋向,自知之明是为了加强对文化转型的自

---

① 费孝通:《关于"文化自觉"的一些自白》,载《学术研究》,2003年第7期。

主能力,取得决定适应新环境、新时代文化选择的自主地位。①

从费孝通先生对自己提出的"文化自觉"概念的阐释中不难看出,他针对的主要还是中国人对自己的文化没有一个清晰的认识,并且时常处在某种矛盾和犹豫境地的问题。这一问题的根源无疑可以追溯到晚清以来的中西文化之争,但是它更针对世纪之交的问题。此时,无论学术界、政界还是民间都没有一个统一的意见,尤其是对于传统文化,不知道如何处理才能适应社会主义市场经济不断深入发展的中国实际。"文化自觉"概念为这些问题提供了一个有价值的思路。"文化自觉"包含两个重要维度:一是重新认识传统文化,确立中华民族的主体意识,增强民族文化认同感;二是更新中华文化,实现从传统向现代的转化,把中华文化融入世界文化体系,并在其中确立自己的位置与坐标。为此,传统与现代、民族性与世界性的对立必须首先被打破。②

"文化自觉"成为2004年成立的有陈来、甘阳、刘小枫、汪晖、苏力等著名学者参加的首届"中华文化论坛"的主题。在学者们的推动下,"文化自觉"的理念逐渐成为被大多数知识精英认可的学术话语。有研究者认为,"文化自觉"实际上是对中国文化主体性的寻求,这一点使它与"反传统"的启蒙主义/现代主义思潮区别开来,但又不同于近现代中国历史上的任何一次保守主义文化思潮,"文化自觉"的重心其实不在"文化",也不在"自觉",而在对"中国"这个主体的认知方式与认同方式所发生的根本性变化。③ 文化自觉与文化自信是直接相关的,没有文化自觉就不会有文化自信。长期以来,西方文化对以中国为代表的其他地域的文化都具有压倒性的优势,"不少国人对自己的文化和西方的文化都是'似是而非',但对自己的文化是更多'矮化',而对西方的文化却是更多'美化'"④。正如费孝通先生所言,一个没有自主地位的文化不可

---

① 费孝通:《关于"文化自觉"的一些自白》,载《学术研究》,2003年第7期。
② 张岂之:《关于文化自觉与社会发展的几点思考》,载《西北大学学报(哲学社会科学版)》,2002年第4期。
③ 贺桂梅:《"文化自觉"与"中国"叙述》,载《天涯》,2012年第1期。
④ 胡钰:《以清晰的文化自觉来增强文化自信》,求是网,2018年9月27日,https://www.tsinghua.edu.cn/info/1182/49038.htm。

能成为文化交流的主体,就不可能正确对待自己的传统文化和西方文化。

因为中国传统文化在近代以来遭遇过较为彻底的批判和贬低,在找回文化自信的过程中,西方人的认可就显得相当重要。习近平总书记2014年在文艺工作座谈会上的讲话中提到了德国哲学家雅斯贝尔斯(Karl T. Jaspers)的"轴心时代"概念①,成为讨论中华文化尤其是传统文化地位的重要例证。雅斯贝尔斯在出版于1953年的著作《历史的起源与目标》(*The Origin and Goal of History*)中,将公元前800年至公元前200年间称为"轴心时代"②,在这段时间内,古希腊、古代中国、古代印度产生了一批杰出的思想家,比如苏格拉底、孔子和释迦牟尼等,他们的思想使得所在文明实现了关键性的突破,即"轴心突破",这意味着在文明发展的过程中,思想世界实现了根本性的变革,系统性的哲学史或思想史开始发端。这些实现了"轴心突破"的古代文明被视为"轴心文明"。雅斯贝尔斯的观点在书籍出版后引起广泛关注和讨论,"轴心时代"概念被广为转载和引用,很多学者都认同他的观点。中华文化在起源时就已经取得了伟大的成就,自然表明其优秀之处。近年来,有学者提出"新轴心时代"的概念,认为在21世纪,世界范围内将再次出现数个文明交相辉映的盛况,一批思想家和突破性思想将再次涌现。

2017年1月,中共中央办公厅、国务院办公厅印发《关于实施中华优秀传统文化传承发展工程的意见》(简称《意见》)。《意见》的发布和实施体现了中国共产党的深刻的"文化自觉"③,也意味着中国人的文化自觉意识不断增强。

---

① 习近平:《在文艺工作座谈会上的讲话》,新华社,2015年10月14日,http://www.xinhuanet.com/politics/2015 - 10/14/c_1116825558.htm.

② K. Jaspers, M. Bullock. The origin and goal of history. Translated by Michael Bullock. London, 1953.

③ 林雅华:《中国共产党的文化自觉从哪里来》,2017年9月27日,http://dangjian.people.com.cn/n1/2017/0927/c117092 - 29562077.html。

二、文化产业的迅猛发展

文化产业是"按照工业标准生产、再生产、储存以及分配文化产品和服务的一系列活动"(联合国),是从事文化产品生产和提供文化服务的经营性行业(国家官方)。近年来,文化产业也被称为文化创意产业,一般认为文化创意产业是文化产业发展到一定阶段的新形态。中国的文化产业是在世纪之交随着加入 WTO 开始由政府推动的产业形态。2003 年中国文化体制改革试点工作开始,文化产业很快从"探索、起步、培育的初级阶段,进入快速发展的新时期"①。2009 年 8 月,国务院印发《文化产业振兴规划》,其中提出,要将文化产业培育成国民经济新的增长点。中国共产党在十八大报告中进一步明确,要把文化产业建设成为国民经济支柱性产业。《国家"十三五"时期文化发展改革规划纲要》也强调,要不断加快发展文化产业,促进产业结构优化升级,提高规模化集约化专业化水平。《"十三五"国家战略性新兴产业发展规划》已经将数字创意产业作为文化产业发展的新业态。中国每年的政府工作报告都将发展文化产业作为一项重点进行部署。全国绝大多数省(区、市)均发布了专项规划,推动文化产业健康发展。②

有研究报告显示,随着中国经济发展和人民生活水平提高,国民对文化的消费能力不断增强,中国文化产业占 GDP 的比例持续提升。统计数据显示,2012 年全国文化及相关产业增加值已达 18 071 亿元,占 GDP 比例为 3.48%;到了 2016 年,全国文化及相关产业增加值首次突破 3 万亿元,达到 30 785 亿元,同比增长 13.03%;截至 2017 年,全国文化及相关产业增加值增长至 34 722 亿元,占 GDP 的比重为 4.2%,比上年提高 0.06 个百分点,按现价计算,比上年增长 12.8%,比同期 GDP 名义增速高 1.6 个百分点。中国文

---

① 中国政府网:《文化事业繁荣兴盛 文化产业快速发展——新中国成立 70 周年经济社会发展成就系列报告之八》,2017 年 7 月 25 日,http://www.gov.cn/xinwen/2019-07/25/content_5415076.htm。

② 《国务院关于文化产业发展工作情况的报告》,载《中华人民共和国全国人民代表大会常务委员会公报》,2019 年第 4 期。

化及相关产业已逐步成长为我国宏观经济发展中新的增长点。① 国家统计局数据显示,2022年全国文化及相关产业增加值为53 782亿元,比上年增长2.7%(未扣除价格因素),占国内生产总值(GDP)的比重为4.46%。② 不过,中国的文化创意产业依然面临很多问题。有报告分析认为,文创产业面临着五大问题:文创人才短缺,教育培养与行业脱离;高质量内容和核心创意缺乏;法律政策有待完善,知识产权侵权问题制约产业发展;创意产业链不完整,产业集群效应有待提升;文化消费不足,区域发展不平衡。③

文化产业在中国的发展曾经在学界引起争议,主要是受到法兰克福学派"文化工业"理论的影响。文化产业的发展是大众文化繁荣的重要原因,而大众文化的一些弊端也受到各方面的批评。不过,文化产业的正面功能使得它的发展并未受到批判的影响。有学者认为文化产业和文化工业并非一回事,从本质上讲,文化产业是由文化产品的生产来定义的。没有文化产品和文化产品的生产,也就没有文化产业,文化产品的丰富多样性及其生产机制和服务系统的复杂性,构成了文化产业复杂的社会文化系统;文化产业是人类社会发展的文化生产力,科学技术是文化产业发展的具体形态,离开了科学技术的发展及其文化产业应用,就没有作为社会生产力系统的文化产业;人是最根本的文化生产力。人在空间上的分布及其数量和质量构成状况,是文化产业作为文化生产力在空间分布及其数量和质量构成状况方面的决定性因素;文化生产力是对全球化进程与演化的书写与表达方式,是全球史演化的一个结果,全球化是衡量文化生产力进化的标志;文化产业是人与社会一切社会文化关系

---

① 前瞻产业研究院网站:《2019年中国文化产业市场现状及发展趋势分析"互联网+"带来四大产业发展机遇》,2019年6月8日,https://bg.qianzhan.com/trends/detail/506/190606-a50ab8c9.html。
② 国家统计局:《2022年全国文化及相关产业增加值占GDP比重为4.46%》,见https://www.stats.gov.cn/sj/zxfb/202312/t20231229_1946065.html。
③ 《2018—2019中国文化创意产业现状及发展趋势分析报告》重磅发布,艾媒网,2019年3月22日,https://www.iimedia.cn/c460/63904.html。

的总和。①

文化产业是中国文化"走出去"的重要载体和方式之一,文化产业的发展是提升文化产业国际竞争力、推动中华文化走向世界、建设文化强国的重要内容。但是总体而言,中国的文化产业还缺乏足够的竞争力。当前,我国电影、电视剧、动画、出版物的年产量均居世界前列,但国际竞争力并不强,文化产业"走出去"的情况不容乐观。如果剔除文化制造业,作为文化产业核心的文化创意产业(电影、电视、出版等)整体上在国际贸易中仍存在明显逆差。文化创意产业强调的是创新创意,其竞争力的提升本质上要靠创新能力的提升,必须走基于创新网络的产业集群化道路,必须依靠市场配置资源。这是我国文化产业在"走出去"过程中必须解决的问题。②

也有学者认为中国应当借鉴西方的经验,通过发展文化产业来传播中国价值观。西方文化价值观的输出凭借的是文化产业的传送带,寓文化价值观于文化产品之中,在全球化市场网络中,推送其文化价值观。这一战略巧妙地将西方价值观隐含在文化商品之中。与那种赤裸裸的宣传比较起来,这种文化传播战略更具有欺骗性。③

当然,我们也必须看到,我国文化产业发展中依然存在一些突出问题。由于文化产业仍然处于起步阶段,无论是规模总量还是质量效益,无论是对内满足人民需求还是对外扩大文化影响力,都还有很长的路要走。2019 年《国务院关于文化产业发展工作情况的报告》④认为文化产业发展中的问题表现在四个方面。一是高质量文化供给不足,低端供给过剩与中高端供给不足并存,文化产品有数量、缺质量,有"高原"缺"高峰",传播当代中国价值观念、体现中

---

① 胡惠林:《论文化产业的本质——重建文化产业的认知维度》,载《山东大学学报(哲学社会科学版)》,2017 年第 3 期。
② 朱春阳:《文化产业走出去关键在创新创意》,载《理论导报》,2017 年第 5 期。
③ 张涛甫:《再谈核心价值观的构建与传播——兼论对西方文化产业的借鉴》,载《东岳论丛》,2012 年第 11 期。
④ 《国务院关于文化产业发展工作情况的报告》,载《中华人民共和国全国人民代表大会常务委员会公报》,2019 年第 4 期。

华文化精神、反映中国人审美追求的精品力作还比较少。二是产业发展不平衡。与美国、韩国等文化产业发达国家相比,我国文化产业对国民经济的贡献及影响存在差距。区域发展不平衡问题仍然突出。三是文化企业实力偏弱。我国文化企业数量增长较快,但绝大多数是从业人员50人以下或营业收入500万元以下的小微企业,甚至是个人工作室、个体工商户,"小"和"散"的局面还没有彻底改变。四是创新驱动能力不足。在内容、技术、业态等方面的自主创新能力不足的问题较为突出,原创能力还不强,内涵深刻、富有创意、形式新颖、技术先进的知名文化品牌较少。五是国际市场竞争力不强。相比于发达国家,我国出口文化产品和服务技术含量较低、创意能力不强,能充分体现中华优秀传统文化精髓、适应国外受众习惯的偏少,国际传播力、影响力还不够大,对外文化贸易在整体对外贸易中的比重偏低。2021年,文化和旅游部印发的《"十四五"文化产业发展规划》①中也提出,我国文化产业自身发展的质量效益还不够高,产业结构还需优化,城乡区域不平衡问题仍然突出,文化产业和旅游产业融合不够深入,文化企业整体实力偏弱,创新创意能力和国际竞争力还不强,文化经济政策有待完善落实。为此,规划提出,要以推动文化产业高质量发展为主题,以深化供给侧结构性改革为主线,以文化创意、科技创新、产业融合催生新发展动能,提升产业链现代化水平和创新链效能,不断健全现代文化产业体系和市场体系,促进满足人民文化需求和增强人民精神力量相统一,为社会主义文化强国建设奠定坚实基础。

三、文化"走出去"战略的实施

中国文化"走出去"指中国在国家层面实施的"以文化外交、文化贸易及文化交流为主要形式走出国门,向世界其他国家传播中国文化符号和价值观念,建立他国民众对中国的文化认知及价值认同,增强中华文化的国际影响力和

---

① 中华人民共和国文化和旅游部网站:《文化和旅游部关于印发〈"十四五"文化产业发展规划〉的通知》,2021年5月6日,https://zwgk.mct.gov.cn/zfxxgkml/cyfz/202106/t20210607_925033.html。

中国的国际话语权,进一步提升中国的文化软实力"①的一系列举措。中国文化"走出去"的主要内容包括"哲学社会科学、文化艺术、汉语教育、文化产业对外贸易、广播影视、新闻出版等"。②

中国经济和文化"走出去"战略形成于20世纪90年代初。随着改革开放步伐的加快,中国在经济领域开始提倡"走出去",这是对改革开放初期"引进来"政策的进一步发展。经济领域首次明确提出"走出去"战略是在2000年。在《中共中央关于制定国民经济和社会发展第十个五年计划的建议》中,中央提出"实施'走出去'战略,努力在利用国内外两种资源、两个市场方面有新的突破"。③ 经济领域的"走出去"战略的提出和实施给文化"走出去"创造了契机。2002年文化部领导在一次会议上提出,要"进一步扩大对外文化交流,实施'走出去'战略"。④ 到2005年,中共十六届五中全会通过了《中共中央关于制定国民经济和社会发展第十一个五年规划的建议》,指出"要积极开拓国际文化市场,推进中华文化走向世界"⑤2006年,《文化建设"十一五"规划》发布,规划提出,要全方位开展对外文化交流与合作,继续实施文化"走出去"战略,实施中华文化传播工程,充分利用、有效整合国内文化资源,创新文化对外传播形式和手段,吸收借鉴世界各国优秀文化成果,提升我国文化产品的影响力和竞争力,积极推动中华文化走向世界。至此,中华文化"走出去"战略正式成为中国长期实施的一项国家级的文化战略。

中国文化"走出去"战略的实施取得了显著的成绩。统计资料显示,截至2017年,我国文化产品进出口总额约971亿美元,比2006年增加869亿美元,占全国货物进出口总额的2.4%;文化产品贸易顺差为793亿美元,对共

---

① 任成金:《中国文化走出去的历史借鉴与现实选择》,载《中州学刊》,2015年第2期。
② 张西平、管永前:《中国文化"走出去"研究总论》,北京大学出版社2016年版。
③ 《中共中央关于制定国民经济和社会发展第十个五年计划的建议》,2000年10月11日,http://www.gov.cn/gongbao/content/2000/content_60538.htm。
④ 孙家正:《关于战略机遇期的文化建设问题》,载《文艺研究》,2003年第1期。
⑤ 《中共中央关于制定国民经济和社会发展第十一个五年规划的建议》,载《求是》,2005年第20期。

建"一带一路"国家的文化产品进出口总额达 176.2 亿美元。以中国国际广播电台为例,截至 2017 年,它在全球拥有 101 家海外播出电台,每天播出近 3 000 个小时节目,覆盖 50 多个国家的首都和主要城市的约 5 亿人口,在海外建有地区总站、驻外记者站、节目制作室、广播孔子课堂等近 100 个机构。①作为中国文化"走出去"的旗舰项目,2017 年"欢乐春节"在全球 140 多个国家和地区的 500 多个城市举办了 2 000 余场活动,成为传播中国文化的重要平台。截至 2017 年底,海外中国文化中心已达到 35 个。② 全球范围的"中国热""汉语热"以及"一带一路"建设,不断推动中国文化走向世界,促进了华文教育的发展。近年来,国外学汉语、说汉语成为新的时尚,许多政要或企业精英更加重视提升自己的中国文化修养。中国经典著作《论语》《孙子兵法》《道德经》等在国外广受欢迎。海外举办的中国文物展览产生较大影响,"世界第八大奇迹"兵马俑在许多国家以不同形式展出,参观人数众多。我国许多影视、文艺作品也在国际上受到好评,电影《战狼 2》《流浪地球》等在海外产生了很大影响,一些国内作家的作品也在国际上获奖。③

　　成绩的取得颇为不易,但是中国文化"走出去"中存在的不足也值得我们关注。研究者认为,目前,中华文化在世界文化市场上占据的份额较低,中华文化对外交流的内容和形式较单一,中华文化的世界认可度总体偏低。④ 中国文化对外贸易逆差虽然逐步缩小,但是输出的文化产品多是依托廉价劳动力获得的"硬件产品",内容和创意类的"软件产品"比例很小。⑤ 因此,我们需要在中华文化全球传播的道路上做出新的探索。

---

　　① 新华社:《图表:改革开放以来我国文化走出去成绩斐然》,2018 年 9 月 29 日,http://www.gov.cn/xinwen/2018-09/29/content_5326883.htm。

　　② 马逸珂:《海外中国文化中心:布局全球,传播中华文化》,载《中国文化报》,2018-01-31。

　　③ 《文化走出去:创造润物无声的境界》,2018 年 3 月 15 日,http://news.gmw.cn/2018-03/15/content_27986185.htm。

　　④ 冯颜利:《中华文化如何"走出去"——文化影响力建设的问题、原因与建议》,载《人民论坛·学术前沿》,2013 年第 8 期。

　　⑤ 朱春阳:《中国文化"走出去"为何困难重重?——以文化产业国际贸易政策为视角的考察》,载《中国文化产业评论》,2012 年第 2 期。

第四节　中华文化全球传播面临的困境

正如孟建、于嵩昕所言,"传播的过程是意义生成的过程,也是冲突与共识产生的过程。在文明的传播和交流中,冲突和共识是相辅相成的,但却并非始终平衡的"。① 如果说当下中华文化在全球的影响力可以用"有限"一词来描述,那么造成这一情形的原因就值得思考。在分析影响因素之前,我们认为再次总结一下当前中华文化面临的总体困境是必要的。从跨文化传播的视角来看,中华文化全球传播的困境主要表现在三个方面:一是"软实力"理论造就的国家间文化竞争的兴盛和文化保护主义的抬头,二是中华文化对外传播仍然有阻力,三是随着中国经济实力的增长,新一轮的"中国威胁论"不利于中华文化的全球传播。

一、"软实力"的较量

1990年,美国学者约瑟夫·奈(Joseph Nye)在其著作《注定领导世界:美国权力性质的变迁》(*Bound to Lead: The Changing Nature of American Power*)中首次提出"软实力"(Soft Power,也译为软权力)概念。书中对"软实力"的定义是"通过吸引而非强制来得到你所想要的能力(the ability to get what you want through attraction rather than through coercion)",此后,这一概念被广泛引用。2004年,奈对"软实力"概念作了进一步发展,在《软实力:世界政治的成功方式》(*Soft Power: The Means to Success in World Politics*)一书中,奈认为实力是影响他者行为来获得其所想要成果的能力,软实力是和硬实力相比的力量,硬实力主要指军事和经济的力量来使人改变立场,但是软实力通过说服和吸引力来影响其他国家。在其他后续研究中,"软实力"被进

---

① 孟建、于嵩昕:《传播的逻辑:寻求多元共识的亚洲文明对话》,载《现代传播(中国传媒大学学报)》,2016年第7期。

一步描述为"一种通过让他人作他人自己想做的事情而获得预期结果的能力","这是一种通过吸引而非强迫获得预期目标的能力。它可以通过说服他人遵从或使他们同意那些能够产生预期行为的准则或制度来发挥作用。软权力可依赖某人的观念或文化的吸引力,也可依赖通过塑造他者偏好的标准或制度议程设置的能力。它在相当大的程度上取决于行为体试图传递的免费信息有多少说服力"。① 在奈的研究中,"软实力"主要包括国家政策、政治观念和文化三个部分,文化虽然是"软实力"的重要成分,但是并非全部。

约瑟夫·奈的"软实力"理论以其清晰、简明、有力的风格受到了广泛的传播和采纳。"软实力"概念本身并不复杂,它的优势是将存在于很多文化中避免过度依赖武力的传统思想在今天的国际关系背景中准确地表达了出来。中国古代思想中就一直存在对"文武之道"的辩论,孙子兵法中的"上兵伐谋"也体现了某种质朴的"软实力"思想。不过,奈的"软实力"概念之所以风靡于世并为很多国家接受,主要是因为它对冷战后世界形势的准确判断。"软权力"作为学术概念引入中国后,受到很多学者包括官员的欢迎,它也很好地契合了中国改革开放数十年来的内外政策需求。2007年,中国领导人胡锦涛在党的十七大报告中明确提出要通过加强文化建设来增强中国的软实力。此后,"中华文化软实力"一词在中国的官方政策文件中多次出现,已经成为中国党和政府的一个战略思想和实践指南。"增强中华文化的全球影响力"实际上也可以理解为增强"中华文化软实力"的一部分甚至主要部分。

"软实力"理论作为国际关系理论的重要组成部分无疑具有极大的解释力,并且在美国、中国等主要国家产生了实际的影响。各国尤其是经济发展基础较好的国家纷纷将加强"软实力"建设提上议事日程,各种国内、国际的基于各项指标的"软实力"调查和排行榜层出不穷。看起来,"文化"几乎成为和GDP看齐的显示一个国家实力和发展水平的标志。这无疑对世界各国重视

---

① [美]基欧汉、奈:《权力与相互依赖(第3版)》,门洪华译,北京大学出版社2002年版,第263页。

发展自己的文化事业有着极大的促进作用,对于人们增强对文化价值的看法有重要影响。但是,我们也应看到,对"软实力"的定位和判断也有不同声音,特别是对中国"软实力"的负面评价。

比如有国外学者对中国的"软实力"建设进行了研究,认为中国对于"软实力"的理解和西方国家显著不同。有学者认为,中国把软实力视作"可凭借经济实力进行的'商品'输出,重在强调加强'中国声音'的输出"①,把文化传播和公共外交理解为"达成某项战略目的或具体功能效果的手段,较少把其看作互动的手段;另外,中国更关心的是传递中国的声音而不是相互倾听"②。虽然这些判断明显误读了中国的立场和做法,但是也需要我们在软实力的建构中予以关注和回应。

如果对约瑟夫·奈提出"软实力"概念的背景稍作分析,我们就能看出其后面掩藏的一些基本预设。作为国际关系理论的一种,"软实力"关注的视角是主权国家间的实力对比和互动关系,这种关系也可以简单地理解为国家竞争。国家竞争的核心是国家利益,在后冷战时代,国家利益不太可能是一己私利,更多的表现为合作共赢。但是国家利益的基本原则是不要牺牲自己的利益,而要尽可能地通过各种手段来增加自己的利益。"实力"就是国家间竞争的主要手段,在"硬实力"无法发挥有效作用的前提下,"软实力"自然登场。通过"软实力"来让对手在自愿的情况下同意自己的主张、实现自己的目标,似乎更符合人道精神和世界潮流。但是,无论国家的目标是否对大家都有利,背后的逻辑始终是"让别人听我的话,满足我的愿望",哪怕这个愿望也是对方的愿望。虽然约瑟夫·奈以美国作为核心案例,假定美国的利益是全球的利益,认为通过外交政策、文化以及政治价值观念的影响力可以建立一个预设的全球秩序,而且他预设了美国不会以不真诚和不正当的手段来扩展和实施自己的

---

① R. Creemers. Never the twain shall meet? Rethinking China's public diplomacy policy. Chinese journal of communication,2015,8(3):306-322.

② F. Hartig. Confucius institutes and the rise of China. Journal of Chinese political science,2012,17(1):53-76.

"软实力",但是,所有的预设都没有坚实的基础。作为"软实力"的"文化"地位看起来提升了,但是以"文化安全"面貌出现的文化保护主义在全球主要国家也受到高度重视。

当然,从历史和现实来看,"文化"及其传播都不是看起来那么"软"。文化传播并不一定总是意味着美好的东西。今天我们谈论文化的时候,首先会将其视为一种优雅而高尚、理性而富于情感的人类精华。它是一种美好的事物,借助它,人自身得以发展和生存,世界呈现出秩序和规范,一切似乎井井有条。文化是人类智慧的结晶,无论物质文明还是精神文明,都让人类在这个地球上得到很大的福祉。文化的传播就是人类的传播,地理空间的交往和智慧的跨代传承让文明不断发展和演化,如今一种多样的全球文明正在出现。这是一个美好的世界。但是,这种认知是和平年代没有遭受多少重大挫折的人们的一种普遍认识。事实,或者说历史远非如此。人类种群之内的文化和文明从来就不是想象中的充满爱心、相互支持和鼓励,为了生存和幸福共同奋斗;人类种群之间的绝大多数遭遇都是以战争开始、以仇恨结束。多样的文化是好的,但是每一种文化之间通常很难理解和宽容,即使精英们发现相互合作可能更符合人类自身长远的利益,但是理性不是人类的本性和特质。看看耶路撒冷的历史,重温亨廷顿的"文明冲突论",看看今天的媒介报道,我们发现,人类并没有随着技术、知识的发展而变得更加理性和宽容。隐藏在人类内心深处的"自私"闪现在文化的各个角落。这与道德无关。传播,并非达成一致求得共识的手段,它是试探、欺骗、压制的手段。正如传播学就诞生于20世纪两次世界大战期间,它开始时不是和平的学问,而是战争的学问。媒介塑造想象之物,传播的并不仅是知识,也传承仇恨与无知。有时候媒介并不创造共同,而是传播差异,引发竞争,形成嫉妒,最终的结果是替代、劫掠和灭绝。现代性并没有根本上改变人类之间的暴力和血腥,只不过在多数场合蒙上了文明的面纱。

站在中华文化的立场上,中国对中华文化"走出去"的预设是:文化应该交流互鉴,我们不能仅仅去吸收或者被动地被灌输外来文化,更要主动地传播自己的文化。

正如有学者指出的,"要从根本上彻底解决地球与人类所面临的冲突与危机,没有一种牺牲单个国家的利益的价值抉择,是难以实现的",同时,"要在现存全球政治结构中直接一步实现牺牲个别国家利益的价值转换也是不现实的"。"正是国家中心的国际体系造成了全球问题的形成,并使之越演越烈成为威胁地球存在与人类生存的灾难与危机。"①中华文化的全球传播必须正视这一困境。

二、"外宣"观念的困扰

"宣传"(propaganda)概念是个现代概念。根据现有研究,西方话语中的"宣传"具有宗教根源,大约出现在17世纪的天主教事务中,作为一个机构名称是天主教应对宗教改革的产物。② 但是直到1914年"一战"前,它都不是一个流行词语。和现代传播媒介的兴起相关,"一战"中应用了大规模的现代传播技术来协助战争的展开,这种战时传播活动被称为"宣传"。正是在"一战"中,"宣传"一词在西方被赋予了一种强烈的否定意义,它是"不诚实、操纵性的和洗脑子"③的传播活动。美国学者拉斯韦尔曾对"一战"的宣传展开过深入研究,在《世界大战中的宣传技巧》一书中,他把宣传描述为"思想对思想的战争"。④ 后来,拉斯韦尔将定义调整为"以操纵表述来影响人们行动的技巧"⑤。20世纪30年代,希特勒授命戈培尔在德国组建"人民教育与宣传部",对德国民众进行精神控制。从此,"宣传"的否定意味更浓。"二战"期间,各国均开展了积极的战时宣传,包括英美等国,虽然战时宣传有其必要性,但是人们并没有改变对"宣传"概念的负面评价。

---

① [日]星野昭吉、刘小林:《世界政治纵论》,中国社科文献出版社2008年版,第64-65页。
② 刘海龙:《西方宣传概念的变迁:起源与早期的争论》,载《国际新闻界》,2007年第4期。
③ [美]罗杰斯:《传播学史:一种传记式的方法》,殷晓蓉译,上海译文出版社2002年版,第219页。
④ [美]拉斯韦尔:《世界大战中的宣传技巧》,张洁、田青译,中国人民大学出版社2003年版,第23页。
⑤ [美]赛佛林、坦卡德:《传播理论:起源、方法与应用》,郭镇之等译,华夏出版社1999年版,第107页。

"宣传"一词在中国的语境中几乎没有负面的意涵。在近代经由日文引进"propaganda"概念的过程中,"宣传"概念被赋予了中性或正面的意义。① 中国共产党成立以来,长期受到苏联社会主义革命的影响,在列宁所发展的宣传理论的基础上建立起了自己的宣传思想体制。列宁被认为是一个出色的政治宣传家,他重视报刊在社会主义革命的动员方面的重要作用,通过创办一系列的报刊来宣传马克思主义思想,努力将无产阶级的意识形态"灌输"到工人阶级的头脑中去。为此,列宁发展了一套较为成熟的理论来支持宣传思想工作,并在党的系统中建立了有效的机构体系。承袭了苏联革命传统的中国共产党在长期的革命斗争中坚持和发展了宣传思想工作的理论和实践,建立了一套更加完善的宣传思想工作系统。这一宣传体系直到今天依然在中国的对内和对外传播中发挥重要的作用。②

　　有学者认为中文的"宣传"和英文的"propaganda"并非同一概念,这显然是意识到了中外对"宣传"观念理解的巨大差别。正是因为"宣传"概念所具有的强烈意识形态色彩,无论中外都在试图用新的词语来指代包含在"宣传"概念中的一些有效成分。最为明显的一个例子就是用"传播"一词来替换"宣传"。发源于美国的传播学在早期实际上就是"宣传"研究,施拉姆所确立的传播学奠基人都是"二战"前后研究战时传播的专家。公共关系领域的创始人伯内斯也是宣传研究的专家,某种程度上"公共关系"也是"宣传"的替代词语之一。③ 长期起来,中国把对外的传播活动称为"对外宣传"(简称"外宣"),近年来,考虑到中外语境中"宣传"的巨大差异,在对外时已经将该表述调整为"对外传播"④或"跨文化传播"⑤。

---

① 刘海龙:《汉语中"宣传"概念的起源与意义变迁》,载《国际新闻界》,2011年第11期。
② 田丽:《中国共产党对外宣传战略研究》,中共中央党校,博士论文,2016年。
③ 刘海龙:《宣传的理由:重读伯内斯的〈宣传〉》,载《国际新闻界》,2014年第4期。
④ 肖滿、王夏妮:《从宣传到传播:我国对外传播观念的变化》,载《新闻世界》,2012年第8期。
⑤ 郭光华:《"内外有别":从对外宣传到跨文化传播》,载《现代传播(中国传媒大学学报)》,2013年第1期。

正如有研究显示的那样,网络时代的中国宣传思想工作正在发生重要转变。① 对"宣传"一词的策略性替换并不表示中国的整个宣传体制和观念的根本性变化。

正如有研究者指出的,中国在进行东方观点的国际化表达过程中,一方面,应当在确定好"对方是谁"的前提下明确"我是谁",在坚守自己的定位与价值标准的同时把握受众的需求与接收规律,注重内容和表达方式,增强信息传播的时效性、针对性、吸引力和感染力;另一方面,在"走出去"的国家战略背景下,应当保持理性,增加文化自信,对不同的声音有辨别力和包容力,重视人际传播、人内传播渠道,最终实现对外传播的开放双赢。②

三、警惕"中国威胁论"

"中国威胁论"可以视作晚清以来西方贬低中国的一系列话语的延续,这尤其值得我们警惕。近代以来,类似"东亚病夫""睡狮""黄祸""红祸"之类的主要是西方人对中国带有贬义色彩的言论始终不绝于耳。不过,与早期贬低中国的那些言论有所区别的是,"中国威胁论"是在改革开放以后,中国经济实力日渐强大的背景下产生的。1990 年 5 月,日本学者村井友秀在《论中国这个潜在的威胁》一文中指出,中国拥有巨大潜力,未来有条件成为世界上最有影响的大国,中国不断增强自己的经济和军事实力,已经或将要对日本构成"潜在的威胁"。这一论断被认为是当今"中国威胁论"的滥觞。不过,这一论断在当时并没有引起多大反响,即使在日本国内也很少有人持有中国"威胁"的想法。使得"中国威胁论"进入国际学术界和舆论场的是世纪之交的美国知识界。1992 年,美国学者罗斯·芒罗在《政策研究》杂志发表《正在觉醒的巨龙:亚洲真正的威胁来自中国》一文,声称由于中国的军事力量正在扩大,并且

---

① 龙强、李艳红:《从宣传到霸权:社交媒体时代"新党媒"的传播模式》,载《国际新闻界》,2017年第 2 期。
② 梁爽:《对外传播应坚守开放、人本、自信的原则——与英国威斯敏斯特大学戴雨果教授对谈录》,载《对外传播》,2019 年第 2 期。

还是少数共产主义国家之一,无论在经济还是军事方面,中国对美国的利益构成越来越大的威胁。该文的发表很快在国际学界引发强烈反响。学界的争论迅速引起了新闻界的关注,一系列涉及"中国威胁"的报道引起了广泛关注。到20世纪90年代后期,"中国威胁论"已经成为周边国家和美国政界考虑中国的一个批评框架。

面对"中国威胁论",中国的知识分子和大众显然产生了自然的情绪反应。从学者角度而言,"很多研究者受到东方主义思维方式的影响,不能走出西方话语霸权的分析框架和本质主义的窠臼,使他们的研究或多或少充满了民族主义的义愤,部分研究甚至直接沦为民族主义情绪的简单宣泄"。[①] 这对于中国形象的建构并无益处,对于中华文化的全球传播也有不利的影响。

值得注意的是,"中国威胁论"并非一个统一的、普遍的话语。虽然"中国威胁论"发端自日本,盛行于美国,但是无论日本还是美国都并非一致地认为有"中国威胁"。对待"中国威胁论"正确的态度是回到自我的想象,学会倾听他者声音,重建中国形象。

"中国威胁论"显然是一种对中国崛起的误读与偏见。这种论调不仅无助于全球的和平与稳定,更有损国际合作的基础。作为一个负责任的发展中大国,中国始终坚持走和平发展道路,倡导合作共赢,并通过一系列实际行动不断强化自身的国际形象。中国的崛起并非威胁,而是为世界和平与发展提供新机遇。中国应继续坚持改革开放,不断完善治理体系,加强法治建设,提升国家软实力。通过构建人类命运共同体的理念,致力于推动全球和平与繁荣,共同应对全球性挑战,彰显负责任大国的风范。在应对"中国威胁论"时,中国应加强国际传播能力建设,增进与世界各国的相互理解和信任。通过国际媒体、学术交流和公共外交,向世界讲述真实、立体、全面的中国故事,展示和平发展、追求合作共赢的形象。

---

① 董军:《国家形象是如何可能的?》,复旦大学,博士论文,2013年,第28页。

四、国家利益竞争

国际关系学作为一个独立的研究领域是在"一战"后开始的(第一个国际政治讲席于1919年在英国威尔士大学设立,这通常被看作国际关系学科诞生的标志)。随着世界格局的变动,国际关系领域的研究受到极大重视。美英等西方国家在这个学术领域占据了主导地位。国际关系学研究还有一些其他名称,比如"国际政治""世界政治""国际研究"等,尽管仔细分析起来其研究路径稍有不同,但是共同之处大于不同之处。总体上,国家关系学是一门研究国际行为体之间相互关系及演化规律的学科。① 即使在全球化的今天,主权国家依然是国际行为体中最主要的角色,因此大多数学者将国家之间的关系尤其是政治关系作为基本研究对象。国际关系学研究的主要内容包括:国际体系和国际社会,政治权力和国家利益,外交和外交政策,国际组织和国际制度,国际政治与经济,国际冲突与合作,战争与和平,战略和地缘政治,军事控制和国家安全,国际史和外交史,种族和民族主义,宗教和文明比较,国际法和国际理论,全球化和地区发展,人权和国际干预,人口和环境等。

和国家内部治理的有序不同,国家间的关系处于一种无政府的状态。领土主权国家组成了当今的国际体系,其中不存在一个至高无上的合法权威。"二战"后建立的联合国只是一个政府间国际组织,并非一个拥有实体权威的世界政府。正是这种无政府状态构成了国际关系研究领域长盛不衰的研究主题。

领土主权国家构成的国际体系并非历史上从来就有。有民族国家作为主权实体的国际体系也被称作"威斯特伐利亚体系",它是以1648年欧洲三十年战争结束为标志,在欧洲首先形成的近代国际格局。马基雅维利、格劳秀斯、霍布斯、卢梭、休谟、伯克、康德、黑格尔、马克思等思想家都曾对国家和国际格

---

① 朱瀛泉:《西方国际关系理论:一种学科史视角的鸟瞰(上)》,载《历史教学问题》,2004年第1期。

局做出过研究和思考，形成了丰富的国际政治思想传统。英国学者马丁·怀特[①]将西方国际思想归纳为三个主要传统，包括以马基雅维利为代表的现实主义传统、以格劳秀斯为代表的理性主义传统和以康德为代表的革命主义传统。马基雅维利传统认为冲突和战争是国际关系的现实，主权国家追求的只是自己的利益，国际政治没有道德可言。格劳秀斯传统不否认冲突的存在，但是国际合作也是现实，在国际社会的无政府状态中可以通过外交、国际法、均势和大国协调这些机制建立一个相对稳定的格局，主权国家遵守约定的国际社会的道德与规则对于维护自身利益有好处。康德传统把国际关系看作组成国家的人的关系，相信人类社会最终将会改变现有国家体系，按照历史的发展规律，人类间平等的愿望是可以实现的。不同传统代表了各自不同的前提建设和现实关怀，但是相应于复杂的国际关系，很多学者的研究并非可以简单地归入某一个传统。

虽然国际关系理论总是试图回应不同时代的现实关切，但是都不能回避对世界政治与国际关系本质的理解。在西方国际关系研究史上有过三次重要的理论论战（所谓国际传播学"范式间辩论"的学科史叙事）：第一次是20世纪30年代末至40年代的现实主义和理想主义的争论，第二次是20世纪60年代科学行为主义和传统主义的争论，第三次是20世纪70年代后期直至八九十年代新现实主义、新自由主义和包括新马克思主义在内的理论流派的争论。通过这些理论交锋，国际关系研究在西方已经形成了以若干主流学派为代表的理论传统。这些主流学派包括现实主义学派、自由主义学派，以及国际社会学派（"英国学派"）和国际政治经济学派。

诞生于第一次世界大战后的国际关系研究带有强烈的和平主义愿望，学者们思考的问题是如何才能避免灾难深重的战争。学科的创建者往往都有促进世界和平的愿望，这种带有理想主义色彩的学术思潮基于西方自由主义的长期传统。当时美国总统威尔逊相信，只有将基于自由主义的现代民主推广

---

① M. Wight. International theory: the three traditions. New York: Holmes & Meier, 1992.

到全世界才是消除战争的根本途径。通过人类理性的努力,可以建立国际组织来解决国际无政府状态。"一战"后建立的国际联盟就是力图实现这一理想的努力之一。但是理想主义路径遭遇到的是现实的无情。20世纪30年代的经济大萧条使得各国以维护自己的国家利益为上,市场经济并没有带来国际合作和和平,相反,世界被推向又一个战争和极权主义的深渊,第二次世界大战终于爆发。国际体系的理想主义似乎被证明是一个"乌托邦"。英国学者卡尔指出,一系列国际危机表明,建立在利益和谐概念基础上的乌托邦主义结构已经崩溃,理解国际关系的正确出发点应当是国家间存在着根本的利益冲突和权力斗争。①

"二战"后,现实主义主导了国家关系研究领域。美国学者摩根索出版于1948年的《国家间政治:寻求权力和和平的斗争》全面阐述了现实主义传统歌德基本理念。② 以摩根索为代表的思想后来被称作经典现实主义,这一流派的主要观点是:基于人类本性的客观法则制约国际政治,国际政治就是民主领土主权国家在无政府状态下为谋取权力和生存的长期斗争。民族国家的首要任务是保护和促进国家利益,国家利益对主权国家而言是至高无上的目标,国际利益的获得不能依靠别人,最终需要依靠自身力量。对国家而言,保持强大的军事实力至关重要,经济实力只是用来获取国家权力和威信的重要手段。一个国家的意识形态取向没有好坏之分,关键是对国家利益的维护是否有利。任何道德规范与国家利益发生冲突时国家利益优先。在维护国家利益的过程中,利用外交手段取得均势是维护和平和国家利益的重要手段。经典现实主义并没有将国际秩序改革的可能性排除在外,但是他们拒绝理想主义者的思路,认为国际秩序的变革只有经过权力斗争或战争才能获得。可以认为,现实主义思想不仅在学界也在政界主导了"二战"后的国际政治格局,冷战与其说

---

① E. H. Carr. The twenty years' crisis, 1919 – 1939: an introduction to the study of international relations, London: Harper Perennial, 1962, p.62.

② H. J. Morgenthan. Politics among nations: the struggle for power and peace. sixth edition, revised. New York: Alfred A. Knopf Inc, 1985.

是国际关系现实主义思想的客观证据,不如说是该思想的自我实现。

在冷战均势下,国际贸易持续发展。第三世界的崛起改变了国际关系现状。到 20 世纪 80 年代末 90 年代初,苏联解体,东欧剧变,柏林墙倒塌,冷战宣告结束。这一系列因素促使国家关系理论也发生了重要变化。理想主义和现实主义传统都进行了理论革新,国际关系理论的新自由主义和新现实主义开始成为主流。新自由主义抛弃了理想主义早期的乌托邦色彩,强调跨国交流、共同价值观和国际和平合作;[1]强调国际的相互依存,淡化军事和武力在国际关系中的重要性;[2]强调国际制度、协调机制的作用[3],强调民主与和平的关联[4]。新自由主义反对现实主义传统过分强调主权国家作为主要或唯一的行为体,简单地把外交政策分为所谓高级政治(安全、战争)和低级政治(经济、文化),尤其是把武力看作决定国际关系的最高准则。新自由主义认为虽然武力、国家利益依然持续影响国际关系,但是也不能漠视其他为争取建立永久和平的国际关系的努力。自由主义学派始终坚持国际合作的可能性,国际行为体的相互依存和制约保证了合作的可能性。新现实主义在预设国家政治主导逻辑依然是竞争和冲突的基础上,摒弃了摩根索认为追求权力和安全是人的本性的观点,认为导致国际冲突与竞争的根源是国际体系的结构。不同的意识形态在相同的国际体系结构的影响下都倾向于争权夺利。新现实主义将国际体系的结构放在分析的中心,认为无政府条件下的国际行为体功能基本是相似的,只是能力大小有区别。[5] 由此可以看出,新自由主义和新现实主义在某些观点上趋于一致,比如都倾向于假定国家是国际无政府状态下追求自我

---

[1] K. W. Deutsch. Political community and the North American area. Princeton University Press, 1957.

[2] R. O. Keohane, J. S. Nye. Power and interdependence. Boston: Little, Brown and Company, 1977.

[3] R. O. Keohane. After hegemony: cooperation and discord in the world political economy. Princeton: Princeton University Press, 1984.

[4] M. Doyle. Liberal legacies, and foreign affairs, Part 1 and Part 2. Philosophy and public affairs, 1983(12): 205 - 235, 323 - 353.

[5] K. N. Waltz. Theory of international politics. McGraw-Hill, 1979.

利益最大化的主要行为主体。二者的主要分别在于无政府状态对国际合作的限制程度和性质,国际行为体的优先目标是安全还是发展等。①

不同于美国的现实主义和自由主义两大传统,以英国学者为主体的"英国学派"将国际社会理论作为自己的基础。英国学派坚持用人文学科的综合方法,试图在自由主义和现实主义之间开辟新的天地。在综合自由主义和现实主义两种观点的基础上,英国学派提出了一套相互关联,以"国际社会"概念为核心,包括国际体系、国际社会和世界社会在内的理论。可以看作"中间道路"的英国学派并非简单综合自由主义和现实主义的观点,而是以更大的包容性整合了各种理论资源以超越简单的二元对立。国际社会思想承认国际无政府状态,但是它不是充满血腥冲突和竞争的状态,而是"无政府社会",即没有最高权威但是依然是一个有合作的社会。主权国家作为国际社会的主要成员,在长期的竞争和与合作关系中逐渐形成了制约各方的基本规则和行为准则,最终形成了当今的国际社会。国际社会理论以理性的方式确定了国家间存在着共享的规范、利益和制度,理性主义因素在国际社会中要比现实主义因素大,主权国家一般情况下都会遵循一定的规范来相互交往。20世纪末期以来的国际冲突格局并非表明现实主义的复苏,而是非西方社会对改变不合理的国家规则的合理斗争。英国学派坚持的"世界社会"理念将个人、跨国公司、非政府组织等也视作国际关系主体。

国际政治经济学派自20世纪70年代以后开始崛起。该学派以新马克思主义作为自己的理论来源,试图将经济问题和政治问题重新加以整合考虑。这当然和国际形势中经济发展因素越来越重要有关。国际政治经济学不是对政治经济学的简单回归,而是为了回应全球化时代政治经济发展的新问题而产生的综合性理路。它将国家关系研究从权力与政治、战争与和平、安全与利益拓展到了经济与发展。国际政治经济学的三个主要学术脉络分别沿着亚

---

① D. A. Baldwin. Neorealism and neoliberalism: the contemporary debate. Columbia University Press,1993.

当·斯密、李斯特和马克思的思想展开。沿着亚当·斯密思想发展的是自由主义传统,认为经济是独立的领域,通过市场贸易个人和国家获得财富,国家不应当过多干预市场,在国际范围内同样应该建立起自由市场的规则,国际规范只能用来保障自由贸易的进行而不是限制,自由贸易使得国家间的依赖性增加,可以减少严重的政治、军事冲突。沿着李斯特思想展开的是现实主义传统,认为经济是政治权力的重要基础,经济发展必须服务于国家强大的目标,国际领域的经济交往同样是国家实力的竞技场,是为了巩固和维护国际利益而开展的斗争之一,国际经济交往是一场零和游戏,不同国家必须为自己国家的最大利益而采取各种贸易保护措施,国际经济格局是国际权力斗争的结果,自由贸易不过是占据国际权力主导位置的国家制定的经济格局之一。沿着马克思思想展开的是新马克思主义流派,将经济视作政治的决定性因素,资本主义经济发展和扩张造成了不平等,国际经济体系依然如此,严重的两极分化将为经济秩序发生革命性变化提供可能。新马克思主义流派在西方国际政治经济理论中并不占有主导地位,但是其提出的"依附论"和"世界体系论"产生了较大影响。

国际传播学除了上述四个学派之外,最近一二十年来包括批判理论、后现代理论、女性主义理论等对主流的学派进行了系统反思。他们质疑主流学派的预设,即将主权国家视作理性主体,以追求自身利益最大化为目标,国际关系格局正是由这一冲突和合作所形成的。实际上,恰恰是理论本身帮助建构了现有的世界格局。不过这些反思性理论并未成为主流,因为它们自身的系统尚不能经受经验的检验。此时,社会建构主义试图实现"新—新综合",即承认理性主义的实证方法,同时吸纳批判理论的社会建构观念。20世纪末,建构主义成为主流理论的一个重要分支[①],与现实主义、自由主义形成三足鼎立的局面。社会建构主义理论的核心是研究国际政治被社会建构的过程,重点

---

① P. J. Katzenstein, R. O. Keohane, S. D. Krasner. International organization and the study of world politics. International organization, 1998, 52(4): 645-685.

是对国际体系结构和国家行为体进行过程性分析,目的在于说明共享的社会观念建构了国际体系的结构。国际政治体系并非如物质一样的客观存在,它是人类活动建构的具有社会意义的主体间性领域(intersubjective),国家行为体在社会性互动中形成了共享的社会观念,对国际规范、国际规则和国际制度有较为一致的理解。总而言之,国际体系是观念分配的结果,虽然它离不开物质条件构成基础,但是从宏观上看,它就是一种观念结构。此外,国际体系总是变动不居的,如果在互动中形成了新的共享观念,国际体系就有可能被重构。照此看来,所谓的主权国家间的无政府状态也是社会建构的产物,并非不可改变的自然状态。国家身份本身就是共享观念给出的,理性主义所强调的因果决定关系实际上是颠倒的关系。无政府状态实际上正是国家互动的结果而不是国家互动的前提。三种不同的无政府状态,即霍布斯意义上的敌对关系、洛克意义上的竞争关系以及康德意义上的友谊关系,随着实践的变化可以相互转化。社会建构主义理论实现了强调人的能动性、社会性和实践性的转向。

当然,国际关系理论只是学者们对现实的国家关系的理解、总结和系统化,它和国家关系的实践是有距离的。尽管政治家在决策时受到理论的影响,但是影响总是有限的。①"在一个普遍充斥着组织崩溃、制度丧失正当性、主要的社会运动消失无踪,以及文化表现朝生暮死的历史时期里,认同变成是主要的,有时甚至是唯一的意义来源。"②

五、意识形态差异

美国副总统彭斯(Michael Pence)2018 年 10 月 4 日在美国华盛顿智库哈

---

① P. C. Avey, M. C. Desch. What do policymakers want from us? Results of a survey of current and former senior national security decision makers. International studies quarterly, 2014, 58 (2): 227-246.

② [美]卡斯特:《网络社会的崛起》,夏铸九、王志弘等译,社会科学文献出版社 2011 年版,第 3 页。

德逊研究所发表演说,主题是美国政府的中国政策。在演说中,彭斯"抨击中国试图破坏美国的民主制度",同时对中美贸易争端,中国的南海政策、台湾政策以及所谓中国"在美国和海外施加影响力"等都有评论。彭斯回顾中美交往的历史,坦言了美国"二战"以来对中国的主要态度,认为苏联解体之后,中国将不可避免地成为"自由国家",因此,美国在21世纪前夕同意中国加入世贸组织。从彭斯演说中不难看出,美国实际上意图通过和中国开展广泛交往来改变中国的意识形态,但是彭斯承认,美国的希望落空了。①

中国外交部在第二天(2018年10月5日)就发表谈话,指责彭斯"捕风捉影、混淆是非、无中生有",中国对此坚决反对。外交部发言人指出:"中国人民对中国特色社会主义有高度自信。历史和现实已经证明,这是一条符合中国国情、实现国家富强和人民幸福的成功之路。中国人民对此最有发言权。中国坚定不移推进全面深化改革、扩大对外开放。中国的发展主要靠全体中国人民自身的辛勤努力,同时也得益于我们同世界各国的互利合作,但绝非来自别人的施舍和恩赐。任何人都阻挡不了中国人民沿着中国特色社会主义道路坚定不移地走下去,取得更大成就。任何人想歪曲事实都只能是白费心机。"②

据媒体报道,有些学者和评论家将彭斯演讲视作所谓"新冷战"的开始,当然,持反对"新冷战"开始的言论也不乏其人。③ 不过无论如何,彭斯演讲标志着中美之间的意识形态争端正在升级。

究竟什么是"意识形态",学者们对此有相当大的争议。马克思、恩格斯是最早对这一概念进行界定并产生重大影响的思想家。马克思、恩格斯在《德意志意识形态》中以暗箱(照相机)中倒立的影像来比喻意识形态和现实生活(存

---

① 美国之音:《彭斯副总统有关美国政府中国政策讲话全文翻译》,2019年12月14日,https://www.voachinese.com/a/pence-speech-20181004/4600329.html.
② 新华社:《外交部发言人就美领导人无端指责中国表明立场》,2018年10月5日,http://www.xinhuanet.com/world/2018-10/05/c_1123520354.htm.
③ BBC中文:《"干预"美国民主——彭斯对华政策尖锐讲话背后是"冷战"前奏还是转移视线》,2018年10月5日,https://www.bbc.com/zhongwen/simp/world-45755895。

在)的关系:意识形态是人们思想、观念、意识的统称,是"表现在某一民族的政治、法律、道德、宗教、形而上学等的语言中的精神生产"①,表现在"德意志意识形态"中的观点认为改变思想就可以改变现实,这是对意识和现实关系的颠倒。在马克思主义者看来,只有改变现实,即改变人类的经济状况才有可能改变意识形态。并且,意识形态在阶级社会不过是统治阶级意志的表现,它是维护现有统治的一套假的或欺骗性的说辞。② 西方马克思主义者阿尔都塞推进了对"意识形态"的研究,提出了"意识形态国家机器"(Ideological State Apparatuses)的概念③,在他看来,宗教、教育、家庭、法律、政治意识、工会、文化都是国家机器的形态,而马克思主义一般把军队、警察、法庭和监狱视作国家机器。阿尔都塞认为,他所指称的"意识形态国家机器"不是通过暴力手段,而是通过潜移默化的方式来实现自己的目标的。阿尔都塞的理论产生了巨大的影响,尤其是在20世纪下半叶的人文社科领域,英国"文化研究"学派深受他的观点影响,几乎将"文化"概念等同于"意识形态"概念。这些影响也被带入传播研究领域,因为英国文化研究学派被视为传播学批判取向中的经典学派之一。

  限于主题和篇幅,本书无法详细论述"意识形态"概念的起源和发展,也无法详细讨论它和文化之间错综复杂的关系,好在已经有相当丰富的著作和研究资料可供参考。这里,我们将"意识形态"概念限制在其较为狭窄的层面,即和政治体制紧密结合的思想观念,它一般和国家的治理体系联系在一起。在马克思主义者看来,资本主义就是一整套意识形态,它以私有制作为其经济基础,强调市场和竞争的作用,以此来增加个人和社会的财富。早期资本主义面临着自身无法克服的内在矛盾,这一点已经被马克思、恩格斯等发现,它使得贫富差距日益扩大,阶级矛盾愈发尖锐,最终导致了无产阶级革命在世界范围

---

  ① [德]马克思、恩格斯:《德意志意识形态》,人民出版社2003年版,第29—30页。
  ② [英]伊格尔顿:《意识形态》,2019年12月14日,https://www.marxists.org/chinese/reference-books/terry-eagleton/Eagleton-01.htm。
  ③ L. Althusser. Essays on ideology. London: Verso, 1976, p.17.

内的爆发。早期马克思主义者站在被剥削的工人阶级立场上,预言社会主义制度最终会取代资本主义。为了改变自身被剥削的命运,建设一个更为理想的世界,以国际共产主义运动为核心的无产阶级运动在多地持续开展。最终,苏联成为第一个按照社会主义原则建立的现代民族国家,随后,中国、东欧等陆续建立了社会主义政权。历史表明,建立社会主义制度的国家在诞生的过程中并非充满和平,而是充满了血腥和暴力。按照一种通俗的说法,是资本主义并不甘心退出历史舞台,它采取各种手段来剿灭社会主义,而社会主义为了人类的彻底解放,必须以最顽强和坚决的态度与资本主义血战到底。这种由战争导致的敌对状态一直持续到今天,在现有国际体系和国家关系中时隐时现。"资本主义意识形态与马克思主义意识形态以完全不同的眼光来看待世界。每种意识形态都有自己的一套概念工具,它们适用于自身的问题域。对于两种对立的意识形态的支持者来说,它们之间的充分交流是异常困难的。""对于要解释的现象没有一套共享的假设,双方有完全不同的话语体系(术语、概念等)。"①本来,马克思主义意识形态与资本主义意识形态就存在深刻的差异。"冷战"很大程度上就是两种意识形态冲突升级的产物。"冷战"之后,"历史的终结"空前提振了资本主义制度的信心,增强了资本主义意识形态在跨文化交流中的话语优势。在"后冷战"时期,中国面对资本主义体系的严峻挑战,同时面临着社会转型带来的价值失序,使得中国面临着意识形态整合的巨大难题。②

作为当今最大的社会主义国家,中国从 1978 年起实行改革开放,在经济上推行市场经济体制,随后的一系列改革措施,使得中国无论在经济还是文化方面都取得长足发展。如今,中国已经成为世界第二大经济体,人民生活水平极大提高。国民享受的自由、平等、公正等基本人权显然相对过去发生了重大的变化。从某种角度而言,在全球化的今天,中美之间的相似度在增加,但是,

---

① [澳]豪格、[英]阿布拉姆斯:《社会认同过程》,高明华译,中国人民大学出版社 2011 年版,第 103 页。
② 张涛甫:《再谈核心价值观的构建与传播——兼论对西方文化产业的借鉴》,载《东岳论丛》,2012 年第 11 期。

这没有让不同点消失。

在社会主义的中国看来，意识形态对立的核心是霸权和解放的对立。以美国为代表的西方有选择性地截取事实，采用双重标准，以人权为借口来干预中国内政，试图颠覆中国共产党的领导，制造社会混乱以满足自身的国家利益，所谓"普世价值"不过是西方中心主义意图将自己的价值观强加于人的手段，其目的是摧毁思想文化的多样性。就此而言，意识形态之间的不可调和构成了文化或文明冲突的核心。

"文化"和"意识形态"两个概念之间错综复杂的联系实际上使得跨文化交流陷入某种悖论之中。中国共产党始终将马克思主义作为自己的意识形态的核心，并且强调其最新形态"习近平新时代中国特色社会主义思想"在意识形态中的指导地位。文化作为和经济、政治相区别的一种精神力量，具有不可忽视的重要地位，是意识形态工作中的重点之一。从概念的逻辑结构来看，在中国的政治话语中，文化是意识形态的一部分，应该从属于指导思想。而综合许多学者的观点，意识形态可能只是文化当中很小的一部分，它更多体现为政治思想和制度观念。两种理解都有其正当性，但是对于跨文化传播而言就显得无所适从。西方人未必敌视孔子，虽然他们多数不能理解儒家文化的真正内核，但是不妨碍他们接纳其中的有益成分，但是西方人尤其是政治和学术精英对中国的马克思主义意识形态却满怀敌意，简单地认为他们存在偏见有点草率，但是足以证明在意识形态这一点上中西分歧严重，严重到可以产生不信任甚至敌对。但是反过来，如果在文化和意识形态之间做切割，即所谓"去意识形态化"，可能对文化传播带来有利的一面，但是问题并不是消失了，而是被掩盖了。当我们抱怨西方对中国的文化充满敌意和偏见时，实际上可能指的是西方媒体和政治精英对中国意识形态的抵制。从现有研究看，多数学者在中华文化全球传播过程中主张去意识形态化，即把尖锐的对立点隐藏起来，在求同的过程中存异。只有少数学者尖锐地指出："不敢在世界上传播中国理论，我们的外宣是打了政治折扣的。对外传播不可以抹杀党史、价值观、党的领导和社会主义道路，要敢于讲中国路、中国理论、中国制度。长期以来，在对外宣传上，内外有别，坚持去意识形态化、去政治化、去价值，表面上无政治立场、无价值观，这是对文化和意识形态从根基上的'self-hating'（自我仇恨）或'self-defeating'（不打自败）。"①

尽管意识形态差异并不表现在中华文化全球传播的所有对话关系中，但是无疑它是所有关系中最为重要的那部分。我们的研究并不可能解决上文提到的悖论，更多的是在现有框架上设计解决方案并提出一些新的设想。

六、语言壁垒

中华文化使用的语言是汉语。很多情况下，汉语也被称为中文、汉文等。中国大陆汉语的口语标准形态是普通话，在各地存在多种方言，文字的标准形态是简体汉字，简体汉字通行于全国。中国台湾地区的口语标准形态称为国语，接近普通话但有区别，文字的标准形态是繁体汉字，继承了大多数古文字的形态。中国香港、澳门已经将普通话定为官方语言，文字上以繁体为主。学界一般认为汉语是汉藏语系汉语族的一种语言，除了中国以外，马来西亚、印度尼西亚、新加坡、泰国、越南、柬埔寨、缅甸、日本以及世界各地的华人华侨也在使用汉语作为自己的母语，中华文化圈内的许多国家将汉语作为官方语言之一。尽管汉语在历史上经历了多种演变，尤其是因为地域广大造成的隔离，方言众多，但是其统一的文字则构成了相互交流的纽带，也成为中华文化认同的一个重要因素。汉字作为历史悠久的象形文字和西方的拼音文字正好形成强烈反差，成为中华文化的独有特征。据统计，截至 2015 年，汉语依然是世界上使用人数最多的语言，约有 14 亿人口，远远超过第二位的印地—乌尔都语（5.9 亿），使用英语的人口约有 5.3 亿。② 不过，从国家数量来看，将英语作为母语或官方语言的国家接近 60 个，超过使用汉语的国家数量。从全球范围内

---

① 李希光：《新形势下中国理论的天下传播》，载《对外传播》，2017 年第 1 期。
② The Washington Post. The world's languages, in 7 maps and charts, 2015 - 08 - 23, https://www.washingtonpost.com/news/worldviews/wp/2015/04/23/the-worlds-languages-in-7-maps-and-charts/? arc404=true.

来看,显然英语占据了全球通用语的地位。中华文化的核心思想基本上都是通过汉语表述的。中华文化全球传播面临的第一个问题也是容易被忽视的问题就是语言壁垒。

学术界对语言的研究已经广泛而深入,一个较为深刻的看法是语言不仅仅是人们交流的符号工具,它是思想本身,更是文化本身。影响最为深远的理论是由语言学家萨丕尔(Edward Sapir)和沃夫(Benjamin Whorf)提出的,他们的理论被称为"萨丕尔—沃夫假说"(Sapir-Whorf hypothesis)或"语言相对论"(linguistic relativity)。他们的假说认为,人类的思考模式受到语言的限制,不同语言中的概念和分类体系会影响使用者对世界的认知,因而使用不同语言的人会有不同的思考方式和行为方式,这些差异是根本性的。① 反对"语言相对论"的学者也大有人在,斯蒂芬·平克就坚持认为语言是人类的本能,他批评"萨丕尔—沃夫假说"背后蕴含的是文化相对论,并可能引发文化间的冲突,这一假说没有任何科学上的证据。② 如果平克是对的,那么人类语言具有内在一致的深层结构,从根本上并不具有不可交流性。

学界的讨论并不影响人类交流的实践。使用不同语言的人群之间的交往必须能够相互理解,这意味着要么双方互相学习对方的语言,要么至少一方学会对方的语言,究竟使用哪种语言作为共同语往往视双方的具体情境而定。从人类交往的长期历史来看,英语逐渐成为全球通用语有其特定的原因。原因之一是英国作为曾经的世界霸主,殖民地遍及全球,英语也自然而然地成为跨语言交往的共同语。另一个原因和语言本身的形式有一定关联,拼音文字相对象形文字其学习的难度较小。以英语和汉语为例,汉语的学习难度显然超过英语。据称,汉语曾被联合国教科文组织列为世界十大难学语言之首。③

---

① [美]沃尔夫:《论语言、思维和现实:沃尔夫文集》,高一虹等译,湖南教育出版社2001年版,第220-221页。
② [美]平克:《语言本能:探索人类语言进化的奥秘》,洪兰译,汕头大学出版社2004年版,第64-69页。
③ 《世界上最难学的十大语言》,人民网,2016年9月13日,http://usa.people.com.cn/n1/2016/0913/c241376-28713423.html。

从语言角度看,中华文化全球传播的最佳方案是让更多的人学习汉语。1987年中国成立汉办(中国国家汉语国际推广领导小组办公室,Office of Chinese Language Council International),开始了在国际上推广汉语的工作。2004年第一个"孔子学院"(Confucius Institute)在韩国首尔设立。截至2019年9月30日,全球已有158国家(地区)设立了535所孔子学院和1 134个孔子课堂。其中,亚洲36国(地区),孔子学院127所,孔子课堂113个;非洲46国,孔子学院61所,孔子课堂44个;欧洲43国(地区),孔子学院184所,孔子课堂323个;美洲26国,孔子学院143所,孔子课堂558个;大洋洲7国,孔子学院20所,孔子课堂96个。① 不过,尽管随着中国经济实力的增长和文化影响力的增强,因为贸易和文化的原因愿意学习掌握汉语的人数在不断增多,来华留学生的数量近年来也极大增加,但是这并不能够根本性地解决中华文化全球传播的问题,毕竟从相对数量而言,有意愿学习汉语的人并不多,能够熟练掌握汉语的就更少,而在学术层次上的"汉学家"和"中国通"可以用凤毛麟角来形容。第二个方案是采用英语作为共同语,鼓励国人学习英语,通过用英语互动来传播中国文化,并力图将中华文化的优秀典籍翻译为英语。事实上,改革开放以来,中国已经意识到英语的重要性,在国民教育体系中大力推进英语教育。就目前的情况来看,学习英语对于中国人了解外部世界起到了重大的作用,在经济国际化、学术国际化的过程中,英语学习起到了关键作用。但是从文化传播的角度看,类似作家林语堂用英文写作《吾国与吾民》并在西方产生广泛而深远影响的案例还是少之又少。中国文化学者乐黛云就认为,林语堂"创造了至今无人企及的中西跨文化流通的实践",迄今为止还不曾出现如林语堂的两本著作(《生活的艺术》《吾国与吾民》)一样的中国人自己写的在外国有影响力的书。② 在将中华文化典籍和优秀文艺著作翻译为外文(称为汉外翻译)方面,尽管目前我国在汉外翻译工作上加大了支持和投入力度,但

---

① 国家汉办官网:关于孔子学院/学堂,2019年12月26日,http://www.hanban.org/confuciousinstitutes/node_10961.htm。

② 乐黛云:《涅槃与再生:在多元重构中复兴》,中央编译出版社2015年版,第149页。

是依然面临很多问题,主要表现在:一是译作的质量还不够高,二是译介和传播的效果不理想,三是高层次专业汉外翻译人才严重短缺。① 目前,以北京外国语大学为代表的高校正在为解决汉外翻译的难题而努力,此处不再赘述。

总而言之,在突破语言壁垒方面,中华文化全球传播依然面临着根本性的困境。不过,正因为语言是第一道障碍,但是在多数人的心目中,语言似乎又不是障碍,因为它看起来解决方案简单,也没有什么更多值得关注的焦点。而且,虽然语言问题很重要,但是几乎没有上升到类似文明核心理念和意识形态严重对立的地步,而这两个问题才是解决文化交流文明互鉴的核心问题。由此,语言问题实际上被略过了。我们的研究实际上也不可避免地要忽视语言问题,或者不能时刻将它当作研究的主题,很多时候,也只好默认语言问题似乎已经解决,因为如果没有语言问题的解决,分层传播在某种意义上是空中楼阁。

---

① 宋建清、高友萍:《文化翻译与文化"走出去"》,载张西平、管永前编《中国文化"走出去"研究总论》,北京大学出版社2016年版,第201页。

第三章　效能导向的分层传播

习近平总书记在党的二十大报告中指出:"加强国际传播能力建设,全面提升国际传播效能,形成同我国综合国力和国际地位相匹配的国际话语权。"目前学界关于传播效能的定义并未达成一致,有学者将其界定为"社会信息的传递或社会信息系统运行的效率,及其所产生的功效,以及所蕴含的有利作用"[1];还有学者强调传播效能是一个复合概念,是指传播过程中所体现的传播效果的反馈[2],是在媒介环境下传播力和影响力的综合效果[3],是为实现传播目标而发挥传播能力的程度及其产生的效率和效益的综合体现[4]。

我们认为,在界定传播效能的定义时,关键是厘清效能与效果的区别。一般来说,效能是指传播实践背后蕴藏的能量所发挥出的有利作用,效果是指由某种动因或原因所产生的某种结果。因此,不难看出,效能概念更倾向于指传播实践中的正向反馈。作为一项较为特殊的传播实践,同时也是人类重要的交往活动,国际文化传播是带有天然的意向性的,它的效能可以是实现相互的理解并达成信任,共同建构一个更加和谐的人类命运共同体。在这个前提下,针对不同传播对象的分层传播是必要的途径。

---

[1] 曹静:《微电影中情感元素的传播效能研究》,湘潭大学,硕士论文,2013年。
[2] 余澄:《"江宁公安在线"政务微博的传播效能研究》,广西大学,硕士论文,2016年。
[3] 席洁雯:《县级融媒体传播效能指标构建与应用研究》,贵州民族大学,硕士论文,2021年。
[4] 丛挺:《移动场景下学术期刊知识传播效能研究》,载《出版发行研究》,2019年第10期。

第一节 分层传播理念

一、分层传播的提出及其哲学逻辑

关于世界的组织方式与构成方式,一直以来得到不同学科学者的关注,这也是人类生存发展的关键性问题。从哲学和科学的层面来看,持不同观点者分别提出关于客观世界本源、演化、结构的理论,无论是还原论、整体观还是层次哲学,目前都难以取得一致的观点。如果客观世界、人类精神、社会结构本身就具有某种层次性,而层级之间拥有不同的性质,存在难以逾越的区隔,那么这就决定了人类也将以层次观念认识和改造客观世界。因此,通过对层次观念与层次哲学的内涵及其理论演变历程的回顾,通过对古今中外关于宇宙、自然与社会、微观世界与宏观世界、有机物质与无机物质的层次认知,明晰世界发生、发展及演化的规律和本质,将更有利于把握层次观念对于文化传播的意义。如果层次与分层是客观世界与社会结构存在、认知、组织与实践的基本方式,那么在文化传播的实践过程中,探索不同层级之间的差异与区隔,并精准对接这种差异,缩短传播的距离,提升文化抵达的速度与深度,分层传播将是应和客观世界、顺应其发展规律的必然路径。

(一)层次与分层的哲学内涵

1. 哲学视域下的"层次"

自达尔文进化论在 19 世纪诞生以来,在哲学与科学领域中,关于世界渐变性与跃进性的争论不绝如缕,达尔文的进化论进一步加强了世界及其发展是渐变过程的观点。而一些学者始终认为,事物的发展变化不仅是一个简单的量变到质变的过程,在连续性与非连续性、有机物与无机物、自然与超自然、身体与心灵等之间存在不同层次的区隔,认为"层次(level)是自然界和人类社会客观存在的一种重要现象,层次性是世界的一种基本属性"[①]。

[①] 曾向阳:《关于层次的哲学思考》,载《广东社会科学》,1997 年第 1 期。

对世界本源及世界构成方式的探讨一直是古今各领域学者关注的焦点，"人们在认识世界的过程中发现，世界是丰富多彩的。在林林总总的世间万物中，人们发现一些事物与另一些事物虽然存在着种种联系和相似之处，但它们之间也存在着难以取消和忽视的差异。这些差异不仅是程度上的，而且是类型上的、性质上的差异。这就为人们观察和认识事物提供了一种'层次'的角度"①。从这一角度来看，层次观不仅是认识论，更是一种世界观。随着近代物理学等现代科学的不断演进与发展，人类对世界的认识也发生了翻天覆地的变化，倾向于世界由微小的粒子构成，并以此形式不断发展变化的观点逐渐占据主流。然而，仍有很多学者认为，世界万物在漫长时空中的繁衍变化，世界的构成存在着不同的层次，层与层之间泾渭分明，这种差异同连续性一起构成了世界的组织形式，如果世界是有层次区隔的，那么就决定了我们看待世界的方式也因对象的不同有了不同的面向。

回顾层次哲学的发展历程，层次论、突变论、突现论、系统论、耗散结构论、协同论等层次哲学观点普遍认为，客观世界是多层次的统一整体，层次是客观事物的固有属性。而层与层之间存在质的本质的区别，层级之间存在着由低到高不同程度的区隔，而由低层到高层之间存在转化的可能，但这种转化依靠能量的变化、量变的积累、突现的超越等不同的方式。而在系统科学中，层次观则被认定为整个体系中的一个视角和侧面。在一个复杂多变的体系中，往往于整体中存在着不同的层次，系统与各个层次之间的关系不能简单理解为整体与部分的关系。层次之间存在着质的差别，当局部组成整体的时候并不是简单的累积，而是增加了新的质。②

从哲学的立场上看，层次问题是一个如何认识世界和理解世界的问题，是一个重要的世界观和方法论的问题。如果客观世界是一个多维度、多层次的统一整体，那么层次就应与物质的运动、空间、时间属性一样，成为哲学的一个

---

① 曾向阳：《关于层次的哲学思考》，载《广东社会科学》，1997年第1期。
② 陈禹：《层次——系统科学的一个重要范畴》，载《西部大开发 教科先行与可持续发展——中国科协2000年学术年会文集》，2000年。

范畴。从层次哲学的角度出发，人类对于历史、社会、人口、经济、政治等问题的理解将有更为丰富的视角，也将指引人类更为全面和深刻地理解客观世界。

在系统科学中，层次问题也是一个重要的结构问题，"通过子系统—系统—超系统的方式形成的事物间的包容序列关系称为等级层次，它是一种系统所特有的联系方式"①。系统论成为独立科学是由理论生物学家贝塔朗菲创立的。其在重要论文《关于一般系统论》和著作《一般系统理论基础、发展和应用》中提出：系统的功能是由系统的结构决定的，系统结构呈现出层次性、不同层次有不同质的运动规律，层次性是系统的基本特征之一。② 等级层次观是一种改造世界的新的思维与方法，以等级层次观念进入社会科学领域，增加了认识社会的维度，对社会结构和社会分层理论产生了重要的影响。

2. 多学科视野下的"分层"

分层本身是地质学上的概念，主要指地质中的分层现象，后被应用于多学科领域。在不同学科视域下，"分层"具有不同的内涵与外延，在地质学、教育学、传播学、管理学、计算机等学科中都有广泛的运用。

总体来看，"分层（stratify）"的涵义涉及三个方面：首先，在生物学、地质学等领域，分层特指自然界地质或生物圈的层级现象，是在自然界进化历史中形成的天然现象。其次，在社会学领域，社会分层理论借用分层的概念，泛指人类社会各群体之间的层化现象及社会的分层结构。同时，在阶级社会，对社会进行分层也涉及社会阶级、等级、阶层的相关观念，分层是对社会结构进行划分的视角之一。在传播学领域，分层的概念也涉及传播主体、传播内容、传播对象等的层级划分，现代社会的传播范式受到社会结构、社会组成方式的重要影响，传播的分层与社会群体的分层息息相关，并直接影响传播效果。因此，"分层"在传播学视域下，以社会学分层传播理论为基础，对传播群体提出重要的"分层"理论范式。最后，在计算机科学等领域，分层指学科研究中的信

---

① 李建华等：《现代系统科学与管理》，科学技术文献出版社1996年版，第18页。
② 唐建荣、傅国华：《层次哲学与分层次管理研究》，载《管理学报》，2017年第3期。

息传递的物理"路径"或"通道"的意义。在教育学科中，分层也被视为一种重要的教学方式，对教学对象进行层次的区分，以实现个性化的教学模式，优化教学效果。同时，分层在管理学、广告学、政治学等学科视域中，都是重要的学科概念，具有不同的所指。

（二）宇宙观与自然观的层次哲学

从古至今，对宇宙与自然的构成与结构的探索及认知，一直是人类关注的焦点，人类一直试图寻找宇宙的起源与本质、组成与结构。同时，人类一直在探索宇宙是如何演变的，世界的组成结构是彼此孤立的还是连续相关的，而自然界万物之间又有着怎样的关联等问题。随着15世纪自然科学的诞生与发展，人类的宇宙观与自然观也在不断变化，各种学说层出不穷，而在众多对宇宙与自然的认知理论中，很多学者表达了宇宙的构成是有层次的观点，并对层次间的演化，从不同的学科视角进行了解析。

1. 早期哲学假说

中国古代的春秋战国时代，是百家争鸣、思想繁盛的时代。虽然受制于时代知识水平的认知局限，但彼时的中国已经有了较为朴素的宇宙观，"宇宙、社会与人类的一体意识与阴阳五行思想，使人们有了这样一种普遍的认识，即在天、地、人之间，凡相对称的部分都有一种神秘的联系，人们在经验的基础上把这种对称和对应的联系分别概括为阴阳与五行，由阴阳与五行以及一些次要的关系，宇宙成为一个和谐而统一的整体，各种相关的部分互相感应，感应有种种显示的征兆，有不同的招取与禳除之法，像伦理道德的善恶、巫祝史宗的祈禳都可以在这里成为关键性的力量，'天有三辰，地有五行，体有左右，各有妃耦'，也许在当时人心目中，宇宙与人类之间的感应和联系要比现在知道的更广泛，在他们的视野中，世界是一个充满了神秘联系的整体，而人就在这个世界中"[①]。显然，中国古人的思想更倾向于宇宙是一个相互联系的整体，这种思想在后来的道家哲学中得到了进一步的发展。

---

① 葛兆光：《中国思想史（第一卷）》，复旦大学出版社2017年版，第74页。

中国哲学最重要的两个部分为宇宙论与人生哲学,宇宙论源自老子的《道德经》。《道德经·二十五章》:"故道大,天大,地大,人亦大。域中有四大,而人居其一焉。"老子认为道、天、地、人这四者都是宇宙间至大无限的存在,其中"道"是根本。《道德经》曰:"道生一,一生二,二生三,三生万物。""道"是老子思想的核心,但"道"在《道德经》中又有着多结构与多层次的内涵。张岱年主编的《中国哲学大辞典》对《道德经》中的"道"进行了界定:道"指道路、规律。《老子·四十章》:'反者道之动。'……老子屡说天之道,人之道,均有规律、法则之意。……指自然界万物的本体或本原。老子把道作为哲学最高范畴,'道,可道也,非恒道也'(《老子帛书》甲本)"[1]。"道"是形而上的,道家哲学中对宇宙的认知是整体观,万事万物之间存在着对应关系,然而在"道"的本源之中,天、地、人之间的关系是和谐统一的,老子通过个体的生命体验,建构其自然、社会与人的生命哲学。相传是老子最早提出"宇宙"的概念,道家哲学含义深广,其对宇宙时空的认知在中国的战国时期产生了深刻的影响。首先,在老子的宇宙观中,宇宙是有起点的,所谓"道生一,一生二,二生三,三生万物",这种陈述将"道"作为万物共同的起点;其次,宇宙时空的结构具有系统性,战国思想家对天与地展开了想象,从"九州"到"大九州"的无限空间的延伸及五行循环的时间。总之,"人类生活在一个由'道'、'阴阳'、'四时'、'五行'、'八卦'等整饬有序的概念构筑起来的,天地、社会、人类同源同构的宇宙之中,在这个宇宙中,一切都是相互关联的,一切都是流转不居的,整齐有序的运转是正常的,同类系联的感应是正常的,在这一秩序中体现的'天道',是一切的最终依据也是一切的价值来源"[2]。显然,在春秋战国时代,在所谓的"轴心时代",古代思想家通过对生活经验的总结与无限的思索和想象,建构起最早对世界与宇宙的观念认知,道家哲学这一至今仍存有较多争议的思想,较为深入地体现了古人对世界运行规律的认知与观念。这种对宇宙万物的朴素认知建立在古

---

[1] 张岱年:《中国哲学大辞典》,上海辞书出版社2010年版。
[2] 葛兆光:《中国思想史(第一卷)》,复旦大学出版社2017年版。

人生活经验与感知的基础上，是一种哲学假说，对后世产生了非常深远的影响。

而在西方，对宇宙与世界的认知也经历了一个较为曲折的历程，古希腊学者德谟克里特是留基伯的学生，他继承和发展了留基伯的"原子论"，为现代原子科学的发展奠定了基础。"原子论"并不是基于现代科学的认知，而是一种哲学假说，这种学说认为万物的本原是原子与虚空，原子是不可分的物质微粒，并处于永恒的运动中。后来牛顿受此影响提出，"据我看来，上帝开始造物时，很可能先造结实、沉重、坚硬、不可入而易于运动的粒子，其大小、形状和其他一些性质以及时间上的比例等都恰好有助于达到他创造它们的目的；由于这些原子是些固体，所以它们比任何由它们合成的多孔的物体都要坚硬得无可比拟，它们甚至坚硬得永远不会磨损或碎裂；没有任何普通的力量能把上帝在他第一次创世时自己造出来的那种物体分裂"①。他认为，宇宙是由唯一的机械运动构成，宇宙是由分散的、不可分割的原子组成，原子之间没有质的差别，按严格的决定论进行机械运动，整个宇宙没有层次划分，也没有演化次序②。这种形而上学的非层次观遭到了笛卡尔、斯宾诺莎等很多学者的批评。

在15世纪现代科学诞生之前，人类对于宇宙与自然的观念认知基本是一种以生活经验与精神想象为基础的哲学遐思，无论是处于封建社会的中国还是处于中世纪统治的欧洲，对宇宙的认知都非常有限。但是，人类也依据自身的观察、经验和想象，形成了对宇宙和生存世界的初步认知。同时，"为宗教神学统治的中世纪产生的'教阶'思想，把上帝创造的世界划分为不同的等级，这既是封建等级制度和教阶制度的需要，也是人类对宇宙的层次性的虚幻的反映"③。显然，早期人类对宇宙与自然的认知还非常有限，无论是道家的宇宙观、古希腊的原子论，还是宗教神学的"教阶"思想，都是建立在经验与想象基

---

① [美]H.S.塞耶编：《牛顿自然哲学著作选》，上海外国自然科学哲学著作编译组译，上海人民出版社1974年版，第209页。
② 丛大川：《辩证层次观的产生、发展及基本要点》，载《科学、技术与辩证法》，1986年第3期。
③ 丛大川：《辩证层次观的产生、发展及基本要点》，载《科学、技术与辩证法》，1986年第3期。

础上的哲学假说,有待现代科学的进一步验证与纠正。

2. 从整体观到辩证唯物主义层次观

15世纪后,随着现代科学的诞生与发展,人类对宇宙与自然的认知发生了很大的变化,科学的发展为人类认识世界提供了一种思路:将客观世界的具体事物分解成部分或单元,并对每个部分和单元进行研究,进而获得对整体的认知,如果部分与整体在性质上相同,那么部分的累加就是整体。这种思路在人类历史进程的很长时间一直占据着主流,而随着自然科学、物理学、生物科学、化学等学科的诞生和发展,人类逐渐发现客观世界并不是由单一性质的物质组成的,事物也不总是存在于同一层面。到了16世纪,意大利著名的思想家、自然科学家布鲁诺提出宇宙是无限的,并不存在固定的中心和界限。自然界的万物是普遍联系并不断运动变化的,而物质的各种形式之间是不断相互转化的,宇宙虽然无限但也是有不同层次的。"康德认为宇宙是一个由一系列不同层次结构的物质系统组成的普遍联系的整体。黑格尔从唯心辩证法的角度批判了牛顿机械的非层次的自然观,他认为'自然界在空间上划分为无限多样的层次而在时间上无发展'。"①

德国著名哲学家莱布尼兹的格言"自然界里没有飞跃"一直是关于人类连续变异进化观的主要观点,作为19世纪最为重要的思想成就,达尔文的进化论进一步肯定了世界发展是连续性的观点。但很多学者提出,达尔文进化论的前提是只存在一种物质实体,并未涉及人类的精神世界。在此基础上,华莱士提出了世界存在一个自然世界,同时也存在一个非物质的精神世界的观点;斯宾塞将世界划分为无机的、有机的和超有机的领域。这些学者对于世界的认知显然超越了世界及其发展是连续的观点,而是从一定程度上开始重视物质、心灵与生命的不同层次问题。

辩证唯物主义层次观由恩格斯创立,恩格斯的主要观点为原子绝不能被看作简单的东西,或已知的最小的实物粒子。宇宙是划分为具有质的差别的

---

① 唐建荣:《层次哲学与分层次管理研究》,载《管理学报》,2017年第3期。

"无穷系列";一般来说,不同的物质层次具有不同水平的运动形式,低级运动形式是高级运动形式的基础,而高级运动形式包括但不能归结为低级运动形式。宇宙在时间上由低级到高级的无限的层次性演化创造出空间上的无限多样的层次并存。物质及运动的层次性是科学分类的基础。由此划分为:机械运动—力学→分子运动—物理学→原子运动—化学→蛋白质运动—生物学→社会运动—各类社会科学→大脑思维运动—思维科学。而马克思超越了旧唯物主义和感性唯物主义,进而从历史唯物主义的视角提出了社会实践中的社会关系层次及其属性。列宁认为:"不同层次服从不同的规律,要用不同的学科来描述。"

进入20世纪后,随着现代物理学的发展,原子是最小粒子的认知已被打破。威西叶在《层次论和自然界的辩证法》中进一步发展了此理论,并形成了"层次论",主要观点为:宇宙是无限可分的层次序列,每一层次的运动由矛盾引起;宇宙层次不能仅仅从空间和时间间隙来分析,必须研究各层次的无限参量。到了20世纪60年代,日本理论物理学派的坂田昌一继续发展了这一理论,提出:物质的层次理论在自然辩证法中居中心地位,它是现代自然科学成就所形成的新的自然观,"是辩证自然观的基础"。物质层次结构是一个复杂的立体网络系统。各个层次都由自己的特有规律支配着,宇宙不仅在空间结构上具有层次性,而且在时间上具有层次性演化的历史。[①] 由"原子论"到"层次观",再到"层次论",层次哲学的发展与自然科学的发现与发展相伴而行,众多学者对宇宙与自然界层次的认知也随着时代的发展不断深入,宇宙是一个整体还是由不同层次构成,是关乎人类未来发展重要的科学与哲学命题。

3. 从还原论到突现进化论

20世纪以来,通过现代科学的实验手段,人类形成了对宇宙的起源与演化过程的初步认识:"根据现代宇宙学,宇宙发端于距今100多亿年前的大爆炸,起初不仅没有任何天体,也没有粒子和辐射,只有一种单纯而对称的真空

---

① 丛大川:《辩证层次观的产生、发展及基本要点》,载《科学、技术与辩证法》,1986年第3期。

状态以指数方式膨胀着。随着宇宙的膨胀和降温,出现了质子、中子、电子等基本粒子。当温度降到 10 亿 K 时,中子和质子结合成原子核。当温度进一步下降到 3 000 K 时,电子与原子核结合成稳定的原子,并出现了各种元素。随后,在各种元素的基础上形成了今天宇宙的各种物质。"[1]所以,以此为依据的哲学观念认为,宇宙的演化过程就是新的层次等级不断出现的结果。每种新层次的物质的出现,意味着宇宙的演化进入一个新的阶段。关于宇宙起源的理论目前虽仍然存在争议,但层次哲学观念却从宇宙的起源中得到了灵感。

突现进化论兴起于 20 世纪 20 年代,是层次论的主要哲学流派。这一哲学流派试图解释生物体结构的形成过程,代表人物包括哲学家亚历山大、比较心理学家摩尔根(Conwy Lilyd Morgan)和布洛德等人。突现进化论描述了世界构成的基本层次,摩尔根提出了世界的四个层次——心理物理事件、生命、心灵和神灵;亚历山大认为世界上存在着空间—时间、物质、生命、心灵、神性五大层次;惠勒尔认为,世界的突现进化分为物质层次、生命层次和社会层次。突现论学者们普遍认为,人类从物质到生命再到心灵的过程是一种"突现"的过程,世界的进化过程是存在突现性的,是不可逆转的过程。这些学者的理论虽然是形而上的,部分学者的理论最终将突现论引入神秘主义的泥沼,但值得肯定的是,突现进化论确立了层次哲学的基本原则:"第一条原则是,世界中确实存在着层次。这些层次是实在的,它不是人们主观地构想出来的,因此,它不只是一个认识论问题,而且是一个本体论问题。第二条原则是,层次依照复杂性、新奇性和类型等的不同,区分为由低到高的等级层次,较高的层次具有较低的层次所不具备的突现的属性。第三条原则是,每一层次都具有自主性,具有自身特有的属性和规律,它们不能还原为较低层次的属性和规律。第四条原则是,较高层次依赖较低层次,但较高层次对较低层次也存在回向的或向下的因果作用。第五条原则是,每一层次都包含了从前的或更低层次的一切特性;或者换句话说,在某一层次的存在也包含所有从前层次的存

---

[1] 毛建儒、毛建业:《论等级层次观》,载《系统辩证学学报》,2022 年第 4 期。

在。第六条原则是,必定存在一个唯一的最低层次。第七条原则是,层次的产生具有不可预见性和不可逆性的特性。"①几乎与此时代同时,哲学界兴起了逻辑实证主义还原论,这种观点认为一切都可以通过认识部分进而认识整体,整体的特性依靠对部分特性的把握。还原论将一切学科归于物理学,认为物理科学可以解释一切现象与本质。

20世纪50年代后,突现进化论开始复兴,费格尔、普特南、米歇尔·波兰尼、迈尔、斯佩里等各学科专家都表达了反对还原论的观点。学者们普遍认为,物理学和化学定律不能解释所有的自然界和人类现象,生物学具有自主性,生物的存在有其自在性,生物的有机体的结构是非常复杂的,是由不同的等级层次组成,较高层次的系统因质的不同独立于较低的层次。

哲学家波普尔对突现论作出了重要贡献。1978年,他在《自然选择和心灵的突现》中指出了突现的四个层次:原子核和粒子的突现、生命的突现、有意识状态的突现和精神产品的突现。唯物主义者邦格在《科学研究》中划分了四个基本层次:物理化学层次、生物学层次、心理学层次和社会文化层次。同时,他也指出,许多物理概念,特别是能量概念,对说明社会系统来说是必要的,但大多数物理概念是不必要的,社会科学需要新的概念,如人造物、社会群体、政治和文化这些概念。② 由此可见,哲学界对于层次的认知从对宇宙与自然,以及人类进化的规律出发,最终关注到人类社会、群体及社会文化与阶层等,哲学学科综合物理学、化学、生物学等多个自然学科的发现与成果,从形而上的哲学层面试图揭示宇宙演化、生物进化、人类繁衍的真相。学者们发现了客观世界中普遍存在的类型与性质上的差异,并从层次的视角,对不同层次的规律进行研究,以期对人类的过去、现在和未来进行解释和预见。经过几个世纪的探索与实践,人类普遍承认自己存在于层次的世界中,那么,人类将必然顺应世界的规律,以层次的观念和原则认识和改造这个世界。

---

① 曾向阳:《关于层次的哲学思考》,载《广东社会科学》,1997年第1期。
② 曾向阳:《突现思想及其哲学价值》,载《南京社会科学》,1996年第6期。

二、社会结构与文化的层次划分

人类经过漫长的发展进入文明社会,社会的形成同样经过曲折的演变过程,人类具有天然的群居本性,依群而居是人类得以生存与繁衍的关键。恩格斯说:"为了在发展过程中脱离动物状态,实现自然界中的最伟大的进步,还需要一种因素,以群的联合力量和集体行动来弥补个体自卫能力的不足。"[①]这揭示出人类群居生活的根本原因。而"群"的形式就成为人类自原始社会开始自然形成的生存、生产与生活状态。随着生产力的提升,群居生活在资源分配、劳动分工、生殖繁衍上也暴露出很多的问题,因此,以血缘为中心的生产分配形式开始出现。从母系氏族时期到父系氏族时期的演变,体现了资产聚集与分配形式的变化及生产核心与权力核心的迁移,因氏族之间的战争、劳动产品私有化、贫富差距的出现等原因,"群居"中出现了最初始的等级划分。阶级社会的初级形态逐渐形成。从奴隶社会开始,人类进入了阶级社会,奴隶制社会主要以家族、血缘关系为核心,作为占有资源和生产资料的依据。中国发展到西周时期,社会结构发生根本变化,出现了较为成熟的社会等级制度,以宗法制与分封制为核心,以血缘亲疏关系分封诸侯等级,形成森严的等级制度,不同等级之间有着不可逾越的界限,在同时期的西方奴隶社会中亦是如此。社会结构中的等级观念在这一时期形成,等级的区隔在社会发展的不同时期有一定的动态变化,但这种等级的层级划分是普遍而持续的,至今,阶级与阶层仍然是社会结构的基本组成形式,并深刻影响着人类社会的发展。

(一) 等级分层观与国家层级说

1. 儒家的等级分层观

自夏朝起,中国进入奴隶制社会,社会阶级进一步分化。到了西周时期,分封制依据血缘亲疏关系分封诸侯,诸侯依据等级由高到低依次分封到由中

---

① [德]恩格斯:《家庭、私有制和国家的起源》,载《马克思恩格斯选集(第4卷)》,人民出版社1972年版,第30页。

心到偏僻、由肥沃到荒芜的土地,同时需向周天子缴纳赋税并镇守作战;得到土地分封的诸侯再向领地内的贵族分封土地和奴隶。分封制使王、诸侯、贵族、平民、奴隶各阶级之间泾渭分明,身份等级决定了不同阶级的权力与义务。到了春秋战国时期,孔子、荀子重礼制,主张通过礼制将社会划分等级,不同等级在"礼"上不可逾矩,在各自等级规定的范围内安其命、立其身、司其职。只有这样,社会才能有序、安定。《周易·序卦传》中讲"有男女,然后有夫妇;有夫妇,然后有父子;有父子,然后有君臣;有君臣,然后有上下;有上下,然后礼仪有所错"。男女、夫妇、父子、君臣的等级划分之根本在于天下有礼、上下有别才是正道。春秋战国时期对于礼制的强调与其历史背景有很大关联,东周末期,诸侯势力扩大且不均衡,宗主制崩溃,诸侯国之间战乱频发,过去的制度土崩瓦解,士大夫阶层开始探索乱世之源。在儒者看来,社会等级制度的崩坏、王纲的混乱是根源。因此,儒者非常重视礼仪,从《论语》《礼记》中可以看出,孔子及其弟子很讲究服装的象征、仪式的方位,并将这种外在的礼仪规则体现在思想与观念上,尤其重视这种"礼"的观念在社会秩序上的意义,以"君君臣臣父父子子"之差异形成一种有序的社会结构。孔子认为,若社会上的每一个阶层、每一个阶层的每一个人都按照这种礼仪来规范自己的行为和举止,那么就有了秩序。他两次说到同一句话:不学礼,无以立。"因为他很明确地意识到,礼仪不仅是一种动作、姿态,也不仅是一种制度,而且它象征的是一种秩序。"①孔子对等级的划分,从家到国,从对父母兄长的孝悌仁爱到国家君王的忠诚。"只有人们都这样做到恪守'长幼之节'、'君臣之义',整个社会有机体才能形成长幼有序、尊卑有别、层次分明的等级社会,宗法等级制才能继续被维系下去。"②礼制的背后是强烈的等级意识,孔子的等级观念产生于封建阶级社会的大背景下,对社会进行等级分层的主要目的是维护封建统治秩序,具有时代与历史的局限性。

---

① 葛兆光:《中国思想史(第一卷)》,复旦大学出版社2017年版,第87-88页。
② 治丹丹:《孔子荀子等级观比较研究》,陕西师范大学,硕士论文,2011年。

《荀子·王制》云:"水火有气而无生,草木有生而无知,禽兽有知而无义,人有气、有生、有知,亦且有义,故最为天下贵也。力不若牛,走不若马,而牛马为用,何也?曰:人能群,彼不能群也。"①荀子认为人虽不及牛马之力,但人有群居属性,群居是人能生存发展的重要原因。而人如何群?荀子提出以"分"而群,以等级来群,才能形成良好的社会秩序。荀子虽也主张社会的等级划分,但与儒者孔孟又有不同,荀子也同意社会是由个人构成的,而且个人也必须在社会中生存,个人能够合起来组成一个"群"即社会,但是,人怎样才能更好地"群"?荀子提出一个很有意思的想法,说要"群"由秩序,不混乱,恰恰在于如何"分","分"一面作"区分"解,一面作"定分"解,有了等级的区分,恪守自己的本分,社会就可以有秩序。而"分"的原则就是"礼",礼仪一方面是为了使人际关系和睦,一方面也为了对各种人加以区别。② 荀子的这种等级观念具有较强的实用主义,是关乎国家治理、命运兴衰的重要条件,因此在秦汉时期产生了重要的影响。

自此,中国古人在社会发展、国家统治上始终延续着鲜明的等级制度,以礼治国的根本是要将"群"中的人加以"别",并以此划分等级,不同等级的人各安其分、各司其职,社会才能和谐发展、长治久安。只有建立有序、有别、有等级的社会,整个国家才能发展壮大,这种观点在《左传》《汉书》《史记》《礼记》等古籍中都有所体现。《左传·隐公十一年》中载:"礼,经国家,定社稷,序民人。"意思是依靠礼来治理国家、安定社稷,就要让人民按照等级安定有序。荀子在《礼论》中说:"君子既得其养,又好其别。曷谓别?曰:贵贱有等,长幼有差,贫富轻重皆有称者也。"荀子认为,什么是有别,就是贵贱是有等级的,长幼是有差别的,要恪守等级才能达到礼治之世。当然,儒者对于等级划分的观念是建立在封建王朝统治的基础上,维护封建强权的统治,在战国时期纷乱的争斗中生存与发展是其初衷。但在从奴隶社会到封建社会漫长的发展历史中,

---

① 觉校注:《荀子校注》,岳麓书社2006年版,第95页。
② 葛兆光:《中国思想史(第一卷)》,复旦大学出版社2017年版,第154页。

等级的存在与分化是客观存在的,在人类形成群居生活、产生社会分工、拥有剩余劳动成果的时期,人类社会差异性的等级、层级也必将出现,并构成了社会结构的基本形式。

2. 荀子的国家"层级说"

中国历史中的春秋战国时期,是天下纷乱、诸侯争霸时期,也是百家争鸣、思想激荡的时期。荀子生活的战国时代是中国历史上分裂对抗最严重且最持久的时代之一。经过长期的征战,最后逐渐形成了七个实力强大的国家:韩、赵、魏、齐、楚、燕、秦。荀子经过对春秋战国各国的分析与考察,在总结先秦百家治国思想成果的基础上,提出国家层级说。他指出国与国之间的实力存在着较大的差异,国家之间的实力之争促使着自身不断增强国家的治理能力和变法图强。这种竞争图存促使国与国的实力一方面呈现出强弱差距,另一方面国家实力的对比也在不断的变化之中。在此基础上,荀子提出了一系列治国方略,其中国家层级说是较为重要的。

经过对现实社会国家实际情况的深入分析,他认为"国者,天下之大器也",将"国"视为社会发展的重要载体,认为国家的强弱与其治理能力息息相关,国家之间存在着层级的差异,"荀子将现实世界中国家分成五个层级,第一层级是齐国,第二层级是魏国,第三层级是秦国,第四层级是桓、文,第五层级是汤、武,荀子认为,这五种国家层级强弱程度不一,国家之强弱层级基本决定了相关国家总体格局和基本命运。……这五个层级国家中,治理能力从低到高依次分布,下不能克上"[1]。《荀子·议兵》中说:"齐之技击不可以遇魏氏之武卒,魏氏之武卒不可以遇秦之锐士,秦之锐士不可以当桓、文之节制,桓、文之节制不可以敌汤、武之仁义,有遇之者,若以焦熬投石焉。"[2]荀子的国家层级说聚焦国与国的差异性,并由高到低对战国时期的国家划分层级,同时分析了各国在军事、政治以及社会资源上的差异性。他提出战国七雄等实力强国

---

[1] 黄杰辉:《国者,天下之制利用也》,华东师范大学,博士学位论文,2018年。
[2] 荀子:《荀子·议兵》,载王先谦编:《荀子集解》,中华书局2013年版,第323页。

主宰局势,小国是无法与之抗衡的。同时,他认为各国的强弱与国家执掌者的治国能力有关,这种强弱的对比是不断变化的,国家的层级分布由国家治理能力决定,如果国家的执掌者能认识到国家富强与治理的重要性,那么将改变国家的命运。

无论是对社会等级观念的认识还是荀子对国家层级的划分,都体现出了古人的层级观念。这种层级意识的建立以对封建社会的国家治理与统治为基础,却是立足于中国历史中封建王朝的社会结构、国家统治和对外关系。从春秋战国时期开始,等级与层级观念已不仅仅是一种形而上的理论,也未停留于儒家理想化的人文主义,而是依据现实提出的一种极具实用性的、建立有序的社会秩序、进行国家治理与发展的手段。因此,社会分层理论虽是近代提出的社会学理论,对研究现代社会结构与发展具有重要意义,但等级与层级观念和理论在中国古代思想意识中早有萌芽,并对社会秩序的建立与国家的统治发挥了重要作用。

(二) 社会分层与文化分层

1. 社会分层理论

社会分层理论是分层传播的直接理论来源,以层次观念,对现代社会主体——人进行阶级、阶层的划分,立足时代与制度,以科学标准把握层级属性、进行层级的划分,对分层传播理论有着重要的借鉴作用。社会分层理论是社会学研究领域的重要理论之一,西方社会较早已开始对社会分层、社会阶级、社会流动等问题进行关注,而社会分层是衡量社会变迁的重要维度。显然,社会分层理论的提出是经过对人类社会发展历史的宏观把握,又立足于十八、十九世纪后的人类社会现实,与较早时期的传统社会的等级观念有着根本的区别。实际上,在西方社会,古希腊学者亚里士多德和柏拉图也曾论述过社会分层问题,但未形成系统的理论,直到马克思的阶级分析理论和韦伯的社会分层理论才开始形成较为完备的系统性理论。虽然两者在社会分层的本质、原因以及划分标准上有着不同的理论构架,但其对社会分层理论整体的发展进路而言都是非常重要的。

(1) 马克思的阶级理论

马克思认为,阶级是人类社会发展的必然产物,人类社会经过原始社会的发展产生了自然分工,自然分工又发展为社会分工,剩余产品的出现打破了原始社会的平等状态,对生产资料的占有不再均等,"不同的人占有物品的多寡不同,于是便出现了富贵者和贫穷者;不同的人在生产体系中处于不同的地位,于是便出现了支配者和受支配者;不同的人因不同的地位而获得不同收益,于是便出现了剥削者和被剥削者。这就是阶级的分化"①。但马克思认为阶级的划分并不能以收入多少、行业和生活方式的差别为标准,否则会陷入经验化与表面化。他将不同的阶级作为一个整体来看待,通过不同的整体来研究整个社会的物质与经济的所有权关系,同一阶级具有一致的经济地位和生活境况。列宁对阶级进行了界定:"所谓阶级,就是这样一些大的集团,这些集团在历史上一定的社会生产体系中所处的地位不同,同生产资料的关系(这种关系大部分是在法律上明文规定了的)不同,在社会劳动组织中所起的作用不同,因而取得归自己支配的那份社会财富的方式和多寡也不同。所谓阶级,就是这样一些集团,由于它们在一定社会经济结构中所处的地位不同,其中一个集团能够占有另一个集团的劳动。"②马克思的阶级理论认为,阶级首先体现在一种经济关系中,是由不同经济地位和生产活动的不同主体形成的特定集团,其次这种关系也反映在政治生活中。国家是调和不同阶级对立与冲突的、维护社会和谐秩序的中立机构,但国家政权因具有强制性和权威性,较为强大的阶级在争夺国家政权时具有优势,成为统治阶级后便可将阶级利益上升为国家意志。

马克思的阶级理论是建立在历史的宏观视野中的,更关注阶级在社会发展进程中所起到的作用,阶级斗争贯穿人类发展历史,同时是历史向前发展的动力。经济关系的对立导致阶级的对立,阶级的对抗和斗争在阶级社会中普

---

① 李海涛:《马克思主义阶级观与韦伯社会分层理论的比较》,载《马克思主义哲学论丛》,2015年第1期。
② [俄]列宁:《列宁选集(第4卷)》,人民出版社1995年版,第11页。

遍存在,不可能消亡,因为阶级之间是一种剥削与被剥削、压迫与被压迫的关系。恩格斯曾经指出:"由于文明时代的基础是一个阶级对另一个阶级的剥削,所以它的全部发展都是在经常的矛盾中进行的。生产的每一进步,同时也就是被压迫阶级即大多数人的生活状况的一个退步。对一些人是好事,对另一些人必然是坏事,一个阶级的任何新的解放,必然是对另一个阶级的新的压迫。"同时,马克思对阶级的划分并不以具体的收入、职业为标准,而是归源于经济结构。对生产资料的占有、在生产体系中的地位决定了阶级的不同,阶级的划分是一个整体,按照经济地位划分的阶级在其他权力表现上是有差别的,但这并不影响社会分层的基本脉络。

(2)韦伯的社会分层理论

德国社会学家韦伯继马克思后提出了社会分层理论,他的理论虽与阶级理论有相通之处,但提出了自己的理论框架,与马克思阶级理论在分层标准和结构上都有很大差异。在韦伯看来,阶级并不单纯由社会群体组成,只是处于相似阶级情境和经济地位的个人集合。他认为社会分层的标准是多元的,他以"权力"的概念、依据权力在不同领域的分配在分层理论中提出阶级、等级和政党的概念,并在此基础上提出社会分层的三项标准,即财富、权力和声望。他认为:权力是"一个人或很多人在某一种共同体行动中哪怕遇到其他参加者的反抗也能贯彻自己的意志的机会"①。在既定的经济、社会与政治领域对权力进行分配后,分别产生了阶级、等级和政党。"阶级的真正故土在'经济制度'里;等级的真正故土则在'社会制度'里,即在'荣誉'分配的领域里,并且由此开始,相互对立,影响着法的秩序,反过来又为法的秩序所影响;而政党的故土原则上在'权力'领域里。"②与马克思的阶级理论不同,韦伯提出的社会分层模式中,分层标准是多元的,无论是阶级、等级还是政党,都未被放置于统一的分类标准中,社会成员在三种权力关系的不同分类中有很大的交叉性,韦伯

---

① [德]马克斯·韦伯:《经济与社会(下卷)》,林荣远译,商务印书馆1998年版,第246页。
② [德]马克斯·韦伯:《经济与社会(下卷)》,林荣远译,商务印书馆1998年版,第260页。

并不重视社会分层本身,更倾向于将社会中复杂的分层现象呈现出来进行类型的划分。"他在处理分层现象的复杂性时采用的是一种强调各种因素构成的类型框架,这种'类型'并不反映现实中的各种关系,而只是为了便于理解这些关系做出的创造性的建构。"① 韦伯的社会分层理论在西方社会产生了重要影响,引发了众多学者的关注,很多学者以此为思路对社会分层理论做了进一步的延伸。

(3) 涂尔干的分层理论

涂尔干出生于1958年,是法国著名的社会学家,与韦伯处于同一时代,他是功能主义社会分层理论的代表。他将社会看成一个有机整体,他认为在作为整体的社会中,社会分工与职业分工是基础,也是必要的,它使社会建立良好的秩序,并有效地运行。"人们普遍认为,在这种人类的自然差异里,我们甚至可以发现劳动分工的先决条件,换言之,劳动分工的主要依据就是根据每个人的能力来分配工作。"②他注重社会资源的整合,并不关注社会群体之间的冲突。他认为道德是调和社会群体差异,建立良好社会秩序的有效手段。应通过道德约束个人的私欲,否则社会将陷入争夺利益的混乱中。他将人类社会分为前工业社会和工业社会两个阶段:前工业社会建立在自然经济基础上,个人在统治者不正当的手段压迫下不存在自主意识,同时家庭出身等自然属性导致了社会群体的不平等;而工业社会是以高度的社会分工为基础的,不同的职业分工会产生社会群体的不平等与冲突,这种不平等更多是由个人自身的才智决定的,并且这种社会分工所产生的不平等性是社会发展所必要的。"涂尔干的基本落脚点是社会整体。他认为,只要社会在整体上能够正常地运转,不必过于在意个体利益与群体利益是否存在冲突与其各自不同的利益诉求,重要的是如何形成稳定有效的道德秩序,实现有机的社会团结,保证社会

---

① 李海涛:《马克思主义阶级观与韦伯社会分层理论的比较》,载《马克思主义哲学论丛》,2015年第1期。
② [法]涂尔干:《社会分工论》,渠东译,生活·读书·新知三联书店2000年版,第262页。

的良性运行和发展。"①

在社会分层理论的三种代表性研究论述的基础上,一些学者沿此路径做了理论延伸,如达伦多夫的社会分层理论、沃勒斯坦的世界体系理论、马尔库塞的社会劳动阶级变迁理论等。面对崛起的中产阶级现实,对马克思阶级理论进行了修正,这些学者的研究基本延续了阶级理论的冲突论视角。而吉登斯、帕金、洛克伍德则发展了韦伯社会分层理论的功能论视角,吉登斯提出对生产资料、教育或技术资格和体力劳动的占有决定了"市场能力",并由此产生了上层资产阶级、中产阶级和下层阶级。而三者在市场中处于平等关系,他们之间的权力关系主要取决于谁更稀缺。洛克伍德认为,阶级地位是社会分层的核心,阶级地位由市场地位、工作地位、身份地位决定。格伦斯基和索伦森继承和发展了涂尔干的社会分层理论的观点,涂尔干主要从职业群体的角度进行社会分层的分析,他们认为在发达的工业社会里,阶级的概念并不被多数工人接受,职业群体凭借社会屏蔽机制形成了不同层级职业群体的限制。产权、证书和许可证就是职业群体社会屏蔽的制度化手段。社会分层理论关注工业社会中由于不同资源与权力的分配而产生的社会阶层以及社会阶层之间的流动。由此可见,在人类社会漫长的发展历程中,等级、阶级、阶层是普遍存在的基本形式,是社会结构的基本单位,并对社会发展产生了深远的影响。

2. 文化分层理论

进入 20 世纪 80 年代,西方社会进入后工业化社会,社会分层理论出现了"文化转向"。社会分层理论的冲突论和功能论对社会结构的划分都是建立在经济关系的基础之上的,而 20 世纪 80 年代,人类社会呈现出了新的发展特征与方向:首先,经济结构更加复杂,社会分工更加细化,加之技术的跃进使得阶级的划分标准呈现出了复杂性;其次,后工业化社会呈现出后现代文化特征,碎片化、大众化、多元化的文化与消费属性对社会结构产生了重要影响,社会学家开始重视文化对社会分层的影响,文化分层理论被提出。

---

① 张玉琳:《经典社会分层理论的哲学解读及时代价值》,载《科学经济社会》,2013 年第 4 期。

法国著名社会学家布迪厄（Pierre Bourdieu）将文化（资本）引入社会分层理论,在融合了马克思的冲突论和韦伯的功能论的基础上,从文化视角重新建构了社会分层的理论框架,基于现代西方社会的状况提出了文化分层理论。文化分层理论并不仅仅关注经济关系对社会分层的影响,而更重视文化价值、意识形态对社会分层的影响。他引入资本、场域、惯习的概念来阐释社会地位的差异。

首先,他重新定义了阶级的概念,他认为"个体行动者根据自己所拥有的资本相互之间进行斗争,以力图改变或维持自己所占据的空间范围。阶级指的就是在社会空间里位置相接近的人"①。在布迪厄看来,生产关系中的经济差异不仅体现在阶级上,这种差异在文化、品位与生活方式上体现得更加明显。

其次,在文化分层理论中,有三个较为重要的概念：资本、场域和惯习。布迪厄将资本的概念在马克思阶级理论原有概念的基础上进行了延伸,并将资本作为阶级分类的标准。他将资本分为经济资本、文化资本、社会资本和符号资本。"经济资本（economic capital）主要指可以用于生产商品的金钱和物质资料,是最为基础的,是其他资本的根源。……布迪厄在其文章《资本的形式》中,完整地提出了文化资本的三种存在状态：身体化、客观化和制度化状态,分别表现为行动者相对稳定的、内化了的性情倾向、修养和才能,物化的文化商品或文化物品（图书、古董、字画之类）以及资格证书、学位、教育文凭等。社会资本（social capital）则主要指一个人所拥有的人际关系网络,是确定的团体的成员所共享的集体资源,强调信任、相互认同和互惠。最后一种符号资本（symbol capital）则包括声誉、威信等,可以掩盖行动者自私自利的目的,使得其他三种资本合法化,当经济资本不被承认时,若想发挥作用就要转化为符号资本。"②他以对资本占有情况的不同将现代工业社会的阶级分为支配阶级

---

① 刘欣：《阶级惯习与品味：布迪厄的阶级理论》,载《社会学研究》,2003年第6期。
② 封莹：《文化视域中的社会分层——布迪厄的文化分层理论述评》,载《山东农业大学学报（社会科学版）》,2018年第3期。

(上层阶级)、中间阶级和下层阶级(工人阶级),在每一层阶级中,都存在着顶部集团、中间集团和底部集团;在阶层之间和阶层内部都由于资本占有的不同存在着差异。另外,"场域是指各种位置之间存在的客观关系的一个网络,场域中充斥着各种关系,是一个充满着斗争的场所;所谓惯习是指积淀于个人身体内的一系列历史的关系所构成,其形式是知觉、评判和行动的各种身心图式,惯习在布迪厄看来是一种行动策略,是在特定的物质环境中逐渐培养形成的"①。惯习并不是通常意义上的习惯,而和历史、阶级、文化等要素有着复杂辩证的关系。惯习在实践过程中形成相对稳定的性情倾向,便进一步对生活方式和品位产生影响。

再次,品位看似简单,实则与阶级差异有着密切关系,是一种文化符号。不同的阶层拥有不同的品位,品位又对其生活的方方面面产生潜移默化的影响,主要通过消费习惯表现出来。这种影响体现在从衣着、饮食,到婚姻与职业的选择,阶层的差异与品位的区隔体现出了内在的文化分层。

三、分层传播的核心理念

(一) 分层即分类

区分,即通过感觉器官来识别不同的刺激信号,并非人类的专属,可以认为,地球上所有生命在内在机能上都具有这样的特征。按照演化生物学的解释,生命个体为了维持自己的生存,必须能够找到合适的食物来源、寻找配偶、能够区分同类和敌人,这些都需要基本的区分能力。按照人类中心主义的解释,这种区分在非人生物上是无意识的,可以理解为生物在演化中以本能的形式进化出了用于区分的"适应器(adaptation)"。② 对人类而言,尽管不能否认人的行为依然受到强有力但是潜在的生物本性的影响,但是人类具有反思的意识,能够意识到自我的存在,能够克服生物本性的影响,自由地选择和理性

---

① 王寓凡:《布迪厄文化分层的理论逻辑和现实意义》,载《华中师范大学研究生学报》,2016年第2期。
② [美]巴斯:《进化心理学(第4版)》,张勇、蒋柯译,商务印书馆2015年版,第40页。

地思考自己、他人和社会，以便维持和发展自己的生存状态。对人类而言，分类是以区分本性为基础的一种有意识的行为。"所谓分类，是指人们把事物、事件以及有关世界的事实划分成类和种，使之各有归属，并确定它们的包含关系或排斥关系的过程。"①涂尔干对分类的定义在今天依然适用，如果需要补充，就是将其隐含的东西表述出来。

我们认为，就人类而言，分类是人们在特定的环境下为达到某些预想的目标而有意识地把需要处理的对象按照某种标准加以比较和分析，形成分类体系，并根据对象特征，尽可能选择有效的工具和方法，意图最终实现预想目标的过程。

涂尔干的分类定义只是强调了分类的具体过程，即将不同的事物划分为类和种，并建立一个分类体系。但是他没有将"环境""目标""策略""行动"等因素明确表达出来，这并非因为他没有意识到这些因素的重要性，而只是将它们视作默认的前提和背景。我们对分类的补充定义需要对相关的要素做进一步的阐明。

其一，分类行为总是在特定的环境下进行的。我们假设分类是人类有意识的活动，但是，对人类个体而言，依然存在大量无意识的基于本能的分类反应机制。我们这里仅仅考虑有意识的分类活动。任何人类或群体总是生活在特定的历史时空，马克思认为人的社会存在决定社会意识，因此，分类活动总是要受到当时的经济、政治、社会和文化环境的影响，不同的分类体系是由不同的知识背景直接或间接决定的。

其二，分类总是在某些预设的目标指引下进行的。有意识的人类活动总是有意义的，这个意义往往表现为特定的目标。在最基本的层次上，分类的目的是辨别事物的差异从而识别个体，为后续的行动提供信息。人类活动的目的多种多样，既有为了生存而与自然的斗争，也有为了发展和社会的竞争。在生存和发展这一大的目标下，每一个人都有自己的目标，在实现目标

---

① [法]涂尔干、莫斯：《原始分类》，汲喆译，商务印书馆2012年版，第2页。

的过程中,理性往往起着重要的作用。而理性的一个基本功能就是辨别和分类。

其三,分类的具体过程受到潜在和前在知识的影响,它是建构的过程。适应于不同的目的,人类在不同时间对不同事物的分类是各不相同的,它们的形成无疑都受到个体或群体所掌握的知识多少的限制,这些知识以常识或专业知识的形式存在,少部分是个体经验的总结,大部分是文化的传承。

其四,建立分类体系的最终目的是实现预设目标。但是任何分类方案都不可能绝对保证目标一定能够实现。分类是理性思虑的结果,它可能适应于有待解决的问题,但是也可能不适合,究竟是否合适一般要通过实践的检验。在一个场景和背景中适用的分类标准可能在另一个环境中就变得不适合。因此,分类理应是一个动态调整的过程。

其五,分类体系得出知识是指导实现预设目标而进行的工具和策略选择的基础的结论。理性的分类更可能是合理的、有利于问题解决的知识,这些知识构成了达成目标的手段,它具有工具理性的特征,为了保证能够解决问题往往需要经过反复的设计、实验和验证。这也是西方自然科学发端以来人类知识发展增速的重要原因。

在以上定义的基础上,我们认为"分层"的实质就是"分类",二者在概念域上基本是重合的。不过,我们倾向于在文化传播活动中将"分类"表述为"分层",即"分层"是在文化传播领域的一种特定称谓,它的语义来源参考了社会学的"社会分层"概念。对人的分类通常有"个""群""组",或"班"(教育领域)"族""国"等不同类型的量词或称谓,每种称谓都有其言外之意。"社会分层"强调了对人而不是物的分类,它借用了地理学的分层概念,用地质分层来隐喻人类社会的分层,暗示它可能具有某种客观性,同时减少了其他词语可能带来的其他色彩。因此,至少在本书的语境中,分层概念可以表述为:分层是人们在特定的环境下为达到文化传播的某些预想的目标而有意识地对人类群体按照某种标准加以比较和分析,形成分类体系,并根据不同人类群体的特征,尽可能选择有效的工具和方法,意图最终实现预想目标的过程。

（二）文化分层传播

如果将"分类"的一般概念具体到传播领域，并进一步具体到文化传播领域，分层传播的概念就已经较为明晰了。"传播"是一个复杂性不亚于"文化"的概念，它可以是用于描述人类传播活动的一个特有名词，即排除了动物信息传播的专属人类的概念，它也可以特指"大众传播"，因为现代传播学的主要研究对象是大众传播，即以报刊、广播电视为主要媒介形式的人类传播活动。在一种较为狭窄的意义上，传播关注的内容通常以符号化的知识或信息的方式呈现，最典型的信息形态是"新闻"，它排除了类似铁路交通、货物交易等类型的传播形态。这一点已经被很多传播学者所批评，麦克卢汉就将传播的形态扩展到包括电作为媒介的传播形态。人类传播活动的基本过程可以用经典的"5W模型"来描述，即通过"谁（who）、说什么（what）、对谁说（whom）、通过何种渠道（what channel）、取得什么效果（what effect）"等五个主要环节来分析。按照上节的定义，分层是对人群的分类，那么在传播领域，分层传播可以表述为：分层传播是传播者（who，信息发出者，传播主体）在特定的环境下为达到某种传播效果（what effect）而有意识地对受众（whom，信息接收者，传播客体）按照某种标准加以比较和分析，形成分类体系，并根据不同群体的特征，尽可能优化内容（what）结构、选择有效的渠道（which channel，媒介，媒体），意图最终实现预设传播效果的过程。

"文化分层传播"概念在语言形式上已经预设"文化"是传播的内容，并且是所有传播内容中的一类，它缩小了广义"文化"的概念，通常将文化视作和政治、经济、社会并立的偏向精神层面的符号性事物。在形式上，我们可以将文化分层传播表述为：文化分层传播是传播者在特定环境下为达到某种传播效果而有意识地对受众按照某种标准加以比较和分析，形成分类体系，并根据不同群体的特征，尽可能优化需要传播的文化内容，尽可能选择有效的渠道，意图实现预设传播效果的过程。

（三）元分层理念

总的来说，文化分层传播是一个动态的过程，从实践的角度上看，一个相对完整的过程包括：① 问题或目标的设定；② 对象的确定和分析；③ 初步的分层体系；④ 分层传播的方案；⑤ 方案的实施；⑥ 实施效果的反馈和策略；⑦ 根据反馈从以上各步骤中的任一步重新开始循环。

因此，一个分层传播过程结束后，留下的有形资料至少包括：① 分层体系或分层方案，以及设计该体系或方案的意图、目标和实施建议等；② 分层传播实施方案，这是具体的根据实际需要制定的细化方案，包括对传播过程各要素的总体设计；③ 测量与反馈方案，即主要通过量化的方式来检验分层传播的实施效果。其中，分层体系或分层方案是非常重要的文本。

通常，因为环境的不同，尤其是因为实施分类或分层的主体对分类对象有着不同的想象，总是有若干种可能的分类体系。这些分类体系自身组成了一个集合，即分层体系本身是一个分层体系，我们称之为"元分层"。具体到文化分层传播的分层体系设计，在理论上它至少可以分为三类或三层方案。

1. 人类文化集团间处于激烈冲突环境下的分层传播体系

这个情景的典型状态就是战争状态。自第一次世界大战以来，媒介传播就极大地介入了战争的进程，并在"二战"之中得到进一步的发展。宣传战、舆论战、心理战成为武器、人员、战略比拼之外的重要形式。拉斯韦尔对战时宣传的研究充分表明了有针对性的传播策略在增强己方人员斗志、降低或消灭敌方人员士气方面的作用。尽管拉斯韦尔没有特别强调战时宣传中的分层传播这一主题，但是通过其详尽的分析不难看出斗争各方在试图通过媒介来影响人的过程中所实施的精准、精密的策略。"二战"迄今的网络时代，和平与发展是世界格局的主旋律，但是也爆发过局部战争。海湾战争中的美国和阿拉伯国家的媒介实际上呈现了不同文化集团之间战时交流的全新格局。

2. 人类文化集团间处于均势情况下的分层传播体系

如果武力竞争已经达到平衡状态，任何国家都不可能依靠武力来解决冲突，那么和平对话就成为可能。尤其是在经济全球化进程中，为解决发展问题，世界范围内的生产和贸易逐渐形成一个相互依赖的体系，战争爆发的风险进一步降低。经济的相互依赖导致政治决策的变化，这也正是软实力理论兴起的主要背景,文化正是在此时才有可能成为国家间交往的重要因素,也成为国家间竞争的新的场域。文化重要性的提升虽然来自人类文化集团之间基于利益的竞争,但是也给真正的文明对话创造了条件,使得构建一个不仅是经济而且是文化的世界共同体有了可能。

3. 人类文化集团间处于绝对信任情况下的分层传播体系

这种绝对信任的情况在局部地区可能出现,但它更是一种未来的和理想的全球秩序远景。在一个已经形成的共同体内部,各个亚文化单位容易形成相互信任的关系,或者在一个特定的国际区域(比如欧盟),国家间的信任度不断增强。此时,分层传播的效果可以达到一个最佳状态,一个哈贝马斯所期望的世界公共领域会逐渐形成,人类世界基于相互理解的多元文化状态将可能实现。不过,对于当前而言,这种情景还远未实现。

依据前文的分析,我们认为当前的世界格局更接近第二种情况,民族国家体系依然在世界范围内占据主导地位,产生着重要的影响,但是新技术尤其是网络技术使得全球文化的联系越来越紧密,更为关键的是以生态和环境为核心的全球问题使得民族国家体系捉襟见肘。这种状况具有很大的不确定性,既可能由于个别国家的极端民族主义让世界重新回到激烈冲突的环境下,也可能由于主导国家的协作实现全球一体的治理格局。在目前的环境中,理性的考虑是设计两种或多种分层体系。

四、分层传播的前提与预设

任何传播过程总是发生在特定的时空背景之下,分层传播也是如此。分层传播预设了传播者必须对受众有一定程度的了解,这构成了它的一个基本前提,因此,某种意义上,分层传播是一种"后"传播策略。了解意味着反思,从熟悉受众到有目的地采取具体传播策略是一个理性的过程,因此,分层传播也是一种设计感很强的传播策略。基于上述两点,我们在肯定分层传播具备有效性的前提下,需要进一步分析中华文化全球传播中分层传播策略能够实施的基本前提以及为了保证效果的最大化而需要的预设条件。"前提"主要指必备条件，它是中华文化全球分层传播实施所需要的基本条件，满足这些条件才有可能很好地设计和实施分层传播策略；"预设"是理想化的条件，它可能在开始的时候并不具备或不太完善，也可能经过一段时间依然没有很大改善，它是传播者很难掌控的一类条件。我们认为，对中华文化全球分层传播而言，它的基本前提包括三个，即一定程度的经济基础、较为完善的传播基础设施以及合理制定的分层传播策略；而理想的预设条件也有三个，分别是传播主体的文化自觉意识、对待他者的平等态度以及相互信任的国际关系。需要说明的是，这六个前提和预设条件已经将当前世界的一些状态作为默认点，这些默认点主要指"和平与发展"是时代的主题，即战争在处理国际关系中不是首要的和第一的选择，保证和平的、稳定的秩序是世界大多数国家的基本愿望。另外，每一个国家的执政者和人民都意图过上一种和平、稳定和幸福的生活，不论他们持有何种宗教、意识形态和价值观。在历史上，文化或文明的交流并非都是和平友好的，相反，大多数文明交流可以用"碰撞""冲突"来形容。因此，这里的分析是就当前情况下世界格局的基本态势而言的。

（一）中华文化全球分层传播的基本前提

基本前提主要围绕传播者而言，因为分层传播总是特定的传播者所期望采取的策略，为了实施该策略，他首先需要对自己所具备的条件进行分析。在这些基本前提中，经济实力构成了分层传播的重要基础，在经济实力的支撑下所发展起来的传播实力体现在完善的传播基础设施方面，而科学有效的分层传播策略是提升中华文化全球影响力的直接因素。

第一，中华文化全球分层传播离不开经济实力的支撑。经济对文化传播的支持主要体现在两个方面。第一个方面是比较容易理解的，在网络时代，面向全球范围的文化传播需要设立相应的机构、购买先进的传播设备、培养大量的传播人才，这些都需要具备相当可观的经济基础才能够实现。在人民没有解决基本的生存发展问题，国内政治、经济、社会的发展没有达到一定程度的情况下，一个国家不太可能在对外传播方面花费巨额的预算。因此，能够在全球范围内开展文化传播的国家一定需要具备相当雄厚的经济实力。经过数十年的发展,经济总量居于世界第二位的中国已经具备了良好的全球文化传播基础。从世界范围来看,能够在自身的文化建设上投入资源并强调自身文化重要性、强调文明对话的国家也基本上都是经济实力较强的国家。当然,这并不意味着拥有经济实力的国家就一定在文化建设和传播方面投入巨大的资源。经济对文化传播支持的第二个方面体现在它和文化实力之间的相互关系方面。正如"软实力"理论所表明的,经济属于硬实力,而文化属于软实力,二者在获得他者的影响力方面各有不同的角色。中国很多官员和学者在论述中华文化全球传播的必要性时,总有一个基本的判断,就是中华文化在世界上的地位和中国经济的地位极不相称,这构成了中国向全球传播中华文化的一个不言自明的出发点。一个国家的经济实力和文化实力应该是相称的吗? 这是一个不太容易回答的问题。尽管如此,一个令人尴尬的事实是,发达国家的文化似乎具有某种潜在的影响力使得其文化也容易被其他人接受。① 我们认为隐藏在"经济强文化就一定要强"这一理念背后的是某种不太符合文化传播理念的"弱肉强食"的"文化丛林法则",但是这个法则在当今的世界格局中具有极强的生命力。通过向世界开放和学习,尤其是向经济发达的西方国家学习,中国在经济上显然取得了巨大的进展,在这个过程中,中国实际上吸收了西方文化,今天的中华文化已然不是传统文化的简单现代版,而是中西文化的混合版。今天,我们在强大的经济实力的基础上,需要传播的中华文化显然具有新的内涵。而中国经济的强大确实为文化的传播提供了一个良好的基础,虽然这个基础背后的理念是值得反思的。

第二,中华文化全球分层传播需要较为完善的传播基础设施。这些基础设施主要包括硬件设备、组织机构和人力资源三个部分,是"传播能力"的重要组成部分。2009年6月,中国开始实施《2009—2020年我国重点媒体国际传播力建设总体规划》,提出要把中国重点媒体的国际传播能力纳入国家经济社

---

① 洪浚浩、严三九:《中华文化国际传播的必要性、紧迫性与挑战性》,载《新闻与传播研究》,2014年第6期。

会发展总体规划,其目标是"以中央主要媒体为骨干、以新兴媒体为突破口,硬件和软件并重,同步推进基础设施建设和信息内容建设,全面提升采编播发能力和产品营销能力,加快构建覆盖面广、信息丰富、技术先进的现代国际传播体系,形成与我国经济社会发展水平和国际地位相称的媒体国际传播能力"。近年来,中国国家领导人也非常重视传播能力建设,认为"传播力决定影响力"①。经过多年的建设,中国在国际传播基础设施建设方面取得了惊人的成绩。根据2022年发布的《国家国际传播能力指数》,中国在世界排名第四,硬实力排名第二。"国家国际传播能力指数2022"由国际新闻与传播学院院长姜飞教授领衔,从硬实力建设和软实力建设两个方面对全球195个国家和地区2021年的国际传播能力进行统计分析和指数排名。该研究把"国际传播力"定义为一个主权国家综合国力的一部分,是一国为争取和实现国家利益在国际范围内进行信息交流的能力和效力。其中,"国际传播能力"是一国在国际传播方面所作的"投入",它是跨国界的传播力量,直接体现着一国的全球意识。国际传播能力作为一种传播的实力,可以细分为各项量化指标,这些指标同时也是国际传播能力的构成要素。从表现形态考虑,综合国力构成可解析为物质力量和精神力量,国际传播能力建设也可以分为硬实力建设与软实力建设。该指数表明,中国国际传播能力的硬实力建设已初见成效,综合排名第四,硬实力建设排名第二,均达到世界顶尖水平。总体来看,发达国家在国际传播能力方面普遍实力较强。面对当前格局,需要进一步加强顶层设计、系统谋划和精准施策,完善国际传播工作格局,尽快形成同我国综合国力和国际地位相匹配的国际话语权。②

第三,中华文化全球分层传播需要有一个合理设计的分层传播策略。如果说在强大经济实力支持的基础上中国海外传播能力建设已经达到了世界级的领先水平,那么设计一个合理的分层传播策略将是一个极有价值的增强中

---

① 中共中央宣传部:《习近平新闻思想讲义》,人民出版社、学习出版社2018年版,第30页。
② 具体指标详见北京外国语大学国际新闻与传播学院网站,网址 https://sijc.bfsu.edu.cn/info/1098/3024.htm。

华文化影响力的实现途径。通过前面的一系列论述，本研究已经阐明了分层传播对于提升文化传播影响力的价值所在，围绕进一步增强中华文化全球影响力的很多研究几乎也都归结为两点，一是"讲好中国故事"的内容建设，二是强调"精准施策"的传播策略。也许不同的学者对于如何"精准施策"看法不一，但是在以受众需求为中心，在充分了解受众的基础上通过合理优化传播各个环节来增强传播效果方面基本是一致的。不过，到目前为止，能够给出较为完善的分层传播方案的系统研究还很欠缺。这里所言的第三个条件实际上是正在进行中的事业。正如我们所面对的，分层传播策略的设计和实施并不像初看起来那么简单，尤其是在中华文化的全球传播中，它涉及的理念和实践问题较为复杂。但是，只要大的环境没有重大的改变，一个合理设计的中华文化全球传播分层策略是可能的，也将是可行的。

（二）中华文化全球分层传播的理想预设

理想预设主要针对传播的环境而言。任何传播行为总是在一定的时空条件下进行，受到来自传播环境的制约，这些环境主要包括地理环境、文化环境和媒体环境。网络时代的中华文化全球传播离不开的主要环境因素显然包括世界范围或全球范围的地理环境、中国国内和世界各国的文化环境以及由互联网构成的媒介或媒体环境。传播的环境总是处在不断的变化之中，相对于地理环境和媒介环境，文化环境与文化传播本身具有更直接的联系，也是动态变化更为敏感的因素。一个良好的适合传播和对话的文化环境并不是容易取得的，相对传播过程的其他环节，有些文化因素并非个人、集体乃至国家能够在短时间内改变的。要使得中华文化全球传播更加有效，中华文化的影响力不断增强，分层传播策略的设计和实施更加有效，期待或逐渐构建一个理想的传播环境是必须的。就目前的情况而言，我们认为，中华文化分层传播如果需要达到理想效果，至少需要三个方面的预设，即传播者对中华文化的高度自觉意识、传播双方都能够坚持平等对话的姿态以及国际普遍存在的信任关系。这三者在目前来看都没有达到一个理想的状态，都可能成为制约中华文化分层传播的障碍，有待于中国以及其他国际行为主体通过不断的努力来创造文明对话的良好氛围。

首先,中华文化全球分层传播理想效果的取得需要中华文化共同体成员对自身文化的高度自觉意识。前文分析已经得出结论,随着中国改革开放以来经济实力的强大,中国人包括世界范围内的华人的文化自觉意识都在觉醒,文化自信也在不断增强。任何一个文化的自觉意识总是在和其他文化的相互参照中确立的。近现代以来,中国传统文化遭遇过较为彻底的批判和贬低,正是在西方文化的强势压力下,中国几乎失去了对自身文化的自信,也就谈不上什么文化自觉。近年来,很多西方学者开始在现代性危机的前提下重新思考中华文化尤其是传统文化的价值,沿着德国哲学家雅斯贝尔斯"轴心时代"概念,有学者提出"新轴心时代"的概念,认为在21世纪,世界范围内将再次出现数个文明交相辉映的盛况,一批思想家和突破性思想将再次涌现,中华文明或中华文化将成为其中之一。很多中国学者对中华文化也一直寄予很高期望,肯定中国传统文化的价值,希望在近现代受到冲击与损毁的中华文化重新焕发光彩。真正让中国产生文化自觉和自信的除了上述因素之外,更重要的是中国经济发展所创造的奇迹,使得中国人意识到自己的力量,因而对自身的文化开始了新一轮的反思。文化自信必须和文化批判结合起来,对自己的文化有一个理性的认知才是真正的文化自觉。如果"新轴心时代"真的得以实现,它也是一个文化多元的时代,同古代的轴心时代一样,不同的文化并存,没有哪一个文化拥有绝对的真理而试图将其他文化消灭。因此,对于中华文化,中国人自己必须有一个清醒的认识。正如汤一介先生所言:"中国文化(中国哲学)和其他文化(其他哲学)一样,她既有能为当今人类社会发展提供有价值资源的方面,又有不适应(甚至阻碍)当今人类社会发展的方面,我们不能认为中华文化可以是包治百病的万灵药方。因此,中华文化应该在和其他各种文化的交往中,取长补短、吸取营养,充实和更新自身,以适应当前经济全球化和文化多元化的新形势。"[①]

[①] 汤一介:《新轴心时代与中华文化定位》,载《跨文化对话》(6),上海文化出版社2001年版。

其次,中华文化全球分层传播理想效果的取得需要参与传播的主体始终坚持文明对话的平等态度。文化无所谓强弱,覆盖面并不是文化的唯一指标,文化传播是双向对话的过程,对外传播媒体应该真正做到"用海外读者乐于接受的方式、易于理解的语言,……努力成为增信释疑、凝心聚力的桥梁纽带"①。虽然我们的研究强调中华文化的对外传播,但是既然文明对话的过程是双向互动的,就不能不考虑对其他文化的学习和借鉴过程。近代以来,中国始终在向西方的欧美甚至东方的日本学习,在学习的过程中逐渐走向现代化。但是,我们并不能据此认为中国在理解其他文明的文化上具有很高的水平。有学者认为,从今天反思100年前的新文化运动就会发现,中国并没有建构一个完整意义上的现代文化,新文化运动中,白话文运动颇有成效,但是民主与科学并未成为主流。② 汤一介先生对中华文化的认识显然值得我们反思,他说:"任何学说都不可能是十全十美的,也不可能解决人类社会存在的一切问题;中国文化也是一样,因此我们应该清醒地给中国文化一个恰当的定位。中国文化要想在21世纪走在人类文化发展的前列,应该在充分发挥自身文化的内在活力的同时,大力吸收其他文化的先进因素,消除其中的腐朽部分,使中国文化'日日新,又日新'而不断适应现代社会生活的要求。"③这意味着中国在进行中华文化全球传播的过程中需要强调多元文化并存的基本理念。

最后,中华文化全球分层传播理想效果的取得有赖于国际普遍存在着信任关系。信任是任何合作活动的必要条件④,是人和人之间建立良好关系的基础,所谓"人无信不立",只有相互信任才能共同协作,才能保障群体的和谐有序。信任同样也是国家与国家之间建立良好合作关系的基础,这

---

① 《习近平就人民日报海外版创刊30周年作出重要批示》,新华网,2015年5月21日,http://www.xinhuanet.com/politics/2015-05/21/c_1115367376.htm。
② 任剑涛:《认同现代之难——新文化何以在中国未能成为主流文化》,载《探索与争鸣》,2015年第7期。
③ 汤一介:《在经济全球化形势下的中华文化定位》,载《中国文化研究》,2000年第4期。
④ [英]威廉斯:《真理与真诚:谱系论》,徐向东译,上海译文出版社2013年版,第113页。

已经是外交理论和实践所证明的基本事实。信任同样也是文化间交流、文明对话的基础,没有信任作为前提,任何文化的传播效果都会大打折扣。美国著名学者福山曾经研究了世界各国经济发展过程中信任的关键作用。福山的问题是"为什么不同文化的国家在经济发展上取得的成就如此不同",延续他自己的"历史终结论",福山认为,当今世界几乎所有的发达国家已经或准备采用自由民主的政治制度,与此同时,世界大部分国家转向市场导向的经济,并融入资本主义的全球性分工。今天,绝大多数政治或经济的精英都不再期望通过大规模的社会工程来实现乌托邦理想,他们都坚信自由主义政治经济体制的活力源于健康且多样化的公民社会。福山认为,作为现代生活最为重要的一环,经济领域承受了文化对于国内安康和国际秩序最为直接的影响。福山试图证明,一个国家的繁盛和竞争力是由某一普遍性的文化特征所决定的,而这些文化特征中最为重要的就是社会本身所固有的信任程度。福山列举了不同信任的国家在经济决策中的正反两方面案例。在信任度高的案例中,共同体的文化并非基于剥削性质的规则条例之上,而是基于每一个共同体成员内心的道德习惯和道义回报。这些规则或习惯是共同体成员之间相互信任的基础。人们之所以决定支持共同体,往往不是以经济私利为出发点。处于危机中的经济共同体内部如果能够团结,经过长期努力战胜困难,就能够否极泰来。低信任度的案例则表明,倘若没有结成共同体的习性,人们便无法利用唾手可得的经济机会。信任作为一种价值观,是一个共同体文化的重要组成部分。在一个有规律的、诚信的、相互合作的共同体内部,成员会基于共同认可的准则,对其他成员有所期望,这种期望就是信任。信任是一种社会资本,对于社会的工业经济有着本质的影响。尽管福山论及的主要是一国之内的信任文化能够带来的重要影响,实际上在文化传播中,信任也同样重要。在文化传播的过程中,媒介机构是重要的传播中介,人们一般通过媒介来了解其他文化,为了能够尽可能真实准确地获得信息,媒介机构自身的公信力就是决定传播效果的重要因素。

第二节　中华文化全球分层传播的主要结构

一、中华文化全球分层传播的结构与要素

哈罗德·拉斯韦尔（Harold D. Lasswell，1902—1978）是美国当代著名学者，他的身份有社会学家、政治学家、传播学者等。虽然他在传播研究史上作出的重要贡献让传播学人普遍视其为传播学家，但是从其职业身份和研究重点来看，他更是一个政治学家。拉斯韦尔是一个跨学科的学者，他在多个领域都获得了重要的成就。罗杰斯归纳了他在传播研究领域作出的 5 个方面的"永久性贡献"①，其中 5W 模式位于首位，其他还包括开创了量化的内容分析方法、对政治和战争宣传做出了杰出分析（代表作《世界大战中的宣传技巧》②）、将精神分析引入美国社会科学以及开创了政策学研究等。

1948 年，拉斯韦尔发表《社会传播的结构与功能》（The Structure and Function of Social Communication in Society）一文。③ 在这篇著名文章的开篇，拉斯韦尔就直截了当地指出，传播行为可以通过回答以下问题来进行描述：

　　谁？（Who）
　　说了什么？（says What）
　　通过什么渠道？（in Which channel）
　　对谁？（to Whom）
　　取得了什么效果？（with What effect）

---

① Shearon Lowery & Melvin Lawrence DeFleur. Milestones in mass communication research: media effects. 3rd ed. New York: Longman Publishers USA, 1995, pp. 242 - 243.
② H. D. Lasswell. Propaganda technique in the world war. New York: Knopf, 1927.
③ H. D. Lasswell. The structure and function of social communication in society// Lyman Bryson(ed.). The communication of ideas: a sence of addresses. New York: Harper, 1948, pp. 37 - 51.

因为每一个问题都包括一个"W",拉斯韦尔对传播结构的分析就被后来的学者归纳为"5W"模式(如图 3-1)。拉斯韦尔的 5 个问题确立了传播研究的 5 个基本领域,分别是研究"传播者"的"控制分析"、研究"说什么"的"内容分析"、研究"传播渠道"的"媒介分析"、研究"接收者"的"受众分析"以及研究"效果"的"效果分析"。

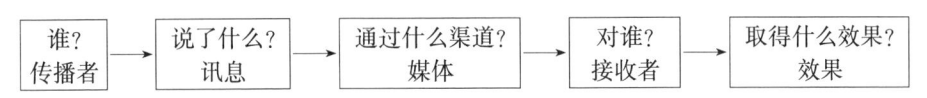

| 谁？传播者 | → | 说了什么？讯息 | → | 通过什么渠道？媒体 | → | 对谁？接收者 | → | 取得什么效果？效果 |

图 3-1 拉斯韦尔的 5W 传播模式

说明:本图重绘自麦奎尔《大众传播模式论》第 2 版中文译本第 13 页。

把 5 个问题变为图表并将其称为传播的一种"模式"(Model,也译为模型)并非拉斯韦尔本人所为,带有自然科学色彩的"模式"引入传播学实际上可以理解为叙述大众传播发展史的一种方式,正如传播模式研究的著名学者麦奎尔所言,"我们打算从所有传播关系都会涉及的一些非常简单和普遍的模式出发,进而探讨大众传播的效果、主要参与者之间的关系、这些参与者与社会之间的关系,以最终阐明这些含义"[①]。模式是用图像形式对某一类现象进行的简化描述,意在显示任何结构或过程的主要组成部分以及这些部分之间的关系。麦奎尔曾经总结了 66 个大众传播模式,对于后来的传播研究者了解纷繁复杂的传播理论起到了重要作用,其影响之广使得很多传播学者在提到拉斯韦尔时几乎立即联想到 5W 模式。而模式化的 5W 也因其太过简单,忽略了很多重要的因素(比如传播发生的环境、传播行动的目标等)受到了很多批评。对 5W 模式的最严厉批评无疑是指责其"线性单向"的思维,带有强烈的传播控制思维,根本没有考虑到受众的反馈。进一步,美国传播学"主流学派"的批判者将经验实证研究的很多缺点都追溯到拉斯韦尔的 5W 模式。不少学者都认为,经过后来学者的不断批判和完善,5W 模式似乎已经过时了。5W

---

① [英]麦奎尔、[瑞典]温德尔:《大众传播模式论(第 2 版)》,祝建华译,上海译文出版社 2008 年版,第 1 页。

模式的广为人知也使得它被很多初学者滥用,很大程度上变成了机械化、程式化的解释传播现象的万能方便模板。这些未必公允的批评意见的一个后果就是,严肃的学术研究采用5W结构需要自证其理由,否则就可能给人留下浅薄的印象。但是,在考虑一般人类传播行为的基本过程时,5W模式依然有着强大解释力。任何理论观点或者模式都是对复杂的一种简化处理,它不可避免地要忽略一些因素、突出一些因素。传播模式的生命力在于其是否准确地给出了传播过程的核心要素并受到学术同行的认可与采用。拉斯韦尔提出、后续学者提炼的5W模式无疑在两方面都是成功的,因此,在考虑传播的结构与要素时依然是有效的。

人类文化现象是一个复杂的研究对象,不过我们考虑"文化传播"问题时,已经将重点转向了"作为传播内容的文化"的传播问题。将文化视作传播内容,对于文化概念已经作了一定程度的限定,虽然有将复杂问题简单化的不足,但是无论在现实还是理论中都是有意义的问题。因此,文化传播问题也同样可以用5W模式所确立的结构来分析。当然,在网络时代,文化传播问题已经超出了纯粹的大众传播的范畴,在5W模式所确立的5个要素中都显示了一定程度的复杂性需要我们认真地梳理。

中华文化的全球传播是一个传播者和接受者复杂互动的过程,它是在时代发展到特定阶段出现的问题,是以中国为主的中华文化传承和实践者为了让世界更好地了解中华文化,增进世界上不同文化间的相互交流沟通,共同建设一个多元、文明的世界而做出的文明对话行动。因此,按照5W模式确立的结构,中华文化全球传播的基本结构如图3-2。

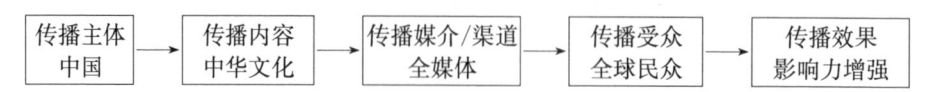

传播主体 中国 → 传播内容 中华文化 → 传播媒介/渠道 全媒体 → 传播受众 全球民众 → 传播效果 影响力增强

图3-2 中华文化全球传播的结构与要素

说明:为表述方便,我们将5W对应的每一个方面称为"要素","传播者"称为"传播主体",是在传播主体/客体意义上而言的,是传播行为的主要发起者,但是不意味着它就不会在传播中成为接受者。传播接受者本可以称为传播客体,但是我们采用更加常用的"传播受众"一词。每一结构对应的角色在图中是简化的描述,细节将在后文的分析中展开。

二、中华文化全球传播受众分层

地球是太阳系中的一颗行星,是目前人类已知的宇宙中唯一存在生命的天体。这个人类唯一的家园是颗蓝色的星球,表面有71%的面积被水覆盖。陆地和岛屿上遍布河流和湖泊,各种生物包括人类自35亿年前开始在地球繁衍进化。到2024年,地球上已经有近82亿人口。[①] 目前中国人口总数大约14亿,那么其他68亿人口将组成中华文化全球传播的潜在受众。这是一个略显夸张但是逻辑合理的想象。人类遍布世界,受到地理、气候、环境的影响形成了各自不同的聚落。人类是社会动物,为了生存和发展,他们集结在一起,构成了具有内在结构的各种共同体。对当今世界而言,民族国家无疑是主要的和重要的人类共同体形式。到目前为止,全球政治实体总数200多个,其中联合国会员国193个[②],这个数字基本上是得到国际社会认可的独立主权国家的数量。截至2024年12月,全球共183个国家和中国建交。[③] 虽然国家无论大小一律平等是国际通行的基本准则,但是国家间的交往和联系的紧密程度并非如此。仅从中国角度而言,外交关系就区分为友好伙伴关系、全面合作伙伴关系、全面战略伙伴关系、全天候战略合作伙伴关系等不同的交往层级。

立足于人类文化交往的历史和现实,我们可以发现三种主要的围绕文化特征来对人类进行分层的模式,这些分析层次分别是按照文明体系、民族国家和文化阶层。其中,按照国家来进行对外交往和文化传播的分层是最为常见的模式,即"一国一策"模式,在实际的国际传播、跨文化传播操作中,这种模式是最为简便也切实可行的模式。"一国一策"传播强调国别差异和国别研究,即根据每个国家的情况及受众进行有目的、有针对性的调查,了解每个国家不同的历史文化、经济发展水平、社会发展阶段、宗教信仰、风俗习惯,以及受众

---

① Worldometers. https://www.worldometers.info/world-population/#top20.
② 《联合国概览》,2024年12月8日,https://www.un.org/zh/aboutun/thisistheun/intro.shtml.
③ 中国外交部:《建交国家一览表》,2024年12月8日,https://www.fmprc.gov.cn/web/ziliao_674904/2193_674977/.

的个人爱好、使用媒体习惯等。即使对同一个国家，也要区分不同地区、不同种族、不同语言情况，有目的地制定传播策略、设置传播话题、选择传播平台，从而最大限度地满足受众个性化、差异化的信息需求，提高传播的针对性和有效性。① 不过，按照国家来分层的缺点也是明显的，主要原因在于很多国家内部的文化成分极为复杂，不少国家的民族组成多样，一些国家本来就是移民组成的多元国家。这些复杂因素再加上一国社会内部的分层，其复杂性又极大增加。因此，在国家分层的基础上综合范围更广的文明体系分层和社会内部的文化阶层分层是一个较为合理的策略。以下，我们将重点考察文明体系分层和文化阶层的主要思想并分析其对文化传播的影响。

（一）文明体系分层

文明和文化两个概念在广义上具有几乎相同的意涵，很多学者并不严格区分两者的不同，而将其作为可以互换的对等概念。虽然在细节上，两者还是有不少差异，但是在表达人类所取得的物质和精神成果的总体的时候相差不大，因此我们这里讨论的文明体系即文化体系。

历史学家汤因比（Arnold Joseph Toynbee）并非首个以文明为单位来叙述人类历史的学者，但无疑他是最有影响力的一位。在长篇历史巨著《历史研究》中，他首先批判了按照国家来叙述历史的弊端，主张文明才是历史的单位。他认为历史上和现实中的文明都有其内在的发展模式，尽管影响的因素复杂，每一个文明都将经历从兴起成长到衰落解体的过程。根据汤因比的研究，他将历史上的主要文明作了一个分类（见表3-1）。

---

① 胡邦盛：《我国对外宣传如何实现精准传播》，载《中国党政干部论坛》，2017年第7期。

表 3-1 汤因比的文明分类

5 分法	19 分法	21 分法
西方基督教社会		
东正教社会	东正教社会	东正教—拜占庭社会
		东正教—俄罗斯社会
伊斯兰社会	伊朗社会	伊朗社会
	阿拉伯社会	阿拉伯社会
	叙利亚社会	叙利亚社会
	古印度社会	古印度社会
远东社会		
	希腊社会	希腊社会
印度社会		
	中国社会	中国社会
		朝鲜—日本社会
	米诺斯社会	米诺斯社会
	苏美尔社会	苏美尔社会
	赫梯社会	赫梯社会
	巴比伦社会	巴比伦社会
	埃及社会	埃及社会
	安第斯社会	安第斯社会
	墨西哥社会	墨西哥社会
	尤卡坦社会	尤卡坦社会
	玛雅社会	玛雅社会
文化化石碎片		

说明：本表根据汤因比《历史研究》中文版第一部第一章和第二章整理。5 分法中，汤因比认为当今世界依然有一些远古的文化遗迹以碎片化的形式存在，形同化石，比如留存在西藏、蒙古的喇嘛教和缅甸、柬埔寨等地的佛教文化，它们没有被计入汤因比的五大文明。19 分法和 21 分法是历史和现实中能够区分的文化的总数量，相互间的关系并非并列。

学界对汤因比的文明分类不乏批判之声,对其划分标准和分类方式都有诸多质疑。但是在总体的主要文明分类上,汤因比的划分影响深远。在后续的学者中,美国学者亨廷顿无疑是最重要的一位。虽然汤因比也在论述文明兴衰的过程中考察文明之间的交流和冲突,但是其主旨是历史研究,而非专题的文化互动研究。亨廷顿继承了汤因比以文明为分析单位的思想,在全球化时代的新格局中讨论文明之间的复杂关系。

在其影响广泛的著作《文明的冲突与世界秩序的重建》中,亨廷顿划分了7个主要的文明类别(见表3-2)。和汤因比的主要文明分类相比,亨廷顿对于东方文化的重视程度要高一些。这与他的论述背景和主旨有很大关系。亨廷顿认为在后冷战的全球化时代,意识形态对立所造成的冲突将消失,取而代之的是以文化认同为核心的文明之间的冲突。在亨廷顿眼中,以欧美基督教为特征的文明有衰落迹象,而随着经济的崛起,中华文明正成为一支重要的力量。美国"9·11"恐怖袭击事件使得亨廷顿20世纪90年代发表的著作在21世纪重新受到关注。他的"文明冲突论"被看作是一个极有前瞻性的预言,其关于中美冲突的判断也极大影响了中美关系。在中国,"文明冲突论"是一个和中国倡导的"人类命运共同体"理念不太一致的理论,很多人认为"文明冲突论"就是所谓"修昔底德陷阱论"的文化版本。这种批判有其合理性,但是亨廷顿并非文明冲突的支持者,他在书中明确表达了对于化解文明冲突实现世界秩序重建的思想。

表3-2 亨廷顿的文明分类

名称	说明
中华(Sinic)文明	也可称为儒教文明;包括中国、中国以外的东南亚、其他地方华人群体的共同文化,以及越南和朝鲜的相关文化。
日本文明	可以视作中华文明的后代,但是因其独特性而单列。
印度(Hindu)文明	以印度教为主要宗教;包括南亚次大陆的很多国家。
伊斯兰文明	以伊斯兰教为主要宗教;包括阿拉伯半岛、北非、伊比利亚半岛,延伸至中亚、南亚次大陆和东南亚。

(续表)

名称	说明
西方文明	以基督教、天主教为主要宗教；包括欧洲、北美和拉丁美洲三部分。
拉丁美洲文明	以天主教为主要宗教，是西方文明的子文明，因独特性而单列。
非洲文明	是否存在还存疑，宗教受到西方影响，但是部落文化依然悠久。
其他文明	主要指今天碎片化存在的佛教文明。

说明：本表根据亨廷顿所著《文明的冲突与世界秩序的重建》中文版第二章制作。

近代以来的中国，对世界范围内的文化分层也多有讨论，但是没有形成一个较为完整的分层系统。汤因比着眼于历史的文明兴衰，亨廷顿关注当下文明的冲突，而近代以来中国的文化系统分层集中在学习和借鉴上，即在东西方文化的简单二分法中究竟应该是"中体西用"还是"全盘西化"。在民族存亡的关头受到社会进化论影响的知识分子基本上接受了西方文化比中国文化"先进"的事实，开始了批判传统文化、学习西方文化的热潮。这种简单的"中西"或"东西"二分法构成了以中国为中心的世界文化分层体系的基础，其影响一直延续到今天。在很多当代学者、知识分子和大众的常识里，中外文化交流基本上就是中西文化交流，并且这个中西主要是中国和欧美的文化交流。当然，这并不是说，中国的学界就完全缺乏对世界文明的总体观照。早期的梁漱溟即在东西方文化中加入了印度文化，而近半个世纪以来的学者无疑更具有世界眼光。但是总体而言，我们更多地关注中华文化和西方文化的关系，对于和其他文化体系关系的关注相对要少得多。这是值得我们在中华文化全球传播过程中认真思考的。

（二）社会文化分层

社会学研究的"社会"一般情况下都是指国家之内的人类共同体。因此，社会分层研究是了解一个国家内部人员分化情况的主要依据。根据不同的目标和标准，社会分层的体系也复杂多变，很难有一个统一的分类依据和模式。对跨国的文化传播而言，以政治、经济资源占有的不平衡不平等为依据的阶层划分固然有着特殊的价值,但是从文化的角度而言,不同的经济、政治、社会资本的占有者往往在文化方面得到了表达。这一点已经被法国社会学家布迪厄的分析所证明并得到了广泛认可。我们在前文已经较为详细地讨论过社会分层和文化分层的主要思想。这里我们将以布迪厄的分层理论为核心做进一步的分析。

在《区隔》一书中,布迪厄给出了一个较为具体的文化分层模式,我们将它以表格的形式呈现了出来(见表3-3)。

表3-3 布迪厄的文化分层

	支配阶级(总量最多)	中间阶级(总量适中)	下层阶级(总量最少)
顶部集团	经济资本最富有,并用其经济资本购买了其他类型的资本。该集团主要由拥有生产资料的人组成(老资产阶级)。	与本阶级其他集团相比,占有最多的经济资本,但是与支配阶级相比,经济资本则少得多。这一集团主要由小资产阶级、小生意人组成。	与本阶级其他集团相比,占有相对较多的经济资本。主要由有技术的手工业工人组成。
中间集团	有一些经济资本,并同时拥有适量的其他三种资本。该集团主要由享有较高信任度的专家组成。	四种资本均占有一些,但是与支配阶级的中间集团相比,则资本总量较少。技术人员是该集团的主要成员。	与本阶级的顶部集团相比,占有更少量的四种资本,由半技术的工人组成。
底部集团	仅拥有很少的经济资本,但拥有很高的文化资本和符号资本。该集团由知识分子、艺术家、作家和其他一些在社会上追求有价值的文化资源的人组成。	有很少的或者没有经济资本,其他三种资本相对较多。该集团主要由教育者构成,比如学校教师、收入不高的文化生产领域的就业者。	与本阶级的其他集团相比,占用最少量的经济资本,主要由穷人构成。

说明:根据乔纳森·特纳的梳理[《社会学理论的结构》(下),华夏出版社2001年版第192-193页],转引自李强《社会分层十讲》(第2版),社会科学文献出版社,2011年版第285页。

布迪厄的文化分层总体上以两维三分法把社会分为9个部分,即9个不同的阶层。这些不同的阶层主要是按照经济资本和文化资本的总量来确定的。在布迪厄另一幅著名的社会空间位置图表中,他把很多具体的职业和代表人物纳入了文化分层体系。比如,中学教师是经济资本占有较少而文化资本占有较高的职业群体,他们的主要文化活动包括看《新观察家》报纸、骑自行车旅游、乡村行走等。布迪厄以当时的法国社会作为具体的分析案例得出具体文化分层方案。从布迪厄的分层思想中可以看出,文化分层的总体原则是清晰的,但是具体的分层方案则依据每一个社会的特征不同而有所区别。从布迪厄的文化分层影响来看,主要集中在偏重文化影响的文学、影视等学术领域,在社会学的实证研究中开展具体分析的研究较为少见。这是因为布迪厄的思想对于经济、政治和文化之间相互影响的强调使得传统文化、文学研究能够走出传统的研究领域,将经济、政治、文化间的互动纳入研究视野,从而获得新的理论视野。

对于中华文化的全球传播而言,布迪厄的文化分层思想是在"一国"的范围内继续对文化传播受众进行分层的重要理论指引。但是它更多的是理论的指导而非实践的方案,它需要在具体传播的方案中落实。在已有的面向实践的传播研究中,以广告学为核心的研究所取得的成果是特别值得关注的,"市场分析""整合营销传播""精准传播""计算传播"等理论概念和实践操作对于文化传播而言同样具有重要的参考价值。问题的关键是如何将以产品和服务的售卖为目标的商业受众分析策略和布迪厄面向社会不平等研究的文化分层理论相衔接,在文化传播这个中观层面提出一个受众分层的新模式。这一方向无疑是中华文化分层传播需要展开和深入的重点研究领域。

限于本研究的重点是较为宏观的理念研究,目前尚无法在文化传播受众分层上有更进一步的研究成果。可以预见的是,文化传播受众分层的核心是如何将一国之内的社会有效地按照文化品位来进行区分,这是一个针对不同国家开展特定研究的细致工作。

(三)受众分层的优化策略

文化传播受众分层的三个分析单位构成了我们进行中华文化传播的基础。文明体系分层是宏观的分层模式,便于我们把握世界文化格局的整体,确立中华文化的地位，同时对其他主要文明的历史和现实有一个明晰的认识。以国家为单位的分层模式是我们一直在实践中开展文化交流的默认点，而突破"一国一策"传播策略的进一步发展需要从社会文化分层思想来建构一个新的分层传播策略。只有综合各种文化受众分层的有效思路，在实践中根据实际情况选择优化策略，才能真正发挥受众分层对文化影响力提升的效果。

在中华文化传播受众分层的优化策略方面，中国已经做出了积极的探索。比如有宣传部门的官员强调要"加大对国外政要、知名专家学者和工商界人士的公关力度，邀请更多有影响力的外国人士了解中华文化、传播中华文化。各国汉学家是中外文化交流的友好使者，要加强与他们的沟通联系、做好服务，支持他们深入研究和传播中华文化，更好发挥他们在传播中华文化中的独特作用"[1]。在一国范围就区分了政治要人、专家学者和工商界人士三类，在专家学者中又特别强调了汉学家的作用。国内一些媒体也尝试将特定的受众作为自己的传播对象，比如《中国新闻周刊》英文版舆情客户端就把西方国家的中产阶层和精英人士作为主要目标受众，他们具体可以分为"国会参众议员、智库、学术机构、企业管理层、金融机构、主流媒体从业人员以及海外华人华侨等"[2]。

对文化传播的具体实践而言，分层的目标是深入了解受众，感知他们的需求。在分层传播策略的制定中，并非所有的层次都有相同的权重。文化传播需要区分远近、亲疏，这并非要创造文化传播的某种"不平等"，而是要在满足受众基本需求的基础上采用多种多样的传播方式来达成相互理解，从而增强传播效果。66亿潜在的中华文化全球受众不可能都转变为中华文化的实际受众，中华文化影响力的提升关键在那些从自身实际出发，为了解决自身的各种问题而对中国和中国文化感兴趣的文化体系、国家和阶层。

---

[1] 刘奇葆：《大力推动中华文化走向世界》，载张西平、管永前编《中国文化"走出去"研究总论》，北京大学出版社2016年版，第13页。

[2] 杜国东：《新媒体语境下对外传播的精准化转型——谈〈中国新闻周刊〉英文版舆情APP建设》，载《对外传播》，2019年第3期。

三、中华文化全球传播主体分层

传播主体是传播过程中主动发起传播行为的一方,它负责制作和提供信息,并以合适的媒介形式向传播受众发送信息。在中华文化全球传播过程中,传播主体一般指的是中国,即作为主权国家的中华人民共和国。当然,如果在广义上使用中华文化概念,无论在历史上还是当下都有一些复杂的情况出现。中华文化作为一个历史连续体,它为历史上以汉族为主体的各个朝代所继承和发展,虽然相对于今天而言历史上的中华文化传播并不广泛和深入,但是研究表明,至少自汉代的丝绸之路开始,中国与中亚、东南亚乃至西亚、非洲、欧洲的经贸往来和文化传播就已经不绝如缕。在这一意义上,中华文化传播应该是以广义的中国作为传播主体。从当今的中华文化分布格局来看,虽然中国港澳台地区社会制度有所差异,但仍然无疑是中华文化的传承与传播的主体之一。再扩展一层,历史上受到中华文化影响的日本、朝鲜、韩国、越南等国家以及华人移民群体不在少数的新加坡、马来西亚、印度尼西亚等国家也有着浓厚的中华文化的氛围,他们在很多时候也对中华文化抱有强烈的情感,对中华文化的研究与传播有很大的兴趣。也正是考虑到这些因素,亨廷顿并不认为中华文明等同于中国文化,而是泛指东亚受到儒家文化影响的国家和地区。对于中华文化传承与发展的主要国家,中国显然需要考虑与东亚文化圈建立合适的伙伴关系,既要坚持自身作为中华文化传承者的主导地位,也要通过对话和交流扩展中华文化的发展空间。基于以上考虑,我们把当前中华文化传播主体限定在主权国家中华人民共和国的范围内,考虑传播主体分层以中国大陆作为分析的主要对象。

自1949年新中国成立以来,中国政府就重视对外宣传工作。但是因为各种复杂的历史原因,新中国成立初期基本上处于被封锁状态,和国外的联系主要限于苏联等一些社会主义国家。虽然后来随着中国恢复在联合国的合法席位,与中国建交的国家日渐增多,但是对外交流依然局限在较为狭窄的领域。受到国内外意识形态因素的困扰,真正有效的文化传播工作做得不多,效果不好。长期以来,国外对中国的了解非常有限,而且西方国家对中国的偏见广泛存在,平等的文化交流和对话很难进行。1978年改革开放以来,中国的经济社会发展取得了举世瞩目的成就,中国的对外交往更加广泛,从新中国成立时沿袭下来的对外传播体制得到了改进和加强,非官方的传播渠道广泛建立,为更好地开展对外文化传播奠定了基础。总体而言,中国的对外传播主体结构以"官方"为主体、"民间"为辅助,呈现了鲜明的统一和集中特色,这为中华文化的全球传播奠定了坚实的基础,但也存在困境和不足。

(一)官方管理机构与媒体

与中国的整体治理结构相一致,在对外传播方面,中国的官方管理机构和党政主导的媒体构成了绝对的主导。有学者认为在决策和管理层面,中国实行"多部门交叉管理的行政模式",即对外文化传播工作由多个政府部门共同管理。主要的分工有:(1)文化和旅游部主管文学艺术界的对外文化交流;(2)国家广播电视总局主管电影、广播、电视的对外文化交流;(3)工业和信息化部主管对外网络及通信业务;(4)国家文物局主管博物馆对外文化交流;(5)中共中央宣传部不直接管理任何一块业务,却是"全管"。这是政策层面的把握,不管具体业务。[①] 随着中国近年来政府机构改革进程的加快,上述具体的分工已经发生了新的变化,但是总体格局基本不变。

中共中央宣传部是中国共产党在中央层级设立的部门,主要分管意识形态工作,是对内对外宣传的主要管理和指导部门。中宣部在对外宣传方针和政策的制定、执行方面拥有很大的权力,分管或指导中央级媒体的工作,在领导、指挥和调度各级媒体的对外宣传方面发挥了重要的作用。中宣部同时还垂直领导国内各省市自治区的宣传部,形成了遍布全国的主要媒体机构的管理体系。根据中国的有关法律和规范,拥有新闻采访权的国内主要媒体基本上都由各级党委和宣传部门主管和指导。

除了中宣部,和对外传播密切相关的国家级党政机关还包括外交部、文化和旅游部、教育部、国家广播电视总局、国家国际发展合作署、国家新闻出版署

---

① 关世杰:《中华文化国际影响力调查研究》,北京大学出版社2016年版,第94-95页。

(国家版权局)、国务院侨务办公室、国家互联网信息办公室(网信办)、国务院新闻办(中共中央对外宣传办公室)、国家文物局等。各级地方政府也有相应的机构负责本地区的对外传播工作。近年来,文化和旅游部助推的"海外中国文化中心"项目成效显著,截至2024年,在全球已经建立了45个文化中心。①

中央级的媒体机构包括新华通讯社(新华社)、中央广播电视总台、人民日报社、中国日报社等。这几家主要媒介机构所主办和设立的各类媒体构成了中国外宣的主要平台,比如新华社主办的新华网,人民日报社主办的《人民日报·海外版》、人民网,中央广播电视总台主办的央广网、央视网等。

严格说来,前述机构和媒体我们通常是在"新闻传播"的语境里来理解,和"文化传播"还是有很多不同的。如果是在"政治、经济、文化"并列的语境下来理解"文化新闻",就不难理解这些新闻媒体实际上做了大量的文化传播工作。从报刊开始的新闻媒介就有"副刊"这样的文学性版面,很多著名的文学作品都是通过在报刊连载的方式被广泛传播。因此,新闻传播和文化传播之间的界限并非如此鲜明。在网络时代,媒介的融合特性更加彰显,作为文化传播的重要渠道,中国主流媒体的文化传播功能更加凸显。

(二) 民间企业、组织和个人

在中国,"官方"和"民间"的分野似乎很清晰,但其实很多时候也是模糊的。在文化传播中,有一类特殊的主体正受到重视,就是以生产经营为主要目标的公司和企业。在中国,一些较大规模的企业比如中石化、中石油等都是国有企业,严格来说属于"官方",但是他们在偶尔涉及文化传播行为的时候又完全不同于官方机构和媒体。因此,我们将这一类传播主体总体上归在"民间"一类,与中国更多的民营企业一起讨论。全球化时代造就了很多跨国公司②,它们的生产和服务是全球性的,有时候很难区分它们的所属国家。微软、苹果、索尼、三星等公司都在全球开展业务,虽然它们以产品的生产和盈利作为

---

① 数据来源:中外文化交流中心网站,https://www.cice.org.cn/portal/site/zongzhan/bsc/bsc.jsp。
② United Nations Conference on Trade and Development. World Investment Report 2019,25 Dec 2019,https://unctad.org/en/pages/PublicationWebflyer.aspx?publicationid=2460.

主要目标，但实际上在特定类型的文化传播方面它们也成为"兼职"的主体。随着中国经济的飞速发展，跨国企业也日渐增多。在制造业领域，中国的海尔、三一重工、中国中车、比亚迪等都成为跨国企业，在通信领域中兴和华为无疑是近年来发展最快的企业，以阿里巴巴、百度、小米为代表的高科技企业也正在日益国际化。跨国公司的业务范围是全球性的，但是其母国的形象始终和企业形象绑在一起。在网络时代，一个成功的跨国企业可以为母国的形象增光添彩，在大众文化领域可以提高国家的知名度。跨国企业在产品、服务以及人员往来的过程中，实际上可以顺带承担一些文化传播的工作。

在公司企业类型中有一类特殊的企业和文化传播紧密相关，这就是和"文化产业"相关的公司企业。文化产业的崛起使得一大批企业具有了两种身份，既是以盈利为目标的企业，同时又附带了文化创造与传播的职能。中国的文化产业在政府的推动下正成为新兴的朝阳产业，在为国家经济作贡献的同时也在为中国文化的传播做出努力。但是，总体而言，我国的文化产业竞争力还不强，即使在实施"文化产业走出去"战略后，依然面临很多困境，在产品竞争力方面与欧美和日韩还有相当大的差距。今后，文化产业的发展和"走出去"战略的深入实施将成为中华文化走向全球的重要渠道。

民间社会组织也称为非政府组织（Non-Governmental Organizations，NGO）或非营利组织（Non-Profit Organization，NPO）。1952 年，联合国把 NGO 定义为不根据政府间协议建立的所有国际组织，即"非政府间国际组织"，因此，非政府组织概念在诞生之初具有国际性。在中国，民间组织的正式名称是社会组织，包括社会团体、基金会、社会服务机构。根据民政部 2018 年发布的《社会组织登记管理条例（草案征求意见稿）》，"社会团体，是指中国公民自愿组成，为实现会员共同意愿，按照其章程开展活动的非营利法人。国家机关以外的组织可以作为单位会员加入社会团体；基金会，是指利用自然人、法人或者其他组织捐赠的财产，以提供扶贫、济困、扶老、救孤、恤病、助残、救灾、助医、助学、优抚服务，促进教育、科学、文化、卫生、体育事业发展，防治污染等公害和保护、改善生态环境，推动社会公共设施建设等公益慈善事业为目的,按照其章程开展活动的非营利法人;社会服务机构,是指自然人、法人或者其他组织为了公益目的,利用非国有资产捐助举办,按照其章程提供社会服务的非营利法人"①。

《中国社会组织报告(2023)》的相关研究显示,截至2022年底,我国共有89.13万个社会组织,与2021年相比减少了1.06万个,增长率为-1.18%,这是我国社会组织总量首次出现负增长。从不同类型社会组织的发展情况看,社会团体有37.01万个,占全国社会组织总量的41.52%;民办非企业单位有51.19万个,占全国社会组织总量的57.43%;基金会共9319个,占全国社会组织总量的1.05%。报告指出,近年来我国慈善组织虽然发展迅速,并且在部分领域发挥了积极作用,但与新时代发展要求还有一定差距。部分慈善组织人员工作专业经验不足,专业性较低、慈善组织公信力下降等是主要表现。② 由此可以看出,中国社会组织的发展状况还不能令人满意,在自身功能发挥和提升影响力方面还需要进一步努力。由于一些国际合作和交流活动由民间组织出面有更好的效果,比如环保问题就必须动员民间组织的力量来参与,因此,民间组织在国际交流方面具有特殊的地位。中国政府在引导社会组织参与共建"一带一路"和环境保护方面也给予了大力支持。同样,民间组织在中华文化的对外传播方面也可以发挥独特的作用。

从个人层面来说,政治领袖、学术精英、文体明星、成功企业家等精英人物在传播中国文化方面的作用也不容忽视。在网络时代,普通人也能够在特定的领域为中华文化的全球传播贡献力量。个人网站,尤其是博客的兴起,使得个人在互联网上公开发布信息成为可能,社交媒体的兴起更加剧了这一趋势。2019年底引起巨大反响和广泛争议的李子柒就是一个较为典型的案例。在"公共外交"的理念下,越来越多的普通人走出国门,经商、学习、旅行等事务也

---

① 民政部关于《社会组织登记管理条例(草案征求意见稿)》公开征求意见的通知,2018年8月3日,https://www.mca.gov.cn/n152/n165/c37150/content.html。
② 上观新闻:《社院报告:我国共有89.13万个社会组织,东部沿海地区数量领先》,2024年10月10日,https://news.qq.com/rain/a/20231105A06H9700。

是展示和传播中华文化的重要方式。这些个人的努力虽然只能体现传播中华文化中非常具体和琐碎的一面，但是其具体可感的方式有其特殊的效果。

（三）主体分层的优化策略

中国的官方机构与媒体无疑是中华文化全球传播的主要承担者，中国在此方面也做出了努力，中华文化的影响力也正在不断增强。与此同时，我们也要意识到，因为前面分析过的民族主义等意识心态的差异，一些国家对中国官方主导的对外文化传播也有强烈的防范意识。他们对于具有长久"宣传"历史的受到中央权力中心管控的媒介天生地有一种不信任心理，这是西方近现代以来形成的特有文化传统所决定的。因此，我们要区分一小部分别有用心者对中国官方传播机构和媒体的恶意歪曲。这就需要中国在理解中外传播文化差异的基础上一方面改进主流传播渠道讲故事的方式方法，通过真诚理性的传播策略打消怀疑者的顾虑，另一方面要在主流媒介之外充分发挥民间组织、企业和个人的作用，创造更为开放的政策环境，鼓励民间力量在中华文化的全球传播中发挥更大的作用。近年来，一些媒体的实践也表明多主体的传播策略能够取得更好的传播效果。比如一项对俄罗斯的研究表明，对俄传播的主体既有官方机构，又有民间力量。官方声音主要包括国家元首、外交机构的对外交往，而民间声音主要通过非政府组织、企事业单位、智库、专家学者等身份与俄罗斯民众沟通，促进相互了解和信任，以此弥补和助推官方声音。要让俄罗斯民众对中国有好感，应大力倡导民间声音的传播，需要采取"润物细无声"的方式，潜移默化地促进中俄两国的民间交往。充分利用"中俄语言年""中俄国家年""中俄青年友好年""中俄旅游年"等机遇，促进两国人文交流，增进两国人民的相互理解和信任。要多鼓励中国的俄罗斯专家、俄罗斯中国通、俄罗斯留学生发出声音，向俄罗斯民众传播中国共建"一带一路"倡议构想。①

多主体协同的传播策略近年来也得到中国官方的支持，表示"要坚持政府主导、企业主体、市场运作、社会参与，统筹国际国内两种资源，用好文化交流、

---

① 何萍、吴瑛：《"一带一路"背景下对俄罗斯精准传播研究》，载《国际传播》，2018年第2期。

文化传播、文化贸易三种方式,凝聚政府、企业、社会组织和个人四方力量,着力构建全方位、多层次、宽领域的文化'走出去'格局,增强中华文化国际影响力"[①]。我们认为,多层次的传播主体是中华文化全球分层传播的必然路径之一。

四、中华文化全球传播媒介分层

网络时代的传播媒介并非只有网络媒介,也许在以后的一段时间内一些传统媒介将逐渐消失,但是至少在今天,"传统媒介"和"新媒介"并存的局面将持续一段时间。目前,网络媒介已经发展成为主导性的媒介,之所以如此,除了网络媒介自身的长处以外,还和它具有的高度融合性有关,网络媒介整合了历史上出现过的大多数人类沟通形式,实现了真正的"媒介融合"。因此,分析网络时代的中华文化传播媒介,既要充分考虑网络媒介的作用,也要根据实际情况发挥传统媒介的作用。

基于对媒介物质属性的强调,丹麦学者延森将历史上的各种媒介划分为三个维度(表3-4)。第一个维度是以身体为中介的传播形态,它大致对应于梅洛维茨的无中介传播,不过延森强调了这种传播方式并非无中介,人类的身体就是媒介。第二个维度的媒介是经过模拟技术手段中介的传播,大众传播或传统媒体是典型的代表,如广播电视等,它扩展了人们感知世界的方式。第三个维度的媒介是以数字化的计算机网络技术为基础的传播形态。延森把数字化技术称为"元技术",它并不是一种具体的技术,而是能够整合绝大多数现有技术的技术,印刷、广播、电视、电影等媒介形态经过数字化以后都可以在因特网上传播。"元技术"概念意味着并没有一种传统的媒介彻底消失,它总是以不同的方式被转化。从印刷到广播、电视再到网络的过程不能理解为单线的媒介演化,新媒介的出现并不必然使得旧媒介消失。"元技术"意味着第一

---

① 刘奇葆:《大力推动中华文化走向世界》,载张西平、管永前编《中国文化"走出去"研究总论》,北京大学出版社2016年版,第13页。

维度和第二维度的媒介在数字化后依然成为当前传播形态的一部分。

表3-4 延森划分的三个维度的媒介

	物质	意涵	制度
第一维度的媒介	人体;艺术与书写工具;乐器等	言谈;书写;歌曲;音乐表演;舞蹈;戏剧;绘画等	本地和区域组织,依赖于口头、誊写和混合的交流形式
第二维度的媒介	模拟的信息与传播技术;印刷,摄影(像),电信技术,电话,电影,广播,电视等	经由技术得以复制的、强化的、分离的表征与交流形式	本地、国家、区域以及跨国组织,依赖于印刷和电子化的交流形式
第三维度的媒介	数字信息与传播技术;单独的与网络化的计算机;内联网;互联网;移动电话等	经由数字化处理的、强化的、分离的以及激化的表征与交流形式	本地、国家、区域、跨国以及全球性组织,依赖于网络化交流形式

说明:表格复制自延森《媒介融合:网络传播、大众传播和人际传播的三重维度》中译版第63页。①

沿着延森的思路,可以将中华文化全球传播的媒介以物质特性作为基础,划分为三个层次:第一层次是以身体在场为中心的媒介形态,称为"具身媒介";第二层次是以大众传播媒介为中心的媒介形态,称为"大众媒介";第三层次是以数字化的计算机网络技术为中心的媒介形态,称为"网络媒介"。不同层次的命名主要考虑了和实际应用中的理解相契合,尽可能避免不必要的误解,但是显然也是有其不足之处的。"网络媒介"的流行说法是"新媒体"或"新兴媒体",也有称为"数字媒体"的。"大众媒介"的流行说法是"传统媒体"或"电子媒体",前者使用频率更高,认可度也较高,歧义会少一些。"具身媒介"是口语传播、人际交流的中介,不过在这两个领域并不是特别强调身体的媒介

---

① [丹]延森:《媒介融合:网络传播、大众传播和人际传播的三重维度》,刘君译,复旦大学出版社2012年版,第63页。

属性，采用这个术语意在强调身体在场时可能出现的传播场景。延森在分析媒介时提出三个概念，即"可供性"(affordances，也译为可用性)、"嬗变性"(emergency，也译为涌现性，是复杂性理论中的一个关键概念)以及"技术动量"(momentum)。"可供性"强调了不同媒介物质及其组织化形式的特性，它在一些特定的方面更有可能被使用，比如印刷的书籍更适宜传达系统化的理性思想，而视频短片显然不适合此类应用。"嬗变性"强调了媒介在使用中的一种不确定性，它总是可能被以某种无法预期的方式使用，比如为了记录人声而发明的留声机如今成为音乐录制、影响制作领域的主要声音处理技术。"技术动量"是在媒介效果的意义上说的，它强调了每一种媒介所具有的影响力，这种影响力应该在麦克卢汉的"媒介即讯息"意义上理解，而不仅是媒介传达的内容。

接下来将对目前可用的媒介进行分析，同时结合中华文化全球传播场景讨论每一种媒介的"可供性"以及可能的使用方式（"嬗变性"）和效果（"技术动量"）。

（一）具身媒介

"具身媒介"强调传受双方的身体在场，其最为典型的形态是两个人之间的对话。但是由此形成的"具身传播"形态不限定是一个人对另一个人的交流，它实际上可以是一个人对多个人，比如演讲，或者是多个人对多个人，比如学术会议或文化交流活动。当然，就目前的实际情况来看，任何具身在场的交流方式实际上也采用了很多技术辅助措施，不过依然可以通过强调具身媒介的特性来显示其技术可供性。具身传播的一个最基础特征是其感官的多维度，即传受双方均使用视、听、味、触、嗅等所有感官来进行系统感知，这和其他媒介只能传播视觉和听觉信息明显地区别开来。无论媒介如何发达，具身传播都拥有其不可替代的地位。通过书籍和网络了解再多中华文化的知识也不可能替代直接到中国生活一段时间。具身传播的第二个特征是场景的重要作用，因为任何具身在场的交流都一定是在特定的时空场景中展开的，人们为了特定的传播目的会有意无意地对场景进行设计、选择和安排，这一过程本身往往能够体现一个群体的思维方式和行为习惯,这实际上就是文化的一个组成部分。关于人际交往场景的研究与描述被戈夫曼较为详细地分析过,其著作《日常生活中的自我呈现》无疑是此类分析的杰作,虽然他用"戏剧"来作为隐喻,但是这正是具身交流的典型形态。具身传播的第三个特征就是其互动性,除了直接的话语交流或交锋,还有基于触觉等其他感觉的互动。互动性并不意味着特定的具身传播场景一定都有互动或能够互动,但是它至少提供了可能。但是互动并不总是意味着交流的成功或有良好的效果,因为辩论、吵架、攻击也是具身传播可能的情形。具身传播的第四个特征是其传播范围的有限性,如果不借助技术手段,传播者能够影响的人群范围或地域范围是有限的。无论是个人之间的交流还是公开的演讲,具身传播的影响面都只能是小范围的人群。但是传播范围的有限性并不总是意味着传播效果的有限性,如果这有限范围的人群是政治、经济、文化或舆论方面的"领袖",其效果将被极大扩大,这一点得到了传播学"意见领袖"和"两级传播"理论的支持。另外,具身传播可以被大众媒介和网络媒介再次编码和传播,从而扩大其影响力。

1. 以个人交往为核心的传播方式

随着交通的日渐发达以及中国的开放政策,因政治、经济、文化的需要,国内外人员的往来日益频繁。除了政府官员、商务人士、专家学者、国际学生,普通民众也随着旅游热的兴起加入了跨国出行的行列。这为建立起跨国界、跨文化的人际关系创造了可能。跨文化交际的过程实际上就是文化交流和对话的微观形式。如何建立不同文化间的友好合作关系,使得不同文化的人之间能够沟通、相互理解、增加信任,这是跨文化交际中无论公务还是私人交往都需要面对的问题。在现实生活中,公务和私人的交往界限并非那么分明,而一个文化群体的个体往往就是在跨文化交际的过程中对另一个文化有了不同程度的了解。很多时候,国与国之间的友好关系就奠定在不同层次的个人交往基础之上,不仅是政府间人员交往的良好关系,企业间的良好关系以及普通民众之间的良好关系都成为建立不同国家、文化之间关系的重要基础。同时,也要意识到,跨文化交际的失败案例同样是影响国际和文化间关系的重要因素。

在好的一面,跨文化交际可以建立起个人之间的信任与友谊,甚至跨国和跨文化的恋爱与婚姻也成为可能。政府间交往也可以建立起领导人、官员之间的紧密关系,企业尤其是跨国企业在建立跨文化的人际协作方面发挥着重要作用。教育是文化传承与传播的重要领域,而且青少年是每一个文化的未来,重视青少年之间的交流显然意义重大。近年来,中国在教育领域以多种形式开展国内外的跨文化交流活动,起到了很好的效果。

在坏的一面,并非个人之间的所有的跨文化交际都是愉快和成功的,傲慢与偏见,紧密接触引发的反感也往往会造成交流的失败。一些极端的案例经过媒体传播后甚至成为国家间、文化间冲突的导火索。

以个人交往为核心的方式可以并不局限在面对面的交流,它可以自然扩展到书信、电报、电话、电子邮件、短信、网络语音或视频等交流形式,虽然增加了技术作为中介,身体并不在同一时空,但是它构成了人际交往的自然扩展方式,同时它又并非典型的大众传播方式,因此我们把借助技术中介的个人交往方式依然算在这一类别。在这一扩展过程中,我们也发现技术作为人体延伸的过程,后来的媒介往往将旧媒介的内容与形式进行组合和转化。

需要注意的还有,以个人交往为核心的传播方式在中华文化传播中虽然占据重要的位置,但是中华文化本身可能并非交往活动的主要目标,它更多的通过潜移默化的形式来进行。

2. 以群体形式为核心的传播方式

人际交往的形式并不限于一对一,通过群体方式,以有组织的方式开展的具身交往活动也是重要的形式。这些跨文化的活动多数并不以中华文化传播为根本目的,但是通过潜在的方式也在传播中华文化。以学术研究领域为例,随着中国自然科学、社会科学与国际接轨的程度越来越高,国际合作日趋紧密,每年在国内外召开的各种主题和级别的学术会议数量很多,这种场合常常是跨国界和跨文化的。政治活动通过各种会谈、谈判、论坛的形式,也在以具身的方式开展群体形式的交往活动。企业界也同样如此,各种规模和形式的协商、会谈和论坛等构成了跨文化交往的重要场景。近年来,直接以中华文传播为目标的类似各种有组织的群体活动也陆续展开。这种文化传播方式有丰富多彩的形式,既有国外举办的,也有国内举办的,既有中央部门参与,也有地方和基层部门参与。很多地方的文化传播活动是和经济贸易联系在一起的,这构成了中华文化传播的一个重要形态。

除了一般性的会议形态,近年来,以展览、展演的方式开展的中华文化传播更加受到重视。主要的案例包括博物馆之间建立的跨国和跨文化展览,对于中华文化的传播有着重要的价值,直接把中华文化中的器物层面展示给外国公众。还有以艺术展演的方式开展的文化交流活动在中央和地方政府的推动下近年来也成为热点。中国传统文化的一些精品剧目,包括京剧、昆曲以及现代戏剧、音乐,中国古代和现代的绘画、雕塑,甚至包括相声等都在文化"走出去"的内容之列。

和个人之间更倾向于不公开的交往方式相比,以群体形式进行的文化传播方式通常是和大众媒介、网络媒介的二次传播紧密相关的,也即它不仅是具身传播的形式,也以大众传播和网络传播的方式再次出现。

3. 以感知体验为核心的传播方式

在消费文化时代,以娱乐和休闲为目标的跨国、跨文化交往变得越来越普遍。中国人走出国门、外国人来中国开展旅游、探险、消费、度假等活动也为跨文化传播创造了契机。在这一点上,商业的推动力量往往起着重要的作用,以旅游业、文创产业为核心的文化产业已经成为中华文化全球传播的重要渠道。随着中华优秀传统文化的复兴,尤其是联合国教科文组织物质和非物质世界文化遗产工程的推动,中国在文化设施建设和保护上投入了巨额的资金,中国的名山大川、文化遗迹构成了外国民众体验和感受中华文化的重要渠道。

另一个受到广泛重视的感知体验中华文化的项目是中国饮食。虽然通过大众媒介和网络媒介也可宣传中国的饮食文化,但是它显然更适合具身的体验,究竟中华饮食好不好,是要尝一下才知道的。中华饮食文化在世界范围是独具风格的,并且越来越受到其他文化民众的欢迎。以具身体验作为最佳传播方式的还有中国传统体育(以中国功夫为代表)和中国传统医学(以中国针灸、拔罐等为代表）。

可以认为，以旅游、中餐、中医等为代表的具身传播方式在某种程度上构成了当前中华文化全球传播的一个热点，人们普遍对其传播效果给予很高期待。不过，作为中华文化传播中的一个层次，虽然它具有不可替代的价值，但是对它的效果不能过分拔高。有学者认为只要大力推广中餐、中医，使它们遍布全世界就表明中华文化的影响力提高了，这种认识还是浅层次的。尽管它们确实从某种程度上是中华文化的重要表征，但是它们也是文化交流中最为表层的事物。

以感知体验为核心的具身传播方式同样是可以被大众媒介和网络媒介进行再传播的。以中国饮食为例，《舌尖上的中国》就是以电视、网络方式传播中华饮食文化的经典案例。以饮食为中心，展示中国传统和现在的日常生活方式实际上已然占据着大众媒介和网络媒介内容的主体。这一点我们将在下面再展开叙述。

（二）大众媒介

大众媒介的出现应该追溯到印刷术的出现。口语的传播范围有限，文字可以借助纸张传播，在时间和空间上都有了扩展，但是无论纸张还是莎草纸都需要手工书写，还是具身化的媒介，人体的产能注定了它的局限性。历史上，无论东西方都发展了一种以抄写为职业的书籍复制人员，在一定程度上让基于纸张的书写作品的传播范围得以扩大。但是它还是要基于人体的产能。文字作为传播符号已经限制了很多人不能加入阅读行列，因为这需要学习文字的用法，需要一个教育体系的出现。以书写和手抄方式开展的传播活动时间、财力成本都比较高，使得文字的使用在相当长的时间内被少数精英垄断。当然，从文化传承和传播的角度而言，书写和手抄的出现是第一次传播技术革命。某种程度上，人类的文化传播到有了文字的时代才开始，不少学者都将文字的发明视作文明的标志，而所谓的历史就以文字记录来区分史前和史后。使得文字复制摆脱身体束缚的技术在中国唐朝出现，就是雕版印刷技术。活字印刷术在北宋时期出现，被视为中国古代的"四大发明"之一，随后这一技术逐渐西传到欧洲。15世纪中叶，古登堡整合当时的各种技术，发明了现代的机械铅活字印刷术，开启了又一次传播革命。从此，以纸张作为物质载体的小册子、书籍、传单、报刊等陆续出现。印刷机的不断改进使得书籍和报刊的印刷成本越来越低，印刷质量却越来越好。印刷术的发明所造成的革命性改变已经是得到广泛认可的事实。也只有在工业印刷达到一定水平的基础上，现代报刊才能够出现，影响至今的新闻业也才有可能出现并不断发展。历史上的第一批大众媒介显然是报纸和杂志，报纸和杂志这一媒介也是让"大众"这个概念产生的重要因素。

19世纪的两项重要技术发明在今天发挥了巨大的作用，它们是诞生于1839年的摄影术和诞生于1888年的电影术。摄影术的出现使得图像的制作更加容易，和印刷术的结合使得图像传播更加便捷。电影术在最初是摄影术的延展，自身并非电子技术，但是结合了同期的电子驱动技术。电影让活动画面的呈现变得可行，也引发了后来电视传播的技术思路。摄影术和电影术的出现改变了传播行业的面貌，一个视觉文化时代出现了。

19世纪，物理学的电磁学研究实现突破，无线电波的发现使得远程通信成为可能。当然，广播在20世纪初的出现还需要其他的技术发明，比如收音机的出现。1920年11月，世界第一个广播电台KDKA电台在美国匹兹堡开播。随后，在资本力量的推动下，收音机迅速普及，广播事业在各国迅速发展。"二战"以前的时代，是广播的黄金时代，无处不在的电波让消息可以很快传播到全球的各个角落，当然，前提是有收音机和电力供应。"二战"后，电子工业蓬勃发展，酝酿已久的电视技术终于在1925年被英国工程师约翰·贝尔德发明，1929年BBC开通首个电视广播。此后，直到计算机网络进入实用和普及阶段的20世纪70年代，电视成为雄霸一时的大众传播媒介，风头远远超过广播。即使在今天，广播和电视依然余威不减，其数字化形式在网络时代依然是传播形态的主体。

今天，虽然网络媒体风头正劲，但是我们依然无法忽略基于印刷、电子技术的媒介的影响力。对很多人而言，报纸看得少了，但是图书等印刷品依然存在并占据重要的位置。纸质报刊虽被认为趋于没落,但是还有大量的报纸和杂志以印刷品的形态出现在书店、机场等地点。广播电台也依然存在,尽管收音机似乎被遗忘,电视台依然在不断发展,并没有因为网络的出现而消失,不过它经历了更彻底的数字化转型。下面我们将分析这些技术古老但是依然健在的媒介形式。

1. 以印刷术为基础的纸媒传播方式

今天,我们依然能够见到和使用的以印刷术为基础的纸媒传播方式有图书、报纸、杂志以及其他类似广告传单、广告海报、非正式出版的报告等。

图书是一个总称,它和出版行业紧密相连,是一种历史悠久的传播业态。自文字被发明以来,图书就成为承载人类各种知识的主要载体。装订成册、精心编校的书籍可以记载重要人物的言论、重要人物的言行以及重要的政治、经济、文化活动等。东西方早期的哲学思想都是通过文本记录的智者言说来传播的,比如孔子的《论语》,柏拉图的苏格拉底对话录系列,以及基督教的《圣经》、伊斯兰教的《古兰经》、佛教的典籍,等等,这些作品都带有明显的会话、讲述等口语风格。随着人们写作水平的不断发展,以主观叙述和客观记录为目标的史籍出现,文学创作也随之展开,大量掌握文字读写能力的知识精英开始了各种目标的公务和私人创作。文辞优美、论证精辟的散文,记述丰富、客观翔实的史籍,风格多样、意境深远的诗文等,都是古代中国以图书的形式在时空中传承的主要内容。因此,仅从中华传统文化的角度而言,图书是文化传播的主要载体。近代以来,在报刊之外,图书一直是知识传播、文艺传播的主要载体。就图书媒介的特性而言,它擅长于专题的细致阐述,或者汇集同主题的文献;内容可以短小精悍,也可以长篇大论,尤其适合精密复杂思想的阐述、论述和分析。就其不足而言,它的写作出版周期长,即使是现在依然如此,能够写作和出版的作品仅仅局限在少部分社会精英手中,普通人的印刷出版仍然不太容易。因为图书出版对选题、编校都有一系列的标准要求,它需要整个流程的协作,因此图书出版的时间和人力成本比较高。这些特性使得图书具有比较高的精英形态。今天的出版行业正在或已经实现数字化转型,就出版流程而言,计算机的使用率已经非常高,排版、校对、印刷等流程都已经采用数字化技术。并且,图书出版已经不再是单一的纸质出版物,数字出版的电子书正逐渐成为一种趋势。网络时代的纸质图书出版依然占据重要的位置,因此,我们依然需要重视通过这一渠道来传播中华文化。近年来,中国不断推动图书出版"走出去"战略,通过一系列举措来支持中华典籍、现代名著的翻译和海外出版工作。

报纸和期刊(通常合称报刊)也是传统媒体的重要组成部分。近现代报刊都最早诞生在西方。15世纪古登堡活字印刷术的发明为报刊的发展奠定了技术基础。在地理大发现催生的全球贸易、欧洲地理上的一体化、主要欧洲国家标准语言文字的确立、活字印刷术的发明、文化阶层的出现等五个条件的共同作用下[①],现代报刊以及围绕报刊的新闻业开始出现。中国的报刊始自晚清,主要是由西方引入的。最初出现在中国的报刊都是外国人在中国出版的报刊,由于晚清政府对报刊的管制,国人办报在戊戌变法前后才出现第一次高潮。在广播于20世纪初出现之前,报刊一直是主要的大众传媒,是新闻、消息、观点的主要来源。近现代报刊在世界范围的资产阶级革命和无产阶级革命中都发挥了重要的作用。在中国,由于广播电视发展起步较晚,报刊长期以来一直和广播电视构成了人们了解外部世界的主要媒体,报刊在各种媒介形态中的地位一直没有受到大的冲击。直到网络媒介的出现,传统形态出版的报纸才逐渐萎缩。在具体的媒介形式方面,报纸通常是大开本多页散装的定期出版物,它采用特有的纸张印刷,大多数报纸是日报,每天出版一期。期刊通常是装订印刷相对精美的连续出版物,出版周期比报纸要长,以半月或月为单位出版。报刊登载的内容并不仅仅是新闻消息,还有观点、评论、副刊等,广告也是报刊内容的主要成分。和图书较长的出版周期相比,报刊的时效性更强,价格更加便宜,因此在当代社会受到了广泛的欢迎。即使在广播电视的冲击下,报纸依然保持了长期的传播优势。各种不同主旨、内容偏向的报纸覆盖

---

① 陈力丹:《世界新闻传播史》,上海交通大学出版社2002年版,第10—11页。

了世界大多数国家的人群,既有针对普通百姓的以社会消息和娱乐消息为主的都市类报纸,也有针对高端受众的政治、财经类报纸。世界主要国家几乎都有全国影响力的报刊,比如美国的《纽约时报》《华尔街日报》等,中国的《人民日报》《光明日报》等。期刊中还有一类特殊的刊物,即学术期刊,是各国从事学术研究的学者们科研成果的主要发表平台,构成了当代严肃知识的主要存储媒介。但从总体上看,报刊的影响力主要在一国之内,因为版权和法律的原因,世界上的绝大多数报刊都只能在本地和本国发行,只有极少数国家的少数媒体能够向其他国家发行报刊。这极大限制了报刊在国际上传播信息的能力。

图书和报刊媒介的传统优势在于其知识存储和传播方面。图书无疑在知识的存储方面更胜一筹,而报刊在传播的速度方面相对占优。对于文化传播来说,图书和报刊在电子媒介出现之前无疑是世界范围内文化传播的主要媒介。尽管图书和报刊的出版大都局限在一国之内,但是他国可以通过翻译和译介的形式将图书引入本国,报纸的消息也是如此。近现代以来,在全球文化传播方面,图书翻译构成了文化传播的重要力量,迄今依然有重大影响力。不过,随着网络媒介的发展,数字化的图书、报刊越来越多,而以纸质形态出版的产品则越来越少。虽然纸质图书和报刊不会很快退出历史舞台,但是其在媒介市场所占的份额终将越来越小,其发挥重要作用的传统文化传播将很快被数字化的新形态所取代。

2. 以电子技术为基础的音视频传播方式

电影在观众规模和影响力上绝对称得上大众媒介,并且在内容上它最先取得了艺术的称号,摆脱了早期的娱乐玩具身份。从技术层面而言,电影在很长一段时间内并不能够归类在以电子技术为特征的大众媒介之中。电影的发明源自摄影术的启发,它主要依靠化学原理来生成影像。如果说电影和"电"有关系,主要表现在播放环节,它需要依靠电力驱动的照明设备和马达设备,而这和广播电视依赖的电子技术差距很大。在21世纪初期数字电影质量上超过胶片电影之前,电影一直以模拟的物质形态即胶片的形态存在,它的传播方式也独具特色。现代电影的制作流程相当复杂,它通常不可能由一个人来完成,更多的是靠规模庞大的集体来完成,以美国好莱坞为样本的电影工业成为当代电影制作的标准模式。在传播渠道方面,电影的典型发行方式是通过电影院。观众需要到设在本地的占地面积颇大的电影院去观看影片,播放时很多观众聚集在一起,整个空间黑暗一片,只有银幕是亮的。尽管当代的电影播放方式已经有很大变化,但是这一典型的多人在黑暗中观影的模式并没有改变。一部电影摄制完成后通常在电影院放映一段时间,主要依靠门票收入来收回成本。电影影响力除了对观众直接的、现场的影响之外,一部出色的影片通过其他大众媒体的传播获得的影响力更加广泛。当然,今天的电影工业的复杂水平超过了上面的简单描述,电影既是全球关注的一种主要艺术生产和传播方式,也是受商业资本影响颇为深厚的行业。不过,有一点是毋庸置疑的,就是电影尽管受到广播尤其是电视的巨大冲击,但是依然保持着极强的影响力。影片本身如今并不一定只在影院播放,它可以通过电视、网络再次进行传播。数字化了的电影使得影片本身更成为一种特殊的文化传播体裁。在全球化时代,电影是跨国文化产业贸易的重要组成部分,同时也是国际文化交流的重要平台。一部优秀的影片能够在世界范围内获得广泛影响,无疑是文化传播的重要方式。在谈到国家间文化传播格局时,好莱坞电影是一个绕不开的话题。绝大多数学者都认为好莱坞电影是美国文化输出的重要方式,赞赏者蜂拥模仿,宝莱坞、华莱坞纷纷出场,批判者积极抵制,号召政府限制进口,加强审查。这一切都证明了电影依然是网络时代文化传播的重要媒介。中国在改革开放后不断发展电影事业和产业,虽然取得了一些重要的进展,不过,短时间内改变中国电影"走出去"的困境依然不太现实。有学者认为在中国电影的海外传播上,可以采用多层次传播的策略,即"文化同心圆的传播框架",按照"华人社区—华人文化圈—儒家文化圈—非西方文化圈"[①]的层次结构展开。

---

① 饶曙光:《中国电影对外传播战略:理念与实践》,载《当代电影》,2016年第1期。

第三章 效能导向的分层传播

广播在现代大众媒介中是第一个革命性的突破,它是第一个真正发挥电子元器件的能力来通过神奇的电磁波发送语音的媒介。广播媒介在信息传播方面的革命性突破还体现在它可以突破地域的限制,在拥有良好设备和传播组织能力的情况下,它可以全天候无间断地播出节目。商业广播发源于无线电爱好者对无线通信的广泛研究,而成为大众媒介则依赖于企业为了贩卖收音机的努力。很快,人们发现了广播的重要传播价值。在第一次世界大战和第二次世界大战中,广播都发挥了重要的作用,成为组织国内人民、瓦解敌军斗志的重要武器。在和平时期,广播与报刊相比,时效性更强,覆盖范围更广,廉价收音机的出现使得广播在新闻消息的传递和商业信息的发布方面具有更加实用的价值。英国BBC广播没有满足于新闻信息的发送,他们把严肃的文化传播也搬到了广播上。他们邀请一系列专家学者在广播上演讲,迄今依然是文化普及与传播的经典案例。在跨国传播方面,广播也发挥了重要的作用。冷战期间,美国开办的"美国之音"是意识形态宣传的典型方式。广播的唯一不足可能就是无法传送图像,但是这个不足很快就被电视所弥补。今天,广播的覆盖范围和使用频率受到网络媒介的极大挤压。电视并没有让收音机消失,但是网络有可能做到这一点。如今,在世界上的很多地区尤其是发达国家,收音机已经成为古董,它的唯一的存在场景就是私人汽车。这使得依赖无线电波和收音机的广播模式不再成为具有强大影响力的媒介。但是广播基于音频的很多媒介体裁和传播方式已经被数字化转化了。有研究者认为,网络时代的广播应该重新界定为"专业人士通过多种电子通信技术手段,向广阔空间或特定范围定时、连续地传送音频节目的媒介活动"[1],这里的多种电子通信技术手段不仅包括无线电波,还包括计算机网络。如今,智能手机替代了收音机,可以通过因特网来收听直播的广播节目,以有声书、音乐为主要内容的音频传播方式在智能手机时代得到新的延续。因此,对跨文化传播而言,广播可能不重要了,但是音频传播变得重要了。

---

[1] 艾红红、冯帆:《"广播"定义新探》,载《中国广播电视学刊》,2017年第3期。

在技术特征上,电视可以视作广播的图像加强版。早期的电视同样是利用无线电波来传播信息,只不过它试图传递的是图像(或影像)而不仅是声音。电子扫描技术的发明和改进以及电子显像管的发明解决了图像的制作与复原的难题,电视在1927年成为可以应用的技术。受到第二次世界大战的影响,电视获得飞速发展。相对于收音机,电视接收机的体积更大,价格也更贵,因此,电视的普及也经历了一段时间。随后,彩色电视系统也出现了,除了通过无线电波,以有线的方式可以获得更好的影像质量。在一定程度上,电视仿佛是电影的家庭版,但是它能够传输的内容和形式远远多于电影。电视的出现是继广播之后的又一次重要的传播革命,从此,图像和影像成为信息传播的主导形态。所谓"耳闻不如一见",视觉的力量比文字和声音更加强大,它让世界不仅是可以想象的,更是可以观看的,而观看似乎是更"真实"的。今天的电视已然或正在发生一次数字化的革命。通过无线电波传播的电视节目虽然也具有跨越空间和国界的能力,但是容易受到干扰,图像质量也很难保证。有线电视改善了图像显示效果,但是受制于地域和政府管制。而借助互联网,电视机已经从纯粹的信息接收和现实设备转变为一台计算机,智能电视和智能手机一样可以成为一台可以接入因特网的拥有大屏幕的家庭计算机。在内容方面,传统电视所制作的所有节目如今都能够数字化,不再仅仅依赖传统电视系统来传播和观看。在这一快速变化的背景中,中华文化的全球传播显然需要借助电视媒介的力量,不仅是在很多地区还存在的传统电视节目录制和播放渠道,还有数字化后的电视摄制和播放系统。也许,在未来的若干年,电视将在更大程度上数字化,文化传播将不再依赖"电视"这一术语,而是更多地谈论影像化的传播形态。因此,中华文化的全球传播在试图借助"电视"来传播实际上已经转换为通过"视频"(影像)来传播。

(三)网络媒介

正如本书第一章所述,作为"信息传播媒介"的网络仅仅是因特网的一个方面,而且从非具身媒介的方式看,网络媒介融合了其他所有可能的媒介形式。通过数字化的通信手段,网络技术以"元技术"构建了一个"元媒介"。通过数字化转化，网络媒介改造了书信、电话、图书、报刊、广播、电视、电影，使得它们在因特网上获得了新的存在形态，同时以全新的包装形式将数字化后的传统媒体进行整合，构成了我们今天所见到的主要网络媒体形态。

以电子邮件（E-mail）为主的个人之间的联络交往方式更加便捷和普遍。因特网用户基本上都有一个或数个电子邮件账号，它们构成了用户私人身份的一个重要标识。电子邮件作为因特网历史最为悠久的服务之一迄今依然被广泛使用，它是个体间进行交流、文件传送的主要工具，同时也是一些组织和个人进行群体消息发布和商业广告信息发布的重要渠道。除了电子邮件之外，通过及时通信软件（中国的典型应用是腾讯公司的QQ、微信）也可以进行实时的文字、图片、视频交流。在智能手机普及的当下，传统电话功能当然继续存在，它同样也被数字化了。随着网络媒介技术融合的发展，个人之间的通信交流已经不再限于以上方式，很多网络媒介形态，如论坛、网站、微博尤其是社交媒体也将个体间的通信作为基本功能之一。在中国时下最为流行的社交媒体微信中，注册用户之间的私人联系是其基本功能之一。在很多小圈子的人际传播形态中，"群"（group）是一个重要的网络技术形式，它模拟了一群人在一个共同网络空间进行实时或非实时讨论的虚拟言论广场。在中国，QQ群尤其是微信群已经成为人们在一定范围内公开讨论和交流信息的主要方式。人际传播在网络时代已经获得了极大发展，它不再是一个社区内的熟人之间的窃窃私语，而是世界范围内的人际快速传播，所传播的内容也不再限于口头语言，文字、图片、影像等几乎所有格式的内容都可以传播。因此，在文化的全球传播中，个人沟通的媒介依然具有重要的影响力。

网络论坛是网络媒介中独具特色的形态之一。虽然它的独立形态在今天的影响力有所下降，但是它的核心传播特征在社交媒体中依然发挥重要作用。论坛的早期形态是BBS（Bulletin Board System），正如本书第一章所述，BBS的诞生要早于www，它是一些技术极客开发的在线讨论平台。它的主要技术特征包括：用户可以在系统中注册一个属于自己的账号，用来浏览信息、发布信息和参与讨论，当然，很多BBS系统也支持用户不注册的匿名浏览；BBS系统有管理员,负责提供站点的技术维护和讨论区的设置,讨论区是管理员根据主题设置的不同虚拟区域,便于用户查找信息、参与讨论;系统管理员并不主要负责各个讨论区的信息发布,也不主要组织和参与讨论区的信息维护;几乎所有讨论区的内容(以问题、文章或资源的形态存在,被称为"帖子")都由注册用户发布,这是后来 UGC(User Generated Content,用户创造内容)模式的雏形;BBS 系统有一系列的规范,包括站点规章和讨论区规章,讨论区设有管理员(版主)用来维护秩序、组织讨论,站点规章的制定和管理员的选任都坚持民主原则;所有早期 BBS 系统包括现在依然运行的论坛对注册用户不要求实名制,即无须提供自己的真实身份进行核验;世界范围内的 BBS 站点可以相互链接,互传信息,因此,在一个站点讨论的话题极有可能在世界范围内传播;BBS 的主要功能是讨论,但是信息发布、文件分享甚至在线的文学写作都已经出现,而且借助讨论更容易形成热点。论坛的这些特点在技术发生巨大变革后依然被保存了下来。今天我们依然能够看到很多专业的、主题的论坛在运行,不过它们基本上都被 web 化了,即采用了动态的 web 技术来实现 BBS 的主要功能。网络论坛构成了网络媒介的一种重要形式,因此,它依然是今天进行中华文化全球传播的一个重要渠道。通过在论坛发布和讨论有关的主题,建立相应的讨论版,可以在一定范围内产生重要的影响。当然,从网络媒介自身的影响力排名看,论坛在世界范围内有式微的趋势,但正像广播和电视一样,即使是依靠无线电波传送的技术在世界上依然被使用。

网站(website)是万维网发明之后才出现的一种类似传统大众媒介的网络媒介。网络之所以被称为"第四媒体",主要是因为网站的大众媒体特性。网站是最早采用超链接技术的网络媒体,一个网站通过域名(domain name,或网址)来访问,通过静态或动态的网站制作技术生成扩展名为 html 的页面(称为"网页")来进行信息发布。早期的网站类似于报刊或图书,通过超链接的方式将以文本为主的各个独立的网页链接起来形成一个整体。将网站在可以提供全球访问的服务器上发布后,任何网络用户通过网址就可以访问。网络用户访问网站的应用程序被称为浏览器,最初它是一个可以访问、保存网站和网页的工具。在理想情况下,任何人只要掌握了网页设计技术就可以设计一个网站,并将自己使用的计算机作为服务器来发布网站,通过申请域名或者直接将自己的上网地址(计算机的 IP 地址)公布出去就可以接受来自全球的访问。网站的主题可以自己设定,信息可以自己设计制作,一切都可以 DIY(do it yourself)。这种理想情况正是万维网技术刚刚发布之时的一种状态,世界上的各种技术爱好者纷纷建立自己的网站。在当时相当自由和开放的因特网上,各种类型的网站纷纷建立,大多数网站都具备了成为大众媒介的潜力。然而,早期的个人网站毕竟由于技术、资源和能力的限制,不太可能产生巨大的影响力。不过,随着因特网的逐渐商业化和普及化,网站的媒介价值和商业价值得到越来越多的重视,与之相关的一系列技术创新开始爆发。一些传统媒体发现了网站的传播优势,而商业媒体更是发现了其蕴藏的经济价值,以网站为中心的媒介机构得以建立。网络媒体已经不仅是一个技术称谓,就像电视也不仅仅是指电视机一样,类似电视的网络媒体机构纷纷成立,构成了因特网媒体发展的里程碑。最初的网站很少有互动功能,除了通过点击超链接在网站内部和外部进行跳转之外,访客很少能够和制作者进行互动,也不太可能让访客之间进行交流。最初的网站设计技术也很简陋,类似于在文字编辑软件中设计网页(流行的微软 word 曾被用来设计网页),一旦面临大批量的网页设计任务就显得捉襟见肘。不过,技术问题在网络时代从来就不是真正的问题。很快,以 ASP、PHP 为代表的动态网页设计和服务技术出现,它们是基于程序语言和数据库结合的网站制作和服务技术。在设计制作层面,提供了一个类似软件形态的后台设计界面,通过浏览器就可以制作和发布内容,通过数据库技术,可以将网站的程序设计、界面设计、内容编辑和发布分开。同样,借助数据库和程序设计语言,网站可以支持用户注册,实现用户和管理员、用户之间的互动,更加重要的是用户可以就网站发布的信息进行评论。动态网页设计技术除了用来解决大型媒介机构的网站设计和维护需求,也逐渐在个人网站的动态化、标准化方面提供了新的可能,这种可能造就了一个新的概念,就是"web2.0"。

网站之外，当下最为时髦和流行的网络媒介就是被称为"社交媒体"的混合型媒介。将社交媒体称为混合型媒介，关键在于它不仅是对传统媒体的传播形态进行整合，也是对早期的网络媒介的整合。社交媒体的一个典型特征就是接受用户注册，目前最为主流的是用电子邮件账号或手机号码作为登录用户名进行注册。注册用户拥有自己的个人虚拟空间，可以对自己的用户信息进行编辑，设定自己的相关属性；同时拥有自己的一个或多个页面，用于发布自己的个人信息，根据社会媒体的主题不同，用户可以发布短文（比如博客或微博）、图片（比如 Instagram 或微信朋友圈）、视频（比如 YouTube、哔哩哔哩等）等；社交媒体平台提供一些公共的时间线或页面，根据用户的需要或根据智能算法为用户推荐其他用户发布的内容，用户通过订阅、关注等方式逐渐形成自己的订阅页面用来浏览信息，同时也可以到社交媒体的定制页面去浏览其他未订阅的各种信息；另外，用户对其他用户发布的信息可以进行评论、转发、点赞等操作，构成相互之间的复杂互动模式。总之，社交媒体的典型特征是 UGC，继承了 BBS 论坛的技术特点，用户专属的页面拥有个人主页或网站的特点，用户可以在此集中发布自己的信息，用户之间可以进行多方位的互动，形成复杂的人际网络关系。因为早期的社交媒体比如博客或微博等都是基于 web 技术建构的，因此，这些具有 UGC 特征的网络媒体被称为 web2.0。所谓 web2.0 是针对网站而言的，传统的网站是主办者中心的，所有的信息都是由主办方发布，很少有互动功能，而社交媒体的绝大部分内容是用户生成和发布，有更加完善的互动功能。UGC 这个名称容易被误读的地方在于，它没有区分不同用户在同一平台上的不平等现实，它倾向于注册账号在平台所属的规则下的平等，却容易造成社交媒体似乎是一个平等交流的民主虚拟社会的假象。实际上，很多社交媒体平台的注册账号已经成为政府、企业、媒体结构的重要传播阵地。在每一个社交媒体平台上，实际上都有类似于真实社会的阶级或登记结构，只是其外在特征不同。一个社交媒体账号可以由个人拥有，发布日常生活的点滴，也可以由一个政府机构运营，用来和广大民众沟通、发布重要信息，同样也可以由一个专业的传媒机构运营，用来发布时政新闻。

社交媒体账号主要以订阅数来衡量其影响力,对于动辄数百万关注的账号而言,其传播力要超过很多传统媒体。因此,随着世界范围内使用社交媒体平台的用户越来越多,社交媒体正成为主要的网络媒介。一些主流的世界性的社交媒体平台,比如 YouTube、Twitter、Instagram、Facebook 等正成为具有世界影响力的新媒体。

近年来,随着智能手机和移动互联网的普及,社交媒体在技术形态上日渐向手机端优化和改进。在智能手机的摄像功能相当普及的背景下,视频分享的社交媒体在最近几年发展迅速,成为新媒体平台上的一个新趋势。另外,智能手机操作系统以独立的应用程序作为主要特征,很多网络媒介以 App 的形态发布,这使得网络媒介当下以所谓"两微一端"为大众所熟知。

作为短视频分享社交平台,抖音和快手等一系列应用均基于以下技术:一是能拍摄短视频的智能手机;二是提供用户注册与相互关注的互动平台,可以通过点赞、评论、转发等二次传播信息;三是与其他应用的整合,比如其他社交平台微博、微信等,尤其是与电商平台的整合,便于开展广告和商品销售等活动。智能手机提供了一个最为基础的硬件平台,因为内容的设计、制作、发布、分享和观看都集中在这一平台上,智能手机实际上是小型化的高性能计算机。经过短暂而快速的发展,它已经具备了原先台式电脑才能具备的很多性能,并集成了照相机、摄像机、编辑机在内的一整套视频处理应用。大规模量产的智能手机价格越来越便宜,普通人都能够拥有,并且作为基本通信设备成为每个人的必需品。智能手机消除了普通人的技术门槛,尤其是熟悉新技术的年轻人。基于网络技术的社交平台提供了一个理论上可扩展至全球因特网的互动平台,被称为社交平台的这一系列应用基于"C-S"(客户端—服务器)或"B-S"(浏览器—服务器)架构建构。大规模集群、分布式计算的服务器端提供了强大的计算性能,可以保证超大量的用户信息存储、通信活动,相关的技术包括大规模数据库技术、信息服务接口以及负载均衡技术等。当然,足够的互联网带宽也是保证通信顺畅的基本条件。客户端通常是安装在智能手机上的应用(即 App),也有一些平台可以通过浏览器(可以理解为一种通用的客户端)

来访问，但是通过单个或集成的 App 来访问社交媒体服务在当前占据主流。客户端主要完成信息的接收和发送工作，用户可以通过它来完成注册、内容制作、发布、浏览观看、互动转发等功能。社交平台一般提供一个唯一的 ID，它通过用户名称、账号等形式出现，一般一个用户对应一个 ID，一个用户通常是一个人，但是并不排除多人或群体运作一个账号的情况出现。每一个 ID 都拥有类似个人主页的页面，呈现自己所发布、评论、参与的内容（话题）等，以及自己关注和关注自己的人的列表。在个人主页中，用户可以执行基本的编辑操作。多数社交平台都通过一个类似时间线的界面将用户关注或平台推荐的内容集中呈现，这构成了用户观看和浏览的入口。用户在此界面会及时获得自己关注的 ID 或系统推荐的最新内容。通过相互关注这一机制，一个 ID 可以获得数量庞大的用户（也称为粉丝）。在这种模式中，围绕这个拥有大量用户（通常是数万、百万或以上）的超级 ID 形成了一个类似于传统大众传播的模式，即一个信息源发布的消息可以很快被无数受众接收。这种模式超越大众媒介传播之处是能够和用户进行互动（理论上可能，但是可能依然是有限的），并且可以对用户数量进行较为精确的估算。社交媒体平台借助超链接技术，一个 App 可以和其他 App 进行互动整合，即一个平台上的内容可以容易地转发到另外一个平台，从而形成相互关联的复杂的传播链条，这种操作通常扩大了信息内容的影响面，使得一个消息有可能在短时间内获得大量的关注，即所谓"爆款"内容。

抖音和快手等短视频平台以 UGC（用户生产内容）方式为注册用户提供具有限制时长（30 秒不等）的短视频发布服务，同时提供较为完善的关注、点赞、转发、评论机制。类似的短视频社交媒体平台之所以能够短时间内吸引大量用户，除了技术原因之外，主要有以下几点原因：一是内容呈现方式本身，即短视频的特点更便于在手机观看，内容更容易理解等，这是影像相对文字而言的比较优势；二是年轻用户的心理特征，总体而言，类似平台更能够吸引年轻用户，因为他们对新事物的好奇心更重，对于流行的东西有一种群体模仿的倾向，在大家都参与的平台上缺席是不合群的一种表现；三是适应了人们碎片化阅读的场景需求,这是和智能手机媒介结合的综合效果,在人们所谓的正常生活(学习、工作)之余,大多数人将通勤、休闲的时间用来娱乐,而手机无疑是目前最为主要的媒体,短视频应用是一种适合打发所谓无聊时间的重要形式。当然,以上原因仅仅是极为粗略的概括,只是归纳了最为可能的几种原因。

从效果而言,短视频平台提供了一个个人表达自己的平台,甚至为一些人提供了工作和创业机会。但是一个潜在的结果是,它占据了很多人越来越多的时间,尤其是青少年以及本来应该将时间投入"正经"事务的那些人。对于成年人,如果因为迷恋短视频平台而耽误了正事,可以视为一种自由选择,自行承担后果即可。但是对于未成年人,因为他们的辨别能力和自制能力还比较弱,大量占用时间以及良莠不齐的内容对他们产生的影响可能是巨大的。对于类似短视频平台的批评实际上主要集中在这一点。

精英主义者对类似短视频平台的指责更多地集中在其内容而非形式上。指责的主要方面包括内容的低俗无价值,传播错误的价值观,跟风模仿。由于不能限制其他人的言论自由,他们倾向于要么将类似应用一概拒斥,要么尝试通过所谓正面的内容来进行引导。对于抱有强烈政治和商业目的的人来说,短视频平台超大规模的用户量和能够造成的舆论效应具有巨大的吸引力。商业精英通常对实际的利益更感兴趣,他们主要利用的是社交平台的潜在广告功能;而政治精英则关注是否能够通过平台宣传自己的意识形态;一般的文化精英则试图在平台上传播精英价值。但是,对于政治精英和文化精英而言,他们将短视频平台视作传播意识形态和精英文化的场所,可能误解了媒介自身的可供性。

可以认为,短视频平台的设计目的主要是娱乐,而不是教育或政治。无论平台开发商的宏旨如何宣称,短视频平台的技术特性和功能设计并不适合正统的意识形态宣传和精英教育。短视频平台的用户通常也将轻松和快乐作为使用它的基本目标,但是意识形态宣传和精英教育显然不具备这两个属性。虽然,总是有人在试图"寓教于乐",但是来自用户的抵制也并不少见。这一点在拉斯韦尔的早期文献中也有论及,一个试图播放古典音乐的电台被观众放弃。因此，总体上，利用此类媒体开展类似的传播活动并不能够实现预期，或者如果割舍不掉，那么就要调整预期。

（四）媒介分层的优化策略

文化分层传播的媒介选择主要依据两条原则：一是受众使用哪些媒介，二是不同媒介具有哪些特征。

首先，应当根据中华文化全球传播的受众使用媒介的情况来决定使用何种媒介。总体而言，全球各个文明圈内部都有各种不同的媒介形式，因此，不同国家或社会内部不同阶层的媒体使用习惯更值得关注。比如，对于任何一个国家的学者而言，纸质图书、学术期刊依然是获取信息、开展研究以及进行跨国界交流的主要媒介，而对于普通民众而言，网络媒介明显更加适合文化传播。当然，每一个国家因经济发展水平的不同在各种媒介的使用上并不完全相同，在进行媒介的分层选择时需要根据具体国家或社会，具体阶层的实际情况来进行优化。

其次，传播主体应该根据不同媒介所具有的特征来优化传播内容。图书和网站都是发布信息尤其是重要的严肃的文化产品的渠道，但是图书版的《诗经》和网站版的《诗经》在形式上可以有所不同。网站版本的可以提供全天候的访问，依靠超链接来提供资源，并且它易于检索，因此，在内容设计上也是不同的。如果我们认为通过类似 YouTube 这样的视频网站可以更好地传播中华文化，是因为以影像形式出现的内容可以获得更大范围的关注，但是显然不是直接将《论语》拍成电视剧。通过抖音等数十秒的短视频传播中华文化就适合于日常生活类的文化形态，而不是讲述《易经》注解。

实际上，中华文化全球传播应该是同中有异的格局，即在基本层面建立起较为完善的绝大多数受众都有需求的内容和媒介体系，然后再针对特殊群体或特殊媒介来进行优化。

五、中华文化全球传播内容分层

"中华文化全球传播"的传播内容毋庸置疑是"中华文化"。正如本书绪论部分的分析所表明的,"中华文化"这一名词指称的对象异常复杂,因此,对"中华文化"进行分层难度很大,任何一种分类方法都不可避免有简单化的不足。从传播实践的角度而言,我们倾向于从当前中华文化的主要传播主体,即中国共产党和政府的立场来分析中华文化的基本组成。我们选择了两个重要的文件作为分析的起点,一是2011年10月18日中国共产党第十七届中央委员会第六次全体会议通过的《中共中央关于深化文化体制改革 推动社会主义文化大发展大繁荣若干重大问题的决定》(以下简称《决定》)[①],二是2017年5月由中共中央办公厅、国务院办公厅印发的《国家"十三五"时期文化发展改革规划纲要》(以下简称《纲要》)[②]。《决定》确立了当前中国文化发展战略的基础。而《纲要》可以视作中国政府对《决定》的进一步深化和落实。两个文件所确立的中华文化的基本思路为我们分析当代中华文化的内在结构提供了基本的框架。此外,我们结合中共十八大以来以习近平同志为核心的党中央所确立的习近平新时代中国特色社会主义思想中对于文化建设的论述来丰富和完善两个文件的框架。

由两个文件所确立的中华文化的基本结构可以以时间为线,首先分为传统文化和当代文化。对于当代文化,两个文件另有"中国先进文化""中国特色社会主义文化""社会主义先进文化"等概念来表述。如果把"当代文化"作为一个普通名词来看,则"社会主义先进文化"无疑是党和政府所倡导和建设的主导性的主流文化。对于传统文化,两个文件更倾向于使用"中华文化"和"中华优秀传统文化"来指称。这里,我们可以发现"中华"和"中国"两个概念的细微差别,中华主要用来指称传统文化,而中国则主要用来指称当代文化,即"中华文化"更侧重于传统文化,而"中国文化"更多地侧重当代文化,尤其是中华人民共和国成立以后的文化形态。两个文件都对"中华优秀传统文化"作了专

[①] 《中共中央关于深化文化体制改革 推动社会主义文化大发展大繁荣若干重大问题的决定》,中国政府网,https://www.gov.cn/jrzg/2011-10/25/content_1978202.htm。
[②] 中共中央办公厅 国务院办公厅印发《国家"十三五"时期文化发展改革规划纲要》,中国政府网,2017年5月7日,http://www.gov.cn/zhengce/2017-05/07/content_5191604.htm。

题性的阐述,但是和"社会主义先进文化"相比,篇幅还是有限,这表明中国文化建设的重心依然在当代。《决定》对"中华文化"有一个较高的肯定性表述,即"文化是民族的血脉,是人民的精神家园。在我国五千多年文明发展历程中,各族人民紧密团结、自强不息,共同创造出源远流长、博大精深的中华文化,为中华民族发展壮大提供了强大精神力量,为人类文明进步作出了不可磨灭的重大贡献"。这一表述构成了当前一个时期中国加强文化建设的一个基本背景和逻辑起点。《决定》强调了中国共产党"既是中华优秀传统文化的忠实传承者和弘扬者,又是中国先进文化的积极倡导者和发展者",实际上也确立了中华文化的两个重要组成部分。

在当代文化或社会主义先进文化中,两个文件基本按照"思想理论"和"文化产品"两个层面来表述。《规划》从加强思想理论建设、提高舆论引导水平、培育和践行社会主义核心价值观、繁荣文化产品创作生产、加快现代公共文化服务体系建设、完善现代文化市场体系和现代文化产业体系、传承弘扬中华优秀传统文化、提高文化开放水平、推进文化体制改革创新、加强文化人才队伍建设、完善和落实文化经济政策等十一个方面对中国文化建设工作作了阐述。如果简化其中文化体制、保障、宣传等内容,在内容方面就余下加强思想理论建设、培育和践行社会主义核心价值观、繁荣文化产品创作生产、传承弘扬中华优秀传统文化等四个方面。我们已经将中华优秀传统文化作为单独方面予以考虑,那么在当代文化中就余下思想理论建设、社会主义核心价值观、文化产品生产三个部分。如果进一步将社会主义核心价值观纳入思想理论建设中,社会主义先进文化的内容就可以简化为思想理论和文化产品两个层面。这种简化并不一定完全合理,却是一个符合逻辑的有效简化策略。思想理论的主要方面包括中国化的马克思主义思想,其最新形态是"习近平新时代中国特色社会主义思想",也包括社会主义核心价值观,它可以视作马克思主义中国化在价值观方面的具体表述,其最新形态是中共十八大所确立的"富强、民主、文明、和谐,自由、平等、公正、法治,爱国、敬业、诚信、友善"价值观表述。"文化产品"中的产品一词应做广义理解,并非仅指商业产品,它包括所有有形的精神文化作品。《决定》中的另一表述是"精神食粮",它把文化产品再分为"哲学社会科学""新闻舆论""文艺作品""网络文化"四个领域。其中"新闻舆论"是一个较为特殊的文化领域,它具有媒介渠道和内容两个属性,其中的"舆论"一般视作以政治性为主的公共讨论,重要性不言自明,但是可以暂不纳入文化内容的讨论范围。"网络文化"同样具有特殊性。正如前文所述,它是在网络时代形成的一种带有大众色彩的文化形态。《规划》中以"网络文艺"的形式强调了网络文化中的产品层面,重点列举了网络文学、网络剧、微电影等形式。因此,网络文化可以纳入"文艺作品"的层面来考虑。由此,"文化产品"可以分为两个层面,一是以学术研讨为主的"哲学社会科学"产品,二是以娱乐性为重要特征的"文艺作品"。

根据以上的分析,我们确立了中华文化在内容方面的基本分层结构,即传统文化,当代文化中的指导思想和价值观,当代文化中的学术成果与文艺作品。

需要说明的是,这种非常简化的分层具有很多不足,它的分类逻辑并不完全一致,分层的边界也不完全清晰。因此,作为从传播主体(即中国共产党和中国政府)的意图分析出来并确立的分层结构并不具有学术的严谨性,但是它可以作为中华文化分层传播中内容分层的一个基础。接下来,我们将对这三个层面做进一步分析。此外,中国共产党和中国政府对中国文化的组成看法并非一成不变,与其说有一个明确的组成框架,不如说从来就是处于一种复杂而模糊的状态。在党的十九大报告中,中国特色社会主义文化被阐释为"源自于中华民族五千多年文明历史所孕育的中华优秀传统文化,熔铸于党领导人民在革命、建设、改革中创造的革命文化和社会主义先进文化,植根于中国特色社会主义伟大实践"。那么,中国特色社会主义文化的组成部分是三个,即优秀传统文化、革命文化和社会主义先进文化。[1] 当然,如果将

---

[1] 徐光春:《深刻领会、把握习近平新时代文化思想》,2017年11月3日,https://baijiahao.baidu.com/s?id=1583107660987496201&wfr=spider&for=pc。

革命文化分解到我们确立的结构中去也是可行的。因此,我们确立的分层结构毋宁说是对中华文化复杂结构的分层中的一种类型。它有简洁的特征,但是并不完善。

(一) 传统文化

中华传统文化是中华文化全球传播中的重要的和主要的内容。它是中国目前无论官方、学者还是民间都认可和支持的"中华文化",也是国外学者、民众所喜爱的"中华文化"。在《规定》中,建设"孔子学院"是扩大对外文化交流合作的重要组成部分,孔子学院的发展也成为中华文化在全球扩展的标志。《规定》文件点名支持的文化"走出去"项目中,中华医药、中华烹饪、中国园林、中国武术无一例外都是中华传统文化的一部分。近年来,中华优秀传统文化受到党和政府的高度关注,习近平总书记多次就传统文化发表重要讲话[①]。据媒体报道,美国现有超过 40 000 家中餐馆,而全美的麦当劳餐厅数量是 14 000 家多一点。[②] 学者们也强调在中华文化"走出去"中,中华优秀传统文化应居于核心地位。[③]

被誉为"博大精深、源远流长"的中华传统文化主要指中国晚清以前的以中国儒家思想为中心的"传统"的文化形态。我们今天所能了解的传统文化无疑只能通过历史文献、物质依存和残留的生活习俗来了解。中华传统文化也是精华与糟粕并存的。在近代中国,因为不能够解决中华民族独立和现代化发展问题,传统文化一度遭到严厉的批判和摒弃。今天,面对全球化时代新问题的挑战,中华传统文化中的一些因素得到新的肯定。当然,对于传统文化中何为"优秀"何为"糟粕"在学界尚没有一致的意见,因此,"实现传统文化的创

---

① 金佳绪:《十八大以来习近平这样为传统文化"代言"》,2017 年 5 月 30 日,http://www.xinhuanet.com/politics/2017-05/29/c_1121054808.htm。
② Lillian Li:《在圣诞节,没有比中餐更美国的东西了》,纽约时报中文网,2019 年 12 月 26 日,https://cn.nytimes.com/opinion/20181226/christmas-chinese-food/?utm_source=tw-nytimeschinese&utm_medium=social&utm_campaign=cur。
③ 荆玲玲、张会来:《中国文化"走出去"战略的时代变革与思路创新》,载张西平、管永前编《中国文化"走出去"研究总论》,北京大学出版社 2016 年版,第 48 页。

造性转化、创新性发展"①才成为当务之急。

中华传统文化也分为多个层次,按照思想核心、制度规范、器物行为的三分法,以儒释道为主题的思想体系构成了传统文化的思想核心层面,而儒表法里的帝国官僚制度构成了制度规范层面,与此相应的建筑、艺术、风俗等构成了器物行为层面。制度规范层面的绝大多数因为不适应现代社会的要求而被抛弃,但是韦伯所赞赏的官僚治理体系在今天依然有传承和发展。器物行为层的传统文化以物质和非物质文化遗产的形式在今天得以保留,但是显然更多的是作为一种"遗产"的形式存在,即有特殊的展示和保存价值,在当代的存在基本上作为一种艺术风格或特殊的生活方式来呈现。前面提到的中华医药、中华烹饪、中国园林、中国武术都可以看作器物行为层面的传统文化,它们承载了一定的传统文化思想因素,但是更多的是作为一种"风格"的形式存在。世界上有很多种文化风格,这种层次的文化相互并存的难度并不太大。因此,属于这一层次的传统文化经过网络媒介完全可以实现较好的传播效果。

传统文化中真正值得重视的是思想核心层面的文化。这一层次的文化也是中外共同认可的、在未来可能有重大发展并为全球化时代的问题提供解决方案的文化。中华文化影响力的真正增强更多依托优秀传统文化中的核心思想。对此,习近平总书记有过切中肯綮的论述。作为成熟开放的思想体系,中华优秀传统文化关注人类发展与天下秩序,表现出超越民族与地域的思想特点,"跨越时空、超越国度、富有永恒魅力、具有当代价值","当代人类也面临着许多突出的难题。要解决这些难题,不仅需要运用人类今天发现和发展的智慧和力量,而且需要运用人类历史上积累和储存的智慧和力量。世界上一些有识之士认为,包括儒家思想在内的中华优秀传统文化中蕴藏着解决当代人类面临的难题的重要启示"。②

---

① 习近平:《在纪念孔子诞辰2565周年国际学术研讨会上的讲话》,2014年9月24日,http://www.xinhuanet.com/politics/2014-09/24/c_1112612018.htm。
② 《学习贯彻习近平总书记关于传承发展中华优秀传统文化的重要论述》,2018年11月12日,https://www.jfdaily.com/news/detail?id=116178。

中华优秀传统文化所蕴含的智慧需要当代人的挖掘、继承和发展。这里的当代人不仅是当代中国人,也包括当代很多国家的有识之士。虽然近代以来,中华传统文化在西方近现代文化的霸权面前一直处于被遗忘的状态,但是西方的很多学者(汉学家)一直在持续关注中华传统文化。以郝大维、安乐哲等为代表的西方学者对中华传统文化的研究达到了一个很高的层次,他们意识到了隐藏在中国古老思想中的智慧,通过现代学术的阐发,这些古老思想焕发了新的生机。

2017年,中国印发《关于实施中华优秀传统文化传承发展工程的意见》(以下简称《意见》),从国家层面力图在传统文化研究、教育、保护和传播上作出新的努力。《意见》对中外文化交流互鉴提出了明确而具体的要求,是开展中华文化全球传播的具体要求:"充分运用海外中国文化中心、孔子学院,文化节展、文物展览、博览会、书展、电影节、体育活动、旅游推介和各类品牌活动,助推中华优秀传统文化的国际传播。支持中华医药、中华烹饪、中华武术、中华典籍、中国文物、中国园林、中国节日等中华传统文化代表性项目走出去。积极宣传推介戏曲、民乐、书法、国画等我国优秀传统文化艺术,让国外民众在审美过程中获得愉悦、感受魅力。加强'一带一路'沿线国家文化交流合作。鼓励发展对外文化贸易,让更多体现中华文化特色、具有较强竞争力的文化产品走向国际市场。探索中华文化国际传播与交流新模式,综合运用大众传播、群体传播、人际传播等方式,构建全方位、多层次、宽领域的中华文化传播格局。推进国际汉学交流和中外智库合作,加强中国出版物国际推广与传播,扶持汉学家和海外出版机构翻译出版中国图书,通过华侨华人、文化体育名人、各方面出境人员,依托我国驻外机构、中资企业、与我友好合作机构和世界各地的中餐馆等,讲好中国故事、传播好中国声音、阐释好中国特色、展示好中国形象。"[1]

---

[1] 中共中央办公厅 国务院办公厅印发《关于实施中华优秀传统文化传承发展工程的意见》,2017年1月25日,http://www.gov.cn/zhengce/2017-01/25/content_5163472.htm.

(二) 指导思想和价值观

当代中国文化中的"指导思想"和"价值观"均有明确的所指。指导思想是中国化的马克思主义思想,其最新形态是"习近平新时代中国特色社会主义思想"。这一新的指导思想是自中国共产党十八大以来,以习近平同志为核心的党中央围绕"回答好新时代坚持和发展什么样的中国特色社会主义、怎样坚持和发展中国特色社会主义这个重大时代课题",提出的一系列治国理政新理念新思想新战略。习近平新时代中国特色社会主义思想,是马克思主义中国化最新成果,是党和人民实践经验和集体智慧的结晶,是全党全国人民为实现中华民族伟大复兴而奋斗的行动指南,是党的十八大以来党和国家事业取得历史性成就、发生历史性变革的根本理论指引。在具体内容上,"习近平新时代中国特色社会主义思想,从理论和实践结合上系统回答了新时代坚持和发展中国特色社会主义的总目标、总任务、总体布局、战略布局和发展方向、发展方式、发展动力、战略步骤、外部条件、政治保证等基本问题,并且根据新的实践对经济、政治、法治、科技、文化、教育、民生、民族、宗教、社会、生态文明、国家安全、国防和军队、'一国两制'和祖国统一、统一战线、外交、党的建设等方面作出理论分析和政策指导";"习近平新时代中国特色社会主义思想,明确坚持和发展中国特色社会主义,总任务是实现社会主义现代化和中华民族伟大复兴,在全面建成小康社会的基础上,分两步走在本世纪中叶建成富强民主文明和谐美丽的社会主义现代化强国;明确新时代我国社会主要矛盾是人民日益增长的美好生活需要和不平衡不充分的发展之间的矛盾,必须坚持以人民为中心的发展思想,不断促进人的全面发展、全体人民共同富裕;明确中国特色社会主义事业总体布局是'五位一体'、战略布局是'四个全面',强调坚定道路自信、理论自信、制度自信、文化自信;明确全面深化改革总目标是完善和发展中国特色社会主义制度、推进国家治理体系和治理能力现代化;明确全面推进依法治国总目标是建设中国特色社会主义法治体系、建设社会主义法治国家;明确党在新时代的强军目标是建设一支听党指挥、能打胜仗、作风优良的人民军队,把人民军队建设成为世界一流军队;明确中国特色大国外交要推动构建新型国际关系,推动构建人类命运共同体;明确中国特色社会主义最本质的特征是中国共产党领导,中国特色社会主义制度的最大优势是中国共产党领导,党是最高政治领导力量,提出新时代党的建设总体要求,突出政治建设在党的建设中的重要地位。强调新时代坚持和发展中国特色社会主义必须坚持党对一切工作的领导、坚持以人民为中心、坚持全面深化改革、坚持新发展理念、坚持人民当家作主、坚持全面依法治国、坚持社会主义核心价值体系、坚持在发展中保障和改善民生、坚持人与自然和谐共生、坚持国家总体安全观、坚持党对人民军队的绝对领导、坚持'一国两制'和推进祖国统一、坚持推动构建人类命运共同体、坚持全面从严治党。这'八个明确'和'十四个坚持',体现了指导思想与行动纲领的有机统一,是党团结带领人民为决胜全面建成小康社会、开启全面建设社会主义现代化国家新征程、实现中华民族伟大复兴的中国梦而奋斗的行动纲领和根本遵循"。①

"价值观"指的是"社会主义核心价值观",它是社会主义核心价值体系建设的核心。党的十八大报告首次正式提出了 24 字的价值观表述,即"倡导富强、民主、文明、和谐,倡导自由、平等、公正、法治,倡导爱国、敬业、诚信、友善,积极培育和践行社会主义核心价值观"。"社会主义核心价值观是社会主义核心价值体系的内核,体现社会主义核心价值体系的根本性质和基本特征,反映社会主义核心价值体系的丰富内涵和实践要求,是社会主义核心价值体系的高度凝练和集中表达",24 字核心价值观"与中国特色社会主义发展要求相契合,与中华优秀传统文化和人类文明优秀成果相承接,是我们党凝聚全党全社会价值共识作出的重要论断。富强、民主、文明、和谐是国家层面的价值目标,自由、平等、公正、法治是社会层面的价值取向,爱国、敬业、诚信、友善是公民个人层面的价值准则"。②

---

① 《将习近平新时代中国特色社会主义思想载入宪法的重大意义》,2018 年 2 月 26 日,http://www.xinhuanet.com/politics/2018-02/26/c_1122455317.htm。
② 中共中央办公厅:《关于培育和践行社会主义核心价值观的意见》,人民出版社 2013 年版,第 2 页。

第三章　效能导向的分层传播

习近平新时代中国特色社会主义思想和社会主义核心价值观构成了当代中国思想文化的核心层面。正如前文指出的,当代中国思想文化的正式名称是"社会主义先进文化",因此,它带有强烈的意识形态色彩。实际上,在中国语境中,"意识形态"是一个中性甚至是褒义的概念,"中国化的马克思主义"或"中国特色社会主义"正是中国要着力建设和发展的"意识形态"。[①] 我们在本书第二章已经分析指出,意识形态差异是影响中华文化全球传播的主要因素之一。因此,作为当代中华文化主要组成部分之一的指导思想和价值观在全球传播中遇到的阻力更大。就目前的传播实践而言,中国对指导思想和价值的定位主要是国内的而非国外的,在中国共产党和中国政府公开发布的文件中几乎没有明确提出要将指导思想和价值观在全球范围内广泛传播并增强其影响力。中国更多地强调以马克思主义指导思想和社会主义核心价值观为标志的中国特色社会主义道路主要是"中国的",即中国人民在中国共产党领导下探索出来的适合中国特点的发展道路,其指导思想和价值观更具有中国的特殊性。因为冷战时期意识形态冲突的影响,中国在对外交往层面更多地强调中国道路的特殊性。近年来,随着中国经济的成功,中国道路所形成的发展模式也受到全球很多国家尤其是发展中国家的关注,但即使在此情况下,中国也没有表现出特殊的普及中国模式的愿望,只是希望中国模式能够为解决发展中国家的现实问题提供新的思路。

中国当代文化中的指导思想和价值观层面是否需要以及如何在全球范围的文化交流互鉴中传播是一个值得研究的课题。不过,至少在目前,它还没有成为中华文化全球传播的重点,其影响力自然相较其他方面要小得多。在传播学的一个分支"政治传播"中,有关研究实际上对指导思想和价值观传播有着重要的启示作用。研究政治传播的学者很少将自己的研究和文化传播关联起来,在政治、经济、文化等并立概念中,文化是狭义的,和政治有着明显的边

[①] 金文玲:《社会主义意识形态建设的守正创新》,2019 年 7 月 29 日,http://theory.people.com.cn/n1/2019/0729/c40531-31261963.html。

界。不过，如果把"政治信息"概念进一步分解，它所包含的"观念形态"和"潜在形态"就非常接近这里所说的指导思想和价值观。"观念形态的政治信息主要是意识形态，潜在形态的政治信息主要是政治价值和政治文明。把政治传播内容设想为一个圆，其表层结构是意识形态，中层结构是政治价值，深层结构是政治文明。"①对于政治传播，中国政治传播学者荆学民认为，意识形态传播虽然有赖于传播或"宣传"，但是绝不取决于传播与宣传；政治价值本质上是一种普世价值，是人类对于政治行为取得的普遍共识，这种共识的获得不可能从特定的意识形态立场出发去推销和灌输；深层的政治文明本身没有政治冲突性，可以通过传播进行融合，它有国别却无国界。"政治文明属于人类的共有财富，无论是产生于哪个民族、哪个地域、哪个国度，只要是有利于人类政治进步的政治举措都最终超越国界、地界，成为人类可以共享的政治文明。……在当今随着传播技术的迅猛发展人类的政治文明不断走向深度融合的时代中，当我们把来自于某地区某国度的政治治理成果总结升华政治文明的时候，所着力诉求的是它的对于人类政治所具有的普遍的指导意义，这种意义的实现所依赖的正是政治传播。进而言之，支撑中国社会改革开放迅猛发展几十年的中国特色的政治文明，当通过有效的政治传播惠及全世界，造福全人类。"②我们认为这种政治传播思想正是指导思想和价值观传播应有的价值旨归，"'政治'从诞生之日起就是一个不断地维护公共秩序、捍卫公共利益、实现人类'公共性'的过程，这是马克思主义政治观的基本要义，也是'政治'任何时候都不能背离和脱离的价值本性和使命担当；而'传播'应以传递、运载、呈现客观信息为旨归，以追索事物真相、揭示客观真理为本性。合理的政治传播机制与形态中，政治当有正义的追求，传播当有公正的使命，资本当有正当的边界。政治当有为传播和资本确定正义方向的责任，传播当有监督政治和资本的责任，资本当有服务正义的政治和公正的传播的责任。几个重要的变量之

---

① 荆学民：《关于政治传播内容的理论思考》，载《南京社会科学》，2016年第3期。
② 荆学民：《关于政治传播内容的理论思考》，载《南京社会科学》，2016年第3期。

间,在各自正当合理的基础之上和边界之中,既相互制约,又交叉合力,始终保持适度和良性的张力,以使政治传播在强化理性深思、传播真实信息和维护人类正义的轨道上运行"。[1]

在实践层面,近年来,中国不断加强政党外交。2017年12月,首次"中国共产党与世界政党高层对话会"在北京召开,"开辟了新时代中国政党外交新境界",也可以看作中国当代意识形态文化的一次高层次的交流形式。与此相应,近二三十年来海外"中共学"[2]研究实际上也开辟了中外意识形态文化交往的学术版本。也有很多学者试图借助其他传播研究的理论与策略来开展核心价值观的传播,比如陈先红等认为应通过实施国家公共关系战略来传播核心价值观[3],史安斌建议应当"拓展治国理政理念和实践的外延,强化'共享'理念,多使用'倡议''合作''交流'等软性词汇,寻求'多元共识'。'中国梦''命运共同体''一带一路'的对外传播都应集中体现出这种'多元共识'——中国与世界共同发展,中国与西方以外的'他国'共同崛起"[4],孟建、孙祥飞倡议"我们要以更为开放的眼光求同存异,强调中国文化和中国价值对世界的贡献,强调与异域文化圈层之间的合作,摆脱以西方价值为中心的从属地位,进而建构起全世界对中国的文化和中国的崛起友好大于敌意、认同大于批判、接受大于拒斥的整体格局"[5]。

(三)学术成果与文艺作品

学术研究的水准直接反映了一个国家的实力,哲学社会科学研究成果则是国家文化软实力的重要方面。如果把文化按照"精英/大众"的两分法来划

---

[1] 荆学民:《重新省思政治传播的价值旨归》,载《新闻与传播评论》,2019年第5期。
[2] 《迅速发展的海外"中共学"》,人民网,2015年10月21日,http://theory.people.com.cn/n/2015/1021/c40531-27724485.html。
[3] 陈先红、刘晓程:《核心价值观传播的国家公共关系战略构想》,载《现代传播(中国传媒大学学报)》,2015年第6期。
[4] 史安斌:《加强和改进中国政治文明的对外传播:框架分析与对策建议》,载《新闻战线》,2017年第13期。
[5] 孟建、孙祥飞:《中国形象跨文化传播的三种言说策略》,载《对外传播》,2012年第9期。

分,现代哲学社会科学的研究成果无疑应属于精英文化的一个重要组成部分。在近现代学术制度下,学术精英文化主要产自各个高等院校,即大学。宽泛而言,与哲学社会科学相对应的自然科学也是国家文化实力的一部分,但是自然科学更多与科技、工业、工程相联系,看起来更"硬"一些,因而在主要侧重精神层面的文化时自然科学成就很少被提及。那么当代中国的哲学社会科学的发展水平如何呢？2016年5月,习近平总书记在北京主持召开哲学社会科学工作座谈会并发表重要讲话,他首先坚持用一个宽广的视角来观察中国哲学社会科学,认为应当将其放到世界和我国发展的大历史中去看。习近平总书记指出,"人类社会每一次重大跃进,人类文明每一次重大发展,都离不开哲学社会科学的知识变革和思想先导。从西方历史看,古代希腊、古代罗马时期,产生了苏格拉底、柏拉图、亚里士多德、西塞罗等人的思想学说。文艺复兴时期,产生了但丁、薄伽丘、达·芬奇、拉斐尔、哥白尼、布鲁诺、伽利略、莎士比亚、托马斯·莫尔、康帕内拉等一批文化和思想大家。他们中很多人是文艺巨匠,但他们的作品深刻反映了他们对社会构建的思想认识。英国资产阶级革命、法国资产阶级革命、美国独立战争前后,产生了霍布斯、洛克、伏尔泰、孟德斯鸠、卢梭、狄德罗、爱尔维修、潘恩、杰弗逊、汉密尔顿等一大批资产阶级思想家,形成了反映新兴资产阶级政治诉求的思想和观点。马克思主义的诞生是人类思想史上的一个伟大事件,而马克思主义则批判吸收了康德、黑格尔、费尔巴哈等人的哲学思想,圣西门、傅立叶、欧文等人的空想社会主义思想,亚当·斯密、大卫·李嘉图等人的古典政治经济学思想。可以说,没有18、19世纪欧洲哲学社会科学的发展,就没有马克思主义形成和发展。20世纪以来,社会矛盾不断激化,为缓和社会矛盾、修补制度弊端,西方各种各样的学说都在开药方,包括凯恩斯主义、新自由主义、新保守主义、民主社会主义、实用主义、存在主义、结构主义、后现代主义等,这些既是西方社会发展到一定阶段的产物,也深刻影响着西方社会"。① 和国外相比,中国古代也产生了繁荣的学

---

① 习近平:《在哲学社会科学工作座谈会上的讲话》,人民出版社2016年版。

术思想,"在漫漫历史长河中,中华民族产生了儒、释、道、墨、名、法、阴阳、农、杂、兵等各家学说,涌现了老子、孔子、庄子、孟子、荀子、韩非子、董仲舒、王充、何晏、王弼、韩愈、周敦颐、程颢、程颐、朱熹、陆九渊、王守仁、李贽、黄宗羲、顾炎武、王夫之、康有为、梁启超、孙中山、鲁迅等一大批思想大家,留下了浩如烟海的文化遗产"①,在近现代的中国,"郭沫若、李达、艾思奇、翦伯赞、范文澜、吕振羽、马寅初、费孝通、钱钟书等一大批名家大师,为我国当代哲学社会科学发展进行了开拓性努力"。② 在肯定中国哲学社会科学学科体系不断健全、研究队伍不断壮大、研究水平和创新能力不断提高等成绩后,习近平总书记着重指出了中国哲学和社会科学领域存在一些亟待解决的问题,比如,"哲学社会科学发展战略还不十分明确,学科体系、学术体系、话语体系建设水平总体不高,学术原创能力还不强;哲学社会科学训练培养教育体系不健全,学术评价体系不够科学,管理体制和运行机制还不完善;人才队伍总体素质亟待提高,学风方面问题还比较突出,等等",归结为一句话,就是"哲学社会科学还处于有数量缺质量、有专家缺大师的状况,作用没有充分发挥出来"。习近平总书记对中国哲学社会科学领域的一些不良风气也重点进行了批评,包括"学术浮夸、学术不端、学术腐败现象不同程度存在,有的急功近利、东拼西凑、粗制滥造,有的逃避现实、闭门造车、坐而论道,有的剽窃他人成果甚至篡改文献、捏造数据"等。

造成中国今天人文社科领域缺乏"大师"的原因很多,但是传统学术的断裂和现代学术体系的不完善是两个主要原因。晚清以来,中国传统学术受到极大冲击,"西学东渐"的过程就是逐渐放弃传统学术的过程。尽管这个过程并非突然来临,但是随着传统国学大师的逝去,国学研究陷入了低谷。对于人文社科领域而言,改革开放后是重新引进和学习西方学术的过程。迄今四十多年的时间对于新一代知识分子而言还是显得短暂,如果西方学术需要超越,

---

① 习近平:《在哲学社会科学工作座谈会上的讲话》,人民出版社2016年版。
② 习近平:《在哲学社会科学工作座谈会上的讲话》,人民出版社2016年版。

那也需要在充分学习领会的基础上，而中国的现代学术无疑欠账太多。近年来，人文学术"中国化""本土化"的呼声不绝于耳，这显示了当代知识分子对学术自立、文化自觉的强烈渴望。但是，这个过程不可能很快实现。

再看文艺作品。和学术研究相比，文艺作品层面的文化无论在创作者、传播者还是接受者方面都更"大众"。《国家"十三五"时期文化发展改革规划纲要》列举了文艺作品的几个具体形式，包括"抓好文学、剧本、作曲等基础性环节，支持戏剧、电影、电视、音乐、舞蹈、美术、摄影、书法、曲艺、杂技等艺术门类创新发展，鼓励戏曲流派创新，推动交响乐、歌剧、芭蕾舞等艺术品种的中国化、民族化"，以及"加强网络文化产品创作生产，推动网络文学、网络剧、微电影等新兴文艺类型繁荣有序发展"。可见，中国主流视野中的文艺形式包括文学（诗歌、小说等）、戏剧（现场表演性的，如传统京剧、歌剧、话剧等）、音乐（民乐、交响乐、歌剧）、舞蹈、美术（绘画、书法、雕塑等）等，以及带有中国传统民间特色的戏曲、曲艺、杂技等，还有更具现代性的摄影、电影、电视等。我们不能否认，在文艺领域尤其是文学、戏剧、美术还有影视艺术中有很多"精英"品类的存在，正是每一种艺术形式中都有不同风格的作品存在，布迪厄才有可能从"文化品位"中区分阶级，"文化品位"才可能成为区分文化受众的标志。有些文艺形式比如交响乐、歌剧、芭蕾舞等几乎就是只有"精英"才会欣赏的门类，而中国传统戏曲、曲艺、杂技则主要是"民间"的，甚至京剧也不能理解为中国的"精英文化"。中国传统戏曲在当代中国逐渐变为"遗产"，成为少数人的艺术，更多跟时代发展背景有关，而不是因为它自身就是少数"精英"的艺术形式。考虑到网络时代更加普及和大众的影视动漫作品、网络文学、短视频和微电影，我们更有理由认为当代的文艺作品更加"大众化"。在中国还有一个特殊的因素使得文艺作品的"大众化"倾向更加明显，就是党和政府的"文艺方针"。1942年毛泽东《在延安文艺座谈会上的讲话》中就明确要求文艺是为"人民大众"的文艺，是"工农兵"的文艺。2014年，习近平总书记《在文艺工作座谈会上的讲话》延续了这一理念，提出要"坚持以人民为中心的创作导向"。即使不是政治的要求，经济的要求也使得当代的文艺作品走向"大众化"，因为文化产业的兴起，资本的力量一致推动文艺创作向获得更多盈利的方向转化，这导致面向小众的文艺作品虽然存在，但是面向大众的作品更能够生存。

大众化的文艺作品在中华文化的全球传播中已经并将继续发挥重要的作用。优秀的文艺作品具有跨越国界的能力，它在官方人群中产生的影响力在短时间内要远远超过学术成果的影响力。从传播的角度而言，文艺作品也是最便于传播的一种文化内容。在很多时候，文化传播几乎就等于文艺作品的传播。对中国而言，目前的主要问题是，什么样的文艺作品才是"中国"的，进一步的问题是，什么样的中国文艺作品能在全球产生重要影响力。获得诺贝尔文学奖的莫言无疑是一个好的例子，但是中国显然还需要更多的"莫言"；获得奥斯卡最佳外语片的电影《卧虎藏龙》也是一个好的例子，但是中国显然还需要更多的"李安"。

（四）内容分层的优化策略

以上在讨论中华内容分层的时候我们没有讨论更具物质形态的文化，比如中国的世界文化遗产、中国的民俗文化和中国当代人的日常生活文化。这与我们的分析起点有关，因为党和政府的文化框架是建立在"精神文明"的基础上的。我们不能简单地将物质文化形态的中华文化弃之不理。能够移动的物质文化主要是博物馆的藏品，在这方面中国已经做了大量的工作。对于了解中国的外国国民而言，他们一般是认可中国古代文明的成就的，因此，可以认为这方面的影响力其实是很高的。中国丰富的世界级物质和非物质文化遗产在得到联合国教科文组织的认可后在世界上也取得了较大的影响力，中国在这方面取得了较好的成绩。而物质形态和生活形态的文化除了通过媒介的传播以外，更适合全球受众亲身体验，这需要中国更多地发展旅游产业。

在我们所分析的中华文化的内容分层结构中，不同层次的内容都可以根据媒介的特性和受众的特点进行有针对性的传播。当前中国传播最为广泛的文化内容主要集中在面向大众的"器"和"物"的层面，无论是传统文化还是当代文化，在核心思想和价值观方面的传播力度不大，效果也不好。有学者批评"以传统文化的民族符号向世界描画中华文化的全貌，容易导致外界对中华文化的认知仅仅流于'器'与'物'的层面,而忽略了文化最深层次的价值观"[1],也有人认为在推动中华文化"走出去"中要"突出思想内涵、彰显价值观念"[2],积极对外宣传阐释"中国梦",大力传播当代中国价值观念。因此,我们需要重点加强文化中核心思想和价值观的传播。

具体而言,中华优秀传统文化的核心思想主要有两个途径来传播。一是通过对传统典籍的数字化整理和翻译,让世界范围内对此感兴趣的学者能够更加方便地获得研究资料,从而提高优秀传统文化的研究力量。在这个过程中,中国需要做的是以开放的心态主动做好典籍整理、出版以及数字化工作,通过图书和网站的形式建立开放式的获取渠道,如果能够组织更大范围的翻译工作无疑更加可取。翻译和开放典籍工作一旦开始,其影响面将不止于学者范围,它可以通过网络产生更加广泛的影响。二是通过中国当代学者对中国传统文化的思想进行创造和转化,尤其是面向全球化世界面临的问题进行的阐释和转化更有价值。通过学者的再阐释并在学术体系内与世界进行交流就能够获得良好的效果。中国当代文化中的指导思想和价值观如何传播可能需要进一步深入研究,本书限于篇幅和研究重心无法详细讨论。不过,总的思路可以确立为,核心思想和价值观层面的全球传播最好通过其他国家的学术精英或社会精英来传播,因为对多数民众而言,需要深入思考和难以理解的东西很难有好的传播效果。

在涉及大众性的中华文化层面,无论是传统文化还是当代文化,通过各种媒介形态面向全球受众的传播方案可行性都较高,实际上,中国在这些方面已经取得了很好的成绩。对这些文化层面,今后的重点应该是如何创造优秀的内容("讲好故事")以及让更多的传播主体介入(最大可能发挥民间力量的优势)。

---

[1] 程芳:《多维视角考量下中华文化"走出去"的战略基点》,载张西平、管永前编《中国文化"走出去"研究总论》,北京大学出版社2016年版,第101页。
[2] 刘奇葆:《大力推动中华文化走向世界》,载张西平、管永前编《中国文化"走出去"研究总论》,北京大学出版社2016年版,第12页。

第四章 中国国家形象建构的生成与嬗变

第一节 西方的中国形象及媒体话语的生成

西方作为中国形象的一个巨大"他者",是无从回避也不能回避的。尽管有学者认为西方是一个太过模糊、太过危险的概念,在研究中"不可用",却也"不可不用",因为再没有一个概念可以替代它。[①] 不过,世界的中国形象不仅是西方的,而是由世界不同国家、地区共同建构的跨文化传播的一个文化网络。然而,世界的中国形象网络,看似有诸多差异性巨大的权力主体,而且这些权力主体对中国的想象理应通过跨文化传播而互相建构,但是,实际的情况正如美国著名传播学者詹姆斯·W.凯瑞所指出的那样,传播中折射着社会中的政治秩序、经济秩序以及"仪式秩序"(a ritual order)[②]。"仪式秩序"正是一种文化秩序。西方的现代性精神不仅表现在它使得西方文化内部不断凝聚,还表现在"西方文化面对非西方文化不断施展的向心性吸引力"[③],以致世界的中国形象网络,反射的往往都是"西方镜像"。西方现代性的全球化推进过程,也是"非西方国家"前现代社会已有的文化结构被解构的过程,是这些"传统的"文化结构在西方现代性的冲击下出现断裂与冲突的过程。由此,现代国

---

① 周宁、周云龙:《他乡是一面负向的镜子:跨文化形象学的访谈》,北京大学出版社2014年版,第67页。
② [美]詹姆斯·W.凯瑞:《作为文化的传播:"媒介与社会"论文集》,丁未译,华夏出版社2005年版,第21页。
③ 周宁、周云龙:《他乡是一面负向的镜子:跨文化形象学的访谈》,北京大学出版社2014年版,第96页。

家体系中所谓"世界的中国形象",是经西方媒体重构之后的媒体话语,它在跨文化传播的过程中不断生成。因而,西方的中国形象是一个重要的研究问题。

一、西方中国形象的多维呈现

(一) 西方中国形象的历史演变

亨利·玉尔(H. Yule)在其著作中指出,罗马帝国曾将中国描述为"丝人国",认为"这种细丝生长在树上,先用水浸湿,再加以梳理,织成缯帛。罗马仕女用制衣料,穿后光彩夺目。运输贯穿世界,实极艰巨"[①]。中国西汉时期张骞的"凿空之旅",打通了"丝绸之路",成就了西方(罗马帝国)与中国的首次直接的跨文化互动,为西方想象中国提供了元素。中国作为"赛里斯国"——"Seres"丝绸的音译,中国人作为"赛里斯人"的西方想象,在西方帝国时代不断延续着。

直至13世纪,意大利人马可·波罗到达中国元大都,完成了他具有划时代意义的旅行,并在狱中口述了其奠定前现代西方关于中国想象基础的《马可·波罗游记》。尽管史学界对于马可·波罗是否真正到过中国一直存在争论,然而,这篇游记的确是第一次较全面地描述中国的、影响极大的一本书籍。它记录了中亚、西亚、东南亚等地区许多国家的情况,尤其是以大量的篇幅和无比热情的语言,对中国进行描述:无尽的财富,巨大的商业城市——元大都,以及令人惊叹的交通、建筑……有研究者评价:"这本书将风靡一时的关于异域中国的新知识和旧想象混杂在一起,使得萌动中的欧洲对这个富庶昌盛的国度无比惊慕、向往,关于这个世外仙境的故事越发鲜活起来。"[②]这之后的几个世纪里,在西方的小说及纪实作品中,"中国形象"成为一个"乌托邦"或曰"桃花源"式的话语系统,成了一切美好事物——包括经济上的富强、文明上的卓越等的表征。即便到了1648年"威斯特伐利亚"秩序建立,欧洲的国家体系

---

① 沈福伟:《中西文化交流史》,上海人民出版社,1985年版,第58页。
② 李娅菲:《镜头定格的"真实幻像"——跨文化语境下的"中国形象"构造》,人民出版社2011年版,第13页。

逐渐形成之后,这种"理想国"式的中国表述依然盛行。诗人的赞美、印刷物中的"崇拜"等比比皆是。我们认为,这一阶段的"中国形象",在很大程度上是作为一系列的"激励话语"而存在的。在中世纪宗教权力式微,王权上升,资本主义开始萌芽的历史时期,西方需要通过其他文化的"激励"来认识自我,新兴的阶级也需要一种强大的"外来精神"去推翻旧秩序,丰富新的"西方自我"的内涵。学界普遍认为,中国形象在西方历史上的转折点在于1735年杜赫德《中华帝国全志》一书的问世。此书"流露出了对中国停滞不前的状态的担忧"①,批判的眼光渐渐集中于中国。彼时的中国,仍然沉醉于自身的"天朝美梦"之中,而此时的西方已经步入现代化进程。在"现代性之光"的启蒙下,西方拉开了资本积累、海外殖民的序幕,更重要的是,这时的西方文化,已经渐渐开始成为具有权威性的话语。以这样"自豪"的社会心理状态来看待依旧处于封建时代的中国,封闭、贫穷、愚昧等一系列中国表述纷至沓来,后殖民文化理论评价这些表述是"惯用于一套傲慢的语言来加强对被表述对象的影响与控制"②。

至此,西方的中国形象经历了由"理想国"向"专制落后国家"的转变,这一转变的核心因素即现代启蒙思想"进步与自由"的观照,中国在这一转变中,成为西方的对立面:"停滞与专制"。③ 但是,这些西方的中国形象,在这一时期,并未能对中国的"自塑"产生影响,梁启超所指出的当时中国的——"中国自古一统,环列皆小蛮夷"④社会总体心理,虽有表述上的纰漏,但也确实说明了当时的中国并未将西方的中国形象视为一个重要的参照系,因此,中国形象,在自"丝绸之路"开启直至19世纪清政府的大门被西方打开之前的漫长历史岁月中,都不能被视为一个真正的问题加以讨论。有研究者认为,"中国形象"真

---

① 李娅菲:《镜头定格的"真实幻像"——跨文化语境下的"中国形象"构造》,人民出版社2011年版,第15页。
② 中国社会科学院"世界文明"课题组:《国际文化思潮评论》,中国社会科学出版社1999年版,第90页。
③ 周宁:《永远的乌托邦——西方的中国形象》,湖北教育出版社2002年版,第270页。
④ 梁启超:《饮冰室合集·文集之三》,中华书局1989年版,第66页。

正成为一个问题,"是从19世纪末西方的那次历史性转身开始的"①,这个"转身"是指晚清的"西力东渐"的潮流。但我们认为,问题的形成是在西方的各种"先进知识"被陆续引进中国之前——1840年鸦片战争前后,英国殖民者强势来袭——不仅是"大炮与洋枪",还有他们的文化,这使得中国的"天下"神话一夕之间轰然坍塌。在鸦片战争前在华传教士创办的报刊,如《察世俗每月统记传》(1815—1821)、《东西洋考每月统记传》(1833—1838)中,在鸦片战争之后,尤其是第二次鸦片战争之后在华外报网的形成以及国人办报热潮中的诸多报刊,有关中国的各类论述和判断逐渐得到了清政府和中国知识界的正视。与此同时,西方的现代性也渐渐渗入中国,成为中国"自塑"的巨大"他者"。"那些原本主要在西方文化界,发挥其影响力的中国形象,透过晚清时期代表性的大众传播读物传播扩散。诸如《万国公报》和《时务报》等的翻译引介,成为中国知识分子重新'自我言诠'和认知东西文化异同的重要因素。"②在关于中国的这些评价中,有关中国的正面言论成为中国进行自我确认的最重要依据,而那些负面言论也影响着中国对自身文化的判断,加之这些评价与"西学"中知识与权力的勾连,不经意中成为中国"自我想象"的重要途径。西方的中国形象,在这一时期内开始不再仅仅与西方有关,也开始成为中国的一个问题。20世纪上半叶西方的中国形象,比以往更加复杂,它在不同的具体时间段中,形成了多种不同的中国形象。"黄祸论"是20世纪初西欧和美国的主要中国形象,这是一种典型的基于偏见的刻板印象。与"黄祸论"并行的还有另一种在西欧盛行的中国形象,那就是一个田园牧歌式的"乌托邦中国形象",与"黄祸"的意识形态的中国形象"构成了同时并存、复调对话"的关系。而在大西洋彼处的美国,除了奉行"黄祸"论之外,由于蒋介石政府的"亲美"政策,中国被美国视为"一个理想的'孩子':它有亿万不信基督教的人民等待救赎,他正处在一场文化变革之中",美国人把中国作为实现自己民族抱负的实验场,

---

① 董军:《国家形象是如何可能的——"中国威胁论"的话语生产》,复旦大学,博士论文,2013年。
② 杨瑞松:《病夫、黄祸与睡狮:"西方"视野的中国形象与近代中国国族论述想像》,台湾政大出版社,2010年版,第3页。

用"恩抚主义"的原则,在"传教士收获灵魂的同时也收获财富的观念支配下,建立起浪漫化的中国形象"。①

20世纪30年代以来,美国作家赛珍珠、英国作家希尔顿的小说以及林语堂的英文小说,使上述20世纪初"田园牧歌式"的中国形象最终确立了地位,这是在用西方的想象来述说中国国门被"现代性之光"打开之后,呈现出的一个新的"乌托邦"。这一阶段(1895—1949)的西方中国形象,对中国"自塑"的影响主要体现在中国对自己的想象和言说一直在西方的价值坐标中游走,"孔夫子被推下圣坛,把西方舶来的'科学'和'民主'供奉上新的神龛"②。然而,需要提醒的是,在这个漫长的过程中,中国的自我意识始终没有消失,背后依然是一种如何使中华民族走向富强文明的诉求。

1949年中华人民共和国的成立,使西方的"黄祸论"被充满意识形态偏见的"红祸论"所取代。此时的中国,由于对西方文化的拒绝与封锁,也在很大程度上失去了反思西方中国形象和自身文化的机会。1978年改革开放以来,西方对中国最重要的表述是"中国威胁论"。中国的改革开放,市场化,香港、澳门的回归……中国在建设中国特色社会主义道路上所取得的所有成绩,引发了西方敌对势力的不安,唤起了西方对于"黄祸"与"红祸"的刻板印象。冷战结束,中国走进"社会主义市场经济"时代,真正进入社会转型期,"中国威胁论"又甚嚣尘上,经由所谓西方主流媒体的"过滤"与传播,成为西方世界表述中国的一个常用框架。③

(二) 面对"未知"的西方中国形象

不仅是在国家和社会的总体层面上,西方的中国形象存在于西方无穷尽的各种隐匿而分散的领域之中。有学者从西方的知识界、西方的政治经济领

---

① [美]T.克里斯托弗·杰斯普森:《美国的中国形象1931—1949》,姜智芹译,江苏人民出版社2010年版。
② 李娅菲:《镜头定格的"真实幻像"——跨文化语境下的"中国形象"构造》,人民出版社2011年版,第20页。
③ 董军:《国家形象是如何可能的——"中国威胁论"的话语生产》,复旦大学,博士论文,2013年。

域,分析历史视角、文化视角、现实视角下的中国形象,分析重商主义、国家利益视角中的中国形象,这是一种有效的方法。然而,我们作为柏拉图"洞穴中的囚徒",人类有限的认知能力和自我意识的囚禁使人们无法描述一个真实的世界。对于西方的中国形象,也是如此。西方的中国形象,从这个意义上来讲,具有它的不可知性。面对这种未知性,人们往往采用两种办法加以应对。其一是从整体的维度去把握它,再分门别类地梳理它,突出特征,研究重点。其二,就是从"象征性现实"中去把握它,我们"直接面对的环境实在是太庞大、太复杂、太短暂了,我们并没有做好准备去应付如此奥妙、如此多样、有着如此频繁变化与组合的环境"①。人们只能使用一个框架,对它进行重构,就如若想环游世界,就必须有一张世界地图一样——只是一种描述方法。

在当今时代,媒体,尤其是跨国性的主流媒体,通过世界范围内的传播行为,取代吟游诗人、取代书籍、取代羊皮纸,成为现代社会看世界时最有效的一张"地图"。大众媒介技术与意识形态的勾连,在于它不仅仅是"一种新的商业工具,同时也是一个用于思考的东西,一种转变思想的东西"。有学者以电报为个案,鞭辟入里地分析了它对于现代生活的影响②,这种分析同样也反映出当下大众传媒的重要作用,尤其是具有跨文化性的国际主流媒体。李普曼提出的"虚拟环境"这一经典的新闻传播学概念,在评述西方的中国形象时依然适用。任何现实状况在"虚拟环境中的表现就是一种反映。然而,恰恰因为那是一种表现,那么产生后果——假如它们是一些行动——的地方,就不是激发了那种表现的虚拟环境,而是行动得以发生的真实环境。如果那种表现不是一种实际行动,而是我们简称的思想感情,那么它在虚拟环境中没有出现明显断裂之前,会经历一个漫长的过程"③。在当下的世界,大众传媒是最重要的虚拟环境。那些被反映到这张世界地图上的,即使是虚构的,也变成了"虚拟

---

① [美]沃尔特·李普曼:《公众舆论》,阎克文、江红译,上海人民出版社2006年版,第12页。

② [美]詹姆斯·W.凯瑞:《作为文化的传播:"媒介与社会"论文集》,丁未译,华夏出版社2005年版,第160—161页。

③ [美]沃尔特·李普曼:《公众舆论》,阎克文、江红译,上海人民出版社2006年版,第11页。

真实";那些没有被反映到这张"地图"之上的,即使是现实环境中的真实状况,也变成了虚无。

媒体"镜像",小而言之,已越来越影响到受众的评价体系;大而言之,影响一国的态度和决策。在"未知"的西方的中国形象面前,西方的跨国性的主流媒体在最大程度上扮演着"全知"的角色,但其对西方的中国形象的"反映"本身,正是通过新闻选择和新闻制作对西方的中国形象遮蔽的过程。西方的中国形象的媒介镜像,成为一种"描述性"话语,它的力量不在于制造谎言,而是如何对西方的中国形象进行选择、重组。

二、西方主流媒体对"西方中国形象"的重构

西方主流媒体中的中国报道,看似杂乱无章,实际上有其内在的逻辑。通过新闻选择、新闻制作甚至新闻报道本身的框架结构,西方的中国形象被媒体重构,形成新闻话语,并通过跨文化传播形成一种世界范围内的霸权,影响了世界上一些国家的对华政策,也与中国文化发生"对话",对中国的发展政策及外交政策进行了一定程度上的"隐形干预"。然而正如前文所述,在西方,不同的历史时期,中国形象的变化巨大,而不同的国家也并不存在统一的中国形象。按照这种逻辑,我们也可以想见,一个国家的知识界、政经领域,对中国的关注也有不同的侧重,这些已经有研究者进行过相关论证。① 然而,CNN、《纽约时报》、路透社、BBC、《泰晤士报》、法新社等这些高举"新闻专业主义"大旗的西方主流媒体,是如何反映西方的这些不同的中国形象的?

除了李普曼对于媒体作为"虚拟环境"的经典论述指明它的重大作用之外,美国著名语言学家乔姆斯基在1997年的一次主题演讲《主流媒体何以成为主流》(What Makes Mainstream Media Mainstream)中也曾深刻阐明,所谓主流媒体其实就是"精英媒体",抑或说是能够设置社会公众议程的媒体。②

---

① 董军:《国家形象是如何可能的——"中国威胁论"的话语生产》,复旦大学,博士论文,2013年。
② Noam Chomsry. What makes mainstream media mainstream. From a talk at Z Media Institute, June, 1997.

所谓"精英媒体",主要指这些主流媒体的目标受众是面向社会的"精英"阶层,在一定程度上是"舆论领袖";就"议程设置"而言,主要是指它能够对社会舆论产生重大影响,并影响其他媒体的"报道框架"(the frame work)——"其他媒体不得不在它所主导的报道框架内'筛选'新闻"。21世纪,尤其是2004年Facebook和2006年Twitter的出现及其带动的社会化媒体的涌现,使得传统的主流媒体的地位遭遇了严重挑战,但是,这并不意味着传统的主流媒体,尤其是英美主流媒体信息生产与传播的控制性地位已经被撼动。基欧汉和奈在《权力与相互依赖》一书中明确指出,"即使现有信息的传播非常低廉",但"规模经济和市场准入壁垒仍然存在"。① 社会化媒体在重大的新闻事件面前,在很大程度上只能扮演信息的传播者而不是制作者角色,与此同时,社会化媒体中的传播流程往往是典型的二级传播,而其中的"领袖"也与"社会主流精英"不无关系。

中国形象在西方主流媒体中经历了一个重构甚至可以说是"整合"的过程。罗斯顿曾经指出:"报纸既不是编年史或年鉴,也不是历史记录……,新闻业的整个进程依靠一个词:选择。"②新闻选择是新闻生产的重要环节,而新闻是如何发生的,以及其择取和剔除的根据,则更应该得到解释。简而言之,新闻选择的过程,是一个"把关"的过程。而把关人理论,自美国社会心理学家卢因提出之后,便为各家所讨论,相关阐释不胜枚举。学者黄旦认为,如果将"把关"仅仅理解为对新闻内容的选择,视野就稍嫌狭隘,事实上,"'把关'是一个过程——是一个来自于现实世界的成千上万的信息被缩减为数百条并被传送给接收者的过程,这个过程每天都在循环往复,没有止境。可这一过程不仅是与讯息选择有关,而且关系到处理(handling)以及控制的各个方面"③。而梵·迪克则是从对新闻生产进行话语分析的角度指出,"如果忽视它们的社会

---

① [美]罗伯特·基欧汉、[美]约瑟夫·奈:《权力与相互依赖(第四版)》,门洪华译,北京大学出版社2012年版,第271页。
② 张国良主编:《20世纪传播学经典文本》,复旦大学出版社2003年版,第549页。
③ 黄旦:《传者图像:新闻专业主义的建构与消解》,复旦大学出版社2005年版,第212页。

和文化因素,我们无法真正理解大众传播和新闻",新闻生产流程中的各个阶层、各个领域,都试图通过自己的权力话语去影响"新闻话语"的最终样貌。西方主流媒体中的中国形象无疑也是被多个权力方面所共同建构。但是,需要提醒的是,大众传媒本身就是"意识形态国家机器",本身就是一种权力,它既是载体,又是众多权力关系中的一个方面。它通过新闻选择、商业选择、意识形态选择"整合"和"重构"了西方中国形象,并作为一种话语呈现出来。

第一,新闻选择。20世纪80年代初,美国在考察"美联社和合众国际社的外国新闻"时,发现这些报道多聚焦在"危机、罢工、示威、暴动"等负面议题上;与之相似,美国学者通过观察指出,《纽约时报》和《芝加哥论坛报》上的国际新闻报道,一直倾向于把第三世界国家描述为"充满冲突的政治制度"。[①] 具体到西方新闻媒体中的中国议题分析,其结果也与上述研究大同小异。对于西方媒体(1993—2002)中的中国形象,孙有中指出,"它们比较全面地报道了中国的政治、经济、社会和文化等领域的动态",但关注点依然主要集中在"人权问题、中英香港问题谈判、社会问题与犯罪等"诸如此类的"冲突类议题"上。[②] 这种现象的出现,与西方主流媒体"把关人"对新闻的选择密切相关。博加特指出,反常性、戏剧性和对抗性是构成新闻价值的重要因素,但我们认为,西方媒体中对有关中国的新闻的选择,其背后并非"新闻专业主义",而是"新闻中反面性的这些不同表现形式可以看成是我们自己心理恐惧的表达"[③],这些表达往往会引发新闻受众的兴趣。因此,"问题、丑闻、冲突、犯罪、战争、灾难"这些议题便在西方主流媒体中大行其道。

第二,商业选择。梵·迪克对于新闻报道的话语分析是具有开创性意义的,他曾指出,新闻和报纸是"一种经济产品,它们的生产因此也遵循经济的供

---

① 孙有中:《解码中国形象——〈纽约时报〉和〈泰晤士报〉中国报道比较1993—2002》,世界知识出版社2009年版,第236、37-38页。

② 孙有中:《解码中国形象——〈纽约时报〉和〈泰晤士报〉中国报道比较1993—2002》,世界知识出版社2009年版,第236、37-38页。

③ [荷]托伊恩·A.梵·迪克:《作为话语的新闻》,曾庆香译,华夏出版社2003年版,第127页。

求规律"。① 孙有中在考察《纽约时报》和《泰晤士报》上的中国报道基础上分析道:"绝大多数中国报道并不是由两报驻中国大陆地区的一线记者实地采写的",事实上,"两报从中国大陆地区发出的稿件都从未达到过其全部中国报道的 1/3,而且往往大大低于这个比例"。② 董军认为,之所以会出现这种现象,很大程度上正是因为经济规律作用——"受成本预算所制约,越来越多的新闻媒体不断压缩国际新闻的制作成本"。③ 即便是《纽约时报》这样的业界巨头,在 2006 年前后驻华记者也仅有 5 名而已。而大部分发展中国家的新闻媒体,多数情况下只能通过购买西方新闻业的"加工产品"来获取中国新闻。驻外记者的经济预算、通讯社新闻稿的订阅量、记者的数量和他们的报道范围,对国际新闻的生产起到了非常重要的作用。不仅如此,这些因素还影响到了国际新闻的价值取向,"虽然严格地说由经济条件所带来的限制不是价值范畴而是物质因素,但是这些物质因素对于新闻价值观的形成和再确证却非常重要"。因此,即便是"财大气粗"的西方主流媒体,也常常通过维持原有叙事框架或者主动走入"精英"界,借"知识分子"之力发声。近年来英美主流媒体的报道中,"专业人士"称、某某教授称等字眼屡见不鲜,西方社会精英是报道中的"常客",而他们往往又是与政府"结盟"的,这样一来,西方不一样的"多元声音"难免越发地被边缘化。总之,受生产成本的制约,西方主流媒体无法不延续原有的带有"刻板印象"的框架,并不断强化自身与政府组织、知识界的同盟关系,在资本权力的作用下,真正成为"国家机器"。

第三,情感选择。通过对中国形象的塑造来迎合大众集体情感、激发"民族主义",也是西方主流媒体的共同选择。赫伯特·甘斯指出,在美国新闻业,国际新闻"不像国内新闻那样严格地要求客观性",正如西方所宣称的"民主、自由、进步",在它的对外政策中是"适用"的;事实上,这些国际新闻不是和美

---

① [荷]托伊恩·A. 梵·迪克:《作为话语的新闻》,曾庆香译,华夏出版社 2003 年版,第 2 页。
② 孙有中:《解码中国形象——〈纽约时报〉和〈泰晤士报〉中国报道比较 1993—2002》,世界知识出版社 2009 年版,第 236、38 页。
③ 董军:《国家形象是如何可能的——"中国威胁论"的话语生产》,复旦大学,博士论文,2013 年。

国人、美国利益直接相关,就是"以美国价值来诠释的独特的话题",国际新闻,"归根结底也不过是国内新闻主题的变奏而已"。① 这使得西方主流媒体在很大程度上变成了迎合本国主流意识形态的重要基地,彻底沦为"意识形态国家机器"。美国主流媒体中的"新闻故事",从主体结构到图示模型,都"潜移默化地将中国的形象简单化,暧昧地迎合美国国内日益强烈的忧虑感"。② 长此以往,"美国新闻媒体对中国形象的塑造越来越与特殊事件和环境无关了,并且逐渐摒弃一种从整体上彻底否定中国的修辞策略和塑形手段。与此密切相关的是,美国媒体不仅在塑造中国,它同时也由此在对美国的塑造中采取更具倾向性的态度,而不再是默不作声(或者说是空洞无物)",媒体上的中国形象只不过是"两国之间冲突的公众感受罢了"。③ 在英国新闻界,由于中英两国之间密切接触较少,媒体呈现也表现出了一种情感上的疏离。但是,在英国媒体中,对于中国的疏离感也带来一丝弦外之音,这在美国媒体中很少见——这就是,英国媒体在报道中国新闻和与中国相关的问题时,"总是指出矛盾,进行明确的比较、提出含蓄的问题,倾向于采取一种孤立主义态度"。之所以会出现这种情况,很大程度上也是源于"英国自身的不安定(潜在的)因素和当务之急"。

三、西方霸权话语的跨文化生成

即便身后具有强大的现代性,即便拥有"巨无霸"媒体在技术和传播力上的雄厚实力作为支撑,但西方的中国形象在跨文化传播的过程中,是畅通无阻地成为一种霸权话语的吗?有学者构建了一个西方镜像进入世界其他地区"无阻力"的理论框架。然而,我们想以"批判性对话路径"诠释另一种不同的跨文化过程,既强调权力批判,又强调"对话"。

德国哲学家瓦尔特·本雅明曾指出,在翻译过程中,翻译者将面临两难处

---

① [美]赫伯特·甘斯:《什么在决定新闻》,石琳、李红涛译,北京大学出版社2009年版,第47页。
② [法]李比雄主编:《跨文化对话(第19辑)》,江苏人民出版社2006年版,第135页。
③ [法]李比雄主编:《跨文化对话(第19辑)》,江苏人民出版社2006年版,第138页。

境:"忠实地再生产意义的自由,并在再生产的过程中忠实于原义",唯此才能同时给予译者以及文本原义两方面都发声的空间;所以,原文与译文的差异就成为必需,而原文也只有通过翻译才能被"更充足地照耀"。[①] 本雅明对翻译的思考给予了中国形象跨文化传播研究很大的启示。在现代国家体系扩张的历史中,西方的中国形象已经与各国文化发生碰撞,已经构成了由西方现代性思想参与的一个世界性的网络,当然,中国也参与其中。如果西方形象是本雅明笔下的"原文",那么,原义必然会因为"翻译者"的加工和"阅读"而重新被建构,对于西方的中国形象来说,参与建构的就是跨文化传播批判性对话中的"本土话语"。这样的跨文化实践必然是对西方的中国形象及其权力的"再读",而不可能仅是西方的中国形象的"支配"。

西方的中国形象在进入世界其他地区时,作为一种权力资源或思想观念,其中的跨文化临场"对话"过程尤为重要。该过程需要调动世界各个地区在认识西方之前就存在的本土思想资源和文化传统,"对西方的中国形象作出本土化的诠释,而不会是任其在既有的知识语境中自由驰骋"。[②] 这个过程建构出一个动态的、双向互动的跨文化"对话"空间。巴赫金提出的"话语"和"抵抗"的意义,也就渐渐彰显了出来。西方的中国形象一经进入对话空间,并作为一个"建构物"再走出这个空间时,便已经不再是原有的西方的中国形象,而是世界其他地区的中国形象与西方的中国形象发生过"权力与抵抗"后的产物了。西方的中国形象,特别是现代大众媒体中的媒介话语,在世界其他地区的不同历史现实中,都有可能被运用为一种具有积极意义的批判性资源。例如,在中国"五四"时期,新文化倡导者借用西方的中国论述建构本土"西方主义"话语,对抗具有压抑性的传统文化符码系统时,西方的中国形象作为一种批判性思想资源就暗含着解放性意义。

事实上,西方中国形象的跨文化传播生成了一个西方文化与其他文化的

---

① 陈永国、马海良编:《本雅明文选》,中国社会科学出版社1999年版,第286-289页。
② 周云龙:《西方的中国形象:源点还是盲点——对周宁"跨文化形象学"相关问题的质疑》,载《学术月刊》,2012年第6期。

交叉地带,西方的中国形象在这个空间之内不同程度上失去了唯一主导的可能。权力的不平衡依然存在,但西方与非西方的"二分法"会随之变得不确定,"混杂、重叠、并置、关联与流动就成为文化间对话的基本风貌"。[1] 以这样的阐释视野来看,西方的中国形象、世界其他地区的中国形象(包括中国形象的"自塑"),应该是一种充满批判反思、充满对话的场域。

第二节 以西方中国形象的"本土化"审视中国形象"自塑"

中国形象生成与建构的跨文化传播研究,不以西方为逻辑起点,更不强调西方的中国形象对中国自我想象的"单方面"影响。西方的中国形象在其本土化过程中,面对中国文化和其他文化的参与,失去了畅通无阻地传播的可能性,所谓的"影响/被影响"的二分法也丧失了其确定性。尽管西方现代性权威作为"巨大他者"而存在,但是,西方中国形象生成之后的跨文化传播过程,表现为一个"动态的互动性结构",是多种权力关系与传播互构的过程,我们应该通过对这种互动性结构的分析来反思被政府、众多学者所设定的中国形象的西方"源点"是"如何被西方和非西方的知识精英们共同协作、合力建构出来的"。[2]

与此同时,我们意识到,"西方的中国形象"是一个与中国现实具有相关性但不具有因果关系的想象性表述;但当它在本土化的过程中与中国发生意义关联时,却充当了一种"缺席的在场"。在中西二元对立的假设之下,忽视西方的中国形象对于中国自我想象、自我体认的镜像意义,就无法将跨文化传播批判性立场在研究中一以贯之。然而,我们认为,就西方中国形象的本土化而言,反思"西方的中国形象",尤其是西方关于中国的媒介话语对于中国当下最

---

[1] 周云龙:《西方的中国形象:源点还是盲点——对周宁"跨文化形象学"相关问题的质疑》,载《学术月刊》,2012年第6期。
[2] 周云龙:《西方的中国形象:源点还是盲点——对周宁"跨文化形象学"相关问题的质疑》,载《学术月刊》,2012年第6期。

迫切的文化发展乃至整体发展的问题的有效性,要比所谓"后殖民主义文化批判理论"——主要是近年来"东方主义"的"理论热"来解构西方的中国形象、解构西方的现代性有意义得多。周云龙指出:"西方文化霸权往往与本土的权力话语同源同构。在更多的时候,所谓的'西方文化霸权'必须借助本土才能发挥效力,它不过是本土不同的话语集团争夺符号资本的一个意识形态中心而已,它在这一表述中彰显的往往是本土自身的问题。"①我们在这一思路的启示下,认为中西方文化交汇的过程,不是支配与被支配那么简单,中国形象的"自塑",与西方镜像既有关联又有错位,而在分析这些关系错位的基础上对中国本土话语进行批判和反思,要比驻足于指向西方问题的"东方主义"有效得多。后殖民主义文化批评理论用于中国的最大危险在于,若陷入"文化本质主义"的陷阱,我们在解构了西方的现代性之后,现代化道路又从何谈起?

中国形象虽然由国与国之间的文化权力关系所建构,但其现实根源依然在于中国。因此,只有站在中国本土话语批判的立场上来探讨西方中国形象的霸权生成问题,它才能够成为我们深入思考中国自身问题的有力依据,才能成为一种虽不真实但可以"为我所用"的镜像。

一、中国形象"自塑"与西方镜像的关联错位

(一)中国形象"自塑"的两个向度:未来与现实

中国形象的"自塑",是在一个动态的互动结构中完成的,而非单纯由西方镜像力所能及。在跨文化传播批判性对话视野中分析这一过程,要审视作为重要的权力主体的中国本土立场,并强调跨文化传播过程中中国文化的临场抵抗,建立起"对话"模式。这才是思考西方中国形象生成之后的本土化过程的关键之所在,其立足点是中国形象的"自塑"。从中国形象的"自塑"与西方中国形象的比较分析中,我们探寻支撑中国形象"自塑"的中国本土话语的叙

---

① 周云龙:《西方的中国形象:源点还是盲点——对周宁"跨文化形象学"相关问题的质疑》,载《学术月刊》,2012年第6期。

事特性,发现其中的困境,这样才有可能进一步思考中国形象跨文化传播价值立场问题,并对中国"国家形象"理论体系的搭建做出有效引导。①

毫无疑问,即便经历了一个世纪的"半殖民"历史,即便深受西方资本主义经济发展模式、西方各种文化思潮的影响——包括中国共产党执政的核心思想依据"马克思主义",也是来自西方,但是,当下的中国,因为有其悠久的"大一统"历史,尤其博大精深的传统文化,更有其与西方道路截然不同的社会主义国家模式,因而,是一个并未被西方同化的"主体",应该说,中国的主体意识从未丧失。中国近代以来,在各种文化思潮中,从未忘却"自我"。无论是"师夷长技、中体西用、全盘西化,还是发扬国故、民族自新、中国模式,所有这些选择都是手段,唯一的目的是中国的现代化。现代化是一种文明类型,而实现这种文明类型的主体是中国"②。这样一来,中国形象的"自塑"与西方"他塑"的互动关系,便能因彰显差异与不平衡性而获得其独特的意义。

根据法国学者 J-M. 莫哈的提法,有学者从价值类型上将中国的自我想象归结为两大模式:一是乌托邦形象,一是意识形态形象。"乌托邦本质上是质疑现实的,而意识形态恰要维护和保存现实。"③我们在此基础上将中国形象的"自塑"分为两个向度:中国未来形象的"自塑"与中国现实形象的"自塑"。无论是乌托邦式的对未来的想象,还是意识形态的对现实的想象,总的来说,这两种价值类型的中国形象"自塑"与西方媒介镜像中的中国之间并不是对应关系,而是既有关联,又有错位。

(二) 中国未来形象"自塑"的西方镜像

西方中国形象中包括"乌托邦"式的中国形象的叙述,不过,西方的乌托邦想象与中国自我想象中指向未来的乌托邦形象并不一致。中国人自身所向

---

① 李勇:《现代中国的自我想象——跨文化形象学的终极问题》,载《厦门大学学报》,2012年第5期。
② 周宁、周云龙:《他乡是一面负向的镜子:跨文化形象学的访谈》,北京大学出版社2014年版,第249页。
③ 孟华主编:《比较文学形象学》,北京大学出版社2001年版,第33页。

往、规划的未来的中国形象,"没有直接使用西方的乌托邦中国形象资源"①。西方的乌托邦中国形象在历史上最具代表性的是将中国想象成富庶强大的中华帝国、对中国儒教文化的憧憬等,这些可以统称为"文明古国"形象;20世纪上半叶夹杂在"黄祸论"中的田园牧歌式的"理想国"形象也是西方乌托邦形象的一个侧面,但也不过是西方"反思现代性"背景下的一种寄托罢了。与之相错位的是,自中国"国门"被打开——中西方文化开始频繁碰撞的19世纪中期,直至21世纪的当下,无论中国政府、知识分子、社会大众,抑或现代大众媒体,各想象主体对于中国未来形象的塑造,似乎与西方的"文明古国"的乌托邦形象并无直接关系,更谈不上对西方的乌托邦中国形象的复制。对于西方的乌托邦想象与中国的乌托邦想象,有学者一针见血地指出:"前者的审美意义大于现实意义,而后者的现实意义多于审美意义。比如梁启超的《新中国未来记》、陆士谔的《新中国》虽然都以小说的形式出现,但其中的政治含义大于文学意义,它们被标榜为政治小说或立宪小说是名副其实的。"②在当下的转型中国,也是如此——中国未来形象的"自塑",有很大的现实意味。

中国对自身未来发展的乌托邦想象与西方对中国的乌托邦想象尽管在时间与性质上有巨大差异③,并不意味着中国形象的未来"自塑"与西方的中国形象无关。中国未来形象的"自塑",终究无法摆脱与西方的中国形象,尤其是与西方媒介镜像的互构关系。但是,一个吊诡的现象是,作为参照物的西方的中国形象,并不是"乌托邦的中国形象",而是参与建构西方现代性自我认同的"意识形态的中国形象"。例如,一个显著的互构关系是中国未来的自我想象与20世纪90年代以来就在西方非常盛行的"中国威胁论"的博弈。

在中国步入社会转型期之后,以"中国威胁论"为主导的西方的中国形象

---

① 李勇:《现代中国的自我想象——跨文化形象学的终极问题》,载《厦门大学学报》,2012年第5期。
② 李勇:《现代中国的自我想象——跨文化形象学的终极问题》,载《厦门大学学报》,2012年第5期。
③ 这种差异主要指两点:一是西方的乌托邦式中国形象是文明古国,而中国的乌托邦式自我想象却是现代国家;二是时间上错位,19世纪末20世纪初,西方的浪漫主义和现代主义已经开始反思现代性,开始新一轮的对异国情调乌托邦的想象,中国还在追求现代性的道路上不断前行。

在西方渐渐生成。而它一经形成一种跨文化话语力量传播到中国,便与本土话语发生了激烈碰撞。1993 年 6 月 1 日,《人民日报》《从对中国经济的评估谈起》一文指出:"近来有一种现象,即有人引述对中国经济实力的评价是为了带出'中国威胁论'这样一个潜台词,说中国经济发展后,便会进行军事扩张,对世界或地区安全构成威胁。"①此后,中国主流媒体不断对"中国威胁论"进行回应,中国的经济发展和军事扩张都被纳入中国主流媒体的报道框架中,以此反击西方的"中国威胁论"。

但是,比引起反击或进行解释更重要的是,西方的"中国威胁论",借助本土话语,主要是主流媒体的话语,干预了中国未来形象的"自塑"。自时任中央党校副校长郑必坚在 2003 年首次提出"中国和平崛起"这一外交政策后,同年,时任国务院总理温家宝在美国哈佛大学进行了题为"把目光投向中国"的演讲,指出:"昨天的中国,是一个古老并创造了灿烂文明的大国;今天的中国,是一个改革开放与和平崛起的大国;明天的中国,是一个热爱和平和充满希望的大国。"②此后,中国的主流媒体在报道中不断阐明中国"和平崛起"的理念,表示中国将"坚定不移走和平发展道路"③,中国式现代化"是走和平发展道路的现代化"④。这些针对性的回应侧面反映了"中国威胁论"对中国形象自塑的影响力。

今天的中国已经摆脱了"中国威胁论"的影响,以更加自信的心态坚定站在历史正确的一边、站在人类文明进步的一边,高举和平、发展、合作、共赢的旗帜,在坚定维护世界和平与发展中谋求自身发展,又以自身发展更好维护世界和平与发展。

(三) 现实想象:与西方镜像的"异源性"

中国的"意识形态形象",往往指向中国现实形象的"自塑"。在中国追求

---

① 任纪:《从对中国经济的评估谈起》,载《人民日报》,1993 年 6 月 1 日第 7 版。
② http://news.sina.com.cn/c/2003－12－12/06231320804.
③ 郑彬等:《坚定不移走和平发展道路(2021 年终专稿)》,载《人民日报》,2021 年 12 月 26 日第 3 版。
④ 见《人民日报》2021 年 5 月 7 日,第 13 版。

现代化之路的蹒跚步履中，充斥着不同的"意识形态中国"的话语。这些话语与西方镜像看似有很大的关联性：自西方文化与中国文化进行大规模互动的伊始，它就在很大程度上观照着中国人对自己的"当下"的认知。中国文化所遇最早的"西方镜像"是西方传教士创办的"宗教性"报刊，尽管这些报刊标榜不谈政治，但《东西洋考每月统记传》的创办者郭士立曾说："它的出版意图，就是要使中国人认识我们的工艺、科学和道义……，让中国人确信，他们需要向我们学习的东西还是很多的。"①西方的"现代性精神"，渐渐开始渗入中国的自我想象中。19世纪60年代以上海为中心的"在华外报网"形成之后，在华外报中的"中国形象"越来越受到中国社会的关注。1870年之后，中国维新派开始在办报理念中宣传西方的"民主、自由"理念，特别是19世纪末维新运动期间国人的第一次办报高潮中，《万国公报》《时务报》《国闻报》等中国知识分子报刊，通过一系列对西方报刊的翻译、推广来介绍西方的现代性理念，反思一个封建、专制、停滞落后的中国。如严复创办的《国闻报》就"以通外情为要务"，注重外报的选译，而且通过对赫胥黎《天演论》的译介，以进化论规律批评中国的僵化体制，呼吁变法。而"五四"时期报刊中对西方"民主"与"科学"的推崇，文学作品中对中国社会的喟叹，也看似都与西方镜像"不谋而合"，因而，在表面上看，似乎西方意识形态的霸权话语就在中国本土话语的推动下"所向披靡"了。

当下，中国媒体对中国社会的自我想象，也与西方媒体中的中国镜像有非常大的"相似性"。主流媒体中的一个例子即对"中国威胁论"的回击与解释，社交媒体中对当下自我的想象与西方的中国镜像也有较高的吻合度。毫无疑问，中国的现实自我想象中始终隐含着一个"中国的西方"。但是，这些自19世纪中叶至今，看似与西方的中国形象"相似性"较高的中国形象，都不是直接从西方的意识形态化中国形象中复制过来的。"相似性"并不意味着"同质性"，也并不意味着西方镜像在跨文化传播的过程中真正遮蔽了中国的主体意

---

① 黄瑚：《中国新闻事业发展史》，复旦大学出版社2009年版，第25页。

识。中国人对现实的"自塑",更加不是对西方的意识形态中国形象的模仿和照搬。这至少可以从两个方面做出澄清。

首先是根源不同。中国人对中国现实的自塑扎根于中国的历史现实之中。近代以来,中国人对当时社会状况的较为普遍的不满情绪、对国家命运的焦虑来源于中国社会现实本身,这是中国对现实进行自塑的根源。"这种不满情绪不是接受了西方对中国的负面描述才产生的,而是由中国人自己的切身体验形成的。"①刘鹗《老残游记》中的"民生凋敝、官员腐败、民怨四起、国力不振",都是他观察中国"怪现状"的结果,是当时的知识分子与普通民众的对现实的一种悲观情绪的表达。"五四"时期,西方文化中的"德先生""赛先生"受到整个中国知识界的"追捧",原因就在于它们与当时的中国社会产生了关联性,而其中的"法先生"(法治)面对当时的中国社会却还不具备这种关联性②,因此,它便没有得到凸显。

21世纪以来,中国现实形象的"自塑",特别是社交媒体中的"自塑",则是媒介技术与中国社会自改革开放以来不断变迁所形成的合力造成的——传播技术的革新与中国的社会转型正是嵌入中国现实自我想象的最根本因素。

揭示相似性的背后隐藏着的"异源性",这正是本研究强调"跨文化传播过程"的一个重要原因。两种文化"对话"的时候,文化的间性特质才能在与他者的特定关联中凸显出来。当然,这绝非意味着我们无法先于或离开这种显现的实际发生去论说它。"这里,问题的关键其实并不在于能否,而在于如何去言说文化的间性特质问题。"如果孤立地去论说西方镜像的自在特性,显然无法触及它在遭际中国文化时可能显出的特质;同样,单纯地将两种想象放在一起进行比较,也无法揭示各自指向对方的间性特质,"因为这种比较只是为了应和认知旨趣而外在地将两者放在一起,还没有真正深入到能引发彼此反响的内在关联中。一种文化论说要能真正触及该文化的间性特质,就必须指向

---

① 黄瑚:《中国新闻事业发展史》,复旦大学出版社2009年版,第25页。
② 王才勇:《文化间性问题论要》,载《江西社会科学》,2007年第4期。

该文化与特定他者的内在关联,唯有居于这种关联的东西,才是能够引起彼此关注的东西,也就是能够在对方引起反响的东西"。① 西方现代性话语,西方"意识形态中国形象",在它与中国"现实"相关联时,才显现出它与中国现实自我想象的互构,否则,即便是具有再多的相似性,它们之间也不过是"形似"罢了。

其次,中国形象的自塑是对西方镜像的跨文化"改写"。中国的意识形态化自我想象的判断标准也不是西方的而是中国的,是中国历史上所想象的太平盛世的标准,是中国人将当下与"太平盛世"做对照时的强烈反差使之想象出了一个非理想的中国现实形象。在"半殖民地半封建"的中国,中国的想象主体完全无需借由西方对中国的"意识形态"想象,对令人忧心的中国形象进行反思。当下,中国现实的自我想象,是"中国式现代化",与西方的"现代性"相对照而不是西方镜像相对照,中国对现实的"自塑"是中国化的。因此,即便中国的意识形态化自我想象受到了西方的意识形态化的中国形象的"启发",也进行了全面的重塑和改写。

二、西方现代性的困境与中国式现代化的突围

现代性是启蒙运动时期摆脱了宗教束缚的社会秩序,是带有现代社会所独具的并列关系特征,不仅代指经济、政治和技术,更具备一种特殊的文化内涵②,马克思、韦伯、黑格尔等人都将其定义为社会及文化"理性化"过程。西方社会的现代化建构基于现代性,是一种与技术导向的经济增长密切相关的社会政治演进方式的概括。经过长时间的演化,西方现代化所依赖的现代性逐渐显示其局限,它内在的困境开始制约西方式现代化的进程。

在 21 世纪的今天,吸收了西方和各国现代化经验的中国,开始尝试属于自己独特的现代化道路,在克服西方现代性困境的基础上超越西方现代化理

---

① 王才勇:《文化间性问题论要》,载《江西社会科学》,2007 年第 4 期。
② [加]大卫·莱昂:《后现代性》第 2 版,郭为桂译,吉林人民出版社 2004 年版,第 36-37 页。

念。党的二十大明确提出了"中国式现代化"发展道路,这条新的现代化之路是中国共产党领导的社会主义现代化,既有各国现代化的共同特征,更有基于自己国情的中国特色。中国式现代化是人口规模巨大的现代化、是全体人民共同富裕的现代化、是物质文明和精神文明相协调的现代化、是人与自然和谐共生的现代化、是走和平发展道路的现代化。①

(一) 西方现代性的困境

西方的现代性话语有两个突出的特征。"一是西方中心主义,在西方与非西方之间,西方的现代性叙事是以西方为中心的,二是线性的时间观念支撑的进化论历史观。这种时间观念不仅是对西方历史的古今演变的论述,而且也是对世界格局中空间观念的论述,即将非西方定位在线性时间中的过去,将西方定位在线性时间中的现在与未来。"②西方的现代性叙事通过上述"时间观念"进一步强调和强化"西方中心主义",这为其后续发展带来深远的制约因素。

西方文明深受海洋文化的影响,其基调中蕴含着一种开放与扩张的本质。由于欧洲地域相对狭小且国家众多,各国在资源有限的情况下难以实现自我封闭式的独立发展。因此,历史上欧洲各国间的战争频发,它们试图通过掠夺他国的财富来积累自身的资源。中世纪的大航海运动正是这一扩张与掠夺观念的集中体现,它不仅推动了欧洲的海外殖民,也为西方现代社会的崛起奠定了重要的物质基础。在这一背景下,西方的现代性进程不可避免地带有侵略性和掠夺性的特征,难以遵循和平发展的道路。

与此同时,西方现代性的发展历程与工业革命紧密相连。工业革命初期,确实带来了工业生产的飞跃和社会生活的显著进步。然而,随着资本主义的深入发展,现代化进程逐渐呈现出一种权力高度集中的趋势,即少数人掌握了

---

① 习近平:《高举中国特色社会主义伟大旗帜 为全面建设社会主义现代化国家而团结奋斗——在中国共产党第二十次全国代表大会上的报告》,中华人民共和国中央人民政府网,https://www.gov.cn/xinwen/2022-10/25/content_5721685.htm。
② 李勇:《现代中国的自我想象——跨文化形象学的终极问题》,载《厦门大学学报》,2012年第5期。

巨大的经济和社会权力，而广大民众的利益则被忽视。吉登斯在其著作《现代性的后果》中深刻指出，全球资源的有限性对资本的积累构成了根本性的制约，这将最终导致经济增长机制的崩溃、极权势力的崛起、生态环境的恶化以及核冲突和战争的频发。① 资本主义的西方现代性，因此面临着深刻的内在矛盾和挑战。

随着资本全球化进程的扩张，现代西方国家通过从发展中国家获取资源和原材料，以及将劳动密集型产业转移到这些地区，实现了自身的经济腾飞。这一过程不仅强化了西方国家的霸权地位，也形成了沃勒斯坦所描述的"中心—半边缘—边缘"②世界经济体系。这一体系在促进全球经济联系的同时，也加剧了全球范围内的不平等现象。发展中国家往往被迫接受不平等的贸易条件，而西方国家则通过掌握核心技术和市场优势，进一步巩固了自身的经济地位。

西方现代性以主体性为基本原则，强调理性与反思的价值。然而，这种主体性原则在推动社会进步的同时，也导致了人与人、国家与国家之间的分化现象。此外，工业和技术的高速发展带来了社会的高度不确定性和复杂性，在这种不确定性与资本的压力共同作用下，现代社会中的个体在自我欲望被压抑的过程中被"工具化"。这种对主体性的压抑不仅导致了现代心理问题的频发，也催生了全球范围内的"消费主义"现象，进一步加剧了现代性的困境。

（二）中国式现代化的突围

中国的现代性话语既是对西方现代性的关切与回应，同时也是基于中国传统文化和现代国情的新发展。中国式现代化与西方现代化在本质维度上呈现出显著的差异性，打破了西方现代性的一些根本性桎梏。

首先，中国式现代化深深植根于中国的"农耕文明"土壤之中。中国地域辽阔，自然资源丰富，地理条件得天独厚，足以支撑起自给自足的农业社会结

---

① ［英］安东尼·吉登斯：《现代性的后果》，田禾译，译林出版社2024年版。
② ［美］伊曼纽尔·沃勒斯坦：《现代世界体系》全4卷，郭方译，社会科学文献出版社2020年版。

构,无需依赖外部掠夺与扩张。因此,中国自古以来即以农业为本,民众生活不以迁徙流动为常态,而是围绕土地资源展开财富创造活动,并在此基础上逐渐构筑起民族国家的基石。相较于西方殖民主义的对外扩张模式,中国历史上的对外交流更侧重于文化辐射与和平的文明互鉴,通过各方面的交流促进了文明的共同进步。故而,中国式现代化的根基不在于对外征服,而是立足于本土实际,强调自我提升与内部优化的和平发展。

其次,中国式现代化是全民共享的现代化,而非资本主义框架下少数人的特权。尽管资本主义现代化在工业革命的浪潮中激发了无产阶级的反抗,其民主监督机制亦在高度监控与暴力镇压的阴影下摇摆不定,甚至可能滋生极权主义的倾向①,但中国作为全体人民共有的社会主义国家,其国家性质决定了现代化进程必须服务于最广大人民的根本利益,而非少数阶层的私利。因此,中国式现代化在本质上是一种更加注重社会公正与民主的新型现代化模式。

再者,中国式现代化强调思想层面的全面现代化,这与福泽谕吉在《文明概论》中提出的物质与精神双重发展的理念相契合。福泽谕吉认为,现代化的核心在于人心的变革,随后是政治制度的变化,最终体现为物质层面的进步。② 中国式现代化实现了精神与物质文明的同步提升。同时,中国在学习西方现代化的过程中,始终注重与本国国情的深度融合,从最初的技术模仿到后来的全面创新,逐步探索出了一条符合自身特点的独特发展道路。

中国很长一段时间的主要矛盾是人民日益增长的物质文化需要同落后的社会生产之间的矛盾,经济发展成为主要任务。然而,早在1941年,毛泽东就提出:"我们共产党人,多年以来,不但为中国的政治革命和经济革命而奋斗,而且为中国的文化革命而奋斗;一切这些的目的,在于建设一个中华民族的新社会和新国家。在这个新社会和新国家中,不但有新政治、新经济,而且有新

---

① [英]安东尼·吉登斯:《民族-国家与暴力》,胡宗泽、赵力涛译,生活·读书·新知三联书店1998年版。
② [日]子安宣邦:《福泽谕吉文明论概略精读》,陈玮芬译,生活·读书·新知三联书店2019年版。

文化。"①因此，由中国共产党领导的中国式现代化，一直走在一条符合本国国情的精神物质"双建设"的中国特色社会主义现代化之路上。此外，中国式现代化也十分注重生态建设。中国式现代化发展过程中，及时意识到生态环境对社会发展的重要性，改革开放以来，中央几代领导人高度重视生态环境，多次提及生态环境保护的重要性。近年来，生态文明建设被提升至前所未有的高度，习近平总书记更是多次强调"绿水青山就是金山银山"的发展理念，倡导走绿色发展之路，体现了中国式现代化对高质量发展的坚定追求。

最后，创新作为现代化发展的核心驱动力，在中国式现代化进程中扮演着至关重要的角色。与西方资本主义社会相比，社会主义社会在本质上具有更强的自我革新能力。恩格斯指出："所谓'社会主义社会'不是一种一成不变的东西，而应当和其他社会制度一样，把它看成是经常变化和改革的社会。"②在中国式现代化的实践中，中国共产党结合本国实际，围绕人民当家作主的制度体系，不断创新经济发展理论与实践，形成了独具中国特色的社会主义经济运行理论，每一次社会发展的重大创新举措，都为中国社会向共同富裕的目标迈进奠定了坚实基础，提供了巨大动力。

中国式现代化的发展，不仅彰显了中国的独特智慧与决心，更将大大超越西方现代化的制约，其发展前景无疑更加无比广阔。这一进程根植于中国深厚的文化底蕴与社会土壤，融合了中华民族的伟大精神与时代要求。中国式现代化将更好地吸取世界现代化发展的成功经验，坚持以人民为中心的发展思想，不断推进全体人民共同富裕的现代化进程。同时，中国式现代化在新一轮建设过程中，也将在全球范围内加强合作与交流，推动建设一个更加公正合理的国际秩序，为世界和平与发展作出更大的贡献。可以说，中国式现代化的发展不仅是中国自身的崛起，更是对全人类现代化进程的深刻变革和有力推动。

---

① 毛泽东：《毛泽东选集》第二卷，人民出版社1991年版，第663页。
② ［德］马克思、［德］恩格斯：《马克思恩格斯文集（第十卷）》，中共中央马克思恩格斯列宁斯大林著作编译局编译，人民出版社2009年版，第588页。

第三节 "中国形象"建构的价值立场和基本框架

当下中国面临着作为一个后起的现代化国家的挑战。"当我们用现代化/西化的方式来完成民族复兴的时候,这样的现代化国家在多大程度上还与中国的民族传统具有一致性？"①我们的现代化建设在何种意义上算作完成了"民族"的复兴？一个半世纪以来,当中国面对西方现代性的冲击不得不做出选择的时候,中国人已经进行了各种尝试,但是,无论是哪一种思考方式和实践,似乎都还是未能摆脱中西"二分法"的思维模式。因此,正如周宁所说的那样:"拯救中国思想主体的关键问题,不是是否具有思想中国的主体意识,而是是否具有主题思想的能力,不是没有主体,而是没有思想。"②解决"二分法"思维模式所造成的自相矛盾的唯一办法就是摆脱"二分法"思维,建立批判性对话式的跨文化传播立场。既承认中西方"权力的文化网络"中的不平衡,又要从差异中看到跨文化的力量之所在——这就是"文化间性",它是跨文化传播中的核心体验。在文化间性的视野中,中国可以搭建一个不同于以往的,既接受异质文化,又可以抵抗西方文化主导的中国形象研究的框架。

一、价值立场：中国形象建构的跨文化维度

（一）规避"西方中心主义"

"文化间性"视野是从跨文化传播的批判性对话视角破解中西对立思维的一种文化上的建构策略。它首先意味着反对一味迎合西方,反对西方现代性话语中的"西方中心主义",也反对以西方的现代化发展逻辑来控制世界其他国家的发展道路。其次,文化间性视野也反对在中西二元对立框架中形成的

---

① 李勇:《现代中国的自我想象——跨文化形象学的终极问题》,载《厦门大学学报》,2012年第5期。
② 周宁、周云龙:《他乡是一面负向的镜子:跨文化形象学的访谈》,北京大学出版社2014年版,第249页。

民族主义、文化本位主义。以"民族主义"对西方中心主义进行"拒绝"是一种封闭的反抗，而不是真正的对话。最后，"文化间性"并非要超越"民族—国家"逻辑而建立跨文化互动，是通过"间性"，也就是通过一个与自身有差别的"他者"，来识别我们自己的文化精神。这种精神并非民族主义，正如莫尔指出的那样："我们可以有个中心，同时不把我们自己的中心看作是绝对的中心。"①就中国形象的建构而言，这种跨文化对话视野意味着拆除"中国文化传统"这个本就是自我想象中的壁垒，在跨文化互动中接纳其他文化，包括西方与非西方的文化。国家主席习近平 2014 年 3 月 28 日在德国的讲话就很好地做到了这一点，他提到："德国不仅以其发达的科学技术和现代制造业闻名世界，而且在哲学、文学、音乐等领域诞生许多享誉全球的巨擘，他们的许多作品早已为中国民众所熟知。这些作品中，有歌德、席勒、海涅等人的文学巨著和不朽诗篇，有莱布尼茨、康德、黑格尔、费尔巴哈、马克思、海德格尔、马尔库塞等人的哲学辩论，有巴赫、贝多芬、舒曼、勃拉姆斯等人的优美旋律。包括我本人在内的很多中国读者都从他们的作品中获得愉悦、感受到思想的力量、加深了对世界和人生的认识。"②这虽然是一次政治演讲，但充分体现出中国高层领导集体体认到中国文化的未来不能封闭固守自己的所谓"文化传统"，而是要在与世界各国文化尊重差异、相互理解的互动中推动多元化的全球文化的形成，在这一路径中抵抗西方中心主义。自我封闭的文化传统并不能称为"中国特色"，也不可能在一个"相互依赖的时代"中安身立命。一种文化传统，只有在与其他文化进行跨文化对话的场域中才有可能显示其身份与意义，这就是文化间性。在这个跨文化对话空间中，通过其他文化中的中国形象积极主动地认识自我，才是明智之举。不过需要强调的是，跨文化的批判性对话立场仍然强调其"批判性""对话"中本身就包含着批判。世界不存在一个共同的文化，正是差异性才使得跨文化传播和中国形象有了其前提。因此，我们认为，"对

---

① 单波、石义彬、刘学主编：《新闻传播学的跨文化转向》，上海交通大学出版社 2011 年版，第 333 页。

② 习近平：《在德国科尔伯基金会的演讲》，载《人民日报》2014 年 3 月 30 日。

话"空间是以各种文化之间的差异性为前提的,以"批判"和"抵抗"西方的一极话语为基础的,"对话"的目的并非追寻"普世价值",而是要形成现代国家体系中"多极"的话语空间。

(二) 规避"文化本质主义"

跨文化传播批判性对话路径是规避"文化本质主义"陷阱的一个有效方式。我们认为,当我们意识到"文化本质主义"的危险性时,我们便能克服它。跨文化传播的批判性对话视野是以尊重不同国家文化模式的各自特征为前提建立起来的,它不排斥各民族之间的差异,而是"求同存异"。这与狭隘的文化本位主义以本国文化的特色为中心,拒绝和排斥其他文化是完全不同的。同时,跨文化传播批判性对话的过程是一个既强调社会背景,又强调临场体验的动态过程。现代国家体系中的跨文化交往,身处各种文化的不断变化,也身处一个随时流动的"临场情境中"。因此,在这个意义上,全球的文化建构总处于一种未完成的状态。更为重要的是,跨文化传播批判性对话强调"对话"空间,以抵抗一极话语建构的"对话"空间,不同文化都有发言权,都可以参与到权力的博弈之中。也唯有在这样的场域之中,过去以一种文化为主导的,支配(不同程度上)其他文化的对立秩序才有可能被破除。

以跨文化传播批判性对话这样一个价值立场来考察中国形象的建构,问题就不仅在于世界各国尤其是西方的中国形象,也在于中国面对这些形象时的文化立场。跨文化传播视域下的中国形象建构,说到底,应该置于批判性对话视野中的中国的理性"自塑"中去进行。这样一来,隐含在中国"自塑"中的本土话语的内在矛盾也能够被化解:一方面,西方中心主义与中国的文化本位主义都被消解,融入差异体验中;另一方面,西方与中国都是彼此开放的,它们各自的文化传统都将作为历史资源,为对方文化所借鉴。中国形象建构的框架,应该以跨文化传播的批判性对话为指引,在反思和借鉴西方的中国形象及西方现代性话语的基础上进行搭建。

二、中国形象建构的框架

(一) 中国形象定位的层次

国家定位一般被认为是一个国家对自身的社会性质、在国际中的位置以及与现代国家体系中其他国家关系的一种总体概括。美国学者瓦尔兹曾经指出,国家定位包含两个层面:"第一是原生的、固定不变的因素,集中于国家既定的因素,如宗教、语言、习俗;第二是现代化的可变的因素,国家定位主要是一个现代化的现象,要根据现代化的要求来促进体系的凝聚力。"[1]瓦尔兹的表述充满了"西方中心主义"的意味,在跨文化传播批判性对话立场上,我们想建构一个什么样的中国形象,这是进行战略定位的首要问题。在现代国家体系中,这一定位既要立足于中国的自我想象,同时还要考虑到前文提及的价值立场。如此一来,中国形象定位归根结底是中国对自身的理性"自塑"。现实方面的"自塑"应涉及对中国社会性质、社会特点、发展中的成绩、存在的问题(如社会矛盾和社会风险)等方面的呈现;而未来的"自塑"主要可涉及中国发展路径和政策的规划、外交政策等等。

中国形象是一个"主体形象",其生成过程中各种机制彼此依存,相互影响。因而,对它的定位要集对"主体"和"各种要素"的考量于一身。曾经推动"北京共识"的美国学者雷默建议:"中国有必要设计一套全新的理念,以向世人恰如其分地展示自己的国家形象。"[2]其中的"全新理念"和"恰如其分",颇值得玩味。所谓的"全新理念"在本研究中即指"跨文化传播批判性对话视野",而"恰如其分"则是指中国形象建构的关键思路,以及传播的重要途径。

对中国形象进行理性"自塑",首先须探明中国形象建构的基本要素,并按照要素本身的层次确定其在不同维度上的建构方式,进而对各部分的相互关系进行分析。如此一来,中国形象建构的基本框架才能搭建起来。有研究者指出,中国形象定位具有"两级目标"和"两种关系"。"两级目标分别是整体的

---

[1] 昌祥:《当代中国国家形象构建研究》,西南财经大学,博士论文,2011年。
[2] [美]乔舒亚·库珀·雷默等编:《中国形象:外国学者眼中的中国》,沈晓雷译,社会科学文献出版社2008年版,第13页。

目标形象和各个侧面的目标形象,两种关系是整体形象与侧面形象之间的相互建构与相互支撑的关系。"①这样的层次构成了中国形象战略定位的基本思路。分层的方法确实使定位问题清晰明了,但是,我们需要补充至关重要的一点:这一基本思路,是一个动态的结构,而不是一个既定不变的所谓"体系"。

在中国形象定位的两级目标中,整体的中国形象建构相对更加抽象,而各个侧面的中国形象建构则更加具体。通过对中国整体形象的自我想象,可以带出对各个侧面的中国形象的想象和建构——如,一个自由、进步的整体的中国形象是中国经济的繁荣、政治的民主自由、文化的自觉自信、社会的和谐等不同侧面的中国形象互构的结果。由此,中国形象的建构可以包含经济形象、政治形象、文化形象、社会形象等不同的子形象。一个又一个的子形象依然是开放、动态的"对话"空间,并且,它们之间既相互独立,又具有深刻的联系。这样的定位,能够使中国形象在跨文化传播的过程中的文化间性易于凸显,毕竟,这样的分类可以在最大限度上区分跨文化互动中各种不同的文化体验,从而突出每一个"临场体验"的独特性,这对于中国形象在跨文化传播中形成清晰的脉络,大有裨益。

应该说,中国形象定位的层次分析反映出中国形象所面临的不同的"他者"特性,这个"他者",不是按现代国家体系中的不同国家文化来划分,而是按照不同类别的形象来划分——毕竟,全球性的国家体系中"权力的文化网络"太过复杂。中国形象的建构整体定位是要建构一个"文明、和平发展、负责的社会主义大国形象",而这一形象又可以通过经济、政治、文化、社会等不同侧面的形象来分别建构。这正是中国形象依循批判性对话立场所搭建的中国形象建构的基本框架。

(二) 整体框架:文明、和平发展、负责的社会主义大国

2013年,习近平总书记在中央政治局第十二次集体学习中发表了重要讲话,他指出:"要注重塑造我国的国家形象,重点展示中国历史底蕴深厚、各民

---

① 县祥:《当代中国国家形象构建研究》,西南财经大学博士论文,2011年。

族多元一体、文化多样和谐的文明大国形象,政治清明、经济发展、文化繁荣、社会稳定、人民团结、山河秀美的东方大国形象,坚持和平发展、促进共同发展、维护国际公平正义、为人类作出贡献的负责任大国形象,对外更加开放、更加具有亲和力、充满希望、充满活力的社会主义大国形象。"2022年,习近平总书记在党的二十大报告中进一步明确,"提炼展示中华文明的精神标识和文化精髓,加快构建中国话语和中国叙事体系,讲好中国故事、传播好中国声音,展现可信、可爱、可敬的中国形象"。上述讲话是跨文化传播批判性对话立场中规格最高的政治实践,讲话中提到的建构中国形象的总体维度,不失为一个良好的"纲领"。我们认为,在当前,主要应做好如下几个方面的建构:

1. 建构可信的文明大国形象

中国是一个历史悠久,文化源远流长的文明古国,这在西方的中国形象和中国的自我想象中皆有突出的反映,而中国作为现代"文明大国"的形象,则还未获得世界的普遍认可。对于这个问题,要从现代中国对民族文化的继承谈起。中国的"民族"概念受到中国政治统一与民族文化融合悠久历史的制约。汪晖的多项研究已清楚地阐明,从拥有民族融合悠久历史的中国塑造出一个现代中国多民族国家的过程,与欧洲民族国家的形成过程存在着根本的区别。从章太炎到孙中山,早期的中国资产阶级民族主义者最初都致力于建立一个单一文化的汉民族中国政权,但他们很快意识到这将导致中国的瓦解。因此,建立于1912年的现代中国国家的第一个化身——中华民国,便是一个多民族的国家。同样,受到"列宁国家主义"民族自决观念的影响,中国曾试图依循欧洲现代化"民族—国家"的建国方式建立政权。然而,在民族革命的历程中很快发现,中国照搬欧洲民族国家的模式是行不通的。中国的现代文明首先要从民族融合的悠久历史中汲取营养。然而,这种方式绝对不是狭隘的"民族主义",而是通过对中国历史文明的继承,通过对西方现代文明的兼容并包,更是通过中国特色社会主义实践来建构的。通过这样的建构方式,中国一则能够向国际社会展示一个底蕴深厚、民族多元、文化兼收并蓄的现代"文明大国"形象;二则能向世界展示一个既主动吸收西方文明,却又站在与西方"对话"的立场上,与西方一元话语进行"抵抗"和"批评"的社会主义国家形象。

2. 建构可爱的和平友好的大国形象

建构和平友好的大国形象是当下中国形象建构的关键点,关系到能否有效突破国际社会的各种误读和错判,保障中国的"和平崛起"。由此,它是建构中国形象的重中之重,我们认为,首先可以通过历史与文化的维度来建构这一形象。

从历史的维度看,中华民族始终是一个热爱和平的民族。尽管其拥有巨大的版图,拥有数千年的封建集权统治,拥有"大一统"的历史,然而,我们认为,中华民族,尤其是其主体汉民族,并不具有"扩张"的民族特性,因而,中国自古就不是一个扩张性帝国——元帝国的扩张仅仅是多民族历史长河中的一个特例。而从文化的角度看,儒家文化中的"和"的精神对于中华民族的影响是深刻的,即便中华民族古老文化远非儒家文化"一言"可蔽之,但儒家文化所强调的"中庸"之道,是不可忽视的。而且,从中国历史上第一次"百家争鸣"的情况来看,无论是道家的"和而不同"还是墨家的"兼爱非攻",无一指向"扩张性"。因此,中国建构友好和平的中国形象,是有其历史与文化根据的。而中国近代以来的民族革命及新中国成立后的社会主义各项实践,同样也无一指向"扩张"。此外,也可以从中国当下面临的问题中建构中国形象。中国形象建构要理性阐释中国的"独特发展逻辑"。对中国在现代化道路上遇到的社会矛盾、社会风险的澄清,将会大大降低中国成为一种"威胁"的可能性。

3. 建构可敬的负责任大国形象

赫德利·布尔曾说:"在无政府状态的国际关系中,国家拥有权力就要负相应的责任。"这个论述说明了一个大国若想获得国际信任和理解,终究还是在于它对世界人民的贡献。愿意承担责任成为现代国家体系对各国尤其是大国品质的期许和要求。负责任的大国肩负期待,而国家对这种期许践行的多少则直接成为民众是否认同与接受该国的重要条件。因此,负责任大国形象在当代中国形象构建的整体框架中必不可少。何谓"负责任的大国"?国内有学者认为,随着全球公共问题的增多,全球治理需要主权国家承担相应的国际责任,并日渐对主权国家的责任提出更高的要求和期待。大国在国家实力方面具有非对称性的优势,其在国际秩序中享有与普通国家不同的分配地位。建构和维系国际秩序之所以成为大国责任的组成部分,恰恰是由于大国在权力分配、利益分配和观念分配方面具有其优势地位和特殊逻辑。① 由此可见,所谓一国要负责任,即是说本国有义务完整地兑现给本国人民以及国际社会所做的承诺,有责任忠实履行公约及国际协定中应负的义务,要以诚实、守信的态度对全世界的和平、发展与合作一以贯之,矢志不渝。

当前,世界百年未有之大变局加速演进,世界进入新的动荡变革期,全球治理体系改革处在历史转折点上。研究者分析认为②,以习近平同志为核心的党中央对我国参与引领全球治理体系改革作出顶层设计和战略谋划,坚定维护以联合国为核心的国际体系,积极参与引领全球治理体系改革和建设,在全球治理领域作出一系列重要理论创新和实践创新,展现负责任大国担当,为我国改革发展和世界和平发展创造更加有利的条件。首先是创新全球治理理念,推动全球治理体系朝着更加公正合理的方向发展。随着全球性挑战增多,全球治理体系不适应的地方越来越多,治理赤字有增无减,推进全球治理体系改革成为大势所趋。全球治理体系改革离不开正确理念的引领。习近平总书记科学分析时代潮流和世界格局变化,把握治理赤字产生症结,立足全人类整体利益,提出共商共建共享的全球治理观,赋予全球治理新的时代特征和价值内涵。共商共建共享的全球治理观,积极推进全球治理规则民主化,倡导世界命运由各国共同掌握,国际规则由各国共同书写,全球事务由各国共同治理,发展成果由各国共同分享,促进各国权利平等、机会平等、规则平等,保障发展中国家的代表性和发言权,反对单边主义、霸权主义,反对搞"一国独霸"或"几方共治"。以共商共建共享理念推动全球治理变革,有助于在全球范围内广泛凝聚共识、最大限度调动积极性,增强全球治理代表性、包容性,使全球治理体

---

① 刘笑阳:《大国责任与国际秩序》,中国社会科学网,2023 年 4 月,https://www.cssn.cn/skgz/skwyc/202304/t20230413_5619645.shtml。
② 郭树勇:《承担大国责任,展现大国担当》,载《人民日报》2022 年 8 月 19 日,第 9 版。

系更加平衡地反映大多数国家的意愿,为变革进程注入新的思想动力。其次是积极贡献中国方案,推动全球治理体系更加符合时代潮流和现实需要。比如,在全球经济治理领域,提出全球发展倡议,主张将发展置于全球宏观政策框架的突出位置,推动经济全球化朝着更加开放、包容、普惠、平衡、共赢的方向发展,倡导平等、开放、合作、共享的全球经济治理观。在全球安全治理领域,提出全球安全倡议,倡导共同、综合、合作、可持续的全球安全观。在全球网络空间治理领域,提出共同构建和平、安全、开放、合作的网络空间,建立多边、民主、透明的国际互联网治理体系。在全球环境治理领域,向国际社会作出于 2030 年前实现碳达峰、2060 年前实现碳中和的郑重承诺,推动构建人与自然生命共同体。最后是维护和践行真正的多边主义,拓展互利合作新空间。中国毫不动摇地维护以联合国为核心的国际体系、以国际法为基础的国际秩序、以联合国宪章宗旨和原则为基础的国际关系基本准则,始终高举多边主义旗帜,坚定走多边主义道路。面对单边主义和"伪多边主义"带来的挑战,习近平总书记提出"坚持真正的多边主义",强调"多边主义的要义是国际上的事由大家共同商量着办,世界前途命运由各国共同掌握",为多边主义理论和实践发展开辟了新境界。

(三) 侧面切入点:经济、政治、文化、社会形象的建构

经济的全球化是全球化的首要表现,也是目前全球整体进程中发展最顺利的部分。现代国家体系中,国家之间的交往通常先是经济上的往来,因此,国家在经贸往来和商业活动中的具体表现会对该国形象产生最为直接和重要的影响。由此,我们必须对经济形象的建构进行审视。良好的经济形象有利于吸引国际社会中的政府、企业集团、投资者和商业界人士的目光,尽管我们要警惕西方国家在"后殖民主义时代"的资本渗入,但是,技术和人才也是伴随这种"吸引资本"的方式而出现的。因此,建构良好的经济形象,开拓国际市场,扩大市场份额,从而促进国家经济的发展还是有其积极意义的,但要注意把握度。在这个意义上,雷默将这种经济形象视为一种声誉资本,可以大大降低中国经济发展的成本,包括降低金融危机风险等等。我们并不完全赞同其典型的"资本主义国家说客"的立场,但是,在相互依赖的社会里,借鉴与学习,确实是一种重要的方式。

2010年,中国GDP规模超过日本,正式成为世界第二大经济体。中国的经济形象已经形成了一定的积极效应,我们一方面要使中国的市场经济走向法治,而另一方面,则要通过经济发展与和平友好两个维度上的互构来进行建构。

政治形象的建构面临意识形态的挑战是毋庸置疑的,但是,我们认为,跨文化传播给予了一个从"重识"自我中建构中国形象的特殊维度。"全过程民主"就是政治形象建构的一个重要实践。① 2019年11月,习近平总书记在上海考察时说:"我们走的是一条中国特色社会主义政治发展道路,人民民主是一种全过程的民主。"在2021年"七一"重要讲话中,习近平总书记进一步明确提出"发展全过程人民民主"。"全过程人民民主"是习近平总书记对中国式民主的最新提炼和高度概括,深刻揭示了中国特色社会主义民主的科学内涵、本质属性、时代特征和政治优势。

全球化的今天,中国文化形象的建构至关重要。它不仅关乎国家软实力的提升,更是增进国际社会对中国理解、促进文化交流与合作的桥梁。构建积极、真实、多元的中国文化形象,有助于提升国家文化软实力,增强国际影响力。在建构路径上,应深入挖掘中华优秀传统文化的精髓,通过现代化、国际化的表达方式,让传统文化焕发新生。同时,加强文化创新,推动文化产业的发展,打造具有中国特色、时代特征的文化品牌。此外,还需加强国际传播能力建设,运用多种渠道和平台,向世界展示真实、立体、全面的中国。通过这些努力,共同塑造一个开放包容、文明进步的中国文化形象。

中国社会形象的建构也相当重要。构建和谐社会是我们一贯的目标。以和谐社会作为核心理念,我们需从多维度入手。首先,加强社会公德建设,提

---

① 李林:《全面把握"全过程人民民主"的深刻内涵》,见中国人大网,http://www.npc.gov.cn/c2597/zgrmdbdhzdllyjh/zgrmdbdhzdllyjh002/202203/t20220315_317121.html。

升国民素质,展现文明、友善的社会风貌。其次,推动经济高质量发展,实现共同富裕,展现繁荣稳定的发展图景。同时,注重环境保护与可持续发展,展现绿色生态的负责任大国形象。最后,还应加强文化交流与互鉴,传播中华优秀传统文化,促进世界对中国全面、客观的认知。通过这些路径,共同塑造一个和谐、开放、包容、繁荣的中国社会形象。

第五章 中国国家形象建构的理念与路径

以"异域形象作为空间化的想象"为逻辑起点,对国家形象的产生进行解释的研究并不是我们最终的目的,探讨既有的国家形象传播路径的理论依据和实践成败也不是我们的最终目的。毕竟,以"中国形象跨文化传播路径"为研究指向,就是表明一种主体性的建构行为,一种策略性的言说行为,一种以异域形象为镜鉴的调适行为,一种不满足于现状的改变行为。因此,以"传播路径"为研究旨趣,暗含"建构主义"的成分,这并不意味着拒绝对国家形象进行反思性研究,而是其落脚点必然要回归到如何去建构国家形象、如何去表达国家形象、如何去传播国家形象这几个核心问题上。国家形象的跨文化传播路径需要跳出结构功能主义的困境,需要打通不同学科视角下对国家形象跨文化传播路径研究的界限,需要结合我国在国家形象的跨文化传播路径实施方面的现状进行深入思考,更需要对国家形象的跨文化传播路径进行长远的体系化设计。

第一节 传播意识—主体意识—对话意识

"国家形象"跨文化传播研究的一个出发点在于,对中国而言,应该通过何种方式在国际舞台上建构国家形象,并且能够使这个形象符合"我们"的需求,而不是被异域他者任意建构。但我们需要明确的一点是,国家形象并非单纯取决于我们自己做了什么以及如何表达我们所做的,并以此来改变西方世界的话语体系——它更应该包括一个由内而外的意识和行动的改变过程。为此,以"传播意识"取代先前的宣传意识,以主体性的觉醒取代自我的"他者化",以对话意识取代主客意识,才是我们国家形象跨文化传播的重要实践路径之一。

一、从宣传意识到传播意识

"宣传"一词,在学术领域往往带有某种贬义色彩,这一观点在学术界已达成普遍共识。在西方世界,"宣传"这一表述已逐渐被传播、公关或广告等更为中性的词汇所取代。以宣传为导向的跨文化形象传播,其背后隐含的是一种简单直接的传播方式、方法、路径和思维,即宣传者预设对方在某一层面的态度需要被改变,于是通过反复展示与本土相关的信息,试图直接改变被宣传者的态度。这种传播模式往往忽视了受众的多样性和复杂性,以及文化差异的深远影响。以传播意识取代宣传意识,标志着一种更为成熟、更为理性的跨文化传播理念的确立。这种转变意味着我们不再将改变异域公众的态度作为直接和明确的目标,而是更多地依赖于自身文化的吸引力、社会制度的比较优势以及文明的凝聚力,来对异域公众产生潜移默化的影响。这种影响是深层次的、长远的,它超越了简单的信息灌输和态度改变,旨在构建一个基于相互理解和尊重的国际话语体系。

2011年,中国国家形象片在海外的播出虽然引发了国内外的争议,但这一举措本身传递了中国自上而下逐步树立的国家形象意识和对外传播意识。这些形象片向世界表达了中国对与各国友谊的期许,以及对和平、发展、合作等国际关系的积极态度。它们不仅是中国政府对外传播和建构国家形象的一种主动性体现,也是中国从宣传意识向传播意识转变的一个重要里程碑。举办奥运会、世博会等重大国际活动,同样是中国政府主导下搭建起的中国与世界沟通的桥梁。这些活动通过展示中国在文化、科技、经济等方面的成就,增进了世界对中国的了解和认知。虽然由于文化差异的存在,这些活动中难免会出现一些误解和误读,但中国官方和民间所展现出的"传播"意识正在逐步萌发,并深刻地影响着西方世界对中国的评价和认知。以"传播"观念取代"宣传"观念,意味着我们需要改变一系列非理性的传播行为。这包括改变空洞和重复的说教方式，避免陷入单调的信息灌输；改变对官方机构单一主体的过度依赖，鼓励多元主体共同参与国家形象的传播；改变对短期传播效果的过度关注，转而追求长期、稳定、可持续的传播效果。同时，我们还需要注重传播方式的多样化，拓展传播对象的范围，提高传播内容的丰富性和深度，以更加全面、立体地展示中国的国家形象。

在具体实践中，这种转变体现在多个方面。例如，在对外传播过程中，我们不再仅仅依赖传统的宣传手段，而是更多地利用新媒体、社交平台等现代传播工具，以更加生动、鲜活的方式讲好中国故事、传播中国声音。我们注重与异域公众的互动和交流，倾听他们的声音和意见，以更加开放、包容的态度回应他们的关切和质疑。同时，我们也积极寻求与国际媒体的合作与交流，通过他们的视角和渠道向世界展示一个真实、立体、全面的中国。这种从宣传意识到传播意识的转变，不仅是中国国家形象建构和传播理念的一次重要升级，也是中国国际地位不断上升、国际影响力不断扩大的必然要求。在全球化日益加深的今天，中国作为一个负责任的大国，需要更加注重自身的国家形象建设，以更加积极、主动的姿态参与国际事务和全球治理。通过传播意识的树立和实践，中国能够更好地向世界展示自己的和平发展道路、文化传统和价值观念，为构建人类命运共同体贡献中国智慧和力量。

中国社会的现实、中国媒介对外传播的现实、海外媒体所呈现的中国现实以及海外公众所感知到的中国现实，虽然不一定是截然分裂的，但存在着一定程度的不对称性。这种不对称性往往源于信息传播过程中的偏差和误解，以及文化差异所导致的认知差异。因此，我们需要通过传播意识的提升和实践，来缩小这种不对称性，增进世界对中国的了解和认知。正如美国学者库珀·雷默所分析的那样，"中国需要开诚布公地告诉外界自己正面临的挑战，尽可能地解释为什么会与国际社会的期望有所偏差，同时还需要不断强调一个观点,即中国正处在自我变革的过程中,其目的是要使国家更加富饶和自由"。①这种开诚布公的态度和自我变革的决心,正是中国从宣传意识向传播意识转变的重要体现。通过主动向世界展示自己的真实面貌和变革过程,中国能够赢得更多的理解和支持,为自身的和平发展创造更加有利的国际环境。否则,"用'对内宣传'的思维和方法来进行'对外传播',那么信息在对外传播的过程中极难逾越'意识形态差异'和'文化差异'两道鸿沟,也就难以到达境外受众"②。

也正因如此,习近平总书记多次在重要场合提及要"多用外国民众听得到、听得懂、听得进的途径和方式,讲述好中国故事,传播好中国声音,让世界对中国多一分理解、多一分支持"③。这一重要论述为中国从宣传意识向传播意识的转变提供了根本遵循和行动指南。我们需要深入贯彻这一重要论述精神,不断创新对外传播的方式方法,提高对外传播的效果和影响力。通过讲述生动、鲜活的中国故事,传播真实、立体的中国声音,让世界更加全面、客观地了解中国,增进各国人民之间的友谊和互信。

二、从文化他者到文化自觉

在国际舞台的广阔背景下,每个国家都努力通过自身的文化符号和形象向世界展示其独特魅力和内在价值。然而,在这个过程中,不少发展中国家往往面临着一个困境:它们的文化在强势文化的阴影下显得黯淡无光,甚至被边缘化或他者化。对于中国而言,这一困境尤为显著。自明清以来,随着西方世界的崛起,中国逐渐从"强大的他者"转变为"文化他者",主体性在长期的国际话语体系中逐渐丧失。为了重塑国家形象,提升国际话语权,中国必须从"文化他者"的身份中挣脱出来,走向"文化自觉"。

---

① [美]乔舒亚·库珀·雷默等编:《中国形象:外国学者眼中的中国》,沈晓雷译,社会科学文献出版社 2008 年版,第 38 页。
② 李宇:《从宣到传:电视对外传播研究》,北京大学出版社 2013 年版,第 7 页。
③ 习近平:《习近平谈治国理政》(第一卷),外文出版社 2018 年版,第 60 页。

弗朗兹·法侬在《地球上不幸的人们》一书中深刻批判了殖民主义的罪恶，他指出："对种族化思想应负最大责任或至少应该对迈向形成这种思想的第一步承担最大责任的还是那些欧洲人，他们从未停止在其他文化不在场的裂谷里填上自己的文化。"①法侬的这一观点揭示了一个重要事实：当一种文化在世界舞台上或在他者文化面前缺乏应有的自我阐释和自我言说时，这种文化便处于"不在场"的状态，从而为更强势的文化提供了任意阐释和殖民输出的空间。对于大多数发展中国家而言，增强文化的在场感，强调其主体性，以文化自觉意识改变作为文化他者的身份，成为一种必然选择。"文化自觉"这一概念，由费孝通先生提出，它指的是"生活在既定文化中的人对其文化有'自知之明'，明白它的来历、形成的过程、所具有的特色和它发展的趋向。自知之明是为了加强对文化转型的自主能力，取得决定适应新环境、新时代文化选择的自主地位"②。在国际舞台上，文化自觉表现为一个国家以不卑不亢的姿态阐释和说明自我文化的价值和魅力，以求得世界范围内的普遍认同。

中国从"文化他者"到"文化自觉"的转变，是一个漫长而复杂的过程。这一过程不仅涉及对中国传统文化的深入挖掘和重新认识，也涵盖了对西方文化的理性审视和批判性吸收。自明清以来，中国的封建制度逐渐走向衰落，而西方则凭借政治制度、资本主义经济、新的科学技术和对外贸易以及航海探索走在了世界的前列。这一历史性的转变，使得中国从昔日的"强大的他者"变成了"文化他者"，主体性在国际话语体系中逐渐丧失。在这一背景下，中国面临着双重挑战：一方面，如何在西方强势文化的冲击下保持自身文化的独立性和主体性；另一方面，如何向世界展示中国文化的独特魅力和价值，提升国际话语权。为了应对这些挑战，中国必须走向"文化自觉"，通过深入挖掘和重新认识传统文化，提升文化自信心和自豪感；同时，也要对西方文化进行理性审视和批判性吸收，避免盲目崇拜和全盘西化。

---

① 罗钢主编：《后殖民主义文化理论》，中国社会科学出版社1999年版，第280页。
② 费孝通：《费孝通论文化与文化自觉》，群言出版社2005年版，第295页。

在走向"文化自觉"的过程中，中国需要克服一系列困难和挑战。首先，中国需要摆脱长期以来形成的文化自卑心理。由于历史原因，中国在面对西方文化时往往感到自卑和不安，这种心理状态严重阻碍了中国文化的自主发展和国际传播。为了克服这种自卑心理，中国需要加强对传统文化的挖掘和整理工作，提升对传统文化的认识和理解水平；同时，也要积极参与国际文化交流活动，展示中国文化的独特魅力和价值。其次，中国需要避免陷入文化民粹主义的陷阱。在文化自觉的过程中，一些人可能会过分强调中国文化的独特性和优越性，从而排斥其他文化。这种文化民粹主义倾向不仅不利于中国文化的国际传播和交流互鉴，也会损害中国在国际社会中的形象和地位。因此，中国需要保持开放包容的心态，尊重其他文化的多样性和差异性；同时，也要积极推动不同文化之间的交流互鉴和融合发展。此外，中国还需要加强文化创新和创意产业的发展。在全球化和信息化的时代背景下，文化创新和创意产业已经成为推动国家文化软实力提升和国际话语权增强的重要力量。中国需要加大对文化创新和创意产业的支持力度，培育一批具有国际竞争力的文化企业和品牌；同时，也要加强对传统文化资源的挖掘和利用工作，推动传统文化与现代科技的融合发展。

在走向"文化自觉"的过程中，中国已经取得了一系列显著成就。近年来，中国政府高度重视文化建设工作，积极推动文化创新和创意产业的发展；同时，也加强了对传统文化的挖掘和整理工作，提升了公众对传统文化的认识和理解水平。这些举措不仅有助于提升中国文化的国际影响力和传播力，也有助于增强公众的文化自信心和自豪感。同时，中国还积极参与国际文化交流活动，展示中国文化的独特魅力和价值。例如，中国政府成功举办了一系列大型国际文化活动如北京奥运会、上海世博会，以及亚洲文明对话大会、"相约北京"奥林匹克文化节等文化盛会，中美旅游年、中国意大利文化和旅游年、中澳旅游年、中拉文化交流年、中卡文化年、中赞文化年、中克文化和旅游年、中国南非国家年、中哈旅游年、中柬文化旅游年、中葡文化节、上合组织文化年等30余个大型文化和旅游年（节），向世界展示了中国文化的深厚底蕴和独特魅力。同时，中国还积极参与国际文化组织和机构的工作，推动不同文化之间的交流互鉴和融合发展。这些举措不仅有助于提升中国在国际文化舞台上的地位和影响力，也有助于增进不同国家和地区人民之间的友谊和相互理解。

然而，在走向"文化自觉"的道路上，中国仍然面临着诸多挑战和困难。例如，如何在保持文化独立性的同时积极参与全球文化交流与互鉴？如何在传承和弘扬传统文化的同时推动文化创新和创意产业的发展？如何在提升文化软实力的同时增强国家的综合国力和国际竞争力？这些问题都需要中国在未来的文化建设和发展中认真思考和探索解决之道。为了进一步深化"文化自觉"理念并推动其实践发展，中国可以从以下几个方面入手：一是加强文化教育普及工作，提升公众对传统文化的认识和理解水平；二是推动文化创新和创意产业的发展，培育具有国际竞争力的文化企业和品牌；三是加强国际文化交流与合作，积极参与国际文化组织和机构的工作；四是加强文化政策研究和制定工作，为文化建设和发展提供有力保障和支持。通过这些措施的实施和推进，"文化自觉"理念将在中国的文化建设和发展中发挥越来越重要的作用和影响。

三、从传者中心到对话意识

在国际交流的广阔舞台上，每个国家都试图通过有效的传播策略来塑造和提升自身的国家形象。然而，传统的传播模式往往以传者为中心，忽视了接收者的反馈和参与，导致信息传播的单向性和不对称性。为了打破这一困境，实现从传者中心到对话意识的转变显得尤为重要。对话意识强调传播过程中的主体间性，即传播者和接收者之间的平等互动和理性交往，这对于中国国家形象的建构与传播具有重要意义。

周宁曾指出，"西方的中国形象，是西方文化投射的一种关于文化他者的幻象，他并不一定是再现中国的现实，但一定表现西方文化的真实，是西方现代文化自我审视、自我反思、自我想象与自我书写的形式，表现了西方现代文化潜意识的欲望与恐惧,揭示出西方社会自身所处的文化想象与意识形态空间"。① 这一观点深刻揭示了西方视角下中国形象的复杂性和多面性,也反映了传统传播模式下信息传播的单向性和偏见性。为了改变这一现状,中国需要摒弃传者中心的传播模式,转而采用对话意识来指导国家形象的建构与传播。对话意识的核心在于主体间性,即传播者和接收者之间的平等互动和理性交往。在哈贝马斯看来,通过"交往理性"(communicative reason)可以解决不同的主体之间进行交往时存在的压制、操控等问题。交往理性的具体特征是"通过所有相关人员的自由和公开讨论获得一个最后的决断,这个决断依赖于更佳论证的力量,而绝不依赖于任何形式的强迫"。② 这一理论为对话意识的实践提供了坚实的理论基础。在国家形象的建构与传播过程中,对话意识意味着传播者不再单方面地传递信息,而是与接收者进行平等的互动和对话。这种互动和对话不仅有助于消除信息不对称和误解,还能够增强传播效果和接收者的认同感。通过对话意识,中国可以更加全面、客观地展示自身的文化、历史、社会和经济发展成就,提升国家形象的国际认知度和美誉度。

从传者中心到对话意识的转变,需要中国传播策略的一系列调整和创新。首先,中国需要摒弃传统的宣传思维和单向传播模式,转而采用更加开放、包容和平等的对话姿态。这意味着中国不仅要向世界传递自身的信息和价值观,还要倾听、尊重不同国家、文化的声音和观点,形成双向互动的交流机制。其次,中国需要注重传播内容的多样性和丰富性,以满足不同接收者的需求和兴趣。这包括加强对中国传统文化的挖掘和整理工作,提升文化传播的质量和水平;同时,也要关注国际社会的热点问题和全球性的议题,积极参与国际对话和交流,展示中国在全球事务中的积极态度和负责任形象。此外,中国还需要加强与国际媒体和机构的合作与交流,拓宽信息传播渠道和覆盖面。通过与国际主流媒体和知名机构的合作,中国可以更加有效地传播自身的声音

---

① 周宁:《世界之中国:域外中国形象研究》,南京大学出版社2007年版,第7页。
② [英]安德鲁·埃德加:《哈贝马斯:关键概念》,杨礼银、朱松峰译,江苏人民出版社2009年版,第25页。

和形象,提升国际话语权和影响力。同时,中国也要积极利用新媒体和社交媒体等新型传播工具,拓展信息传播的广度和深度,增强与全球公众的互动和沟通。

在对话意识的指导下,中国国家形象的建构与传播取得了显著成效。近年来,中国通过举办奥运会、世博会等重大国际活动,向世界展示了中国的文化魅力和经济实力;同时,中国也积极参与全球治理和国际合作,为解决全球性问题贡献了中国智慧和力量。这些举措不仅提升了中国的国际形象和地位,也增强了全球公众对中国的认知和理解。然而,在对话意识的实践中,中国仍然面临着一些挑战和困难。例如,如何平衡国内外舆论的差异和冲突?如何应对国际媒体对中国的偏见和误解?如何提升中国在国际舆论场中的话语权和影响力?这些问题都需要中国在未来的传播实践中不断探索和解决。为了进一步深化对话意识并推动其实践发展,中国可以从以下几个方面入手:一是加强与国际媒体和机构的沟通与合作,建立更加紧密和有效的传播网络;二是注重传播内容的创新和质量提升,打造具有中国特色和国际影响力的品牌节目和产品;三是加强对新媒体和社交媒体的运用和管理,拓展信息传播的渠道和覆盖面;四是加强人才培养和队伍建设,提升传播人员的专业素养和国际视野。

第二节 泛中介化—去中介化—再中介化

形象产生于"我"与"他"二者的互动,互动必须有中介因素,中介因素即为传播路径。路径是多元而且变化的,因此需要研究不同的传播路径与国家形象跨文化传播的关系。路径的考察维度有多重:从技术的形态及变迁的角度来探讨,从形象生产过程中"我"与"他"这两个主体所在的不同空间勾连的角度来探讨,从形象认知者的文化观念和传统伦理的角度来探讨等。而且,不同的角度并非孤立存在,而是互有交叉。国家形象不只是异质文化对某一个国家进行的整体评价和思考,它包括一个多维的框架体系,其中既有本国文化对自己国家进行的想象式的认知,也包括本国以自我为中心,对异质文化所建构起来的镜像进行的再度思考。这就导致了国家形象在传播的过程中存在复杂的建构、解构与再建构的问题;而且这个建构、解构,甚至是重构的过程又伴随着复杂的中介化过程。为此,立足于媒介自身,探讨"媒介"如何打破空间区隔,实现对异域他者的观念空间进行调和,就是"泛中介化—去中介化—再中介化"这一路径所要解决的问题。

一、泛中介化:从"偏向传播"到"多元传播"

在信息全球化的今天,国家形象的塑造与传播已成为国际关系中的重要议题。瑞士 PERIPLUS 公司总裁皮特·阿莱克斯·艾哈德曾深刻指出:"中国文化走向世界,首先靠的是每位出国的中国人将中国的文化种子带到世界各地。每位中国人都要以身作则,保持宽容、开放的心态,从各种途径认识对方的历史和传统,尝试从西方思想角度理解西方人的行为,以符合西方社会习惯的方式进行活动。"①这一见解,不仅揭示了文化交流的微观层面,更触及了国家形象传播的宏观策略——泛中介化。所谓"泛中介化",是指在信息传播与国家形象建构的过程中,不再局限于传统的广播、电视、电影、报纸等主流媒体,而是广泛利用网络、国际新闻事件、公民外交等多种渠道,最大限度地拓展国家形象的传播载体。这一过程,不仅是技术进步的体现,更是全球化背景下文化传播逻辑的深刻变革。国家形象作为一种空间化的想象,其形成与传播深受地理空间与观念空间的影响。媒介,作为连接两者的桥梁,既弥合了地理空间的区隔,又在某种程度上强化了异域公众对某一国家的观念认知。

国家形象的传播,并非简单的信息传播过程,而是一个包含建构、传播、解构与再建构的复杂循环。形象,既是设计与建构的产物,也是不断被解构与重构的动态存在。因此,国家形象的传播路径必须注重立体化的操作实践,不能

---

① 中共中央宣传部《党建》杂志社:《印象中国——43位外国文化名人谈中国文化》,红旗出版社2012年版,第72页。

仅仅停留在对传统媒体与新媒体的整合利用上，更不能仅仅依赖于国家层面的营销、宣传、广告、舆论活动等单一手段。相反，它应当涵盖公共外交、重大媒介事件（如奥运会、世博会）、产品与文化价值（如中国制造、东方儒学）等多维度的传播路径。这些路径各具特色，广泛应用于不同情境，只有在不同的意义空间里，才能真正发挥改善国家形象的作用。在"自我"与"他者"的互动中，形象的产生是基于一方对另一方的信息获取与评价。由于双方处于不同的地理与观念空间，打破空间遮蔽，实现信息的有效流通，成为国家形象跨文化传播的首要任务。无论是传统的口语、报纸、广播、电视，还是商品、公共外交等广义上的媒介，都在建构信息空间、促进文化交流方面发挥着不可替代的作用。然而，单一的传播路径往往难以全面、准确地反映国家形象，甚至可能因受制于西方中心主义的观念与意识形态，而成为异域他者塑造自我身份的素材。因此，泛中介化的传播路径，意味着多元传播时代的到来，它要求我们摒弃对单一形态传播路径的依赖，通过增强信息的丰富性与多样性，来更全面地展示国家形象。

媒介在打通"自我"与"他者"所居住空间的遮蔽的同时，也带来了国家形象的分裂。媒介不仅以信息传播打破了物理空间的界限，还在这一过程中建构了意义。不同的文化圈层、公众群体对同一国家的评价与观念存在差异，甚至同一个文化群体在不同时期对同一国家的形象评价也可能截然不同。这反映了形象传播中的解码过程，包括协商解码与对抗性解码。形象由建构到传播，再到解构，涉及民族想象、媒介镜像、公众图像三者之间的互动关系，以及它们与国家实象之间的吻合度。提高异域公众所建构的"公众图像"与国家实相之间的吻合度，是我们追求的目标，即探讨如何使国家形象更趋向于真实。回顾历史，大众媒介出现之前的社会交往主要依赖于面对面的交流或书信等点对点的传播方式。中国和西方"在公元一六六年以前，一直没有留下过直接接触的纪录"，而两个异质的国家之间进行交往的信息"完全是间接而又间接的辗转传闻,因此也每每和真相相差很远"。① 大众媒介的兴起,如同一面反映社会的镜子,一个建构现实的平台,它连接了本土与异域、自我与他者,不断呈现关于外部社会的信息,从而建构起一个日渐丰盈的外部图景。强调泛中介化在国家形象建构中的作用,就是要充分利用一切可以用于传播信息的载体,拓展本土与异域、自我与他者之间的信息空间,使信息的传播者与接收者都成为无处不在的信息网络中的"节点"。

T.帕森斯曾指出:"对于任何一个概念体系来说,都需要有一种'充分'的描述,即确定一些数量充足的重要事实。"②在国家形象的传播中,大众媒介、新媒体、各类城市事件、公关活动、公众的海外旅游、本土影视作品在海外市场的分布、中国产品的海外拓展等,都是中国借以表述自我身份的渠道。通过无处不在的信息扩散,以"数量充足的事实"拓展信息的传播力与阐释力,是国家形象传播的重要策略。此外,信息具有天然的权力属性,任何用以传播信息的载体都可作为话语权力的承载者和权力资源的重新分配者而存在。有学者指出:"大众媒介通过将文化资源分配给个人和群体,而为授予权力的过程做出贡献。这些个人和群体然后利用这些象征性形式为抵抗霸权主义的、联合的遏制战略而建构策略。"③因此,强调泛中介化的传播路径,不仅是为了改变关于中国的信息为少数发达国家所掌控的局面,更是为了扭转中国"自塑"缺失、"他塑"明显的尴尬局面。

在泛中介化的传播路径下,我们应致力于将全世界媒体对中国的选择性报道转变为全局性报道,将关于中国的引导性报道转变为中国自身的主体性报道。这一转变,不仅要求我们在信息传播的内容上做出调整,更要求我们在传播的策略与手段上进行创新。我们需要充分利用各种媒介资源,构建多元化的传播体系,以更加开放、包容的心态,向世界展示一个真实、立体、全面的中国。具体而言,我们可以通过加强国际传播能力建设,提升中国媒体的国际

---

① 钟叔河:《走向世界:中国人考察西方的历史》,中华书局2010年版,第63页。
② 谢立中:《西方社会学经典读本(上册)》,北京大学出版社2008年版,第317页。
③ [美]詹姆斯·罗尔:《媒介、传播、文化:一个全球性过程》,商务印书馆2012年版,第194页。

影响力，让中国声音在世界舞台上更加响亮。同时，我们还可以借助新媒体的力量，开展形式多样的文化交流活动，增进中外民众之间的相互了解和友谊。此外，我们还可以通过公共外交、民间交往等方式，推动中外文化的深度交流与融合，为中国国家形象的塑造与传播创造更加有利的外部环境。

二、去中介化：从"镜像中国"到"实相中国"

在跨文化交流的广阔舞台上，国家形象的构建与传递是一项复杂而精细的艺术。按照言说主体的不同，我们可以将这一构建过程细分为"自我"的建构与"他者"的建构两大类别。其中，"自我"的建构，作为本土文化主体对自身形象的主动塑造，往往带有积极、正面的色彩，它试图通过各种方式展现自我文化的独特魅力与深厚底蕴。而"他者"的建构，则是由外部文化主体对另一文化的解读与再现，这一过程往往伴随着价值倾向的介入与解构的先行，使得被建构的形象在某种程度上成为异域文化主体中心论的产物。当我们深入探讨这两种建构方式时，不难发现，"自我"在信息传播中的主导地位是显而易见的。当"我"作为表述、书写或记录的主体时，无论双方是否都遵循主体间理性交往的原则，至少在信息的编码与传播这一关键环节上，"自我"的行为具有规定性或宰制性。这意味着"自我"能够按照自己的意愿和理解来构建并传递信息，从而在一定程度上控制形象的呈现方式。然而，当表述或书写的主体转变为"他者"时，情况便发生了根本性的变化。"自我"在这一过程中丧失了主动权，而异域文化语境下所建构起来的形象则往往为异域文化主体的中心论所左右。这种转变不仅体现在信息的选择与编码上，更体现在解码者的价值与意图对传播者意图的反作用上。跨文化适应与跨文化对抗，作为这一过程中的两种必然情况，其出现与影响均取决于解码者的文化背景、价值观念以及他们对信息的解读方式。

在跨文化传播中，传播者往往追求的是异域文化圈所建构的跨文化适应的文化形象，这被视为理想的结果。然而，这一结果的实现并非易事，它要求"我"所提供的素材必须满足异域文化主体去意识形态化的价值需求。这实际上是一个极高的要求,因为不同文化之间的价值观念、思维方式以及社会心理都存在显著的差异。因此,跨文化传播作为一种文化现象,是否能够达到"去意识形态"的境界,便成为一个值得深入探讨的问题。答案的关键在于文化的本真是否能够与异域文化中的接受者建立某种直接的去中介化的勾连。换言之,异域文化中的受众能否直接进行情景体验,从而感受到文化的真实面貌,是判断跨文化传播是否成功的重要标准。在英美等国的影视作品、笔记散文、小说历史中,我们不难发现大量对中国的描述和记载。如果对这些内容进行严格的内容或话语分析,我们会发现一个有趣的现象:那些具有近距离文化体验且去除了价值预设的传教士、商人的描述和记载,往往更加接近中国的本真身份和本真文化。这是因为他们的描述是基于直接的观察和体验,而不是基于预设的价值观念或偏见。

相反,那些污名化中国的书写者或表述者,往往将中国这个"他者"再次"他者化"。他们对中国的评价和认知已经成了其价值理念的延伸之物,中国的形象问题、中国的身份问题已经脱离了本真,不再是自然之物,而成了应然之物。这种现象在福柯、黑格尔等人的著作中尤为明显。他们用纯粹的思辨和西方现代性的中心论调掩盖了事实上的中国面貌,使得中国的形象在他们的笔下变得扭曲和失真。这些关于中国的表述并非来源于现实,而是来源于冥想和想象。在国家形象的生成中,异域公众的想象及社会心理起到了极为重要的作用。要改变中国形象为异域公众社会心理所作用的现状,就必须增加中国和异域的接触机会,改变对媒介的依赖。通过面对面的交流、观看和体验,让异域公众能够直接感受到中国的真实面貌和文化魅力,从而实现由"镜像中国"到"实相中国"的转变。

诚如麦克卢汉所言:"事实上,我们似乎生活在神奇的一体化世界之中,可是我们仍然在使用陈旧的、前电子时代那种支离破碎的时间模式和空间模式来思考问题。"[1]媒介的发展虽然改变了人们认知外部世界的工具,但这种前

---

[1] [加]马歇尔·麦克卢汉:《理解媒介:论人的延伸》,何道宽译,商务印书馆2000年版,第21页。

媒介时代的思维依然存在。人们往往认为，通过直接体验所感知的信息远比通过大众媒介所建构起来的"拟态环境"更具有真实感。这是因为直接体验能够让人们亲身感受到事物的真实面貌和细节，从而形成更加深刻和准确的认知。在跨文化传播中，这种直接体验的重要性尤为突出。只有通过去除了中介的面对面的商谈、观看、体验，异域公众才能真正感受到中国的文化魅力和社会现实。这种不依赖于媒介所建构的"拟态环境"的亲身体验，才真正有助于对社会现实进行更趋向完整的评价。因此，在跨文化传播中，我们应该注重增加直接交流的机会，让异域公众能够亲身体验到中国的文化和社会现实，从而形成更加真实和准确的认知。

三、再中介化：从"刻板中国"到"美丽中国"

在全球化的大潮中，国家形象的塑造与传播成为国际关系中的重要一环。西方世界凭借其长期的财富积累与强大的影响力，构建了一套以自我为中心的话语秩序。这一秩序不仅深深植根于学术界的论述与反思之中，更在传媒界的鼓噪与呐喊、政治界的野心与谋略，以及普通大众的偏见与想象中得以体现。正如爱德华·W.萨义德在其著作《东方学》中所深刻揭示的："每一个欧洲人，不管他会对东方发表什么看法，最终都几乎是一个种族主义者，一个帝国主义者，一个彻头彻尾的民族中心主义者。"[①]这一论断，无疑是对西方世界对中国等东方国家形象塑造中存在的刻板偏见与误解的尖锐批判。在这样的背景下，中国的国家形象往往被扭曲、被误读，成为西方世界的"假想敌"。这种形象的塑造，并非基于对中国实际情况的客观认识，而是权力、资本与话语合谋的结果。因此，中国要摆脱这种刻板偏见的束缚，就必须直面以西方为权威的世界话语秩序的束缚，以及上述制约因素的羁绊。国家形象并非抽象地悬浮于真空之中，也不是单纯依靠西方学术界或媒体界的某些偶然性的良心发现就能够实现由"刻板中国"到"美丽中国"的转变。国家形象的塑造，需要

---

① [美]爱德华·W.萨义德:《东方学》，王宇根译，生活·读书·新知三联书店1999年版，第260页。

更为系统、更为全面的策略与方法。其中,"泛中介化"与"去中介化"是两种重要的实践路径。

"泛中介化"是指通过商品流通、外交活动、公民实践等多种方式,广泛收集中国方方面面的信息,搭建一个更为丰富和多元化的信息空间。这一空间不仅包含了中国的政治、经济、文化等各个领域的信息,还将这些信息与本土和异域、自我和他者之间的空间紧密地勾连在一起。通过这种方式,可以强化中国对外传播的主体性、多元性、丰富性、可读性和生活化,使关于中国的信息无处不在,满足全世界对中国信息的需求。这样,就可以有效地改变异域公众因其媒体的诱导而产生的误解和误读,让他们更加全面、客观地了解中国。而"去中介化"则是一种更为直接、更为面对面的沟通方式。它强调通过民俗节庆、文化展览、大型活动等线下活动,增强与异域公众的互动,而不仅仅依赖于大众媒体和网络媒体。这种方式可以消解借助媒介进行的远距离互动中的信息失真和误解,让异域公众更加直观地感受中国的文化、历史和现状。同时,通过面对面的交流,也可以让异域公众更加深入地了解中国的社会制度、价值观念和生活方式,从而消除他们对中国存在的偏见和误解。

然而,"泛中介化"与"去中介化"只是建构和传播中国在海外的国家形象的具体实践路径,其最终要落到"再中介化"上。"再中介化"是在已经摆脱了西方对中国的刻板偏见的基础上,通过正常的、非污名化的媒介信息传播来进行对中国的表述。它强调媒介在呈现中国的信息时,要去除价值预设、观念偏见的影响,以事实为导向进行客观、公正的报道。同时,"再中介化"也要求跨国的媒介集团不以所属国家或公众的好恶为转移,而是以全球视野和客观立场来呈现中国的信息。这样,就可以避免媒介在传播过程中对中国形象的扭曲和误读,让全世界更加真实、全面地了解中国。"再中介化"的实现,需要多方面的努力。首先,中国需要加强与世界各国媒体的合作与交流,推动建立更加公正、合理的国际传播秩序。通过与国际媒体的深度合作,可以让中国的声音更加响亮地传递到世界各地,让世界更加了解中国的真实情况。其次,中国需要加强自身媒体的建设与改革,提高媒体的国际传播能力和影响力。只有拥有强大的媒体实力,才能在国际舞台上更好地展现中国的形象和声音。最后,中国还需要加强与国际社会的沟通与对话,增进相互了解和信任。通过与国际社会的广泛交流与合作,可以消除误解和偏见,推动建立更加和谐、稳定的国际关系。

在"再中介化"的过程中,我们还需要认识到,世界各个国家都有自己的文明和文化,这些文明和文化都是由不同的地理和历史环境逐步延续下来的。它们既具有不可替代性,也具有不容忽视性。多样文化和文明的共生共存,可以弥补单一文明自身的不足和缺憾,推动人类文明的进步与发展。因此,在塑造和传播中国的国家形象时,我们应该尊重和理解不同文化和文明的差异性和多样性,以开放、包容的心态去接纳和融合不同的声音和观点。诚然,从"刻板中国"的消解到"美丽中国"的搭建,是一个复杂而漫长的过程。它需要我们不断地探索和实践,需要我们不断地完善和改进。但只要我们坚持"泛中介化""去中介化""再中介化"的实践路径,坚持尊重和理解不同文化和文明的差异性和多样性,就一定能够逐步改变异域公众对中国的刻板偏见和误解,让"美丽中国"的形象在世界舞台上熠熠生辉。

第三节　商品输出—价值贡献—文明互鉴

目前,中国的国家形象过多地依赖西方媒体对中国的认知和评价,这难免会导致我们文化主体性的缺失,难以建构起与世界进行平等对话的话语体系。应以中国的具体实践和现实环境作为分析的依据,以现有的"中国制造"为中国形象跨文化传播的前提优势,不断强化"中国制造"本身所承载的符号价值,从单纯的产品输出转向为以产品作为媒介的文化分享,以中国价值所特有的吸引力为前提,强调中华文化在世界文化体系中的价值贡献,在摒弃文明间冲突的基础上,致力于文化圈层的多维合作。

一、商品输出：强化"中国制造"的文化符号

我们正置身于一个前所未有的"物的媒介化"时代，在这个时代里，商品不再仅仅是资本逻辑的产物，它们超越了单纯的使用价值和交换价值，承载了更为深远的符号意义。每一件在国际市场上流通的产品，都如同一本打开的书，以其独特的形态、色彩、设计乃至背后的品牌故事，传递着特定的文化价值和社会意义，成为跨文化传播中不可或缺的话语承载者。在这一全球性的舞台上，"中国制造"以其庞大的体量、多样的品类和卓越的性价比，无疑成为最为醒目的标签之一。"中国制造"这一标签，在全球市场语境下，不仅代表了世界范围内消费者对中国产品质量的认可和对中国价格的青睐，更隐含了一种深层次的认同隐喻——在全球化的浪潮中，中国作为一个重要的生产者和供应者，其角色和地位正日益凸显。然而，这种认同若仅仅停留在利用劳动力密集优势复制"产品"的层面，中国则容易被简化为"廉价的加工厂"这一单一形象，从而在世界文化圈中错失展示自身丰富文化内涵和独特身份的机会。这种局限性的认知，不仅限制了"中国制造"的品牌价值提升，也阻碍了中国通过商品这一载体向世界传达其深厚文化底蕴和现代发展成就的可能性。

自改革开放以来，中国凭借改革开放的政策红利、庞大的人力资源以及不断优化的产业结构，迅速崛起为全球最大的出口国之一。2022 年，中国全年进出口总值突破 40 万亿元关口，出口 23.97 万亿元，增长 10.5%，连续 6 年保持世界第一货物贸易国地位。[①] 这一数据不仅彰显了中国经济的强劲增长动力，也反映了"中国制造"在全球市场的广泛影响力和接受度。然而，在这一辉煌成就的背后，我们也应清醒地认识到，"中国制造"在全球市场的成功，很大程度上依赖于其物美价廉的特性，而在产品的文化寓意、人文属性方面尚有较大的提升空间。长期以来，"中国制造"更多地强调了产品的经济回报和产地属性，却相对忽视了产品所应承载的文化符号意义和人文价值。这种倾向导致中国产品虽在全球市场占有一席之地，但在品牌形象和文化内涵的塑造

---

① 杜海涛：《我国进出口规模首次突破 40 万亿元》，载《人民日报》2023 年 1 月 14 日，第 1 版。

上显得力不从心。相比之下，日本在明治维新后，通过积极输出其哲学、文学、史学、艺术等民族文化身份认同的符号，成功扭转了欧美等发达国家对其"经济动物"的刻板印象，实现了从经济强国到文化强国的转型。如今，中国作为世界第二大经济体，同样面临着从制造大国向文化强国的转变挑战，即如何将"中国制造"升级为带有强文化符号的产品生产者角色，让中国产品成为传播中国精神和文化的重要载体。

为此，我们需要深入挖掘和整合中国的民族精神、传统文化以及民族品牌资源，将这些元素抽象提炼成一套具有代表性的中国文化和中国身份的符号体系，并巧妙地融入"中国制造"的产品设计和生产中。这一过程不仅仅是对产品外观或包装的美化，更是对产品内在文化价值的重塑和提升。通过强调中国商品的"回归中国化"，解决中国商品"民族身份认同"的问题，我们可以使"中国制造"成为真正意义上的文化使者，不仅传递着中国的物质文明成果，更传递着中国的精神追求和文化自信。在实践中，这意味着"中国制造"需要努力开拓创意产品和高附加值的文化产品领域，打造具有身份认同感和符号标识的产品系列。这些产品应能够体现中国的审美情趣、文化传统和哲学思想，使消费者在享受产品功能的同时，也能感受到中国文化的独特魅力。同时，"中国制造"还应强化其作为异域文化交流互动纽带的角色，通过产品的流通和消费，促进不同文化之间的理解和尊重，增进世界对中国文化的认同感和亲近感。

此外，"中国制造"还应承担起建构意义、传递形象、培养认同感的文化使命。这意味着在产品设计和生产过程中，不仅要注重产品的实用性和美观性，更要注重产品所承载的文化价值和社会责任。通过将中国的非物质文化遗产、物质文化遗产等宝贵资源转化为文化符号并植入产品中，我们可以使"中国制造"成为展现中国悠久历史和灿烂文化的生动窗口。这些文化遗产无论是物质的形态如精美的工艺品、古建筑等，还是非物质的形态如传统戏曲、民俗活动等，都是代表中国身份、体现中国民族精神和历史积淀的最佳载体。在吸收和借鉴这些文化遗产的过程中，我们应充分利用现代化的技术手段和创新思维,将其与现代设计理念和市场需求相结合,打造出既具有传统文化底蕴又符合现代审美趣味的"中国制造"。这样的产品不仅能够满足消费者的物质需求,更能够触动他们的情感共鸣和文化认同,从而实现从产品认同到文化认同的转变。

与欧美等发达资本主义国家相比,中国的文明和文化具有独特的吸收能力和同化力量。这种力量并非源自武力或资本的强制推行,而是源于中国文化本身的吸引力和改造能力。自五四运动以来,中国在面对大陆文明与海洋文明、工业文明与农业文明的激烈碰撞时,虽然经历了文化自我认同和身份认同的深刻挑战,但中国文化始终保持着开放包容的姿态,积极吸收和融合外来文化的有益成分,同时坚持自身文化的独立性和主体性。在全球化的今天,我们更应珍惜和传承这一文化特质,既要积极学习和借鉴西方文化的优秀成果,又要保持对中国传统文化的自信和尊重。通过"中国制造"这一载体,我们可以向世界展示一个真实、立体、全面的中国形象,让世界更加深入地了解中国的文化、历史和价值观。同时,"中国制造"也可以成为连接中国与世界的桥梁,促进不同文明之间的交流互鉴和共同繁荣。

二、价值贡献:强化"中国价值"的世界贡献

在全球化的大潮中,文化的交流与碰撞成为不可忽视的现象。经济全球化和政治多极化的语境,不仅推动了各国经济的紧密联系,更催生了文化多元化的发展态势。不同文化圈层中的价值取向和伦理观念,在世界舞台上展开了全方位的交互、争鸣与碰撞。这一过程中,各种文化既相互借鉴,又保持独立,共同构成了丰富多彩的世界文化图谱。刘易斯·芒福德在其著作《技术与文明》中提到:"一个不受人类思想、行动、意志和恳求影响的中性世界的概念,是人类想象力取得的伟大胜利之一。而它本身也代表了一种全新的人类价值

观。"①这一观点深刻地揭示了人类对于中性世界的向往,以及这种向往背后所蕴含的人类价值观的变革。在全球化背景下,这种变革尤为显著,各国文化的交流与融合,使得人类价值观呈现出多元化的趋势。

我们认为,要通过包括中国在内的所有国家的共同努力,积极建构起一种强调文明间的合作、注重跨文化的对话的多元价值格局。在这一多元价值格局中,中国价值无疑占据着重要的地位。中国文化源远流长,博大精深,其独特的价值观念和伦理传统,对于世界文化的丰富和发展具有不可替代的作用。中国文化强调和而不同,注重天人合一,这种思想体现了人与自然、人与社会的和谐共生,是对于现代工业文明中人与自然关系紧张的一种有力回应。同时,中国文化还强调内修其政,不喜欢张扬,不喜欢棱角分明的外向特质,这种内敛、含蓄的文化性格,使得中国在处理国际关系时更加注重和平、合作与共赢。让世界了解中国,让世界认同中国的和平崛起之路,是当今中国面临的重要任务。中国的核心价值并不是要取代西方的话语霸权,而是要在西方多元的价值体系中,树立起我们自己的价值体系。这一价值体系以中国的历史和现状为重要的事实依托,以中国和平崛起为根本的取向。它既体现了中国文化的独特性,又具有普遍性的意义,能够为全人类的共同发展提供有益的借鉴和启示。

21世纪以来,中国所主张的"和谐社会、和谐世界""科学发展""人类命运共同体"等理论,正越来越受到世界的关注。这些理论不仅体现了中国对于自身发展的深刻思考,也展现了中国对于世界和平与发展的积极贡献。和谐社会强调人与人、人与社会、人与自然的和谐共生,是对于现代社会中各种矛盾和问题的一种有效回应。和谐世界则强调国家间的和平共处、互利合作,是对于国际关系中冲突和对抗的一种有力制衡。而科学发展观强调经济发展与环境保护、社会进步的协调统一,是对于传统发展模式中片面追求经济增长的一

---

① [美]刘易斯·芒福德:《技术与文明》,陈允明、王克仁、李华山译,中国建筑工业出版社2009年版,第362页。

种纠正。人类命运共同体理念,蕴含着开放包容、公平正义、和谐共处、多元互鉴、团结协作的丰富内涵。开放包容,即不以意识形态划线,不针对特定的对象,不拉帮结派,不搞排他的"小圈子",海纳百川,有容乃大;公平正义,即维护以国际法为基础的国际秩序,维护国际法治权威,确保国际法平等统一适用,不搞双重标准,不搞"合则用、不合则弃";和谐共处,即各国在求同存异的前提下实现和平共处、共同发展,世界发展的活力恰恰在于多样性的共存;多元互鉴,即人类文明多样性是世界基本特征,不同文明交流互鉴是推动人类进步的重要动力;团结协作,即"计利当计天下利",单打独斗无法应对全球性的发展难题,各国通力合作才是唯一选择。[1] 在跨文化传播中,我们应该秉持世界文化、价值多元的观念,强调中国历史、文化、经济、科技等对世界的贡献。中国作为一个拥有悠久历史和灿烂文化的国家,其对于世界的贡献是全方位的。从古代的四大发明到现代的科技创新,从儒家文化到现代艺术,中国一直在为世界文化的繁荣和发展贡献着自己的力量。同时,中国在经济、科技等领域的快速发展,也为世界经济的增长和科技的进步提供了重要的动力。

在强化"中国价值"的世界贡献过程中,我们还应该注重跨文化的对话与交流。只有通过深入的对话与交流,我们才能更好地理解不同文化之间的差异和共同点,从而建立起更加紧密的文化联系和合作关系。这种对话与交流应该是双向的、平等的,既要有中国向世界的传播,也要有世界对中国的了解和理解。只有这样,我们才能真正实现文化的多元共生和共同繁荣。此外,我们还应该注重中国价值的现代转化和创新。传统文化是中国价值的重要源泉,但现代社会的发展和变化也要求我们不断对传统文化进行创新和转化。我们应该在保持传统文化精髓的基础上,结合现代社会的实际需求和价值观念,创造出具有时代特色的中国价值。这种创新不仅有助于中国文化的传承和发展,也能够为世界文化的繁荣和发展提供新的动力和活力。

---

[1] 新华社国家高端智库课题组:《构建人类命运共同体的时代价值和实践成就》,求是网,http://www.qstheory.cn/qshyjx/2024-05/01/c_1130138134.htm。

三、文明互鉴：强化"文化圈层"的多维合作

在人类历史的长河中，文明如同璀璨的星辰，各自闪耀在广袤的文化天宇上。习近平总书记深刻指出，"各种人类文明在价值上是平等的，都各有千秋，也各有不足。世界上不存在十全十美的文明，也不存在一无是处的文明，文明没有高低、优劣之分"。① 这一论断，不仅体现了对人类文明多样性的尊重，也为我们理解和处理不同文明之间的关系提供了根本遵循。在全球化的今天，不同文明间的交流互鉴已成为推动世界和平与发展的重要动力，而强化"文化圈层"的多维合作，则是实现这一目标的关键路径。人类的文明，在历史发展的长河中，犹如一条条蜿蜒的河流，最终汇集成不同的文化圈层。这些文化圈层，既构成了人类文化宝库的多样性，也因其独特的文化特质和地域特色，形成了某种天然的区隔。正如习近平总书记所言，"人类创造的各种文明都是劳动和智慧的结晶。每一种文明都是独特的。在文明问题上，生搬硬套、削足适履不仅是不可能的，而且是十分有害的"②。这要求我们在面对不同文明时，应保持开放包容的心态，尊重其独特性和差异性，避免以自身文明为标尺去评判其他文明，从而实现文明间的和谐共生。

20世纪末以来，世界范围内的竞争格局发生了深刻变化，军事、政治的多极化逐渐被经济和文化的多极化所取代。现代传播技术的发展，特别是互联网、社交媒体等新兴媒介的兴起，使得文化的大交流迎来了一个崭新的时代。然而，在这一时代背景下，以欧美为中心的发达资本主义国家，凭借其强大的经济实力和科技优势，往往通过文化产品的输出，以及文化产品所植入的价值观和意识形态要素，对第三世界国家进行跨文化传播。这种文化传播方式，不仅加强了欧美文化的全球影响力，也在一定程度上削弱了第三世界国家文化的主体性。相比之下，以中国为代表的第三世界国家，在跨文化传播能力上显得相对柔弱。这既有历史文化传统的原因，也有现实发展条件的制约。为了

---

① 习近平：《习近平谈治国理政》（第一卷），外文出版社2018年版，第259页。
② 习近平：《习近平谈治国理政》（第一卷），外文出版社2018年版，第259页。

改变这一状况,我们需要强化中国形象的跨文化传播,重塑中国文化在世界舆论体系中的主体地位。这并不意味着我们要排斥其他文化,而是要在承认世界不同"文化圈层"存在和发展的基础上,将中国文化作为一种独特的"文化圈层"闪耀在世界舞台上。通过这样的认知和表达,我们可以获得中国文化在世界诸多文化圈层中的身份认同,使中国所发出的声音不为西方的主体强势所裹挟,也不为西方的刻板偏见所掩盖,进而挣脱以欧美为主导的强势国际舆论格局。

在英国史学家汤因比看来,国际文化体系、文化格局是此消彼长的"文化圈层",从传播学角度更可以看作一个庞大的舆论场。在这个舆论场中,中国同其他第三世界国家一样,往往成为沉默的大多数中的一个组成部分。要改变这一状况,就需要我们积极发声,提升自己的文化传播能力,让世界听到中国的声音,看到中国的形象,感受到中国的文化魅力。强化中国形象的跨文化传播,需要我们整合资源优势,优化资源配置,最大限度地利用既有的渠道资源优势。这包括加强国际传播能力建设,打造具有国际影响力的媒体品牌,提升中国文化的国际传播力;同时,也需要我们努力改变中国元素仅作为西方文化框架中原材料的局面,培育中国自己的具有全球影响力的文化传播主体。这可以通过扶持和推广具有中国特色的文化产品和文化服务,如影视作品、舞台表演、出版物、摄影作品等,植入中国文化的"精、气、神",以不改变中国文化独立性的方式向世界阐释中国。

世界主流文化目前表现为以欧美为中心的消费文化在世界范围内的普及。美国依靠强大的经济、科技后盾,创造了遍布全球的服饰文化、影视文化和饮食(快餐)文化,同时又在这些文化中植入了大量的美国价值。这种文化输出方式,不仅加强了美国文化的全球影响力,也在一定程度上导致了全球化的美国化趋势。如果我们不能主动发声,培育中国的主流文化在世界范围内的影响力,那么中国会越来越丧失掉自己文化的主体性。因此,中国国家形象建构及传播的内容,从本质上讲就是一种基于民族身份、民族群体记忆和民族群体认同的一整套文化元素。其目的就是要培育中国文化的主体性,让世界了解和认同中国的文化价值观。中国文化博大精深，具有良好的对外传播基础。从古代的儒家思想、道家哲学到现代的文学艺术、科技创新，都是中国文化的瑰宝。实施文化走出去战略，需要我们深入挖掘这些文化资源，将其与现代传播手段相结合，打造出具有国际影响力的文化品牌和文化产品。在对外言说的过程中，我们需要增强基于民族身份认同的价值观念的影响力。这并不是宣扬一种狭隘的民族主义，而是站在世界的高度，完成从"族"意识到"类"意识的升华。我们要以更为开放的眼光求同存异，强调中国文化和中国价值对世界的贡献，强调与异域文化圈层之间的合作。通过文明交流互鉴，我们可以汲取其他文明的优秀成果，丰富和发展自己的文化；同时，也可以将中国文化的独特魅力和智慧贡献给世界，推动人类文明的共同进步。

在强化"文化圈层"的多维合作中，我们还需要摆脱以西方价值为中心的从属地位。长期以来，西方文化在国际上占据主导地位，其他文化往往被视为边缘或附属。这种不平等的文化关系不仅损害了文化的多样性，也阻碍了不同文明间的平等交流和相互理解。因此，我们需要积极推动文化多样性的保护和发展，倡导不同文明间的平等对话和相互尊重。通过加强文化交流与合作，我们可以促进不同文明间的相互理解和融合，构建起一个更加和谐、包容的世界文化格局。正如国家主席习近平在联合国教科文组织总部演讲中所提出的那样，"文明是多彩的，人类文明因多样才有交流互鉴的价值""文明交流互鉴，是推动人类文明进步和世界和平发展的重要动力"。[①] 在全球化深入发展的今天，我们更需要加强不同文明间的交流与合作，共同应对全球性挑战和问题。通过文明互鉴，我们可以汲取其他文明的智慧和经验，为解决人类面临的共同问题提供新的思路和方案；同时，也可以推动不同文明间的相互理解和尊重，构建起一个更加和谐、稳定的世界秩序。

---

① 习近平：《习近平谈治国理政》（第一卷），外文出版社2018年版，第258页。

第四节　去东方化—趋主流化—再东方化

正如国家主席习近平在德国科尔伯基金会演讲中所指出的那样，"相互了解、相互理解是促进国家关系发展的基础性工程。了解越多，理解越深，交流合作的基础就越牢固、越广泛"。① 中国形象的跨文化传播首先要通过中国智慧、中国方案的贡献来让自己成为世界舞台中活跃的一员，进而改变中国作为被塑造者的局面；其次要让中国进驻世界舞台的中央，与世界其他国家一道成为世界多元文明与文化不可或缺的重要组成部分；最后就是彻底摆脱"他者"的身份，缔造基于不同文化、文明的"主体间性"交流。

一、发现东方：他者的文化贡献

恩贝托·埃柯曾经说，"认识你自己"虽然是希腊文化的伟大发明，但"遗憾的是，这一思想没有再加上第二条原则：'认识他人'"。② 这一缺失，长期以来如同一层厚重的迷雾，遮蔽了"他人"文化作为世界文化圈重要组成部分的可能性，更阻碍了异质文明对世界文明丰富多元的贡献。在全球化日益加深的今天，这种对"他人"文化的漠视并未完全消散，以中国为代表的异域文化，在不少商业影片、小说故事中，仍频繁地被简化为"异国情调"的"商品化论述"。这些所谓的"异国情调"，往往仅在中国或其他非西方国家的边缘地带，或历史上某个特定的时期才可能存在，它们被抽离了现实的土壤，成为一种虚幻的、满足好奇心的消费对象，而非真实反映文化多样性和深度的窗口。因此，中国在世界上成为叙事主体，并非依赖于西方世界偶然的良心发现或恩赐，而必须依靠中国自身不懈的探索，甚至是面对偏见与误解时的抗争，才能逐步改变这一现状。国家形象的建构与跨文化传播，在这一意义上，成为一场

---

① 习近平：《习近平谈治国理政》（第一卷），外文出版社2018年版，第264页。
② [意]恩贝托·埃柯：《文化差异与多元交流》，载《跨文化对话》（第十三辑），上海文化出版社2003年版，第13页。

为异域文化争取承认与理解的"斗争"。这场斗争并非旨在取代西方中心地位，使自己成为新的世界中心，而是基于中国身份长期以来被外界塑造和言说的被动局面，进行的一场深刻的自我发现与自我探索。同时，这也是一种寻求超越现存状态，打破文化边缘化叙事的策略。这种超越，意味着中国需要更加主动地表达自己，向世界展示其深厚的文化底蕴、优秀的传统文化以及良好的社会传统，从而促进文化的相互理解和尊重。

弗朗索瓦·于连在其著作中，对中国文化与西方文化之间的共通之处进行了深入探讨，但遗憾的是，这些共通之处往往被西方的话语秩序所排除，未能得到应有的重视。他举例说，"为什么墨家理性主义与希腊人的理性主义如此接近，但在中国却没有'被接受'，而是被反哲学以及发展了'圣贤'的反选言判断逻辑所掩盖（只是在二十世纪初，在被埋藏了两千多年后，当中国人知道了西方的形式逻辑后，才被他们重新挖掘出来）？"[①]这一例子生动地说明了中国文化在世界话语体系中的边缘化地位，以及中国文化自身在寻求理解和认同过程中所面临的挑战。面对这样的状况，于连鼓励进行深入的调查，以弄清楚为什么中国的文化难以融入世界话语体系，反而成为被遮蔽的边缘化叙事，甚至被简化为文明的对立物。这一调查不仅是对中国文化自身价值的挖掘，也是对世界文明多样性和包容性的呼唤。西方现代性所面临的危机，使其对乌托邦世界产生了幻想。而中国的传统文化中，却遗留着许多与这一幻想相呼应的论述。无论是《礼运大同篇》所描述的"天下大同"的生活方式，还是陶渊明《桃花源记》所描绘的理想乌托邦，都彰显了中国对美好世界的深切期待。老子"天人合一"的朴素理想，孔子"和而不同"的交往观念，不仅是中国文化的宝贵遗产，也是全人类共同的精神财富。这些思想理念，不仅符合中国社会的理想状态，也符合整个西方社会乃至全人类的期待。

正如习近平主席在联合国教科文组织总部的演讲所指出的那样，"当今世

---

① [法]弗朗索瓦·于连：《为什么西方人研究哲学不能绕过中国？》，载《跨文化对话》（第五辑），上海文化出版社2001年版，第153页。

界,人类生活在不同文化、种族、肤色、宗教和不同社会制度所组成的世界里,各国人民形成了你中有我、我中有你的命运共同体"。① 这一论断,深刻揭示了全球化时代各国之间相互依存、共同发展的现实,也为跨文化交流与合作提供了坚实的理论基础。近现代以来,西方现代性以意识形态谋略为遮掩,使中国这一最为重要的文明古国和文化大国,始终处在话语的边缘。中国的身份在复杂的国际话语体系中被反复定义,而中国这个"他者"却始终处于缺席或半缺席的地位。然而,以中国文化为代表的东方文化圈层,是世界文化和文明不可或缺的一部分。尤其是中国的文化和文明,延续了五千多年,其深厚的历史底蕴和独特的文化价值,理应受到世界的重视和尊重。张隆溪引用的莱布尼茨的话,为我们提供了一个全新的视角来审视中国文化和西方文化的关系:"中国和欧洲在地球相对的两端发展出如此不同而又同样伟大的文明,简直是上帝有意的安排,'在最文明而又相距遥远的民族彼此伸出手来的时候,它们就可以把处在它们之间的别的民族,引导向更好的生活'。"② 这一论述,不仅揭示了中国文化和西方文化各自的独特价值,也指出了两种文明交流互鉴、共同发展的可能性。

诚如萨义德所言,"文明的冲突"是一种哗众取宠的表现,它无益于改变世界不合理的文化秩序。相反,"文明间的协作"才是世界不同文化圈所应致力达到的境界。中国文化和西方文化都非尽善尽美,而是各有其长短之处。因此,取长补短,用彼种文化的优点来改造此种文化的不足,成为文明间协作的必然出路。这种协作不仅有助于促进文化的多样性和包容性,也有助于推动世界的和平与发展。习近平主席在演讲中用非常形象的语言指出,"世界上有200多个国家和地区,2 500多个民族和多种宗教。如果只有一种生活方式,只有一种语言,只有一种音乐,只有一种服饰,那是不可想象的"。③ 这一论述,深刻揭示了文化多样性对于人类社会的重要意义。在全球共享一个大家

---

① 习近平:《习近平谈治国理政》(第一卷),外文出版社2018年版,第261页。
② 张隆溪:《中西文化研究十论》,复旦大学出版社2005年版,第18页。
③ 习近平:《习近平谈治国理政》(第一卷),外文出版社2018年版,第262页。

庭的背景下,鼓吹一种文明或文化的优越性,拒绝文化间的包容与协作,是没有任何发展前景和阐释力的。相反,只有尊重文化多样性,促进文明间的交流与合作,才能共同构建一个更加和谐、美好的世界。

二、介入主流:自我的文化认同

在全球化的浪潮中,每一个国家都在努力寻找并确立自己在世界舞台上的独特位置与身份。对于拥有悠久历史与深厚文化底蕴的中国而言,这一过程尤为复杂且充满挑战。中国文化,作为世界上最古老的文化之一,其在全球文化体系中的身份认同,不仅关乎国家的国际形象,更深刻影响着民族自信心的建立与民族精神的传承。当我们能够在国际话语体系中准确地"识别出"那些表征中国身份的符号时,一种强烈的认同感便油然而生。这种认同感,超越了简单的"辨认"或"识别",它蕴含着本国公众对自身文化的深厚情感与自豪感,同时也对异域公众产生着如同"百鸟朝凤"般的吸引力。

然而,中国在国际文化体系中的身份认同之路并非一帆风顺。长期以来,由于历史与现实的种种原因,中国的文化身份往往被边缘化或商品化,这不仅扭曲了中国的真实形象,也削弱了民族文化的国际影响力。因此,去除这种边缘叙事与商品化叙事,还原中国一个正常、真实的身份,成为强化自我身份认同的重要任务。这一目标的实现,需要我们在国际交流中更加自信地展示中国文化的独特魅力,同时积极寻求与其他文化的对话与融合,以开放包容的姿态拥抱世界文化的多样性。宝莱坞的影视作品在全球范围内的成功,为我们提供了有益的启示。它们不仅在经济上取得了巨大收益,更重要的是,它们通过展示印度民族文化的鲜明特色,增强了印度文化在世界范围内的适应能力与影响力。这种适应,并非以自我丑化为代价,而是通过本国主流的、带有鲜明民族特色的艺术形式,如歌舞剧等,来建构和传播本国的民族文化。这种策略既保持了文化的独立性,又实现了文化的广泛传播,为中国文化的国际传播提供了有益的借鉴。

对于当下的中国而言,强化自我身份认同,建立中国在世界舞台上的独特地位,是一个系统工程,需要多方面的努力。首先,中国必须树立起自身的文化认同感。这意味着我们要以中国传统文化的精气神为滋养,培育民族自信心和自信力。这种自信力,不是狭隘的民族主义,而是在纷繁复杂的世界舞台上保持独立性和自主性的能力。它要求我们通过自身文化的深入论述、历史的连续传承、价值的适时调适以及观念的不断更新,来完成自我身份的确立。这一过程,不应是迎合西方观念来塑造所谓的"自我认同",而应是基于对自身文化的深刻理解和尊重,以独立自主的姿态屹立于世界民族之林。

其次,中国的知识界和学术界在强化自我身份认同中扮演着至关重要的角色。他们应不遗余力地争取自身身份的论述权、定义权、命名权和阐释权。这既是对自身文化价值的坚守,也是对国际文化交流的积极参与。在争取这些权利的过程中,我们既要避免迎合西方学术界的思维定式,也要警惕自我中心观念的宣扬。相反,我们应秉持"和而不同"的观念,增强对话意识,以民族伦理和民族情感为底线,通过理性的讨论和论述,寻求观点的协作与共识。这样的对话与交流,不仅能够促进中国文化的国际传播,也能够增进不同文化之间的理解和尊重。

再者,走出国门的中国人,作为中国文化在国际舞台上的直接代表,他们的形象与行为直接影响着中国文化的国际形象。因此,他们应具有一种在异域空间中"在场"的行动者身份,通过切入异域情境的生活体验,来建构和传播为世界普遍的文明观念所认可的国人及国民形象。这种形象的建构,不是简单的模仿或迎合,而是以公民个体作为国家形象的意指实践,通过个人的言行举止,展示中国文化的独特魅力与国民的文明素养。从这个意义上说,跨文化传播不仅仅是国家层面的行为,更是每一个走出国门的国人的责任与使命。

最后,强化中国人在世界舞台上的修养,也是提升中国文化国际影响力的重要途径。这要求我们不仅要在经济、科技等硬实力上取得进步,更要在文化、教育等软实力上不断发力。通过国民的自我教育与素质提升,培养具有国际视野和跨文化交流能力的复合型人才,使他们能够在国际舞台上自信地展示中国文化的魅力,成为连接中国与世界的桥梁与纽带。只有这样,我们才能够在全球化的浪潮中保持文化的独立性与自主性，实现中国文化的国际传播与交流，为构建人类命运共同体贡献中国智慧与中国力量。

三、超越他者：一种梦想的凯旋

在全球化的今天，西方国家往往以其自身的发展轨迹和立场为出发点，预设了中国在国际体系中的地位与角色。然而，中国的发展之路并非简单地复制西方的历史经验，也不是对未来的西方模式的简单模仿。中国正行走在一条独特的发展道路上，这是一条任何国家都未曾走过的路径，它充满了探索与挑战，也蕴含着无限的可能。因此，中国不可能完全遵循西方预设的轨迹发展，注定成为人类道路上孤单但不孤独的远行者。在这条道路上，中国必须超越"他者"的身份，以一种更加自主、自信的姿态，向世界展示其独特的文化魅力和发展成就。

回顾历史，中国作为"他者"的身份在西方观念空间中一直存在。然而，直到近代清朝衰落，这个"他者"才开始遭遇负面的评价。在频繁的交往和互动中，中国传统社会的封闭与滞后暴露无遗，这恰恰迎合了西方对中国的某些想象与偏见。"五四"新文化运动以来，中国文化陷入了"以自我为他者"的境地，一味地崇尚西方，贬低中国与传统，忽视了西方现代性背后的困境与问题。尽管五四运动开启的西学之路对启蒙中国思想、创建独立自主的民主国家具有重要意义，但中国也背负了长达一百多年的"低劣他者"身份。经过近百年的抗争与努力，中国终于崛起成为世界大国。然而，经济的崛起并不等同于文化的复兴。实践证明，中国在经济、政治、军事等各个层面均已经实现了现代化，但文化的主体意识却依然滞后。正如王岳川所言："经济崛起的神话中没有看到文化复兴的辉煌，新文化也没有显出自己的形态，传统文化被商业文化、消费主义文化蚕食，中国正在成为一个在全盘西化中失去文化身份的文明形态。"[①]这一现状警示我们，中国的现代化建设绝不能仅仅停留在经济层面，更

---

① 王岳川：《文化输出：王岳川访谈录》，北京大学出版社2011年版，第104页。

需要在文化、价值观念、思想伦理上实现真正的复兴与超越。

中国文化的精神财富不仅是中华民族的宝贵遗产,更是全世界的共同财富。向世界传播中国,向世界说明中国,让中国的传统文化遗产为世界文化的发展贡献应有之力,正是决定我们在国际舞台上扮演何种角色的重要力量之一。在这一过程中,"中国梦"作为"中华民族伟大复兴"的表述,为中国应该成为什么样的民族国家进行了清晰而有力的定位。它不仅表达了中国人民对美好生活的向往与追求,更向世界展示了中国文化的特殊优势与主体地位。斯图亚特·霍尔曾说:"与其说是'我们是谁'或'我们来自何方',不如说'我们可能会成为什么'……"①这句话深刻地揭示了身份认同的动态性与开放性。中国的世界身份是自己塑造和表达的,它不是一成不变的,而是随着时代的发展而不断演变与丰富的。中国模式能否成为西方现代性危机的突破口,决定着中国文明能否为世界文明所接纳与尊重。

"中国梦"的叙事话语,作为"和平崛起"和"和平发展"之后另一种国际化的表述,它不仅强调了中国文化的独特性与主体地位,更揭示了中国与世界各国或地区民族梦想之间的共通之处。这一表述从"追求和平""追求幸福""奉献世界"三个维度,释放出中国文化对异域公众的特殊吸引力。它告诉世界,中国的崛起不是威胁,而是机遇;中国的发展不仅造福中国人民,更造福世界各国人民。正如习近平总书记所指出的那样,"中国发展壮大,带给世界的是更多机遇而不是什么威胁。我们要实现的中国梦,不仅造福中国人民,而且造福各国人民"。② 然而,当前制约中国形象的因素仍然存在。一方面,西方中心主义的固有观念以及在这些观念影响下对中国表述的遮蔽,使得中国在国际舞台上的形象往往被误读或歪曲。另一方面,中国自身在国家形象跨文化传播中的乏力问题也不容忽视。从建构主义的角度来看,中国形象的跨文化传播虽然注重了主体性的建设,但在具体的操作层面仍存在着一系列的问题。

---

① [英]斯图亚特·霍尔、[英]保罗·杜盖伊:《文化身份问题研究》,庞璃译,河南大学出版社2010年版,第4页。
② 习近平:《习近平谈治国理政》(第一卷),外文出版社2018年版,第275页。

这些问题主要表现在宣传意识过于浓厚、对大众媒介和新媒体的过分依赖、注重低层次的商品输出以及以自我东方化为表征的边缘叙事等方面。

为了改变这一现状，中国形象的跨文化传播在观念和实践上需要进行深刻的转变与调整。首先，我们需要实现从宣传意识到对话意识的转变。这意味着我们要以更加开放、包容的心态，与世界各国进行平等的对话与交流，而不是单向度的宣传与灌输。其次，我们需要实现从过度的媒介依存到泛中介化、去中介化和再中介化的转变。这意味着我们要充分利用各种传播渠道和平台，构建多元化的传播体系，而不是仅仅依赖某一种或几种媒介。再次，我们需要实现从商品输出到文化输出再到价值贡献的提升。这意味着我们要注重文化的内涵与价值，通过文化的交流与传播，向世界展示中国的价值观与精神追求。最后，我们需要实现由自我东方化、中国东方化到趋主流化和再东方化的转变。这意味着我们要在国际舞台上树立更加自信、自主的形象，同时也要保持对东方文化的尊重与传承。

参考文献

一、中文著作

[1] 陈力丹. 世界新闻传播史[M]. 上海:上海交通大学出版社,2002.

[2] 陈序经. 文化学概观[M]. 北京:中国人民大学出版社,2005.

[3] 程曼丽. 从国际传播到国家战略传播:程曼丽研究文集[M]. 北京:中国社会科学出版社,2021.

[4] 单波,石义彬,刘学. 新闻传播学的跨文化转向[M]. 上海:上海交通大学出版社,2011.

[5] 定宜庄,欧立德. 21世纪如何书写北京:中国历史:"新清史"研究的影响与回应[M]//彭卫. 历史学评论:第1卷. 北京:社会科学文献出版社,2013.

[6] 费孝通. 费孝通论文化与文化自觉[M]. 北京:群言出版社,2005.

[7] 冯天瑜,何晓明,周积明. 中华文化史[M]. 珍藏版. 上海:上海人民出版社,2015.

[8] 葛兆光. 宅兹中国:重建有关"中国"的历史论述[M]. 北京:中华书局,2011.

[9] 葛兆光. 中国思想史:第1卷[M]. 上海:复旦大学出版社,2017.

[10] 关世杰. 中华文化国际影响力调查研究[M]. 北京:北京大学出版社,2016.

[11] 何志虎. 中国得名与中国观的历史嬗变[M]. 西安:三秦出版社,2002.

[12] 侯东阳. 国际传播学[M]. 广州:暨南大学出版社,2012.

[13] 胡阿祥. 伟哉斯名:"中国"古今称谓研究[M]. 武汉:湖北教育出版社,2000.

[14] 黄旦. 传者图像:新闻专业主义的建构与消解[M]. 上海:复旦大学出版社,2005.

[15] 黄兴涛. 重塑中华:近代中国"中华民族"观念研究[M]. 北京:北京师范大学出版社,2017.

[16] 姜华. 大众文化理论的后现代转向[M]. 北京:人民出版社,2006.

[17] 李彬. 全球新闻传播史(公元 1500—2000 年)[M]. 2 版. 北京:清华大学出版社,2009.

[18] 李娅菲. 镜头定格的"真实幻像":跨文化语境下的"中国形象"构造[M]. 北京:人民出版社,2011.

[19] 李勇. 西欧的中国形象[M]. 北京:人民出版社,2010.

[20] 李宇. 从宣到传:电视对外传播研究[M]. 北京:北京大学出版社,2013.

[21] 孟华. 比较文学形象学[M]. 北京:北京大学出版社,2001.

[22] 沈福伟. 中西文化交流史[M]. 上海:上海人民出版社,1985.

[23] 王尔敏. 晚清政治思想史论[M]. 桂林:广西师范大学出版社,2005.

[24] 吴飞等. 国际传播的理论、现状和发展趋势研究[M]. 北京:经济科学出版社,2016.

[25] 吴靖. 文化现代性的视觉表达:观看、凝视与对视[M]. 北京:北京大学出版社,2012.

[26] 习近平. 习近平谈治国理政:第 1 卷[M]. 北京:外文出版社,2018.

[27] 许文郁,朱忠元,许苗苗. 大众文化批评[M]. 北京:首都师范大学出版社,2002.

[28] 杨瑞松. 病夫,黄祸与睡狮:"西方"视野的中国形象与近代中国国族论述想像[M]. 台北:台湾政大出版社,2010.

[29] 叶南客. 新时代 新媒介 新想象:当代新闻传播研究的问题与方法[M]. 南京:河海大学出版社,2018.

[30] 余英时.文史传统与文化重建[M].北京:生活·读书·新知三联书店,2004.
[31] 余英时.中国文化的重建[M].北京:中信出版社,2011.
[32] 张晨怡.近代中国知识分子的民族主义思想研究[M].北京:中央民族大学出版社,2012.
[33] 张岱年.中国哲学大辞典[M].上海:上海辞书出版社,2010.
[34] 张瑞静.媒介环境变迁与身份认同建构[M].北京:中国时代经济出版社,2018.
[35] 张西平,管永前.中国文化"走出去"研究总论[M].北京:北京大学出版社,2016.
[36] 张毓强.国际传播:思想谱系与实践迷思[M].北京:中国传媒大学出版社,2017.
[37] 中国社会科学院"世界文明"课题组.国际文化思潮评论[M].北京:中国社会科学出版社,1999.
[38] 钟叔河.走向世界:中国人考察西方的历史[M].北京:中华书局,2010.
[39] 周宁,周云龙.他乡是一面负向的镜子:跨文化形象学的访谈[M].北京:北京大学出版社,2014.
[40] 周宁.跨文化研究:以中国形象为方法[M].北京:商务印书馆,2011.
[41] 周宁.永远的乌托邦:西方的中国形象[M].武汉:湖北教育出版社,2000.
[42] 朱振明.传播世界观的思想者——阿芒·马特拉传播思想研究[M].上海:上海交通大学出版社,2011.

二、中文译著

[1] 阿伦特.人的境况[M].王寅丽,译.上海:上海人民出版社,2009.
[2] 安德森.想象的共同体:民族主义的起源与散布[M].吴叡人,译.上海:上海人民出版社,2005.

［3］巴斯.进化心理学［M］.4版.张勇,蒋柯,译.北京:商务印书馆,2015.

［4］德布雷.媒介学引论［M］.刘文玲,译.北京:中国传媒大学出版社,2014.

［5］涂尔干.社会分工论［M］.渠东,译.北京:生活·读书·新知三联书店,2000.

［6］恩格斯.家庭、私有制和国家的起源［M］//马克思,恩格斯.马克思恩格斯选集:第4卷.北京:人民出版社,1972.

［7］迪克.作为话语的新闻［M］.曾庆香,译.北京:华夏出版社,2003.

［8］费瑟斯通.消费文化与后现代主义［M］.刘精明,译.南京:译林出版社,2000.

［9］福特纳.国际传播:全球都市的历史、冲突及控制［M］.刘利群,译.北京:华夏出版社,2000.

［10］盖茨等.未来之路［M］.辜正坤,译.北京:北京大学出版社,1996.

［11］甘斯.什么在决定新闻［M］.石琳,李红涛,译.北京:北京大学出版社,2009.

［12］格尔兹.文化的解释［M］.纳日碧力戈,等,译.上海:上海人民出版社,1999.

［13］埃德加.哈贝马斯:关键概念［M］.杨礼银,朱松峰,译.南京:江苏人民出版社,2009.

［14］哈里森.多元文化主义的终结［M］.王乐洋,译.北京:新华出版社,2017.

［15］海德格尔.林中路［M］.孙周兴,译.上海:上海译文出版社,2008.

［16］豪格,阿布拉姆斯.社会认同过程［M］.高明华,译.北京:中国人民大学出版社,2011.

［17］赫伯迪格.亚文化:风格的意义［M］.陆道夫,胡疆锋,译.北京:北京大学出版社,2009.

［18］亨廷顿.文明的冲突与世界秩序的重建［M］.周琪,刘绯,张立平,等,译.北京:新华出版社,1998.

［19］霍尔,杜盖伊.文化身份问题研究［M］.庞璃,译.郑州:河南大学出版

社,2010.

[20] 基欧汉,奈.权力与相互依赖[M].3版.门洪华,译.北京:北京大学出版社,2002.

[21] 基特勒.传播媒介史绪论[M].黄淑贞,译.//周宪,陶东风.文化研究(第13辑).北京:社会科学文献出版社,2013.

[22] 杰斯普森.美国的中国形象:1931—1949[M].姜智芹,译.南京:江苏人民出版社,2010.

[23] 卡斯特.网络星河:对互联网、商业和社会的反思[M].郑波,武炜,译.北京:社会科学文献出版社,2007.

[24] 凯瑞.作为文化的传播:"媒介与社会"论文集[M].丁未,译.北京:华夏出版社,2005.

[25] 柯兰,芬顿,弗里德曼.互联网的误读[M].何道宽,译.北京:中国人民大学出版社,2014.

[26] 克莱默,刘杨.全球化语境下的跨文化传播[M].北京:清华大学出版社,2015.

[27] 拉斯韦尔.世界大战中的宣传技巧[M].张洁,田青,译.北京:中国人民大学出版社,2003.

[28] 李普曼.公众舆论[M].阎克文,江红,译.上海:上海人民出版社,2006.

[29] 罗伯森.全球化:社会理论和全球文化[M].梁光严,译.上海:上海人民出版社,2000.

[30] 罗尔.媒介、传播、文化:一个全球性的途径[M].董洪川,译.北京:商务印书馆,2012.

[31] 罗杰斯.传播学史.一种传记式的方法[M].殷晓蓉,译.上海:上海译文出版社,2002.

[32] 罗杰斯.创新的扩散[M].辛欣,译.北京:中央编译出版社,2002.

[33] 罗素.哲学问题[M].何明,译.北京:商务印书馆,1959.

[34] 洛克.政府论[M].杨思派,译.北京:中国社会科学出版社,2009.

[35] 洛文塔尔. 文学、通俗文化和社会[M]. 甘锋,译. 北京:中国人民大学出版社,2011.

[36] 马基雅维里. 君主论[M]. 王剑,译. 北京:群言出版社,2015.

[37] 马斯泰罗内. 一个未完成的政治思索:葛兰西的《狱中札记》[M]. 黄华光,徐力源,译. 北京:社会科学文献出版社,2000.

[38] 马特拉. 世界传播与文化霸权[M]. 陈卫星,译. 北京:中央编译出版社,2005.

[39] 麦克卢汉. 理解媒介:论人的延伸[M]. 何道宽,译. 北京:商务印书馆,2000.

[40] 芒福德. 技术与文明[M]陈允明,王克仁,李华山,译. 北京:中国建筑工业出版社,2009.

[41] 穆尔. 赛博空间的奥德赛:走向虚拟本体论与人类学[M]. 麦永雄,译. 桂林:广西师范大学出版社,2007.

[42] 奈. 软力量——世界政坛成功之道[M]. 吴晓辉,钱程,译. 北京:东方出版社,2005.

[43] 帕森,奥加. 计算机文化[M]. 4版. 田丽韫,等,译. 北京:机械工业出版社,2003.

[44] 平克. 语言本能——探索人类语言进化的奥秘[M]. 洪兰,译. 汕头:汕头大学出版社,2004.

[45] 奇尔科特. 比较政治学理论——新范式的探索[M]. 北京:社会科学文献出版社,1998.

[46] 切特罗姆. 传播媒介与美国人的思想——从莫尔斯到麦克卢汉[M]. 曹静生,黄艾禾,译. 北京:中国广播电视出版社,1991.

[47] 萨马迪. 国际传播理论前沿[M]. 吴飞,黄超,译. 北京:中国传媒大学出版社,2016.

[48] 萨义德. 东方学[M]. 王宇根,译. 北京:生活·读书·新知三联书店,1999.

[49] 赛佛林,坦卡德. 传播理论:起源、方法与应用[M]. 郭镇之,等译. 北京:华夏出版社,1999.

[50] 瑟伟斯,玛丽考. 发展传播学[M]. 张凌,译. 武汉:武汉大学出版社,2014.

[51] 施拉姆,波特. 传播学概论[M]. 陈亮等,译. 北京:新华出版社,1984.

[52] 施拉姆. 大众传播媒介与社会发展[M]. 金燕宁,等,译. 北京:华夏出版社,2000.

[53] 史景迁. 改变中国[M]. 温洽溢,译. 台北:时报文化,2004.

[54] 史密斯. 全球化时代的民族与民族主义[M]. 龚维斌,良警宇,译. 北京:中央编译出版社,2002.

[55] 斯巴克斯. 全球化,社会发展与大众媒体[M]. 刘舸,常怡如,译. 北京:社会科学文献出版社,2009.

[56] 塔尔德. 传播与社会影响[M]. 何道宽,译. 北京:中国人民大学出版社,2005.

[57] 泰勒. 原始文化[M]. 连树声,译. 上海:上海文艺出版社,1992.

[58] 汤林森. 文化帝国主义[M]. 冯建三,译. 上海:上海人民出版社,1999.

[59] 特茨拉夫. 全球化压力下的世界文化:来自各大洲的经验和反应[M]. 吴志成,等译. 南昌:江西人民出版社,2001.

[60] 涂尔干,莫斯. 原始分类[M]. 汲喆,译. 北京:商务印书馆,2012.

[61] 屠苏. 国际传播:延续与变革[M]. 董关鹏,译. 北京:新华出版社,2004.

[62] 托夫勒. 第三次浪潮[M]. 朱志焱,潘琪,张焱,译. 北京:生活·读书·新知三联书店,1983.

[63] 威廉斯. 关键词:文化与社会的词汇[M]. 刘建基,译. 北京:生活·读书·新知三联书店,2005.

[64] 威廉斯. 文化与社会:1780—1950[M]. 高晓玲,译. 长春:吉林出版集团,2011.

[65] 威廉斯. 真理与真诚:谱系论[M]. 徐向东,译. 上海:上海译文出版

社,2013.

[66] 韦伯.经济与社会:下卷[M].林荣远,译.北京:商务印书馆,1997.

[67] 沃尔夫.论语言、思维和现实:沃尔夫文集[M].高一虹,等译.长沙:湖南教育出版社,2001.

[68] 沃勒斯坦.现代世界体系[M].郭方,刘新成,张文刚,译.北京:社会科学文献出版社,2013.

[69] 席勒.大众传播与美利坚帝国[M].刘晓红,译.上海:上海译文出版社,2006.

[70] 星野昭吉,刘小林.世界政治纵论[M].北京:中国社科文献出版社,2008.

[71] 延森.媒介融合:网络传播、大众传播和人际传播的三重维度[M].刘君,译.上海:复旦大学出版社,2012.

[72] 伊尼斯.传播的偏向[M].何道宽,译.北京:中国传媒大学出版社,2013.

[73] 伊尼斯.帝国与传播[M].何道宽,译.北京:中国传媒大学出版社,2013.

三、中文论文

[1] 陈钢.精英文化的衰落与大众文化的兴起[J].南京师大学报(社会科学版),2001(4):45-50,57.

[2] 程曼丽.信息全球化时代的国际传播[J].国际新闻界,2000(4):17-21.

[3] 丛大川.辩证层次观的产生、发展及基本要点[J].科学、技术与辩证法,1986(3):90-98.

[4] 董军.国家形象是如何可能的——"中国威胁论"的话语生产[D].复旦大学,2013.

[5] 费孝通.关于"文化自觉"的一些自白[J].学术研究,2003(7):5-9.

[6] 封莹.文化视域中的社会分层——布迪厄的文化分层理论述评[J].山东农业大学学报(社会科学版),2018,20(3):118-121.

[7] 高丙中.精英文化、大众文化、民间文化:中国文化的群体差异及其变迁[J].社

会科学战线,1996(2):108-113.

[8] 郭光华."内外有别":从对外宣传到跨文化传播[J].现代传播(中国传媒大学学报),2013,35(1):146-147.

[9] 洪浚浩,严三九.中华文化国际传播的必要性、紧迫性与挑战性[J].新闻与传播研究,2014,21(6):5-21,126.

[10] 胡惠林.论文化产业的本质——重建文化产业的认知维度[J].山东大学学报(哲学社会科学版),2017(3):1-15.

[11] 胡疆锋.反文化、大众文化与中国当代青年亚文化[J].新疆社会科学,2008(1):108-112,138.

[12] 胡钰.人文精神与中华文化影响力[J].青年记者,2018(28):34-36.

[13] 黄旦."千手观音":数字革命与中国场景[J].探索与争鸣,2016(11):20-27.

[14] 黄华新,顾坚勇.网络文化的范式转换——从精英文化到大众文化[J].自然辩证法研究,2001(12):31-35,54.

[15] 黄杰辉.国者,天下之制利用也——荀子治国思想研究[D].华东师范大学,2018.

[16] 蒋建国.技术与文化的变奏:中国网络文化发展的历史考察[J].社会科学战线,2017(11):132-140.

[17] 金元浦.大众文化兴起后的再思考[J].河北学刊,2010,30(3):191-195.

[18] 荆学民.关于政治传播内容的理论思考[J].南京社会科学,2016(3):109-114.

[19] 荆学民.重新省思政治传播的价值旨归[J].新闻与传播评论,2019,72(5):16-21.

[20] 李菲.马克思与韦伯社会分层理论比较[D].山东大学,2022.

[21] 李凤亮.大众文化:概念、语境与问题[J].福建论坛(人文社会科学版),2002(5):49-54.

[22] 李良荣,张盛.互联网与大众政治的勃兴——"新传播革命"研究之一[J].现代传播(中国传媒大学学报),2012,34(3):29-31.

[23] 李宗山.20世纪中国的两次"文化热"述评[J].中华文化论坛,2001(3):64-68.

[24] 刘海龙.汉语中"宣传"概念的起源与意义变迁[J].国际新闻界,2011,33(11):103-107.

[25] 刘海龙.西方宣传概念的变迁:起源与早期的争论[J].国际新闻界,2007(4):10-14.

[26] 刘海龙.宣传的理由:重读伯内斯的《宣传》[J].国际新闻界,2014,36(4):32-41.

[27] 刘笑盈,谢琳.在深度磨合的全球化时代如何塑造中国形象[J].对外传播,2021(3):22-26.

[28] 刘欣.阶级惯习与品味:布迪厄的阶级理论[J].社会学研究,2003(6):33-42.

[29] 龙强,李艳红.从宣传到霸权:社交媒体时代"新党媒"的传播模式[J].国际新闻界,2017,39(2):52-65.

[30] 鲁佑文,梅珍,李国荣.探索与前行:中国网络文化传播20年观察与思考[J].湖南大学学报(社会科学版),2014,28(6):140-145.

[31] 马承源.何尊铭文初释[J].文物,1976(1):64-65,93.

[32] 孟建,孙祥飞.中国形象跨文化传播的三种言说策略[J].对外传播,2012(9):38-40.

[33] 孟建,于嵩昕.传播的逻辑:寻求多元共识的亚洲文明对话[J].现代传播(中国传媒大学学报),2016,38(7):15-19.

[34] 孟建.视觉文化传播:对一种文化形态和传播理念的诠释[J].现代传播,2002(3):1-7.

[35] 饶曙光.中国电影对外传播战略:理念与实践[J].当代电影,2016(1):4-9.

[36] 史安斌,盛阳.从"跨"到"转":新全球化时代传播研究的理论再造与路径重构[J].当代传播,2020(1):18-24.

[37] 宋奕."世界文化遗产"40年:由"物"到"人"再到"整合"的轨迹[J].西南民族大学学报(人文社会科学版),2012,33(10):15-21.

[38] 苏力.费孝通、儒家文化和文化自觉[J].开放时代,2007(4):32-48.

[39] 隋岩.群体传播时代:信息生产方式的变革与影响[J].中国社会科学,2018(11):114-134,204-205.

[40] 唐建荣,傅国华.层次哲学与分层次管理研究[J].管理学报,2017,14(3):317-324.

[41] 唐小松,王义桅.公共外交对国际关系理论的冲击:一种分析框架[J].欧洲研究,2003(4):62-72,2-1.

[42] 陶东风.畸变的世俗化与当代中国大众文化[J].探索与争鸣,2012(5):3-5.

[43] 王树民.中华名号溯源[J].中国历史地理论丛,1985(1):6-16.

[44] 吴铮争,刘军民.百年来世界文化遗产保护理论体系的形成与发展[J].西北大学学报(哲学社会科学版),2013,43(5):95-99.

[45] 肖潇,王夏妮.从宣传到传播:我国对外传播观念的变化[J].新闻世界,2012(8):288-289.

[46] 谢伦灿,杨勇."一带一路"背景下中国文化走出去对策研究[J].现代传播(中国传媒大学学报),2017,39(12):110-114.

[47] 许嘉璐.文化的多元和中华文化特质[J].社会科学战线,2013(7):22-25.

[48] 许小青.1903年前后新式知识分子的主权意识与民族国家认同[J].天津社会科学,2002(4):126-131,144.

[49] 严三九,武志勇,吴锋等.论具现代与普世价值的中华文化价值理念及其国际传播(上)[J].文化与传播,2014,3(1):10-34.

[50] 杨凤城.中国共产党90年的文化观、文化建设方针与文化转型[J].中国

人民大学学报,2011,25(3):17-24.

[51] 仰海峰.文化哲学视野中的文化概念——兼论西方马克思主义的文化批判理论[J].南京大学学报(哲学·人文科学·社会科学),2017,54(1):11-18,157-158.

[52] 尹鸿.世纪转型:当代中国的大众文化时代[J].电影艺术,1997(1):22-26.

[53] 俞可平.现代化和全球化双重变奏下的中国文化发展逻辑[J].学术月刊,2006(4):14-24.

[54] 曾向阳.关于层次的哲学思考[J].广东社会科学,1997(1):39-46.

[55] 张海波,童星.当前中国社会矛盾的内涵、结构与形式——一种跨学科的分析视野[J].中州学刊,2012(5):86-92.

[56] 张岂之.关于文化自觉与社会发展的几点思考[J].西北大学学报(哲学社会科学版),2002(4):5-9.

[57] 张涛甫.再谈核心价值观的构建与传播——兼论对西方文化产业的借鉴[J].东岳论丛,2012,33(11):32-35.

[58] 张玉琳.经典社会分层理论的哲学解读及时代价值[J].科学·经济·社会,2013,31(4):20-24.

[59] 赵立彬."文化"的"译"与"释":思想史背景下的概念引进和学科建构[J].史学月刊,2012(6):73-79.

[60] 赵永春.试论辽人的"中国"观[J].文史哲,2010(3):78-90.

[61] 赵月枝.跨文化传播政治经济研究中的"跨文化"涵义[J].全球传媒学刊,2019,6(1):115-134.

[62] 朱春阳.文化产业走出去关键在创新创意[J].中国战略新兴产业,2017(25):95.

[63] 朱鸿军,蒲晓.新中国成立70年对外传播媒介与传播观念之变迁回顾[J].对外传播,2019(6):11-13.

四、外文著作类

[1] ALTHUSSER L. Essays on ideology[M]. London: Verso, 1976.

[2] BALDWIN D A. Neorealism and neoliberalism: the contemporary debate[M]. New York: Columbia University Press, 1993.

[3] CARR E H. The twenty years' crisis, 1919 – 1939: an introduction to the study of international relations[M]. London: Macmillan, 1962.

[4] FUCHS C. Communication and capitalism: a critical theory. London: University of Westminster Press, 2020.

[5] DEUTSCH K W. Political community and the North American area[M]. Princeton: Princeton University Press, 1957.

[6] FREDERICK H. Global communication & international relations[M]. Belmont, CA: Wadsworth, 1993.

[7] GEORGE R. The Blackwell companion to globalization[M]. Oxford: Blackwell Publishing, 2007.

[8] HAMM B, SMANDYCH R. Cultural imperialism: essays on the political economy of cultural domination[M]. Peterborough: Broadview Press, 2005.

[9] HUNTINGTON S. The clash of civilizations and the remaking of world order. New York: Simon & Schuster, 1996.

[10] HUDSON K. Museums for the 1980s: a survey of world trends[M]. London: Macmillan; Paris: UNESCO, 1977.

[11] KEOHANE R, NYE J. Power and interdependence: world politics in transition[M]. Boston: Little Brown, 1977.

[12] KEOHANE R O. After hegemony: cooperation and discord in the world political economy[M]. Princeton: Princeton University Press, 1984.

[13] LASSWELL H D. Propaganda technique in the world war[M]. New York: Knopf, 1927.

[14] LIN C. The transformation of Chinese socialism[M]. Durham: Duke University Press, 2006.

[15] MEYROWITZ J. Medium theory[M]// CROWLEY D & MITCHELL D. Communication theory today. Cambridge: Polity Press, 1994.

[16] MORGENTHAU H J. Politics among nations: the struggle for power and peace [M]. Sixth edition, revised. New York: Alfred A. Knopf Inc, 1985.

[17] MOWLANA H. Global information and world communication: new frontiers in international relations [M]. Thousand Oaks, CA: Sage, 1997.

[18] WALTZ K N. Theory of international politics[M]. Boston: McGraw-Hill, 1979.

[19] WIGHT M. International theory: the three traditions[M]. London: Holmes & Meier for the Royal Institute of International Affairs, 1992.

[20] БОДАЛЕВА А А. Психология общения: Энциклопедический словарь [M]. Москва: Когито-центр, 2011.

[21] КАШКИН В Б. Введение в теорию коммуникации [M]. Воронеж: Изд-во ВГТУ, 2000.

[22] ШАРКОВ Ф И. Коммуникология: Энцикло-педический словарь-справочник [M]. Москва: ИТК Даш-ков и Ко, 2010.

[23] КЛЕПАЦКИЙ ЛН. Проблемы эволюции международных отношений в контексте глобализации [C] // Мир и Россия на пороге XXI века: Вторые Горчаковские чтения. МГИМО МИД России (23 - 24 мая 2000 г.). Москва: Российская политическая энциклопедия (РОССПЭН), 2001. с76 - 87. с. 80.

[24] KÖCHLER H. Culture in the age of globalization [C] // XVIIIth International Likhachev Scientific Conference. Contours of the future in the context of the world's cultural development, 2018.

五、外文论文

[1] ALLISON G T. Destined for war? [J]. The national interest, 2017(1): 9-21.

[2] BURGER M J, VAN DER KNAAP B, WALL R S. Polycentricity and the multiplexity of urban networks [J]. European planning studies, 2013(4): 816-840.

[3] BONIFACE C M P. Routeing heritage for tourism: making heritage and cultural tourism networks for socio-economic development [J]. International journal of heritage studies, 2001(7): 237-248.

[4] FALLON T. The new silk road: Xi Jinping's grand strategy for Eurasia [J]. American foreign policy interests, 2015(3): 140-147.

[5] GÜNTER L. Transculturations: American studies in a globalizing world—the globalizing world in American studies [J]. Amerikastudien/American studies, 2002(1): 97-98.

[6] KLOOSTERMAN R, MUSTERD S. The polycentric urban region: towards a research agenda [J]. Urban studies, 2001(4): 623-633.

[7] KOSTOPOULOU S, SOFIANOU P K, TSIOKANOS K. Silk Road heritage branding and polycentric tourism development [J]. Sustainability, 2021 (4): 1893.

[8] LABADI S. Representations of the nation and cultural diversity in discourses on world heritage [J]. Journal of social archaeology, 2007 (2): 147-170.

[9] LERARIO A, DI TURI S. Sustainable urban tourism: reflections on the

need for building-related indicators[J]. Sustainability (Switzerland), 2018(6).

[10] LIU Q, YANG Y, MENG Q, MAN S, WANG Y. The multiple cooperative mechanism and globalization path of small inland cities in China: a showcase study of Dunhuang, China[J]. International journal of environmental research and public health, 2022(18): 11241.

[11] MEIJERS E, HOOGERBRUGGE M, CARDOSO R. Beyond polycentricity: does stronger integration between cities in polycentric urban regions improve performance? [J]. Tijdschrift voor economische en sociale geografie, 2018(1): 1 – 21.

[12] TAYLOR K. Cultural heritage management: a possible role for charters and principles in Asia[J]. International journal of heritage studies, 2004(5): 417 – 433.

[13] WINTER T. The modernities of heritage and tourism: interpretations of an Asian future[J]. Journal of heritage tourism, 2009(2): 105 – 115.

[14] WINTER T. Clarifying the critical in critical heritage studies[J]. International journal of heritage studies, 2013(6): 532 – 545.

[15] WINTER T. Geocultural power: China's belt and road initiative[J]. Geopolitics, 2021(5): 1376 – 1399.

[16] WINTER T. One belt, one road, one heritage: cultural diplomacy and the Silk Road[J]. The diplomat, 2016(29): 1 – 5.

[17] WANG F F, DU J. Digital presentation and communication of cultural heritage in the post-pandemic era[J]. ISPRS annals of photogrammetry, remote sensing & spatial information sciences, 2021(8).

[18] ZHANG R, TAYLOR K. Cultural landscape meanings: the case of West Lake, Hangzhou, China[J]. Landscape research, 2020(2): 164 – 178.

[19] БЕЛОЗЕРЦЕВ С.М. Причины распада СССР[J]. Научный дайджест Восточно-Сибирского института МВД России, 2021(1):106 – 110.

[20] ФЕРШУЕРЕН Дж. Прагматика и мониторинг международной коммуникации[J]. Критика и семиотика, Вып. 1 – 2. Новосибирск, 2000.